丘述堯 著

古藝文探索舉隅

文史哲學集成

文史哲出版社印行

國立中央圖書館出版品預行編目資料

古藝文探索舉隅 / 丘述堯著. -- 初版. -- 臺北
市：文史哲，民82
　　面；　　公分. --（文史哲學集成；302）
ISBN 957-547-835-5（平裝）

1. 中國文學 - 論文，講詞等

820.7　　　　　　　　　　　　　　82009602

㉚ 成集學哲史文

古藝文探索舉隅

著　者：丘　　述　　堯
出版者：文 史 哲 出 版 社
登記證字號：行政院新聞局局版臺業字五三三七號
發行人：彭　　正　　雄
發行所：文 史 哲 出 版 社
印刷者：文 史 哲 出 版 社
台北市羅斯福路一段七十二巷四號
郵撥〇五一二八八一二彭正雄帳戶
電話：三　五　一　一　〇　二　八

中華民國八十三年二月初版

實價新台幣五二〇元

ISBN　957-547-835-5

自序

　　本書酌收筆者從大學研究院學習時期，至大學任教時期和退休後，有關古藝文探索的論文十二篇。共計二十餘萬字。其內容包括兩個方面：一、古典文學作品字詞句解釋的探索及其規律的概括；二、傳統上錯誤說法多的某類藝文、某些名篇或問題的探索。

　　文學是語言的藝術，字詞句是文學作品的建築材料。古典文學時代距離遠，古漢語無論詞匯、語法方面，都有其不同於現代漢語的特殊規律一面。學習古典文學，時代隔閡外，其障礙主要是語言隔閡。文學欣賞是一種思想交融情感共鳴作用，不清除語言障礙，就不能疏通古代作者和現代讀者間思想情感上的隔閡，就不能對古代作品進行正確的理解和欣賞，更談不上對古藝文作專精高深的研究。這就是本書第一部分內容的基本意義。中國古藝文源遠流長，種類不一，名篇眾多，問題更為繁複。歷代學者都各從所好，進行過不同方面不同程度的研究。多數是對某一方面提出了真知灼見，給後來的讀者以莫大的幫助。也有些人迷信名家，因襲舊說，對錯誤的說法反覆宣揚。這就要今天的研究工作者，在閱讀過程中，勇於獨立思考，善於發現問題。再根據各種問題，逐漸積累材料。在廣泛擁有資料，充分醞釀的基礎上，從表及裡，從此及彼，從現象到本質。作去偽存真，淘沙取金的工作。才能作出正確的論斷，成為今天有用的新知。這就是本書第二方面內容意義之所在。

　　上述兩方面的內容，同對於一個作家全部詩文的研究，一個時代的文學或幾千年中國文學史的研究相較，從面的廣狹量的多少看，雖然如丘垤之與泰山，行潦之與江海；但需要識力和學力是一致的。並

且任何作家的詩文集，任何時代的文學，任何文學史的形成，都是以一篇篇作品為主要基石的。一句話，也都是字詞句篇藝術的總匯。千里之遙，始於跬步；差之毫釐，謬以千里。不慎於跬步之始，忽略了毫釐之失，就是說，不解決好作品字詞句篇存在的有關問題；就往往影響對作家的評價和對文學史論述的正確性。本書提到的，如說《自祭文》、《挽歌詩》、《與子儼》皆淵明屬纊時作；說東坡《赤壁詞》「多情應笑我早生華髮」，是「小喬多情笑我（東坡自稱）有了白頭髮」；說《酹江月》「水天空闊」的作者鄧剡隱居金陵；說辛稼軒《江西造口詞》「山深聞鷓鴣」的「鷓鴣」，是作者「自我寫照」；都歪曲了作者的形象。說漢代挽歌的起源，是受頓悉國外來風俗的影響；說挽歌魏以下相沿漢制，一直到隋唐以後，都沒有多大變化；說《敕勒歌》是斛律金兵困敕勒川時，命其子斛律光所作；說《酹江月》「水天空闊」是文天祥所作；都給文學史帶來了謬誤的論斷。這說明摸清楚各類藝文的源流和特徵，解決好每篇作品所包含和涉及的有關問題，在作家研究和文學史研究上的重要意義。

　　從學習程序看，前一部分內容，是屬於普及提高的；後一部份內容是屬於專精高深的。但這二者又是緊密聯繫，相輔相成的。惟有在普及提高的基礎上，進行專精高深的研究；在專精高深的指導下，開展普及提高的論述；百家爭鳴，持之以恆；才能使古藝文的研究，在新的時代新的形勢下大放光芒！

　　前一部分是五十年代語言文學分科教學時期，應邀向各地區中學大專文學教師所作的報告。其中例證，都是當時文學課本注釋、教師講解存在的問題。所以聽眾感到針對性強，對古典作品的教學和學習有切實的指導意義。後一部份，八十年代前期，曾承乏向大學研究生作過多次長篇談話。因為這些都是大學文學史教材中歷代相傳的錯誤，或者是權威刊物上正在宣揚的問題，故聽者認為啟發性大；對於如何

對待名家權威，如何整理文學史料，如何選定論文題目，寫出有獨立見解的論著，提供了具體的範例。事過境遷，本來已經忘卻。但近年來，還有人詢及有沒有上述講義。故把它再加補充，編配成書。希望重新接受廣大讀者的審閱和批評！

　　凡所稱引，多諸家成說。恕不能一一提名致謝！

　　　　　　　　　　　　丘述堯　一九九二年四月

古藝文探索舉隅
目　次

總論古典文學作品解釋問題

研究古典文學，怎樣根據作家的時代及其作品對作家進行科學的評價是一個大問題，怎樣針對每一作家的具體作品作科學具體的欣賞和分析又是一個大問題。怎樣按照各個時代或各種類型的作品發生發展的過程，研究其相互關係和發展規律，更是一個大問題。但文學的表達工具是語言文字，古典文學作品是用古代的語言表達的。無論字、詞意義語法句式，都有其時代的特點，不完全同於現代漢語。這是構成古典文學寶庫的客觀事實，也是研究古典文學的攔路虎。因此，研究古典文學最主要而必須先行解決的問題，就是怎樣運用古漢語文字、詞匯和語法的一般規律以及有關的歷史知識，明確地領會每篇作品的字、詞、句、章，進而分別全面深入地掌握其思想內容和藝術特點。這是一個從形式到內容，從內容到形式的探索過程。有人認為這是「咬文嚼字」的工作，不能算是學問。我們認為：「咬文嚼字」並沒有甚麼壞處；最壞是囫圇吞棗，只懂句段大意，弄得哪一個詞到底代表哪一個意念都含含糊糊。《許氏說文解字》和歷代有價值的辭書韻府都是「咬文嚼字」的寶藏，卻幫助研究學問的人解決了不知多少急待解答的問題，受到歷代學者的重視。能說不是一門學問？這門學問正是古典文學研究的主要基礎。有沒有這個基礎和這個基礎的好壞，對於古典文學研究工作能否順利進行和研究成果的高低有著重大的影響。現在根據筆者所看到的古典文學作品的註釋和教學接觸過的古典文學作品解說，談三個問題，作為古典文學研究的入門。

一、怎樣著重字詞意義的落實？

二、怎樣注意句意的中肯？

三、字詞意義落實和句意中肯的聯繫。

一、怎樣著重字詞意義的落實？

古典文學作品的建築材料是古漢語。古漢語原來就是一音一字，一字一義的。發展到後代，雖然產生出許多雙音詞和多音詞，字逐漸成為構詞的詞素，不一定有實在的意義；但單音詞仍然很多。並且由於時代的變遷和語言的發展，以及語言環境的不同；字詞的意義變化很大。又有大量「多詞義」。這就要求我們在閱讀的時候，對作品的各種注釋和不同解說，細緻認真比較其得失，明確落實字詞的意義。才能逐步提高對古典文學作品和各種古書的閱讀理解能力。要明確落實字詞的意義；就得從下列各方面努力。

㈠不能妄自離文：

例如：「如今人方為刀俎，我為魚肉」（《鴻門宴》）。有人解作「現在人家好像刀和俎，我好像魚和肉。」這就沒有落實字、詞意義了。因為「方為」和「為」都不等於「好像」。這樣解釋不只沒有揭示這種並列句用的是隱喻這個修辭格；也脫離了「方為」和「為」的實際意義。更沒有交代「俎」到底指甚麼東西。這樣粗枝大葉的解釋下去，是不容易提高對古漢語的理解能力的。又如：「恐懼孰甚」（《藺相如傳》），有人解為「嚇得了不得」。這更遠離原文。因為「恐懼」雖然可能和嚇有聯繫；但決不能解作「嚇」。「了不得」更不能解釋「孰甚」。這樣粗枝大葉的解，是不能確切落實原作中語言文字的意義的。

不過，解釋是否離文，也不能專從字、詞的表面形式方面去看，還要看這種解釋在古漢語中有沒有充分的根據。例如：

「物有不可忘，或有不可不忘」。（《魏公子傳》）

有人解作：「事情有不應該忘記的，又有不應該不忘記的。」也

有人解作:「事情有不應該忘記的,也有不應該不忘記的。」表面看來,「又」和「也」,似乎和「或」都沒有甚麼關聯,是否都算離文呢?其實都不是離文。因為《列子‧力命》:「貴之或不生,賤之或不死;愛之亦不厚,輕之亦不薄。」「或」與「亦」互文見義。這是「或」解為「也」在古漢語中的根據。《經傳釋詞》:「或猶又也。」《詩》:「既立之君,或佐之史。」《戰國策‧秦策四》:「秦白起拔楚西陵,或拔鄢郢、夷陵。」這兒,「或」都作「又」解。可見把「或」解成「也」和「又」都是可以的。當然,「或」是個不定指詞,相當於口語「有的」。一般有先行詞。「或」字各分指「先行詞」的一部份。這種基本意義和用法我們也是要掌握的。《詩經‧小雅‧無羊》:「或降于阿,或飲于池,或寢或訛(吪)」。這四個「或」字是分指上文「爾羊來思」、「爾牛來思」的「牛羊」。《小雅‧北山》:「或不知叫號,或慘慘劬勞,或棲遲偃仰,或王事鞅掌,或湛樂飲酒,或慘慘畏咎,或出入風議,或靡事不為。」這八個「或」字是上文「王事靡鹽」、「我獨勤勞」者怨言所分指的八種人。司馬遷《報任安書》:「死有重于泰山,或輕于鴻毛。」這個「或」字是分指上文「死」的一種。《藺相如傳》:「左右或欲引相如去」,這個「或」字,指的是上文秦王「左右」中的人。韓愈《師說》:「或師焉或否焉。」前一個「師」字是指上文「童子句讀之學;」後一個「師」字指上文「傳道授業解惑」。姚鼐《登泰山記》:「回視日觀以西峰,或得日,或不得日。」這個「或」字是分指上文「日觀以西」的部分山峰。這種二、三千年相傳不變的古漢語規律如不注意;更是莫大的損失。又如:

「雖與府吏要,渠會永無緣。」(《孔雀東南飛》)

一般解「渠」為「他」,說「渠會永無緣」是「他(府吏)永遠沒有見面機會了」。但有人卻主張:「渠」通「遽」。《廣雅》:「

遽，懼也」。「渠會永無緣」就是「恐怕聚會永遠沒有緣分了」。表面看來，前一種解法沒有離文，後一種解法離文。其實，卻不能這樣說。因爲後一種解釋是根據古漢語同音假借的習慣，有充分根據的。顏師古《匡俗正誤》卷一「遽與渠通」；《史記・陸賈傳》：「何渠不若漢」，《漢書》作「何遽不若漢」；都是「遽」、「渠」通用的例證。《楚詞・九章》：「衆駭遽以離心兮」；《大招》：「魂兮歸來，何遽惕兮」；《列子・說符》：「其鄰父言枯梧之樹不祥，其人遽而伐之」；這三個「遽」字都作「懼」解。又《世說新語・語言》：「孔融被收，中外惶怖。時，融兒大者九歲，小者八歲。二兒故琢釘戲，了無遽容。」「了無遽容」，就是「完全沒有恐懼的臉色」。《左傳》僖公三十一年；「豈不遽止」。注：「遽，畏懼也。」還有，從語法上說，「會他」不能說成「渠會」。從邏輯上說，這裡不是決定口氣，因爲蘭芝不是不想同仲卿見面，而是恐怕不能再聚會。同時上句用「雖」，用筆是開；下句用「懼」，用筆是合。可見後一種講法從語法、邏輯、上下文關聯各方面說，都比第一種解法好。

　　解釋是否離文要以古漢語的原有規律爲準則，不能用今天的語言習慣去衡量，那是肯定的。

　　不過，有些字詞往往有它特殊的作用。古漢語雖然可能有各種各樣的解釋，它的作用仍然要加說明。「請」字就是一個例子。呂叔湘先生的《中國文法要略》說：「文言的請字用法和白話不同些。作『我請你』講的時候，第二身的稱謂詞常放在『請』字之前。如，王請無好小勇……王請大之。」（《孟子梁惠王下》）「君請擇于斯二者。」（同）。要是『請』字上面是第一身稱代詞或無稱代詞，則作『請讓我』講。如『王好戰，請以戰喻。』（《孟子梁惠王上》）。『事急矣，請奉命求救于孫將軍。』（《赤壁之戰》）。『然則，君請當其君，臣請當其臣。』（《公羊》莊十三）。」但有人認爲呂叔湘先生

的講法不很妥當。他所舉的三個例子，第一個還可以將就用「請讓我」代進去。第二例如果用「請讓我」代進去就很別扭。第三例根本代不進去。同時指出古書中這種句子很多。如：「回雖不敏；請事斯語矣。」（同上）。「城不入；請完璧歸趙。」（《史記廉頗藺相如列傳》）。「臣請就湯鑊。」（同上）「臣請數公子行日，以至晉鄙軍之日，北鄉自剄以送公子。」（《魏公子傳》）。「請受令，……請就鈇質之誅。」（《史記・趙奢列傳》）。「請自屛于胡貉之地。」（《史記范雎列傳》）。「今請進兵。」（《史記項羽本紀》）。認爲這些句子都不能用「請讓我」來解說「請」字。特別是《項羽本紀》那個例句，上文說的是漢王與韓信、彭越約期會師，共擊楚師。至固陵，信、越兵不來會，楚大敗漢軍。漢王聽了張良的計策，分地賄賂信、越。兩人得了地才說：「今請進兵。」這是劉邦求他們做的事，怎麼還用得著說：「請讓我現在進兵」？因此，認爲請字這種用法都是表示意願的，絕對沒有請求的意思，最好是解作「願」字。裴學海認爲：「請」作「願」解，古漢語沒有可靠根據。只能解作「其」字訓爲「可」字。《公羊傳》僖二年：「君請勿許也。」《左傳》僖七年：「君其勿許。」《孟子梁惠王》：「王請度之。」《左傳》宣十四年：「王其圖之。」《孟子・梁惠王》：「王請勿疑。」《呂氏春秋・不廣》：「君其勿疑。」文例和意義都很相近。特別是《國語・越語上》：「勾踐對曰：吾請達王甬勾東；」《吳語》作「寡人其達王于甬勾東。」《左傳・晉公子重耳出妄亡》：「晉楚治兵遇于中原，其辟君三舍；」《晉世家》作「與君王以兵車會平原廣澤，請辟王三舍。」這是「其」、「請」用法相同的例證。此外，《史記田完世家》：「德施，人之所欲，君其行之；刑罰，人之所惡，臣請當之。」「請」與「其」又爲互文。

我覺得裴先生的說法問題不少。首先，他說「請」作「願」解，

古漢語沒有可靠根據，就失之細考。試看《墨子·公輸》：「北方有侮臣者，願藉子殺之。」《史記·張耳陳餘傳》：「高祖無禮，請為王殺之。」文例和意義不是也很相近。《公輸》又說：「子墨子曰：請獻千（一作十）金！」；北京大學《先秦文學史參考資料》374頁註⑥：「此寫墨子願以千金做為請公輸盤殺人的代價」。既解本句「請」為「願」，又以上句「願」為「請」。篇末楚王說：「吾請無攻宋矣」。「請」也作「願」解。能說「請」作「願」解，古漢語沒有可靠根據？其次，認為「王請勿許」與「君其勿許」，「王請度之」與「君其圖之」文例意義相近，也錯了。因為「王請勿許」、「王請度之」是「請王勿許」、「請王度之」的倒裝；「王其勿許」、「王其圖之」就不能顛倒為「其王勿許」、「其君圖之」。文例意義有甚麼「相近」可言？復次，《史記·田完世家》「德施，人之所欲，君其行之；刑罰，人之所惡，臣請行之。」司馬遷以為田常言于齊平公語。但此語本出《韓非子·二柄》。原文是：「子罕謂宋君曰：夫賞慶賜予者，民之所喜也，君自行之；殺戮刑罰者，民之所惡也；臣請當之。」可見《世家》「君其行之」就是《二柄》「君自行之。」作「其」原是「己」之假借字。古書假「其」為「己」的例子很多。《論語·憲問》：「不患人之不己知，患其不能也；」《孟子盡心》：「樂其道而無忘人之勢；」《國語·晉語》三》簡曰：「以君（指晉惠公）之出也處己（指秦國，下同）；入也煩己；餓食其糴；三施而無報，故來。」這些「其」字，都是「己」字的借假字。裴氏自己在《古書虛字集釋》說：「其與己通用，故假己為其；亦假其為己。」「君其行之」既然是「君己行之」；則「己」和「自」一樣，都是「自指詞，怎麼能與「請」為互文？從此可見，裴學海先生所謂「請」只能解為「其」字訓可，不只過于迂曲；大前提也站不住腳。其實，「請」用作動詞；義為懇請要求。用作表敬副詞，和句子本身的意義

並沒有多少關聯。這類句子把「請」字摘去；也不影響句意的完整性。因此，只要理解或說明：「請」在句語中的作用是對說話的另一方表示尊敬就夠落實了。可不解其意義究竟屬于哪個具體字詞。如果要解；就要根據上下文和說這句話的人的身份，選用適當的字詞去解釋。但很難既能解通句意；又能反映「請」字的表敬特點。我們上文提到《公輸》的「請」字解爲「願」雖然可通；古漢語也有所根據；顯然就掩蓋了其「表敬」的特殊色彩。此外，「表敬」還包括「表客氣」等人與人之間的社交辭令和國與國之間的外交辭令、套語。如「請公入甕」，分明是武后時來俊臣審判周興丘神勣通謀的案件，來俊臣責令周興「入甕」；來俊臣卻相反而又漂漂亮亮說成了「請公入甕」。這個「請」字，就不能理解爲請求或「表敬」，應該說是表「責令」的反語了。同樣，《越語》「夫差行成」說「請以金玉子女賂君之辱！」最後又說：「寡人請死！」勾踐就說：「吾請達王甬、勾東，吾與君爲二君乎！」這四個「請」字都是外交辭令。其中勾踐的話不是和來俊臣所說的那麼漂亮嗎？但他這個「請」字，也是表責令的「反語」。所以《吳語》就用表命令兼期望的「其」字，作「其達王于甬勾東」，凡是「客套語」，都有很大的虛矯性，不是出自眞誠。《左傳》定八年：「（冉）猛逐之，顧而無繼，僞顚。（陽）虎曰：‘盡客氣也。’」注：「言皆客氣，非勇。」就很早的說明了「客氣」的虛僞性，裴學海先生卻認爲《越語》這個「請」字和《吳語》這個「其」字「用法相同」，去論證「請」只能解爲「其」。這樣把「反義語」誤成「同義」，分明是不注意「客套語」的虛僞特性，惑于語文形式造成的。至于《晉世家》「即不得已，與君王以兵車會平原廣澤；請辟王三舍。」《左傳》原作：「若以君之靈，得反晉國，晉楚治兵遇于中原；其辟君三舍。若不獲命；其左執鞭弭，右屬櫜鞬，以與君周旋。」這兩個「其」字，裴學海《古書虛字集釋》四〇三頁，曾把它作爲「

其猶則地」的例句。司馬遷根據《左傳》等寫《史記》。《晉世家》「即不得已」句，分明是《左傳》「若以君之靈」句的壓縮。「請辟王三舍」，也很可能省略了這個假設複合句後一個關聯語詞「則」，再加上一個表外交的辭令的「請」字構成的。「請」就是「請則」詞的省略。裴先生不加細察，反把「其辟君三舍」，「請辟王三舍」並列起來，認爲「這是其、請用法相同的例證。說「請」只能解作其字」。已經不很妥當。又說「訓爲可字」，更和他在《古書虛字集釋》「其猶則也」的舉例矛盾。並且《左傳》重耳語中第一個「其」字，無論解爲「則」解爲「可」，都是不對頭的。因爲重耳的話是在楚成王反復問到「公子若反晉國；則何以報不穀」之時說的。楚王第一次問時，重耳的答語是：「子女玉帛，則君有之；羽毛齒革，則君地生焉；其波及晉國者，君之餘也。其何以報君？」一個「其何以」的「其」字，充分反映重耳當時猶豫不定的心情。《世家》約寫爲：「羽毛齒角玉帛，君王所餘。未知所以報。」以「未知」代「其」字，就以肯定的語式翻譯出這個「其」字的確切意義。「若以君之靈」、「若不獲命」這兩個假設複句，是在楚王再問「雖然，何以報我？」重耳所答的。這就可以推定，和「其何以報君」的「其」字一樣，「其辟君三舍」，「其左執鞭弭………」第一個「其」字也應該是表「擬議」，而不是表「肯定」。這反映重耳當時在楚王面前是不肯許願，每句答話都很愼重的。正因爲楚王屢問得不到肯定回答；所以「子玉怒請殺之」。成王卻贊賞重耳說話得體，指出「言何以易之」。這看出司馬遷寫《晉世家》，把《左傳》「其辟君三舍」這個「表擬議」的「其」字，換上一個貌似恭敬，卻不一定兌現的外交辭令「請」字，是非常恰當的。裴學海解爲「則」也好，解爲「可」也好，都無法反映這個「請」字假恭敬的意味。有人會問：城濮之戰，晉文公不是眞的「退辟三舍」嗎？怎麼能說這個「請」字是貌似恭敬不一定兌現？要知道，城濮之

戰退辟三舍，是為了暫辟楚軍鋒芒，選擇對晉有利的決戰地點和時機，並不是真的要兌現這個本是虛假的「諾言」。城濮，衛地，今山東濮縣南七十里城濮故城，離晉國較近，補給後退都很方便，又便于齊、秦、宋各國盟軍會合，集中兵力。當時將士不懂這個軍事秘密，大為不滿，認為堂堂晉國君臣，害怕楚國一個臣子（子玉）；楚軍離開楚國在外作戰，時間很長，已經疲勞；為甚麼不馬上進攻，反而後退？狐偃為了穩定軍心，才編造出一套理由向大家解釋。說：目前楚軍還不到疲勞不堪的程度。出兵打仗，有理的軍隊，士氣就旺盛；理虧的軍隊，士氣就低落。我們後退，是為了國君過去流亡的日子裡，受過楚王的禮遇；有如果將來晉楚交兵中原，晉軍就退辟三舍的諾言。我們後退，如果楚國的軍隊再追上來，那楚軍就理虧，我們有打它的理由了。《世家》寫城濮之戰雖然有「文公曰：昔在楚約退三舍，可倍乎」的記載；但下文寫「晉侯度河，歸國行賞」，卻「狐偃為首」。文公還說：「城濮之事，偃說我毋失信。」又說：「偃言萬世之功！」可見城濮交兵時，晉文公早已忘卻說過「退辟三舍」的話。是狐偃為了說服眾將士執行其避開楚軍鋒芒，先退後進，選擇有利的決戰時機地點的戰略，向文公建議，抬出「毋失信于楚」這塊招牌來裝點門面的。從此可見，要落實字詞的意義，形式主義地找出古漢語中一些表面類似的句子來相比傅，是不一定能解決問題的。還要深入了解所舉例句的內容、出處，和說這句話的人所處的社會地位與語言環境。當然，更不能在字詞上鑽牛角尖，脫離作品的思想性和藝術性，只見樹木，不見森林。

（二）**不要隨意增文：**

增文釋經是訓詁學上的大忌。古典文學作品的語言較現代漢語簡賅得多，為了透徹理解句意，雖然難免對句子作些補充和發揮；但是，不能脫離原句的實際，隨意添上許多字解釋，置句中字詞的原意而不

顧。例如：「心惛然，恐不能須臾。」（《荊軻傳》）一般把後半截解爲：「恐怕一會兒也不能等待。」顯然，就在「不能」之下增加了「等待」兩字。因而有人根據《廣韻，代韻》「能」音「耐」，認爲：「不能須臾」應該解作「不耐須臾」。《漢書鼂錯傳》：「胡貉之人，性能寒。」顏師古注：「能讀日耐。」《食貨志》：「比盛暑，隴平而根深，能風與旱。」《西域傳》：「不能飢渴。」「能都作「耐」解。《呂氏春秋，審時》高誘注，對「能」也有這種解釋。《禮記禮運》：「故聖人耐以天下爲己任。」鄭注：「耐，古能字。」「能」讀「耐」訓「耐」，音和義兩方面都沒有問題。現代口語也有「你有多少能耐」的說法。因此，我們認爲：解「不能須臾」爲「一會兒也不能等待」，不只是語言上的浪費；而且沒有落實「能」字在古漢語中的讀音和意義。又如《史記·廉頗藺相如列傳》：

「君何以知燕王………以此知之」。

一般總是解作：「你怎麼知道燕王可以依靠呢………因此知道他可以依靠。」當然，「知」作「知道」解，一般說來是沒有問題的。但是，這兒也把「知」解作「知道」；就不得不添出「可以依靠」四個字語意才能完結了。因而有人主張這兩個「知」字應該作「交接」解，不能作「知道」解。「君何以知燕王」就是「你拿甚麼交接了燕王呢？」「以此知之」就是拿這個交接了他」。古漢語中，「知」作「交接」解的例子很多。《楚辭·九歌》：「樂莫樂兮新相知」，「新相知」就是「新相交」。《平原君朱健傳》：「君侯欲知平原君，平原君義不知君」，這兩個「知」字都與「交接」同義。特別是《史記·李將軍傳贊》：「及死之日，天下知與不知，皆爲盡哀。」這兩個「知」字只能解作「結識」。如果解作「知道」；則句意不通。因爲朋友死了，「知道」固然可「爲盡哀」；「不知道」怎麼「爲盡哀」呢？從此可見對原文不加深究，隨意添上一些字去解釋；是不能準確理解字

詞在原句當中的意義的。

分析起來，添字作解的毛病的確很多。如「以無忌與之游；尙恐其不我欲也。」（《魏公子》）後半句一般解作：「還怕他不願意同我作朋友哩」。我們知道，「不我欲」是「不欲我」的倒裝。根據《經義述聞》卷十八「欲與鞏伯」條，「欲」古漢語一般作「愛好」講，同「好惡」之「惡」是反義。因此，「不我欲」就是「不喜愛我」。「欲」雖然也可以解作「願欲」，但從語法上說，作「愛」解是動詞，作「願欲」解是助動詞。動詞用在名詞前面可以組成動賓結構，助動詞用在名詞前面不能組成動賓結構。助動詞用在名詞前面，後面一定要再加動詞，意義才完整，否則就不成話。把「不我欲」解成「不願意我」，所以要加上「同」和「作朋友」一類字眼，理由就在這裡。又如：「必也臨事而懼，好謀而成者也。」（《論語·顏淵季路侍等九章》）一般解作：「一定要挑選遇事小心謹愼，長于謀略，能夠保證成功的人。懼，警惕，謹愼。」我們知道，「臨事而懼，好謀而成」是排偶句。「成」通「誠」。《禮記》鄭注：「誠猶審也。或作成。」《詩·我行其野》：「成不以富」，《論語》作「誠不以富」。《禮記·經解》：「故衡誠懸，不可欺以輕重；繩墨誠陳，不可欺以曲直；規矩誠設，不可欺以方圓；君子審禮，不可誣以奸詐。」則「誠」與「審」爲互文。有的本子「誠」都作「成」。可見「好謀而成」，就是「愛謀略而又審愼」。「好」在這兒是動詞，讀去聲。解爲「長」；就變爲形容詞要讀上聲了。「成」在這是「誠」的通假字，是形容詞；解作「保證成功」，就變動賓結構了。從此可見，添文作解，不只不能反映字詞在原句中的邏輯意義；同時也不能說明字詞在原句中的語法功能。

那末，解釋古典文學作品中的句子，是否完全不能添字呢？不是的。因爲古漢語中有各種用詞省略的規律：其中有省略介詞「于」和

「以」的；有省略助動詞「欲」的；也有省略動詞「爲」之類的……
…碰到這類情況，就該把省略的字添出來，理解說明這種省略的規律，
人們才能掌握。例如：「沛公軍霸上」（《鴻門宴》），「一厝朔東，
一厝雍南。」（《愚公移山》）都應該說明「軍」下「厝」下省略了
「于」字。「十五府小吏」，「二十朝大夫」，「三十侍中郎」（《
陌上桑》），也應當說明各句中省略了「爲」字。特別是教學青年學
生這一點更要加強。否則，就很難培養提高他們確切領會作品和閱讀
古書的能力。例如：「板印書籍，唐人尙未盛爲之。」（《活板》「
畚箕運于渤海之尾。」（《愚公移山》）假如不說明「板印」，「畚
箕」前各省略了「以」字；對於前者學生很可能把「畚箕」看作句子
的主語，而不知是「用畚箕」這個介詞結構去修飾「運」這個動詞；
對於後者，也可能誤解爲「板印的書籍」這種東西，而不知道是「用
板印書籍」這回事或者這種方法。這樣一來，下文「唐人尙未盛爲之」
的「之」字到底指代的是甚麼，也就弄不清楚了。又如「乃召趙王殺
之。」（《漢書‧外戚傳》）王念孫《讀書雜志‧漢書卷十五》：「
誅之上有欲字。而今本脫之，則文義不明。此時趙王尙未至，不得遽
言殺之也。《太平御覽‧皇部部二》引此正作「欲誅之」，《漢紀》
同。」但後來也有人反駁他，說這個「欲」字是省略，不是脫漏。《
御覽》，《漢紀》不過是據文意增加「欲」字上去的。因爲古書中的
用例，對「欲」字雖然有不省略的；但省略「欲」字的例子也很多：
如「季氏旅于泰山」（《論語‧八佾》），「道不行乘桴浮于海。」
《論語‧公治》），「盤庚遷于殷。」（《尙書‧盤庚上》）。「季
氏」，「盤庚」下和「乘桴」上都省略了「欲」字。高郵王氏是清代
樸學大家，還有這種誤解。對於年輕學生，假如不教會他們一些規律；
讀到「人情莫親父母，莫樂夫婦」（《漢書‧賈捐之傳》）之類的句
子，不會懷疑古人說話語無倫次？有人讀《項羽本紀》，至「樊噲覆

其盾于地，加彝肩上。」卻弄不清楚「彝肩在盾上」還是「盾在彝肩
上」。就是因為沒有掌握古漢語常有用字省略的規律，不理解「彝肩」
下省略了「于其」二字。

要明確，我是說「不隨意增文」，並不是說任何情況下都不准添
字。把省略了的字補充上去，事實上也不能說是增文添字。古人注解
古書就有很多這樣的作法。如：「夫一人善射，百夫決拾。」（《國
語・吳語》）韋昭注：「猶一夫善射，百夫竟著決拾而效之。」《論
語・先進》：「端，章甫願為小相焉。」鄭注：「端，玄端也。衣玄
端，冠章甫。」這都是把原文省略了的字添出來解的好例子。因此，
「衣冠而見之。」（《馮諼客孟嘗君》）「皆白衣冠送之。」（《荊
軻傳》）「床席，令女居其上，浮之河中。」（《西門豹治鄴》）「
皆玄衣白刃，剽疾如猿猴。」這些句子的「衣冠」，「白衣冠」，「
床席」，「玄衣」和「白刃」前，都省略了相應的動詞，要添出來解
釋。唐岑參《白雪歌・送武判官歸》：「中軍置酒飲歸客，胡琴琵琶
與羌笛。」後一句分明是「彈胡琴、琵琶與吹羌笛」的省略，把「彈」
和「吹」字添出來解是好的。有人根據呂叔湘先生的講法，只說這是
詞組代句，就反而不清不楚了。

不過，原文是否省略，也要仔細研究，不能輕易斷定。如「堂上
啟阿母」（《孔雀東南飛》），一般都作解「上堂啟阿母」。聞一多
先生也說：「本作‘上堂啟阿母’，今本作堂上啟阿母，是誤倒。」
都是正確的。當然，「堂上」是「處所名詞」，作為「啟」的狀語，
句子也是通順的。但有人認為地位副詞前面省略介詞「于」，是古漢
語通例。「堂上」就是「于堂上」的省略。「堂上啟阿母」和「松下
問童子」句法一樣，「松下」非誤倒；則「堂上」非誤倒可知。這就
糊塗了。因為第一，地位副詞前面雖然有省略介詞例子；但也有不省
略介詞的例子。前者如「虞充路問」（《孟子・公孫丑》，「朝與上

大夫言」（「論語鄉黨》），後者如「宰相不親小事，非所當于道路問也」（《漢書·丙吉傳》）；怎麼見得「堂上」就一定是「于堂上」的省略？第二，「堂上」說成「上堂」，語法上是通的，而且是有這種例子的。《孔雀東南飛》這一句下幾段就有「上堂拜阿母」，「入門上家堂」之類的句子。至于「松下」說成「下松」，就連句子都不通順，更不用說沒有這種例證。

㈢不要無故減字：

增文作解會產生很大的毛病，減字以釋也會造成不少的缺陷。例如：「均之二策」（《廉頗藺相如列傳》），有人解作「兩種對策相比較」；也有人解作「兩方一比較」。照語意來說都解得對。但是照文字檢查起來，這樣解釋，不只對「均」字解得不落實；特別是沒有說出「之」字的作用。我們知道，「均」與「鈞」同。《詩·節南山》：「秉國之均。」《漢書律曆志》引作「秉國之鈞」。鈞，銓也。見《呂氏春秋·仲春紀》「鈞衡石」高誘注。「之」作「此」解，是指示代詞。《詩·桃夭》「之子于歸」的「之子」，也解作「此女」。「均之二策」，就是「權衡這兩種計策」。這樣解釋，才能培養認真讀書，一字不苟的習慣。又如：「咥其笑矣」《詩·氓》，一般解為「都嘲笑我，咥是笑的樣子」。這樣解釋，不只添了一個「都」字；而且減了一個「其」字。我們知道：「其」，然也。三百篇中「溫其女玉」（《小戎》），「燦其盈門」（《韓奕》）的「其」都解作「然」。所以《毛傳》解為「咥咥然笑」，其中「然」字就是解「其」字的。「咥咥然笑」就是「吃吃地笑」。又如「日以遠兮」（《涉江》），一般解作「一天比一天遠了」。這就沒有把「以」字解出來，並且添了一個「比」字。但也有人根據「魏日以削，秦日益強。」（《呂氏春秋·觀表》）「以」，「益」互用，意義相通。把這句解為「一天一天越遠了。」這就把「以」字解出來了。再看《古詩十九首》「相

去日已遠，衣帶日已緩。」又一首：「去者日以疏，來者日以親。」上句「以」一作「已」，下句「來」一作「生」。《荀子‧非相》：「人之所以爲人者何已也？曰：以其有辨也。」則以，已互文。與《禮‧檀弓》鄭注謂「以、已字本相同」合。「已遠」，「已緩」的「已」一般解作「愈」。《詩‧小雅》「憂心愈愈。」蘇氏曰：「愈愈，益甚之意。」又愈與俞通。《國語‧吳語》：「越聞俞章」，越‧俞互文。《荀子‧仲尼》：「俞務而俞遠」。可見「已遠、已緩」以及「以疏、以親」，即「愈遠、愈緩」，「愈疏、愈親」或「越遠、越緩」，「越疏、越親」。有人解爲：一天天地遠，一天天地寬；一天天地疏，一天天地親，一天天地寬；一天天地疏，一天天地親。意思雖然解對了；卻漏掉兩個「已」字和「以」字。從此可見減字作解，是不能準確領會原文字詞的。

　　減字作解還有更大的弊害。如：「天時墜兮威靈怒」（屈原《國殤》）。有人註爲「天昏地暗，鬼神震怒。天時墜，天陰沈得要塌下來。」很明顯，「天時」就是《孟子》「天時不如地利，地利不如人和」的「天時」。這是兵家戰爭勝利的重要條件之一，但不等於「天」。「墜」在這兒要解作「失」，不能解作「塌下來」。《廣雅》：「墜，失也。」《左傳》文公十八年，「先大夫臧文仲教行父事君之禮，行父奉以周旋，弗敢失墜。」都是例證。《書‧洪範》：「無墜天之降寶命」；《康誥》：「今時既墜厥命」；「墜」都訓「失」。「天時墜」就是「天時失」，和《漢書‧李尋傳》「天時不得也」意義相近。王逸注：「言時已戰鬥，適遭天時命當墜落。」解「墜」爲「命當墜落」，雖然添文作解，不足爲訓；卻沒有把「天時」解成「天」。上述註解，因爲減了一個「時」字，將「天墜」二字連讀，就不能不解成「天塌下來」。但是「天」爲甚麼會「塌下來」呢？又不能不解成「天陰沈得要塌下來。」這樣下去，從「天」到「地」，就得出了「

天昏地黑」的結論。這就真是「失之毫釐，差以千里」了。「威靈怒」解成「鬼神震怒」，更是因把「天時墜」解成「天昏地暗」，把「天地鬼神」關合起來的聯想。其實，「威靈」這兒指的是戰士們的「神靈威武」，並不是普通所謂鬼神。《漢書·揚雄傳》：「今樂遠出以威靈」；《敘傳》「柔遠能邇，悼燿威靈」；「迺施洪德，震我威靈」；《史記·滑稽傳補》：「盡階下神靈威武所變化也」；都是「神靈威武」用于生人的例證。王逸注為「雖身死亡；而威神怒健不畏憚也。」把「威靈」解作人死後的神靈威武，和《國殤》中的戰士還有些聯繫。上述註釋把「威靈」說成「鬼神」，把「威靈怒」說成「鬼神震怒」；就不是歌頌上文描述的「操吳戈被犀甲」，「援玉枹擊鳴鼓」的英勇將士了。這就是減去一個「時」字，把「天時」解成「天」演化出來的惡果。又如：

持其踵而泣之（《國策·觸讋說趙太后》）；
如姬為公子泣（《史記·魏公子列傳》）。

前句一般解作：「女兒遠嫁登車之後，母親持其足踵而哭，表示惜別。」（北京大學《先秦文學史參考資料》335頁注㉓）後一句一般解作：「如姬向公子哭。」後一句解對了。因為這是個主動句。《史記·彭越傳》：彭王為呂后泣」；《大宛傳》「具為天子言」；《五帝紀》「蓋難為淺見寡聞者道也」；《韓策》「嚴仲子辟人，因為聶政語」；《孟子公孫丑下》「為王誦之」；為皆訓向。字亦作謂，《鄭世家》「不敢謂詹叔言」；《孟子》「謂其大夫曰」。但前句的解釋卻有問題。因為這句末了是「泣之」，不是「泣」。「之」指「燕后遠嫁」。「泣之」是「為之（燕后嫁得遠）泣」。和後一句不同，這是個為動句。解為「持其足踵而哭，表示惜別」；就減少了一個「之」字，變成了主動句，不能突出趙威后太哭的重點所在。更不能說明這個「泣」字是「為動詞」，不同于後句「泣」字的「主動用法。」

這類句子古漢語中很多。如《論語‧憲問》：「管仲不死，召忽死之。」這個「之」字指代「公子糾」，「死之」就是「爲之（公子糾）而死」。減去這個「之」字，和上句「不死」相對，解成「召忽死」，就抹煞了「死之」二字對「召忽」的死的評價。

　　以上說明：和增文解釋一樣，減字作解也是會破壞字詞在句子中的邏輯意義和語法意義的。當然，在任何情況下都順著文句一字不漏地解下去，也是會發生問題的。例如：

　　日出東南隅（《陌上桑》）

　　我有親父母，逼迫兼弟兄（《孔雀東南飛》）。

　　「東南」，「父母」，「弟兄」，在本詩中都是「偏義複詞」。「日出東南隅」就是「太陽出自東方」。假如一定要連「南」字也解出來；就會鬧出笑話。有人說，古書也有「日南至」的記載。那就是脫離作品的原文去鑽牛角尖。「父母」專指「母」，「弟兄」專指「兄」。不減去「父」字「弟」字；解成「我有父親母親」，「逼迫我的還有弟弟和哥哥」，也上下文沒有根據，不符合事實。他如「晝夜勤作息」「便可白公姥」（《孔雀東南飛》）的「作息」和「公姥」，指的也只是「作」和「姥」，並不包括「息」和「公」。又如：「爲人潔白皙（《陌上桑》）。「至今皆得水利，民人以給富足（《西門豹治鄴》）。潔、白、皙同一意義；給、富、足也同一意義。解釋這類句子，是否要說：「又潔又白又皙」大「因此給，因此富，因此足」呢？顯然不必要。當然，也應當說明這種三字連用的作用：前者在于足成五言；後者在于條暢辭氣；而且同有加深語意的作用。刪削一、二字對于句子的基本意義雖然沒有影響；但與極言大夫之美，人民得水利之多就更不相應了。這是積極的隨情處境的修辭方法。不說明這些；就會使人覺得古人寫文章用詞可以堆砌。又如「載笑載言」（《詩經氓》），一般解爲「一面笑一面說「或」又笑又說」。但三百

篇用兩個「載」字或「爰」字的句子很多，也可解爲「于是乎」。有時要用兩個「于是乎」去解，有時只用一個「于是乎」就夠了。完全要看「載」或「爰」下所帶的動詞是兩種動作兩個動詞還是一種動作一個動詞而定，因爲大量古漢語往往把一個同義複合詞拆開來放在兩個句子裡，這就必須注意。假如一板一眼一字一字地解，就會破壞詞語完整性。例如「載起載行」，「載飛載止」（《沔水》），「爰笑爰語」（《斯干》），起、行、飛、止和笑、語，都是兩個動詞，當然要用兩個「于是乎」或兩個「又」去解。他如「載飛載揚」（《沔水》），「載馳載驅」（《載馳》），「爰居爰處」（《小雅·斯干》）。飛揚、馳驅、居處，都是一個動詞，就只要用一個「于是乎」或「又」去解了。這就必然要減去一個「則」字或「爰」字。此外，古漢語還有把雙聲連綿詞分言或重言安排在前後句中的。如「與兮若孟涉川，猶兮若畏四鄰」（《老子》）；「擊其猶猶，陵其與與」（《淮南子·兵略》）。都只能用一個「猶與」把前後句貫串起來解。至于有些句首、句中、句尾沒有意義的語助詞，就只能適當說明其作用。如果勉強去解釋；就會陷入穿鑿傅會的泥淖。這說明：是否減字，要根據句子的情況具體分析。不當減而減和當減而不減都是錯的。因此我只說不「無故」減字，並不是說「有故」也不能減字。

　　㈣**不要模糊語詞的界限：**

　　古漢語最多是單音詞，但也有大量複音詞。因此，閱讀的時候，就要仔細分析，不要把一個詞硬拆成幾個詞，也不要把幾個詞混合成一個詞。例如：

　　嗟來食！（《禮記·檀弓下》「齊大餓」），

　　一般人總是讀成「嗟………來食」，好些選文也在「嗟」下加上一個逗點，並且注解爲「喂，來食吧！」有些選《樂羊子妻》的本子，對其中「廉士不食嗟來之食」句，也採取同樣的注解。有的又改爲「

喂！過來食！」其實，「嗟來」是一個詞，「來」是粘附在「嗟」後
的一種聲音，並沒有實在的意義。所以裴學海《古漢語虛詞集釋》五
一五頁說：「來猶哉也」。楊樹達《詞詮》一〇四頁也說：「語末助
詞，無義。按今之口語「咧」疑由此變來。」這篇文章的下文又說：
「余唯不食嗟來之食以至此耳。」可見「來」，在「嗟」，「食」二
字之間，是當屬上與「嗟」連續，不當屬下與「食」連續的。下文又
說：「從而謝焉，終不食而死。曾子曰：『微與！其嗟也可去，其謝
也可食。』」可見同「焉」粘附于「謝」沒有實在意義，可以省略一
樣；「來」也是粘附于「嗟」，沒有實在意義，故可省略爲「嗟」。
此外，《莊子》還說「嗟來！桑扈乎！爾（汝）已反其眞，而我猶爲
人猗！」成玄英疏云：「嗟來，歌聲也；桑扈乎以下，相和之辭也；
猗，相和聲也。」也以「嗟來」連讀。假如「嗟來食」可以解作「喂，
來食吧！」那「嗟來桑扈乎」和「嗟來之食」又怎麼可以解成「喂，
來桑扈乎」和「喂，來之食」呢？這樣，把「嗟來」一個詞拆成「嗟」
和「來」兩個詞，是因爲忘了「來」原來作爲一個獨立的詞雖然是動
詞，其意義爲「過來」；但和「嗟」結合成「嗟來」，就變成了沒有
意義的詞素，只表示一點聲音了。這種語詞多用于語末。如《孟子‧
盡心上》「盍歸乎來」，《莊子‧人間世》「嘗以語我來」，「子其
有以語我來」。也可用于語中。如《齊策》馮諼三歌「長鋏歸來乎」。
陶淵明有「歸去來兮」。又如：

　　公之視廉將軍孰與秦王。（《廉頗藺相如傳》）。

　　其業所就孰與仲多。（《史記‧高帝紀》）。

　　孰與君少長。（《項羽本紀‧鴻門宴》）。

首句一般解作：「諸位看廉將軍和秦王哪個厲害」；次句一般解作：
「我事業上的成就同老二相比誰多呢」；末句一般解作：「（項伯）
和你相比誰大誰小」。這些解釋都把「孰」解成指示性代詞，把「與」

解成連詞。其實，這類句子和「禮與食孰重」（《孟子·告子下》）「戰與守孰利」不同。因為後者「孰」，「與」分言，是兩個詞；前者「孰與」連言，是一個詞。上述解法都是把「孰」和「與」拆開來的。根據《經傳釋詞》「與」字條，古人謂「何如」曰「孰與」，亦曰「何與」，都作「怎樣」解。《論語》：「百姓足，君孰與不足；百姓不足，君孰與足。」這兩個「孰與」就是好例證。顯然這兩個「孰與」不是比較。之外，人們也常把「何如」拆成「何」，「如」。如《國策·趙策》：「與秦城何如不與」，原意是：「給秦國城比不給秦國城怎麼樣」，卻往往解成：「給秦國城那裡（何）當得（如）不給秦國城」。這就相差很遠。因為前者是有疑問要求回答的疑問句；後者是無疑而發不要求回答的反詰句。又如《三國志·董厥傳》：「樊建何如宗預也」，原意是「樊建比宗預怎麼樣呢？」假如解作：樊建那兒（何）當得（如）宗預呢？」就把「樊建是否當得宗預」說成「樊建肯定比不上宗預」了。又如：

　　父母宗族皆被戮沒。（《荊軻傳》）

有人註為：「父親、母親和同族人都被殺死，財產都被歿收。」顯然是把「戮沒」看成「殺害」和「歿收」兩個詞的。其實，這句話的主語只講「父母宗族」，並沒有提到「財產」。憑空在謂語裡添出「歿收」這個詞來，主謂語就不相配合。因為把「沒」解成「歿收」，又憑空加上「財產」這個詞去作主語，更違反原句的實際。要知道：「戮沒」是個同義複合詞。「沒」通「歿」。《呂氏春秋·高俗覽》：「每朝，與其友俱立乎衢。三日不得，卻而自歿。」就是賓卑聚退「自殺」。《史記·聶政傳》：「妾其奈何畏歿身之誅，終滅賢弟之名？」歿身就是「殺身」。「誅，責也」。「歿」也可訓「死」。《國語·晉語》：「管仲歿矣，多讒在側。」《論語·子罕》：「文王既歿，文不在茲乎！」屈原《懷砂》：「伯樂既歿兮，驥將焉程今？」都是

例證。可見「戮歿」也就是「殺死」。是動補詞語。解爲「父母親族人都被殺死」就夠了。「財產被歿收」是拆詞產生的贅瘤。

把一個詞誤解爲兩個詞之外，也有把兩個詞誤合爲一個詞的。如：

　　伏維啓阿母。（《孔雀東南飛》）

一般把「伏維」說成是「下對上級小對長輩說話時表示恭敬的詞」。其實，表示恭敬的詞，只是「伏」，「維」並不在內。「伏」表示卑下低頭的意思，「維」作「思」解。「伏維啓阿母」就是「我恭敬地想稟告阿母」。李密《陳情表》有「伏維聖朝以孝治天下」的句子。假如「伏維」都表示恭敬；這句話就講不通了。又如：

　　手巾掩口啼。（《孔雀東南飛》）

一般解爲：「用手巾掩著口哭。」按《廣雅》：「手，持也。」《公羊傳》莊公二十年：「莊公升檀，曹子手劍而從之。」也有人把「手劍」解作「持劍」。可見這兒的「手巾」，並不同于我們今天所說的「手巾」，是兩個詞。但我們卻把它解成一個詞了。

把一個詞拆成兩個詞和把兩個詞誤合爲一個詞之外，還有人把一個多音詞拆成三個詞的。如李白《蜀道難》開頭一句：「噫吁戲，危乎高哉」，有人說：「噫，是第一個嘆詞，表示感嘆的情懷；吁是第二個嘆詞，感嘆的情感強烈些；戲是第三個嘆詞，感嘆的情感更爲強烈。「乎」和「哉」也是嘆詞，這句詩的特點是一連用了五個嘆詞，所以感嘆的情感非常強烈。」但有的注解卻分明說：「噫吁戲——嘆詞。」宋景文筆記還指出：「蜀人見物驚異，輒曰噫吁戲，李白作《蜀道難》因用之。「又怎能把它拆成三個嘆詞？這種突出的例子，更說明分清字詞界限，在古典文學作品的解釋中，何等重要！

㈤**要注意語詞的構造和性質：**

注意語詞的界限外，還要注意語詞的構造。如：「登崑崙兮餐玉英」（《涉江》）。有人解作：「登上崑崙山，食那花一樣的美玉。」

按語詞結構分析，「玉英」是個前偏後正的合成詞，「玉」是修飾和限制「英」的。「玉英」就是「玉華」。《詩・著》第三章：「尙之以瓊英乎而。」鄭箋認爲：「瓊英」就是「瓊華」。《著》第一章言「瓊華」；第二章言「瓊瑩」；第三章言「瓊英」。根據《說文》，「瓊瑩」是「玉色」，「瓊英」、「瓊華」都是「玉光」。「英」同「瑛」。古時說玉光可食，故曰「餐玉英」。解爲「食那花一樣的美玉」；就把「玉英」誤爲前正後偏的合成詞，中心詞在前，修飾語在後了。又如：

　　　吾方高馳而不顧兮。（《涉江》）

有人解作：「我卻高視闊蹉，置之不理。」把「高馳」解成「高視闊步」，顯然不成話。因爲「高視」不能縮成「高」，「闊步」也不能說成「馳」呀！這樣解釋就違反語詞本身結構。至于「卻」不能解釋「方」字，那是另一回事。要知道，「高馳」就是「高舉遠引」，和俗話「高飛遠走」相類。「高馳而不顧」就是「高舉遠引而不回顧」。「高馳」與「高踏」的意義也很相近。下文：駕青虯兮驂白螭，吾與重華游兮瑤之圃」（上兮字是語氣詞，下兮字作于字解），就是「高馳」的事實。只有了解馳字的意義和高字的作用，再聯繫上下文去捉摸；才知道作者爲甚麼用「高」去修飾「馳」。孤立起來解是解不透徹的。又如

　　　搣鳴鼓些。（《招魂》

有人解作「搞響戰鼓」，把「鳴」字當作「搣」的補充成份，把「搣鳴」當作動補結構，也是破壞語詞本身結構的。因爲《國殤》就有「援玉枹兮擊鳴鼓」的句子。「鳴鼓」同「玉枹（一作桴）」是對文，「擊」和「援」是對文，「鳴」和「玉」是定語，「鼓」和「枹」是中心詞。《荀子・富國》：「故必將撞大鐘，擊鳴鼓，吹笙竽，彈琴瑟以塞其耳。《墨子・非樂上》：「然則當爲之撞巨鐘，擊鳴鼓。」

皆巨（大）鐘、鳴鼓相對。「鳴鼓」是「善鳴之鼓」，也就是很響的鼓。《詩・大雅・靈臺》：「鼉鼓逢逢」。《釋文》：「（鼉）皮堅厚，宜冒鼓。」相傳還說鼉皮冒的鼓最響。《漢書・武五子傳》：「多齎金寶走馬」。顏師古注：「走馬，馬之善走者。」以「鳴」修飾「鼓」，和用「走」修飾「馬」是同一種構詞方法。又如：

　　　　寤寐思服。（《關雎》）

有人把「服」解作「思念」，把「思」看作助動詞，訓「斯」，與「是」同義。這是有一定根據的。因為「思」與「斯」一音之轉，古時通用，《詩・泮水》：「思樂泮水」，《禮記・禮器》疏引「思」作「斯」；《論語・公冶長》：「再斯可矣」，唐《石經》「斯」作「思」；都是有力的例證。但也有人認為這兒不能這樣解。因為「思服」是同義複合詞，服，思也，念也。「思服」就是「思念」。猶《康誥》「服念五六日」的「服念」。《韓詩外傳》：「關雎之事，大矣哉！馮馮翊翊，自東自西，自南自北，無思不服。子（孔子稱子夏）其勉強之，思服之！天地之間，生民之屬，王道之原，不外此矣。」「勉強」只一義，「思服」也只一義。故曰「勉強之」、「思服之」。後一種解法能夠注意到「思服」這個複合詞的構造，是比較好的。

　　語詞有一定的構造，也有一定的性質。古漢語在詞類區分方面，雖然還沒有現代漢語那麼細緻；但主要詞類的區分，仍然不是沒有的。因此，注意詞性，對于解釋得落實一些，卻有一定的幫助。例如：

　　　　靜言思之。（《詩・氓》）

有人把「言」字解作「而」字，說「靜言思之」就是「靜而思之」。這樣解釋，就沒有注意詞性。因為「言」有時雖然可以解作「而」；但那是用在動詞的後面，似乎是連詞把兩個動詞連結起來一樣。如《詩・彤弓》「受言載之」，《左傳》僖公二十三年就引作「受而載之」。「受」和「載」都是動詞。這兒，「思」雖然是動詞；「靜」卻是形

容詞。因此，「言」也就只能解作「然」，好像現代漢語的狀語尾「地」一樣，去修飾後面的動詞「思」。有人根據「言告言歸」（《詩・葛覃》），「言刈其楚」（《詩・漢廣》）的「言」都是詞頭；主張這個「言」字也是「思」字的「頭」，不是「靜」字的「尾」這也不對。因為《詩・小雅・大東》：「睠言顧之，潸焉出涕。」「睠然」與「潸焉」對文。《荀子・宥坐》引作「眷焉顧之」，《後漢書劉陶傳》引作「睠然顧之」。可見「睠言」即「睠然」（狀事之詞）或「睠焉」（助語之詞）。假如說「靜言思之」的「言」是「思」字頭，而不是「靜」字尾；那「睠言顧之，潸焉出涕」的「言」，是否也是「顧」字或「出」字的頭，而不是「睠」字或「潸」字的尾呢？這說明形容詞後動詞前的句中「言」字，雖然可以看成狀事之詞或助語之詞；但是詞尾而不是詞頭是沒有疑問的。至于把它（言）解成兩個動詞之間的連詞「而」，就更不適當。這就是注意詞性對于解釋古典文學作品或古書的好處。又如：

　　　保君父之命而享其生祿。（《晉公子重耳出亡》）

一般解作：「憑著君父的命令，享受封地的供養。保，這裡作憑解，君父指晉獻公，生祿，賴以生活的俸祿。」有人指出以「封地」二字解「其」字不合詞性，「其」字是指示形容詞作「那」解。「享其生祿」就是「享那個生祿」《列子・楊朱》：「君見其牧羊者乎」；《尸子》「閔子騫肥，子貢曰：何肥也？子騫曰：吾出見其美車馬則欲之……」；《詩・湛露》「其桐其椅」；《列子・湯問》「及其日中如探湯」；《易・同人九三》「升其高陵」。此六「其」字都是指示形容詞，作「那」解。這種指點是對的。《湯問》「及其日中如探湯」的上文是「及日中則如盤盂」，沒有「其」字，就是因為指示形容詞有時可省略。這個例句下有：「其聞之者」句。一般解作「那些聽到這個消息的人」，也是很好的例證。把「其」字解作「封地」，就指

示形容詞變成指示代詞，與上文「君父」這個先行詞不相應了。

　　既然要注意詞性；就不能不注意詞的活用範圍或詞類通用現象。

　　關于詞的活用方面，如：

　　　　彼不我恩也。（柳宗元《童區寄傳》）

　　　　曲肱而枕之。（《論語·述而》）

　　　　品其名位。（《資治通鑑·赤壁之戰》）

　　　　范增數目項王。（《史記·鴻門宴》）

　　　　夫子式而聽之。（禮·檀弓·苛政猛于虎》）

　　　　神弗福也。（《左傳·曹劌論戰》

　　　　秦師遂東。（《左傳·殽之戰》）。

　　　　惟君左右之。（《國語·勾踐栖會稽》）

　　　　明燭天南。（姚鼐《登泰山記》）

對上列句中加點的詞，要說明是名詞作動詞用。又如：

　　　　十九人相與目笑之。（《史記·毛遂自薦》）

　　　　能面刺寡人之過者。（《國策·鄒忌諷齊王納諫》）

　　　　吾得兄事之。（《史記·鴻門宴》）

　　　　雲集而響從。（賈誼《過秦論》）

　　　　肉食者謀之。（左傳·曹劌論戰》）

　　　　草行露宿。（文天祥《指南錄後序》）

對上一類加點的詞，要指出是名詞作副詞用。又如：

　　　　黔敖左奉食右執飲。（《檀弓·齊大饑》）

　　　　此百世之怨，而趙之所羞。（《平原君傳》）

　　　　殫其地之出，竭其廬之入。（柳宗元《捕蛇者說》）

　　　　先天下之憂而憂，後天下之樂而樂。（范仲淹《岳陽樓記》）

　　　　鉤黨之捕，遍于天下。（張溥《五人墓碑記》）

　　　　童自轉，以縛就爐火燒絕之。（柳宗元《童區寄傳》）

上一類加點的詞，要說明是動詞作名詞用。如：

> 大行不顧細謹。（《史記·鴻門宴》）

> 則盡富貴也。（《孟子·齊人有一妻一妾》）

> 子子孫孫無窮匱也。（《列子·愚公移山》）

> 奪我身上暖，買爾眼前恩。（白居易《重賦》）

對上列加點的詞要指明是形容詞作名詞用。如：

> 歸客千里至。（杜甫·《羌村》）

> 朝陽殿裡歌舞人。（白易居《繚綾》）

> 鳴聲上下。（歐陽修《醉翁亭記》）

> 預備走舸繫于其尾。（《赤壁之戰》）

上列一類加點的詞要說明是動詞作形容詞用。又如：

> 素善留侯張良。（《史記·鴻門宴》）

> 必先苦其心志，勞其筋骨。（《孟子·天之將降大任于斯人也》）

> 春風又綠江南岸。（王安石《泊船瓜州》）

> 刺史顏澄奇之。（柳宗元《童區寄傳》）

> 漁人甚異之。（陶淵明《桃花源記》）

> 紅了櫻桃，綠了芭蕉。（蔣捷《一剪梅》）

對上述一類加點的詞要說明是形容詞作動詞用。

關于詞類通用方面：如：

> 若屬且皆爲所虜。（《史記·鴻門宴》）

> 若毒之乎？（柳宗元《捕蛇者說》）

> 若據而有之。（諸葛亮《隆中對》）

> 若備與彼協心，上下齊同。（《赤壁之戰》）

> 且而與其從辟人之士也。（《論語·楚狂接輿》）

> 吾乃與而君言，汝何爲者哉？（《平原君傳》）

> 滔滔者天下皆是也，而誰以易之？（《論語》）

黑質而白章。（《捕蛇者說》）

對上述加點的詞，要說明是連詞代詞通用。如：

吏呼一何怒！婦啼一何苦！（杜甫《石壕吏》）

何不試之以足？（韓非《度足》）

客何爲者。（《史記·鴻門宴》）

豫州今欲何至？（《赤壁之戰》）

安能抗此難乎？（同上）

沛公安在？（《史記·鴻門宴》）

又安敢毒邪？（柳宗元《捕蛇者說》）

安能辨我是雌雄？（《木蘭辭》）

計將安出？（〈史記·鴻門宴〉）

對上述加點的詞，要指出是副詞代詞通用。有的語法書也說是疑問代詞作副詞用。

不過，要決定一個詞是否活用和通用，也要從詞義、語法、前後文多方面去研究，不能輕易妄斷。如：

乘肥馬，衣輕裘。（《論語·雍也》）

願車馬，衣輕裘，與朋友共。（《公冶長》）

前一句的「衣」是名詞作動詞用，是沒有疑問的。因而過去有人根據前一句說後一句的「衣」也是名詞動用，當作「穿」解。現在我們一般還把後一句解成：「願意把自己所乘的車馬和所穿的輕裘，同朋友共用。」這就很不對頭了。因爲前句「乘肥馬」和「衣輕裘」是對偶句。「肥馬」和「輕裘」是偏正式合成詞，恰好相對，「乘」和「衣」又恰好是動詞相對。至於後一句，卻是「願」字下「車、馬、衣三個名詞和「輕裘」一個合成詞。又怎麼可以在「車馬」之上添出「所乘的」，把「衣」說成「所衣的」去解釋呢？《論語正義》曾經說「輕」字是衍文，本作「願車馬衣裘」。可見劉寶楠早已看出「衣裘」和「

車馬」一樣，同是日常生活用品了。《白虎通》還引作：「願車馬輕
裘與朋友共敝之」。沒有「衣」字。解爲「所穿的」更沒有依據了。
因而有人主張後句「衣」字仍然是名詞，「衣輕裘」就「衣服」和「
輕裘」。全句的意思是：「車馬衣服輕裘，願意同朋共同。」這種解
法，我覺得是更合語法的。又如：

　　脫帽著帩頭。（《陌上桑》）

一般解作：「脫下帽子，只戴著包頭的紗巾。著，戴。」但也有人解
作：「脫去帽子，明出（口語叫亮出）帩頭來。」《博雅》：「著，
明也。」《中庸》：「誠則形，形則著，著則明。」依第一種解法，
則「著」是動詞。依第二種解法，則「著」是形容詞；「著帩頭」的
「著」也是形容詞作動詞用。這說明判別一個詞是否是活用，首先要
落實這個詞在句子中的意義和作用。又如：

　　斷頭置城上。（張溥《五人墓碑記》）

一般解爲：「已斷或斷了的頭放置城上」，則「斷」字是動詞作形容
詞用去修飾「頭」。但也有人認爲：「斷頭臺」即「砍頭臺」；《國
策·楚策》：「有斷脰（頭）決腹，一暝萬世而不視，不知所益，以
憂社稷者。」「斷脰決腹」即「砍頭剖腹」，形容死得壯烈。「斷頭
置城上」也就是「砍頭置城上」。那「斷」字就沒有形容詞的作用，
只是一般動詞。而「斷頭」也變成動賓詞組了。這就要聯繫上下文來
解決。今按這一段文字是：「然五人之當刑也，意氣揚揚，呼中丞之
名而詈之，談笑而死；斷頭置城上，顏色不少變。有賢士大夫發五十
金，買五人之頭而函之，卒與屍合。故今之墓中全乎爲五人也。」這
段文章，前半寫「五人之死」；後半寫「五人之頭」。既然已「談笑
而死」；其「頭」當然是「已斷」之頭。同時，寫「已斷之頭置于城
上，顏色不少變」，更能顯出五人「激于義而死」，但「精神不死」。
並且頭已斷就包括了「砍頭」。可見把「斷」字看成動詞作形容詞用，

這兒還是正確的。

這是說對于一個語詞是否活用要仔細研究。對于詞類通用的現象，假如粗心大意，也是不容易弄清楚的。例如：「若知我不降明」（《蘇武傳》）、「若能以吳越之衆與中國抗衡；不如早與之絕」（《赤壁之戰》）。像這樣的兩個「若」字是容易理解的。但是碰到「奉此六者以牧萬民，民用而不失」（《逸周書·命訓》）、「君子恥其言而過其行」（《論語·憲問》），這一類「而」字，就不易分辨。

㈥**要比較同形和同音詞：**

古漢語由于詞類區分還沒有發展到很細緻的階段；不只有詞的活用、詞類通用等現象，字詞假借的情況也很不少。因此，解釋起來，對于同形詞和同音詞，就不能不加強注意。

我們先談同形詞。例如：

　　何爲無人？子何爲使乎？（《晏子使楚》）

這兩個「何爲」，意義就不一樣，有人認爲：前句中的「何」，意義是「怎麼」，是副詞；「爲」通「謂」，是動詞。整句話的意思是「怎麼說沒有人？」後句中的「何」，意思等于「甚麼」，是代詞；「爲」的意思是「原因」或「依據」，是介詞。「何爲使」就是「爲何使」；整句話的意思是：「爲甚麼派你作使臣呢」或「你憑甚麼作使臣呢」？兩個「何爲」所以不能都看作是代詞或副詞，就是因爲「何爲無人」所回答的是屬于情況方面的——「齊無人乎」，不是原因。所以這個「何」只能解作「怎麼」，不能解作「甚麼」。相反，「何爲使乎」所問的是關于原因方面的。這可以從下文「齊命使各有所主，其賢者使賢王，不肖者使不肖王」看出來。因爲這是說明晏子被派的原因或根據的。所以這個「何」只能解作「甚麼」，不能解作「怎麼」。這種分析，是細緻的也是必要的。例如：《論語·先進》：「夫子何哂由也？」「子在，回何敢死！」這兩個「何」字，雖然都是疑問副

詞；但前句的「何」就是「何故」，問原因，只能解作「爲甚麼」。
後一句的「何」，就是屬于清況方面的──「子在」，只能解作「怎
麼」。又如：

　　　將軍豈有意乎？荊鄉豈有意哉？（《史記・荊軻傳》）

前句王伯祥《史記選》326頁校釋（296）解爲：「問他同意不同意，
猶言寧有這樣的想法麼。」後句同書327頁校釋（312）解爲：「你
有動身的意思麼？」其實前句所謂「同意」或「想法」，也都是「意
思」。這就把前後兩句「有意」的「意」這個同形詞解成一樣了。但
也有人認爲前後句這兩個「豈有意」形雖同而義實異。前句應解爲「
樊將軍或者有心意嗎？」後句應解爲「荊鄉或者有懷疑嗎？」《廣雅》：
「意，疑也。」《呂氏春秋・去尤》：「人有亡鈇者，意其鄰之子」；
《史記梁孝王世家》：「于是天子意梁王」；《陳丞相世家》：「項
王果意，不信鍾離　等」，《張儀傳》：「嘗從楚相飲，已而楚相亡
璧，門下意張儀」；《直不疑傳》：「其同舍有告歸，誤持同舍郎金，
已而主人覺，意不疑」；以上五個「意」字都作「疑」解。除此之外，
《孟嘗君傳》：「湣王意疑孟嘗君」。王念孫曰：「意下本無疑字。
意孟嘗君者，疑其使田甲劫王也。意即疑也。後人不知意之訓爲疑，
故加疑字耳。《御覽・人事部》引此無疑字。」說見《讀書雜記・史
記第四》。則解「意」爲「疑」，在古漢語中是有充分根據的。再從
上下文看：前句是初次見樊於期想借他的頭作禮物去刺秦王時說的。
帶有徵求意見的意味，所以只能解作：「將軍或者有心意嗎？」後句
是荊卿早已「許諾」太子丹的請求，並且準備好了樊於期頭徐夫人匕
首，令秦舞陽與俱，荊軻未發，太子遲之，疑其改悔，乃復請的情況
下說的。所以解作：「荊卿或者有疑慮嗎？」如把前句解成「將軍或
者有疑慮嗎」把後句解成「荊卿你或者有心意嗎？」樊於期和荊軻聽
了，就會摸不著頭路了。這就是根據具體語言環境區分同形詞的意義

進行解釋的好處。

對于同形詞，分辨它們之間細微的區別之外，還考慮它們的意義是否相同和是否需要採取同樣的解釋。例如：

　　爲所識窮乏者得我歟？（《魚我所欲也》）

有人根據「歟」原作「與」這個理由；把「得」解成「獲得」。說這一句的意思是：「爲了所認識的窮苦朋友得到我的好處（賜與）。」這種解法把虛字「歟」都給以實在的意義，是有前人的說法作依據的。表面看來也是很落實的。但下文卻有「今爲所識窮乏者得我而爲之」的句子，「得我」下並沒有「與」字。這個「得」字是否可以解成「獲得」呢？顯然，「得」古通「德」，這兩個「得我」都應當解成「德我」。「歟」或「與」字，表示疑問外，並沒有實在的意義，不能解成「賜與」。又如：

　　乃裝爲遣荊鄉。（《史記・荊軻傳》）

　　乃裝爲去。（《史記・魏公子傳》）

這兩句結構字詞相近，解釋也當相似。一般都把上句解成：「就整治行裝，準備派荊軻上路」；把下句解成：「就收拾行李，作離開的準備。」但也有人認爲：這樣一來，「爲」字到底解作「準備」還是解作「作」，就含混不清了。因而主張：這兩句裝下都應加逗號，兩個「爲」字都應作「將」字解。「爲遣荊鄉」就是「將遣荊軻」；「爲去」就是「將去」。《經傳釋詞》：「爲猶將也。」《史記・衛將驃騎傳》：「驃騎始爲出定襄當單于。捕虜；虜言單于東，乃更令驃騎出代郡。」《匈奴傳》：「單于愛之，詳（佯）許甘言爲遣其太子入漢爲質。」這兩個「爲」字都解作「將」，就是例證。其實，「爲」和「將」，意義是相差很遠的。反之，「爲」和「準備」，意義卻較接近。因而這四個「爲」字都可解作「準備」：「爲遣荊鄉」即「準備遣送荊軻」；「爲去」即「準備離開」；「始爲出定襄」即「原先

準備出定襄」；「爲遣其太子入漢爲質」即「準備遣其太子入質」。

在同形詞的解釋中，對于文言虛詞的比較分析更不能放鬆。因爲這一類詞在每篇作品中用率都很大，同時其中每個詞的意義和用法都很不固定。例如柳宗元的《捕蛇者說》：

1.「其」字出現十二次，有三種不同的用法：(1)作人稱代詞用，它的意義如口語中的「他的」或「他們的」，如「當其租入」、「殫其地之出，竭其廬之入」、「今其室……」；(2)作指示代詞用，它的意義如口語「那個」或「此」，如「專其利」、「視其缶」、「退而食其土之有」、「其餘」；(3)作助詞用，沒有實在的意義，如「歲賦其二」、「其始」。

2.「然」字出現四次。有兩種用法和意義：(1)作轉折連詞用，在上下文意義相反的地方應用，相當于口語的「但是」之類，如，「然得而腊之以爲餌」；(2)作語助詞用，用在詞尾，相當于口語「地」，即狀語尾，如「汪然出涕」、「嘩然而駭」、「弛然而臥」。

3.「焉」出現八次。有兩種不同用法和意義：(1)作代詞用，相當于口語「他」，如，「時而獻焉」、「以俟乎觀人風者得焉」；(2)作助詞用，相當于口語「啊」、「了」、「啦」，「如」雖雞狗不得寧焉」、「蓋二歲之犯死者二焉」、「今其室十無一焉」。

4.「則」出現四次，有三種不同意義和用法：(1)作承接連詞用，相當于口語「就」，如「問之則曰」、「復若役則何如」；(2)作轉折連詞用，相當口語「可是」，如「則吾斯役之不幸」；(4)作選擇連詞用，相當于現代漢語「不是……就是」，如「非死則徙耳」。

5.「而」出現十六次，有三種不同用法和意義：(1)作轉折連詞用，相當于口語「但是」之類，如「而鄉鄰之生日蹙」、「而吾以捕蛇獨存」；(2)作承接連詞用，如「吾恂恂而起」、「弛然而臥」；(3)作並列連詞用，如「黑質而白章」、「得而腊之以爲餌」「哀而生之」、

「呼號而轉徙，飢渴而頓踣」。

　　6.「乎」字出現六次，有兩種不同用法和意義：(1)作介詞用，相當于口語「在」，「對于」，如「叫囂乎東西，隳突乎南北」、「今雖死乎此」、「吾嘗疑乎是」；(2)作助詞用，相當于口語「嗎」，如「君將哀而生之乎」、「若毒之乎」。

　　7.「之」字出現二十五次，有三種不同用法和意義：(1)作人稱代詞用，用于賓語，相當于口語「他」，如「問之」、「余悲之」、「君將哀而生之乎」（這個「之」字指說話的人自己，相當于「我」）；(2)作指示代詞用，泛指一般事物，指示作用小，代替作用大，如「無禦之者」、「得而腊之以爲餌」、「以王命聚之」、「今吾嗣爲之二十年」、「言之貌若甚戚」、「若毒之乎」、「謹食之」、「以蔣氏觀之」、「故爲之記」；(3)作小品詞用，相當于口語「的」，有時表領屬作用，有時起修飾作用，如「永州之野」、「永之人」、「斯役之不幸未若復吾賦不幸之甚也」、「吾鄉鄰之生日蹙」、「殫其地之出，竭其廬之入」、「悍吏之來吾鄉」、「退而甘食其土之有」、「豈若吾鄉鄰之旦旦有是哉」、「比吾鄉鄰之死則已後矣」、「孰知賦斂之毒有甚是蛇者乎」。

　　像上述複雜的情況，都要仔細比較分析，才能確切理解說明。可參考楊樹達《詞詮》等書。

　　解釋同形詞易犯的偏向，第一是不適當地重視，認爲同形詞每出現一次都有一種不同的意義，因枝節繁瑣主觀臆測地探求它的特殊意義，甚而脫離原文像辭書那樣把詞的多種意義羅列起來；第二是無理由地放棄，認爲一個字一個字地比較是一種支離破碎的工作，會破壞文學欣賞，枯燥無味；第三是信手拈來，沒有計劃，因而迭床架屋，造成不必要的重複，對于必要的知識卻被漏去了。

　　下面再談同音詞。

　　同音詞即聲音相同或相近的詞。這類詞在古漢語中往往可以通用假借，所以又叫通假詞。也叫通假字。例如：

　　　辱舉其死者與其失人同。（《管子‧侈靡》）

這一句是不容易讀懂的，原因就是句中同音假借字多。但你只要知道「辱」是「蓐」的同音假借，「辱舉」與「蓐收」同義；「死」讀為「屍」；下「其」字又是「己」字的同音假借；你就知道這一句是說：「收其屍首與己家失亡人同」，「謂其求之懇切」了。又如《論語顏淵》「攻其惡，無攻人之惡。」假如你不知道「其」和下句「人」相對，是「己」的同音假借字，就會認為這句話自相矛盾了。這說明理解同音詞對研究古典作品的重要性。所以清代學者認為：「不知假借，不可與讀古書」。又如：

　　　哀南夷之莫吾知兮。（《楚辭‧涉江》）

有的注解說：「南夷指楚國」。教師也照著注釋解，沒有其它說明。學生就問：「屈原是楚國的貴族，為甚麼罵自己的國家為夷？這樣還能說屈原是愛國詩人嗎？」這種問題是提得對的。因為「夷」的確是我國過去大漢族主義看不起少數民族，對東方少數民族的貶稱。有人指出：金文中「人」和「夷」通用。「南夷」就是「南人」。《論語》「南人有言曰」，是「南人」一詞的濫觴。《九章‧思美人》：「哀南人之變態」，聞一多先生認為這個「南人」就是《涉江》中的「南夷」。可見《思美人》中「南人」的「人」是本字；《涉江》中「南夷」的「夷」是借字。不說明這些；要堵塞學生的疑竇是不可能的。這是不知「夷」是「人」的同音假借影響對作者為人的看法的。又如：

　　　坎坎伐檀兮。（《詩經‧魏‧伐檀》）

一般解為：「檀是一種樹，木材可以造車。」但有人說：本詩第二章伐輻，第三章伐輪，是砍木材作輻，伐木材作輪。第一章伐檀卻解作「砍檀樹，前後用詞的方法就很不相倫。這種意見是對的。因此，有

人就根據《莊子‧天下篇》的「桓團」《列子》作「韓檀」，認爲檀是團的借字，是載柩車。《儀禮‧士喪禮》鄭注：「載柩車，《周禮》謂之蜃車，《雜記》謂之團」。按今本《禮記‧雜記》作「載以輲車」。其上文云：「大夫士死于道，則升其乘車之左轂以其綏復。」「大夫以布爲輤（輤本載柩車上覆飾。此則爲死者原乘車上的覆飾。）而行，至于家而說（脫）輤。」下文云：「入自門，至于階阼下而說（脫）車，舉自階阼，升適所殯。」注：「凡死于外者，尸入自門，升自階阼，柩則入自闕，升自西階。周禮殯則於西階之上。惟死于外者殯當兩楹之中，蓋不忍遠之也。」既然「至于家而脫輤」，才「載以輲車（團）」；又「入自門，至階阼下而脫車（團）」；末「舉自階阼」入柩「殯于西階或兩楹間」；則《雜記》所謂「輲車（團）」實際上就是「載屍車」，而不是「載柩車」。《詩序》：「伐檀，刺貪也。」今天大家都說這是一首嘲罵剝削階級不勞而食享寄生生活的詩。這樣把「檀」讀成「團」，把「伐檀」解成「砍木作屍車」，不只和下兩章「砍木作輻」、「砍木作輪」的用詞方法協調一致；而且同西西里《紡織工人之歌》「織你的屍布」那樣，突出了「伐檀人」對剝削者的痛恨，深化了詩句的思想意義。又如《史記‧魏公子列傳》：

> 公子亦欲因此時定南面而王。

> 天下諸公子亦有喜士者矣，然信陵君之接巖穴隱者不恥下問，有以也。

前句一般解作：「公子也要趁這個時候定下即位稱王的局面。」後句都把「有以也」解成：「確有道理」。但有人認爲：「定」是「正」借字。《書‧堯典》：「以閏月定四時成歲」《史記‧五帝紀》作「正四時」；《國語‧齊語》「正卒伍」，《漢書‧刑法志》作「定卒伍」。古書中假「正」爲「定」的很多。如：「師，出不正反，戰不正勝。」（《公羊》莊二十六年）「吾誰使正之。」（《莊子‧齊物

論》此文下「正」字八現）都是「定」的借字。又有假「定」爲「正」
的，如「胡能有定，寧不我顧。」（《詩・日月篇》）因此，「定南
面」就是「恭己正南面而己矣」（見《論語・衛靈公》）的「正南面」；
「公子亦欲因此時定南面而王」也就是「公子也想趁這時自立爲王。」
這樣解不只簡省了許多文字，也更能突出受秦金的晉鄙客毀公子的惡
毒程度。後句「有以」解成「有道理」，字面上是對的，也是有根據
的。《呂氏春秋・直諫》：「凡國之存也，主之安也，必有以也。」
這個「有以」也就是「有原因」。但後句是把「天下諸公子亦有喜士
者」和「魏公子喜士」作比較的。無論解爲「有原因」、「有道理」；
都不能說明「魏公子喜士」比「天下諸公子喜士」有甚麼不同。王伯
祥《史記選》239頁校釋（185）解爲：「贊美他（魏公子）能掌握
待士的道理」，也好不了多少，又增文太多。今按「有」古代通「又」。
《說文》「尤」從「又」聲，則「有」解爲「又」或「尤」。「以」
古通「已」，可訓「愈」。《論語・公治》；「子謂子貢曰汝與回也
孰愈？」《先進》：「然則師愈與？」《孟子・告子下》：「白圭曰：
丹之治水也愈于禹。」這三個「愈」字都作「優異」或「優勝」解。
「有以」也就是「更優異」。這樣解不只簡明而符合句子比較的意義；
更能突出司馬遷對信陵君稱「魏公子」獨「以國繫」的敬愛心情。此
外，「以」也可解爲表度副詞「太」、「甚」，如《孟子公孫丑下》
「木若以美矣」；左文公五年「嬴日以剛」。「太」、「甚」即「過
度」、「勝過」、「超越」。如《孟子》「殆有甚焉」；「則夫子過
孟賁遠矣」。可見出「有以」也就是「尤勝」或「更超過」。

　　古書兩字連借的現象很普遍。石鼓文「其魚佳可」，《詩經》作
「其魚維何」，就是例證。又〈莊子・應帝王〉：「吾與之虛而委蛇
不知其誰何。」注：「汎然無所系也。」《淮南子本經》：「兼包海
內，澤及後世，不知爲之者誰何。」可見「誰何」連言與「誰」、「

何」分用同是不知其名目的代稱，這是「誰何」的本義。《六韜・虎韜・金鼓》：「凡三軍以戒爲固，以怠爲敗。令我壘上誰何不絕。」賈誼《過秦論》：「陳利兵而誰何。」師古注：「問之爲誰也。」雖然《文選》銑注說：「何，問也，言誰敢問。」因而有人解爲「誰可如何」；但善注：「誰何，問之也。」徐灝說：「誰、何皆貢問之詞，屬文者連言之則曰誰何。」這就把疑問代詞用如動詞了。《史記・衛綰傳》：「景帝立歲餘不誰呵綰」。《說文》：「訶俗作呵」。《索隱》：「誰呵音誰何，猶借訪也。一曰誰呵者責讓也。」《說文》「誰」字王注引此語也說：「誰呵當作誰何」。可見「誰何」又借作「誰呵（訶）」了。《管子・宙合》：「成功之道，必有巨獲。」《讀書雜記》說「巨獲」是「矩獲」的借字。此外，一部書或一篇文章中，爲了變文避複，還有借字本字並用的情況。如《孔雀東南飛》；「腌腌日欲暮………奄奄黃昏後」。「奄奄」就是「腌腌」的借字。「腌」從「奄」聲，故可通假。又如：「吾今且報府」，「吾今且赴府」，「報」也是「赴」的借字。《禮記・少儀》：「毋報往」，鄭注云：「報讀爲赴疾之赴」。又如：「蒲葦一時紉，便作旦夕間」兩句，也有人認爲「作」是「徂」的借字，「作」從「乍」聲，「徂」從「且」聲，「乍」，「且」古同音，故可通假；《爾雅》「徂，存也。」存與在同義。「便作旦夕間」和「便復在旦夕」兩句，意義一樣，一般把前句解爲「只能保持很短的時間」，「作」解爲「保持」，沒有根據。古書中通假字詞很多，要學習這方面的知識，可參看《說文通訓定聲》。

(七)**要區分同義詞和反義詞：**

比較同形詞和同音詞之外，解釋古典文學作品，還要注意區分同義詞和反義詞。

同義詞是形體讀音不同而意義相近的詞。正因爲意義相近，解釋

起來就要細心區分；才不會造成混亂。例如：

> 桑之落矣，其黃而隕。（《詩·氓》）

一般解作：「桑樹到落葉的時候了，葉子黃了、落了。其，有應該的意味，隕，落。」但也有人認為：解「落」為「落葉」，就和「隕」的意義重複而沒有區別了。因此，「落」當解作「敗」。《莊子·天地》：「夫子盍行邪，無落吾事！」王念孫謂：「落」同「露」，《方言》：「露，敗也。」「夫子盍行邪無落吾事」就是「夫子盍行邪無敗吾事」。說見《廣雅》「敗露也」條疏證。可見「桑之落矣其黃而隕」，就是「桑樹衰敗啦，葉子黃了，並且隕落了」。「其」指代「桑葉」，並不作「應該」解。上章「桑之未落」，「落」字也是衰敗的意思。「桑之未落，其葉沃若。」也是說：「桑樹沒有衰敗，那葉子很潤澤。」又如：

> 嚴大國之威，以修敬也。（《廉藺列傳》）

一般解作：「這是尊敬大國的威嚴，表示敬意。」但也有人認為：解「嚴」為「尊敬」，和下文「修敬」重複，和「威」字也不相配搭。因此，「嚴」應當解作「畏」。《離騷》：「湯禹嚴而祗敬兮」，王逸注：「嚴，畏也。」又如：

> 而君畏匿之，恐懼殊甚。（《廉藺傳》）

一般解作：「你就怕他躲他，嚇得了不得。」但也有人認為：「畏」作「怕」解，和下文「恐懼」的意義重複；「匿」作「躲」解，也不如作「隱藏」解恰當。「畏」同「猥」，《莊子·桑庚楚》「畏壘之山」，《釋文》：「畏又作猥」。猥，曲也。見《文選·報孫會宗書》「而猥隨俗之毀譽也」注。「曲匿」就是無微不至地隱藏。上文「相如聞，不肯與會」；「相如每朝時常稱病，不欲與廉頗爭列」；「已而相如出，望見廉頗，相如引車避匿」；「猥匿之」就是這些情況的概括，也是「恐懼殊甚」的寫照。此外，猥還有多和卑的意義。前者

如《范滂傳》「所劾猥多」；後者如《抱樸子・百里》「庸猥之徒」。故「猥匿」也可解爲「千方百計的藏匿」或「卑躬屈己的藏匿」。這也可以說明「畏」是「猥」的借字，「猥匿」是一個偏正式的合成詞，而不是「畏」和「匿」兩個詞。這些都說明研究或解釋古典文學作品區分同義詞的重要性。

反義詞是詞性相同意義相反的詞。運用反義詞，往往能把客觀事物互相矛盾互相排斥的現象鮮明地揭露出來。爲了豐富寫作的詞彙和深入理解作品，閱讀解釋古典作品，對反義詞就必須注意區分。例如：

> 視小如大，視微如著，而後告我。（《紀昌學射》）

有不少人把「微」也解作「小」，說「視小如大，視微如著，就是看微小的東西像看大的東西那樣明顯。」這樣把兩句合併起來解，就不只混同了「微」和「小」這組同義詞的意義；同時，也抹煞了反義詞的區分了。很明顯，在這句話裡，「大」和「小」，「微」和「著」是兩對反義詞。同「大」的意義是「小」的反面一樣，「著」的意義也是「微」的反面。「著」一般的意義是「明顯」、「顯著」，「微」就應該解爲「隱微」、「細微」。「大」和「小」是從形體方面說的，「微」和「著」是從跡象方面說的。這樣從形體、跡象兩方面說，飛衛就明確地向紀昌提出了學視的要求。下段寫「昌以氂懸虱于牖，南面而望之。」也是從「視小」、「視微」兩方面去鍛鍊的。因爲虱固然是最小的東西，氂卻是最微的東西。視力進步的情況雖然只寫「旬日之間，浸大也；三年之後，如車輪焉；以視餘物，皆丘山也；」好像說的完全是學會了「視小如大」。但是寫「以燕角之弧，朔蓬之簳射之」的結果是：「貫虱之心，而懸不絕。」可見作者的筆下並沒有遺漏「視微如著」方面。閱讀時如果不注意大和小、微和著這兩對反義詞的作用；對于下一段文章的脈絡是摸不清楚的。又如《孟子・告子》「魚我所欲也」這個「欲」字，一不小心很容易把它解作「想」

字。但下文接著有這樣幾句：

> 生亦我所欲，所欲有甚于生者，故不為苟得也。
>
> 死亦我所惡，所惡有甚于死者，故不為苟避也。
>
> 如使人之所欲莫甚于生，則凡可以得生者何不為也。
>
> 使人之所惡莫甚于死者，則凡可以避患者何不為也。
>
> 是故所欲有甚于生者，所惡有甚于死者，非獨賢者有是心也；
>
> 人皆有之。賢者能勿喪耳。

和把「生」同「死」對舉一樣，都把「欲」和「惡」對舉。從此可知「欲」應當解作「愛」不能解作「想」了。

㈧不能停留在字面上：

解釋古典文學作品，作到了以上各點，雖然基本上能解釋清楚；卻不一定能解得透徹。要解得透徹；就不能形式主義地只解字面。這兒有幾點值得注意。

第一、要掌握作品的精神：例如：

> 妾不堪驅使，徒留無所施。（《孔雀東南飛》）

有人解作：「我既擔當不了你家使喚；白白地留著也沒有甚麼可做。」也有人解作：「我既然當不了你家的媳婦；白白留著也沒有甚麼用。不堪，不能勝任。驅使，驅遣使喚。」從字面上看，解「施」為「作」比較準確；解「施」為「用」似乎不很切實。但根據作品精神，解「施」為「作」正是形式主義的解法；解「施」為「用」卻是準確深透的解法。因為蘭芝求去的根本原因，是由於「雞鳴入機織，夜夜不得息，三日斷五匹，大人故嫌遲，非為織作遲，君家婦難為」解「施」為「作」，把「徒留無所施」，解為「白白地留著也沒有甚麼事可作」，不只同事實不相符；特別是開脫了焦母對蘭芝壓迫虐待的罪行。這樣解釋是脫離作品的思想內容的。至於解「施」為「用」，把「徒留無所施」解為「白白留著也沒有甚麼用處」，卻正好表現了蘭芝當時向

仲鄉求去的憤懣心情。按《淮南子、原道》「施之無窮」，高誘注：「施，用也；」《漢書蕭望之傳》「遂不施敞（張敞）議，「施」也解作「用」。可見「施」解爲「用」，也有一定根據。又如：

> 公子傾平原君子客。（《魏公子傳》）

有人解作：「公子把平原君的門客都吸引過來了。」也有人解作：「公子的門客超過了平原君。」從字面上看，解「傾」爲「盡（都吸引過來）」似乎解得切實。並且《辭源》253頁「傾」下③竭盡，就舉此句爲例。王伯祥《史記選》207頁校釋〔144〕也說是「公子把平原君的門客都傾倒在自己的門下。傾，注也。」韓兆琦《史記選注集說》219頁注釋〔5〕也說；「傾——倒，使之倒向一方。」此外，《三國志蜀志董和傳》講當時奢侈的風俗還說：「婚姻葬送，傾家竭產。」竟傾、竭對文。都是根據。但這種解釋只適於《孟嘗君傳》「傾天下之士」句。用在這裡卻矛盾很大。因爲這句話的上文說：「平原君門下聞之，半去平原君歸公子；天下士復往歸公子；」才形成「公子把平原君的門下客都吸引過來」？反之，「超過」和「傾」表面看來似乎毫不相干；但解「傾」爲「超過」把「公子傾平原君之客」解成「公子的門下客超過了平原君」，和上下文卻很合拍。並且《漢書》五二《田蚡傳》「欲以傾諸將相」，顏師古注：「傾，謂踰越而過之也；」《續列女傳、趙飛燕姊娣傳》：「俱爲婕妤，貴傾後宮。」「傾」也作「超過」解。如果解「傾」爲「盡」字，連這兩句都講不通。要知道：傾注、傾倒、傾吐等「盡」的意義外，「傾」還有傾側、偏傾、傾斜等不平衡的意義。既然不平衡；就有多少輕重、大小、高低之別了。這大概是顏師古等解「傾」爲「超過、踰越」的依據。還有，漢李延年有一首歌說：

> 北方有佳人，遺世而獨立。一顧傾人城，再顧傾人國。寧不知傾城與傾國？佳人難再得！

這四個「傾」字，又只能解爲「傾覆」才成。以上說明：一詞多義雖然是字詞的普遍現象；但字詞總是作品整體不可分割的組成部份。不掌握作品精神，專從字詞一般意義上去解釋，是不能深入透徹的領會作品的。

第二、要說明字詞所代表的客觀實際。如：

> 萊駒爲右，釋左驂以公命贈孟明。（《殽之戰》）

一般只說：「萊駒作車右，解下車上左面那匹驂馬，用晉襄公的命令贈送給孟明。」對於「車右」的職司是甚麼，車上左邊那匹馬爲甚麼叫「左驂」，卻毫不提及。又如：

> 中壽，爾墓之木拱矣。（《殽之戰》）

也只說：「按中壽計算，你早該死了。古代以六十歲以上爲中壽；這時候，蹇叔的年齡當在八十歲以上。拱，合抱。這裡是說木材長得很大了。」對於不及六十歲、「六十歲以上」到底上到多少年和古人墓邊爲甚麼會有木，都不略加說明。對魏學洢《核舟記》「佛印居右」也只說：「佛印是個和尙，是蘇東坡的朋友。」連他的名字叫「謝端卿」都不交代一下。這樣解釋下去，人們所獲得的知識是膚淺、片面、零碎而不實際的。因爲古典作品所反映的是古代事物。特別對於古代的名物制度，非略加指點，就不能理解。當然我們不能在這方面去作繁瑣的考證。

第三、要點明字詞意義的根源和情感色彩。例如

> 布囊其口，去逾四十里，之虛所。（《童區寄傳》）

一般都解作：「用布蒙住他的嘴，走過四十里，至市集中。」當然，「囊」原意是口袋，這裡作動詞用；虛同墟。這些也解釋清楚了。但段玉裁《說文》注：「囊，言實其中也。」可見「布囊其口」是用布塞住他的口，由於囊是盛物之具，是名詞，於是就把盛物於囊這種動作叫作囊。馬中錫《中山狼傳》策蹇驢「囊圖書」一般都注爲：「囊，

這裡作動詞用。（用口袋）裝著。」下文「乃出圖書，空囊，徐徐焉實狼其中。」注：「實，裝進去。」這是個鮮明的例證。解為「用布蒙住他的嘴」，卻正說反了。又《兩般秋雨盦隨筆》「虛集」條；「鄉城集合貿易之處，北人曰集，從其聚而言；南人曰虛，從其散而言之也。」羅泌路史注也有這類說法。這是城鄉虛集得名之所由。說「虛同墟」，把「虛集」之「虛」看成是「廢墟」之「墟」的音假字，就沒有理由。因為城鄉集市總該選擇人群聚居附近空曠的地帶，而不會在四無人居的廢墟之上的。這說明：飄浮在字面上不深入研究，就不能獲得深透的語文知識。又如：

> 好雨知時節，當春乃發生。（杜甫《春夜喜雨》）

「發生」二字是從《莊子》「春氣發而百草生」而來的。用在這裡是「啓發生機」的意思。「當春」二字緊承上句「知時節」三字。「雨」、「當春」而降，能啓發草木生機，故曰「好雨知時節」。正因為這種「知時節」的「好雨」啓發了萬物的生機；所以下文「曉看紅濕處，花重錦官城」的形象描寫就有了根據。因此，解透了「發生」這個詞，就為上下文建立了橋樑，為全詩開拓了意境。但是一般只把「發生」二字解作「下起來了」；這就不免流於淺薄，更談不上對全詩的藝術美進行欣賞了。文學本來是語言的藝術，古典文學作品用事的地方很多。有不少詩詞名作，往往以用典用事見稱。不了解其字詞意義的根源；就不能欣賞作品的美妙。並且不同於拼音文字，漢字的構造每個字都有它的道理的。不了解這種道理就很難說對這個字有深透的認識。例如《論語，顏淵》：

> 樊遲問仁。子曰：「愛人」。

> 顏淵問仁。子曰：「克己復禮為仁」。

對前兩句有人解作：「樊遲問怎樣叫作仁？先生說愛別人就是仁。樊遲是孔子的學生。子，等於今天稱先生或老師。」後兩句一般解作：

顏淵也是孔子的學生。「克己復禮爲仁」，即克制自己尊守禮節就是仁。禮，《周禮》。復禮，即恢復周禮的各種規定。因爲孔子之時已經禮崩樂壞。但也有人說明樊遲、顏淵和孔子的關係外，指出：「子」，《說文》作「ᆿ」。「滋也，像萬物滋生之形，亦像人首與手足之形。」人以爲稱，本兼通母女。如《禮記、曲禮下》「子於父母，則自名也。」注：「言子者，通男女。」是明顯的證據。後演爲男子之通稱和尊稱。故孔丘、孟軻、荀卿、莊周都稱子。「仁」，《說文》謂「仁，親也。從人二，會意。」人「獨則無偶，偶則相親。」親則相愛。所以樊遲問仁，孔子的回答是「愛人」。不過，人總是有私欲的。兩我相親也有時會兩我相爭。解決這種矛盾的唯一的辦法，就是各自以禮自我克制。所以顏淵問仁，孔子的回答是「克己復禮爲仁」。樊遲、顏淵同是問仁。孔子的回答表面不同；實質上都是說善於處理人同人之間的關係。所以《中庸》說：「仁者，人也。」可見「仁」就是作人的道理。這樣抓住關鍵，把字源解清楚，就有很大的作用。第一、古書中「子」字有時指男，如《趙榮》「丈夫亦愛憐其少子乎？」有時指女，如《論語公冶》「以其兄之子妻之」、「以其子妻之」。懂得子義「兼通男女」；碰到後者就不會發生疑慮。第二、仁是孔子哲學核心，《論語》中出現百餘次。懂得了仁是作人的道理；再讀「親親爲仁」，「孝悌也者其爲仁之本歟」之類的句子，就豁然貫通。又如：

> 蹴爾而與之，乞人不屑也。（《孟子、告子上》）

《孟子、盡心下》還有「欲得不屑不潔之士而與之」的句子。對於「不屑」二字也有人只解作「不願接受」並不說明其中有「以爲不潔而不願接受」的意思。更不說明這種語詞只能用於怎樣的情況之下。因而青年人寫信就出現那「您送我這麼多禮物，我眞不屑」的句子。這說明辨別字詞的情感色彩的重要意義。

二、怎樣注意句意的中肯？

閱讀和解釋古典文學作品，要著重字詞意義的落實，是不少人提到的。雖然實踐的情況很不平衡。至於要求句意的中肯，卻很少人注意。但這方面的問題仍然很多。怎樣才能把古典文學作品中句子的意義領會解釋得中肯呢？我覺得下列各點首先值得研究。

㈠要分清句的界限：

這是一個斷句的問題。這個問題在現代作品裡是沒有的。但古人寫文章不只沒有標明句讀的科學方法；連古書簡單的圈點，都是後人加上去的。因此，「離經辨志」就成為古人讀書一項重要的學習內容。五四以後，雖然逐漸有人對古書進行標點；但古書中有些句讀原來就有爭論，標點古書的工作直到目前都作得不夠理想。因此，我們閱讀和解釋古典文學作品，就不能不注意。例如：

　　彼黍離離，彼稷之苗。（《詩經、黍離》）

一般只注：「黍，小米。離離，行列貌。稷，高梁。」不解句意。這就使人對「彼稷之苗」句不知如何作解。《詩經》注也只說「賦其所見黍之離離與稷之苗。」因而有人解為：「看那一行行的黍子苗和稷子苗啊！」這就把「彼黍離離，彼稷之苗」合成一句話了。問題的關鍵就在於把「彼稷之苗」的「之」字看成為結構助詞「的」。結構助詞不一定解出來，所以只說「稷子苗」，不說「苗子的苗」而「彼稷之苗」無論解為「稷子苗」、「稷子的苗」或「那個稷子的苗」；都只是一個詞組，不能成為一個句子。所以只好勉勉強強合二為一。但，既然原來是「彼離離黍稷之苗」；詩人為啥要把它分為兩段，說成「彼黍離離，彼稷之苗。」這個漏洞是沒有辦法堵塞的。因此有人根據《禮記、中庸》「親親之殺，尊賢之等」，《墨子、非儒》作：「親親有術(通殺)，尊賢有等。」「之」和「有」迭韻，皆在古韻台部。

認爲：「彼稷之苗」，就是「彼稷有苗」。「彼黍離離，彼稷之苗」是一個複句。上一分句的主語是「彼黍」，謂語是「離離」；下一分句的主語是「彼稷」，謂語是「之(有)苗」。今按《古書虛字集釋》：「之猶有也。有古讀若以，故亦訓有。」《書、牧誓》：「牝雞無晨，牝雞之晨，惟家之索。」《國語、晉語》：「雖後之會，將在東矣。」《左傳》襄十六年子貢曰：「夫子之言曰」。這三個「之」字都作「有」解。《管子、心術上》：「登降揖讓貴賤有等，親疏之本。」有和之互文見義。管燮初《殷虛甲骨刻辭的語法研究》指出甲骨文「三月㞢（之）史」，「㞢（之）史」也就是「有事」。都證實「之」訓「有」，把「彼稷之苗」看成「彼稷有苗」是順理成章的。這就把句子的界限分得清清楚楚了。又如：

> 丹之私計，愚以爲誠得天下之勇士使於秦。（《史記、荊軻傳》）

一般把「愚」字解作「我」。也有人認爲：以「丹之私計」爲句，訓「我」爲「愚」，都不妥當。應以「丹之私計愚」爲句。此乃太子丹自謙之辭，《漢書、鄒陽傳》王先生曰：「吾先日欲獻愚計」。「愚計」二字也是自謙之辭。就語法說，「丹之私計」是主語，「愚」是謂語。與上文「太傅之計，曠日持久」，「太傅之計」是主語，「曠日持久」是謂語同例。以「丹之私計」爲句，是只有主語而沒有謂語，豈不是既不合語法；又使語意不完整嗎？今按「丹之私計」本不成句。「愚」屬下與「以爲」連讀解成「我以爲」，也和「丹之私計」的意思重複。這樣標點本來是錯的。改爲「丹之私計愚。以爲誠得天下之勇士使於秦。」上下句就界限分明了。古書句讀不明，標點錯亂的地方很多。我們閱讀解釋，就要細心辨正。有時作品中的句讀會出現兩種不同的分法，這就要分別優劣，從其善者。如《魏公子列傳》：

> 嬴乃夷門抱關者也，而公子親枉車騎自迎嬴；于眾人廣座之中，不宜有所過，今公子故過之。

> 嬴乃夷門抱關者也，而公子親枉車騎自迎嬴于眾人廣座之中；
> 不宜有所過，今公子故過之。

前者以「自迎嬴」爲分界線，這以上是一個完整的複句，這以下又是一個完整的複句。意思是說：「我侯嬴是夷門抱關的人，公子親枉車騎迎接我；公子于眾人廣座不宜有所過，現在卻過訪我。」兩句話說的都是公子對侯嬴的尊敬。「公子于眾人廣座之中」的「公子」原探下文「今公子」省。後者以「眾人廣座之中」爲分界線。這以上是一層意思；這以下又是一層意思。總的是說：「我侯嬴原是夷門抱關人，而公子親枉車騎迎接我于眾人廣座之中；我本來不敢過客，現在爲了公子的緣故，卻去拜訪了朱亥。」兩句話說的是侯嬴受到公子的尊敬又怎麼做，很明顯，後者缺點很多：第一、公子到夷門去迎接侯嬴，夷門不會有「眾人廣座」，不能說「親自迎接于眾人廣座之中」；第二、「今公子過之」是個分句。這個分句「公子」是主語；「過之」是謂語和賓語。「故」是副詞修飾「過」，作「特意」解，不能憑空添出「爲了」二字解成「爲了公子的緣故」；第三、「不宜有所過」和「過之」，指侯嬴過朱亥，同公子迎接侯嬴這回事區分開來，在上文雖然不無根據；但和下文「故久立公子車騎市中，過客以觀公子」卻嫌重複。因此，就要遵從前者去解釋。此外，還要注意不要把正確的句讀解歪了。如：

> 以爾車來，以我賄遷。（《詩、氓》）

這種句讀本來是很清楚的。有人注解爲：「你用車子來迎接我；我帶我的財產嫁給你。」表面看來，你我雙方對言，也是很合理的，因此，不少教師也照這樣去解釋。這就把原來正確的句讀解歪了。顯然這實在只是一個句子，上半截說「以爾車來」，句意並沒有完結。因爲「以爾車來」幹甚麼呢？後面還等著說明，後半截「以我賄遷」就補足了句子的意思。可見「以爾車來」是手段；「以我賄遷」是目的。上

面那個「以」字作「用」解；下面那個「以」字當作「把」解。整句話的意思是說：「你用你的車子來，把我的財產搬去。」普通為《詩經》一般是「四言」這個公式所迷惑，形式主義地以為四個字就是一句。沒有注意這是一句話的兩半截。覺得上半截的意思不完整，就加上「迎我」兩個字去解釋；為了跟上半截的解釋「你用你的車子來迎我」對得工整些，就把下半截解為：「我帶我的財物來嫁你。」至於下半截開頭那個「我」字是否添得恰當，句末那個「遷」字是否可解作「嫁你」，卻顧不得那許多了。這樣信口開合，到底是在解釋前人的詩句，還是自己在說書作文章？我想細心一點的聽者和讀者總會發現問題的。古典詩歌中這類句子很多。如：「爰及美女，聿來胥宇（《綿》）」；「樹之榛栗，椅桐梓漆（《定之方中》）」。不注意從句子內在的邏輯去分清句子的界限，是很容易鬧笑話的。這是把一句話誤解為兩句的。又如：

> 恐不任我意，逆以煎我懷。（《孔雀東南飛》）

這分明是前後有序的兩個句子。有人注為：「會作些違反我意思的事，使我心裡痛苦。逆，違北。」解「逆」為「違背」，又把「違背」二字放在前句「我意」之上，就使前後兩句糾纏不清了，因此又有人認為：「恐不任我意」就是「恐怕不聽隨我的意思」。「逆以煎我懷」就是「以橫逆煎熬我心懷」。古漢語介詞的賓語常在介詞前面。《孟子·離婁》「夜以繼日」《呂氏春秋·先識》作「以夜繼日」；《論語·陽貨》「君子義以為上」，《說苑·君道》：「君子以忠為質」；都是例證。這種解法，有理有據，分清了前後句的界限，無疑是比較好的。但有一個問題。就是這兩句詩的上兩句說：「我有親父兄，性行暴如雷。」無論解「逆」為「違背」或「橫逆」，對「父兄」長輩來說都很不適當，也是和蘭芝婉順的為人不相符的。今按《玉篇》：「逆，度（慮）也，謂先事預度之也。」《論語》：「不逆詐」；《

易、說卦》：「知來者逆是，故易逆數也」；逆皆作度（慞）解。《孟子、萬章上》：「說詩者不以文害辭，不以辭害志。以意逆志，始為得之。」注謂「以己意迎取作者之志」，「迎取」即「逆度」。又《古書虛詞集釋》：「以猶之也」，「以，之為疊韻字；故以訓之，之亦訓以。」《晏子春秋・襍篇》「寵以百萬以富其家」；《說苑臣術》「寵以」作「寵之」，《讀書雜志》謂：「寵以當作寵之」。按以與之同義，不必改。《史記、秦本紀》：「是以君子為國，觀之上古，驗之當世，參以人事。」賈子《過秦論下》作「參之人事」。「以」與「之」亦互文，可見「之」，「一為指事之詞」。「逆以煎我懷」即「度之煎我懷」。李因篤說：「以父兄之暴，恐所懷見剪，則逆知有變。」北大《兩漢文學史參考資料》550頁注㊿：「恐怕兄長不會聽憑我的意願，我一想到這裡就五內如焚，心中像油煎的一樣。」這樣解才是對的。

(二)**要注意句子的成分和結構：**

分清句子的界限外，閱讀解釋古典文學作品，還要注意句子的成份和結構。這並不等於說對作品句句要作語法分析，但一定要按照句子的成分和結構去理解和說明，其理解和說明才落實。例如：

　項羽兵四十萬，在新豐鴻門；沛公兵十萬，在霸上。（《史記、

　鴻門宴》）

有人解作：「項羽的兵四十萬，在新豐鴻門；沛公的兵十萬，在霸上。」也有人解作：「項羽有兵四十萬，在新豐鴻門；沛公有兵十萬，在霸上。」這樣一來，學生就問：「項羽自己是否在鴻門，劉邦自己是否在霸上呢？」問題後一半，教師雖然很快用文章開頭一句「沛公軍霸上」為旁證說明了；問題的前一半，教師一時卻不知如何作答。顯然，問題的後一半，也是可從文章後幾段「沛公旦日從百餘騎來見項王，至鴻門」我到旁證的。不過，這樣節外生枝地解釋，就難免分散學生

的注意了。這種問題的產生，就在於教師本身沒有分清哪是句子的主語，哪是句子的謂語，因而講解的語言就在句子的主語和謂語之間不適當地加上了「的」字或「有」字。又如：

　　竊爲大王不取也。（《鴻門宴》）

　　竊爲公子不取也。（《魏公子傳》）

這兩個句子，結構相同，解法也應基一致的。但前句有人解作：「私意以爲大王是不採取呀。」注解也說：「竊爲，私意以爲。」後句又有人解作：「爲公子打算，這樣作是不值得的。」後句的解釋，「打算」二字是添文，「這樣作是不值得的」是離文之外，它同前句解釋的分歧就在於「竊爲」二字。前句的解釋把「竊」和「爲」連讀，解作「私意以爲」；後句的解釋對「竊」字沒有解，把「爲」和「公子」連讀，也沒有說明「爲」字的意義。其實，「爲」當解作「代(替)」。《淮南子、人間川》：「是爲諸侯先受禍也」；《史記、蘇秦傳》：「臣竊爲大王羞之」；《漢書、枚乘傳》：「此臣之所以爲大王患也」；「爲」都作「代」解。《淮南子、主術》「是猶代宰剝牲，而爲大匠斲也」，《老子》作「是謂代大匠斲」，更是明顯的證據。「竊」也不能解作「私意」，只能解作「私自」或「私下」。《廣雅釋話》：「竊，私也。」《論語、述而》：「竊比我于老彭」，劉寶楠《正義》：「夫子謙言不敢顯比于老彭，故言私比也。」都是良好的例證。假如解作「私意」；碰到「寡人竊聞大王好音」（《史記廉藺傳》）；「竊見災異並起，天地失常」（《漢書、劉向傳》）之類的句子就講不通。因此，這兩句應當解作：「我私自(竊)替大王(或者公子)不采取呀」！「竊」，表謙副詞，「不取」是謂語，「爲大王(公子)」是介賓結構作修飾語，假如把「爲」字上屬「竊」讀成「竊爲」，解作「私意以爲」；那「爲」字就變成了謂語，「大王(公子)不取」就是主謂結構作賓語了。這還能說是中肯的理解和說明了句子的意義嗎？因

此，我覺得認清楚句子成分，按照句子本身的結構去理解和講說，是中肯把握句意的重要法門。

要分清句子的成分把握句子的結構，就要注意句子成分的省略和句子的倒裝兩種現象。

關於句子成分的省略，主要是注意介詞(與、以、爲……)後省略賓語；動詞後省略賓語；省略主語各種情況。例如「欲呼張良與（　　）俱去」，「豎子不足與（　　）謀」（《鴻門宴》），「願以（　　）聞于官」（《童區寄傳》），「令以（　　）責之里正」（《促織》），「願爲（　　）市鞍馬」（《木蘭辭》），「爲（　　）擊破沛公軍」（《鴻門宴》）。對這類句子要說明介詞後省略了賓語。再如：「杞子自鄭使（　　）告于秦」，「使（　　）出師于東門之外」（《殽之戰》），「便要（　　）還家」，「餘人各復延（　　）至其家」（《桃花源記》）。對這類句子要指出動詞後省略了賓語。復如：「孔子下，（　　）欲與之言；（　　）趨而避之，（　　）不得與之言。」（《論語、楚狂接輿》）「公使陽處父追之，（　　）及諸河，則（　　）在舟中矣。」（《殽之戰》）對這類句子要點破省略了主語。又如：「臣誠知（　　）不如徐公美」（《鄒忌諷齊三納諫》）；「（　　）火燒（　　）令（　　）堅」（《活板》）；對前者應說明省略了作賓語的主謂結構中的主語；對後者應指出省略了介詞「以」、賓語和兼語。

此外，答語中省略成分更多。如「不若長安君之甚」（《觸讋說趙太后》）承上文「媼之愛燕后賢于長安君」，「不若」下省略了動詞「愛」。「曰害于耕」（《孟子、許行》），承問話「許子奚不自織」，「害」上省了「爲」字。「對曰未也」（《論語、季氏》），承上問「學詩乎」，「未」下省略了「學之」二字。

關於句子成分的倒裝，主要是注意動賓倒裝和介詞位置的變化兩

種現象。動賓倒裝方面：如「惟奕秋之為聽」（《孟子·學奕》），應說明是動賓倒裝，中間加「之為」的格式。「宋何罪之有」（《墨子·公輸》），應指出是動賓倒裝，中間加「之」字的格式。「唯力是視「唯命是聽」、「馬首是瞻」，應指出是動賓倒裝，中間加「是」字的格式。如「彼不我恩也」（《童區寄傳》），「時人莫之許也」（《隆中對》），「莫我肯顧」（《碩鼠》），「而良人未之知也」（《齊人有一妻一妾》），「吾非斯人之徒與，而誰與」（《楚狂接輿》），「古之人不予欺也」（蘇軾《石鐘山記》）。要說明是否定句中代詞作賓語，賓語在動詞前。如「客何為者」（《毛遂自薦》），「而誰以易之」（《楚狂接輿》），「大王來何操」，（《鴻門宴》）「山何苦而不平」（《愚公移山》）「何為不去也」（《苛政猛于虎》），「卿欲何言」（《赤壁之戰》）。要指出是疑問句中，疑問代詞作賓語，賓語在動詞前。如「問何以戰」（《曹劌論戰》），「中丞以匿于溷藩免」（《五人墓碑記》），應指出是介詞「以」的賓語都在前。介詞位置的變化方面：如「今先生處勝之門下，三年于此矣」，（《毛遂自薦》）「何不試之以足」（《度足》）。前者應說明是介詞「于」的位置變易；後者應說明是介詞「以」的位置變化。

此外，還有省略與變位同時並存一句中的現象。如「捊以尖草」，（《促織》）要說明是「以尖草捊之」的倒裝和省略。「具告以事」（《鴻門宴》）要指出是「以事具告之」的倒裝和省略。「裹以帷幕」（《赤壁之戰》），要說明是「以帷幕裹之」的倒裝和省略。他如「試之雞」（《促織》），「規以利」（《莊子·盜跖》），也存在易位省略兩種現象必須說明。

關於句子成分的省略和倒裝，在講解古典文學作品中，有不少人加以重視。但往往做得不夠。如：

女行無偏邪，何意致不厚。（《孔雀東南飛》）

一般都解爲：「這個女子的行爲並沒有甚麼不正當，哪裡想到會（使母親）不滿意呢？偏斜，不正當。何意，豈料。致，使。」這兒把「不厚」解爲「不滿意」，很明顯非常牽強。因而有人認爲：「致」也不當解爲「使」，應與「致殷勤之意」（《赤壁之戰》）的「致」同義。「何意致不厚」就是「阿母何意致以不厚呢」「阿母」是這句的主語，不過承上文「上堂啓阿母」省略了。下文「新婦謂府吏，何意出此言！」也是在「何意」上省略了主語「你（府吏）」而已。「何意致不厚」是質問阿母「甚麼心意對蘭芝刻薄（致以不厚）」，「何意出此言」是責怪仲卿「甚麼心意說出這樣的話」。把「何意」解成「哪裡料到」雖然可以；但也應解成「何意阿母致不厚」（哪裡料到你給薄情於她）和「何意府吏出此言」（哪裡料到你說出這樣的話）。現在解成「何意使阿母不厚」把「阿母」添在「致（使）」字下面，就不很妥當。因爲「何意致不厚」、「何意出此言」句法相同，假如像上句一樣，把「府君」添在「出」字下，說成「何意出府君此言」；句子就不通了。以上兩種解法前一種不注意句子成分的省略；後一種很注意。它們之間的優劣是很明顯的。又如：

　　　　汝卜汝筮。（《詩經・氓》）

有的注解和不少人寫文章都解成：「你占卦的結果」。這樣把兩個「汝(爾)」字當作句子的主語，沒有注意句子成分的省略之外，還沒有注意句子成分的倒裝。因爲這是主語(我)省略，賓語倒裝的句法。鄭箋：「爾，女(音汝)也。復關既見，此婦人告之曰：我卜汝筮汝，宜爲室家矣。」這種傳統的解法是正確的，也是從無異議的。誰都知道，我國古代還沒有完備的語法知識。但是漢儒解經已是注意到句子中各種省略和倒裝的因素了。我們今天不只不注意這些問題；還把古人正確的解說顛倒了。豈非怪事！

　　要知道，對于古典文學作品，不注意句子成分的省略和倒裝，往

往不能中肯的理解句子的意思,如:

　　　皆以美于徐公。(《鄒忌諷齊王納諫》)

教師只指出「以」下省略「我」字,但沒有說明「美于徐公」是「于徐公美」的易位。學生就理解爲「只像徐公那樣美」或者「同徐公一樣美」,而不知是說「都以爲(我)比(于)徐公更美」了。至於動賓倒裝的現象如果不好好說明,將來讀到「予取予求」(《左傳》僖公七年)和「我叱我呵」(韓愈《送窮文》)一類的句子,就更加莫明其妙了,又如「孟嘗君客我」(《戰國策、馮諼客孟嘗君》),一般解作:「孟嘗君把我當客人看待」,而不說明是「孟嘗君以我爲客」的省略和易位。表面看來,沒有問題。其實卻名實不符。因爲馮諼實際上是孟嘗君的門客,並不是孟嘗君把他當作客人看待。原句所反映的是「實」;解釋所反映的是「名」。怎麼能說解得中肯?古書上這類句子很多。如「爾欲吳王我乎」(左定公十年)、「完母死,莊公令夫人齊女子之」,(《史記、衛世家》)「天子父天母地」(《三國志、吳志、步騭傳》),依上述那樣去解釋;更不可通。

　　㈢**要注意句式的變化和異同:**

　　　分清句子界限,把握句子結構之外,閱讀解釋古典文學作品,還要注意句式的變化。因爲句式不同,作用和語氣都不相同。同時,這種細微的區別又不容易說出來。因此,就要細加比較,才能深刻領會。例如《鄒忌諷齊王納諫》有這麼幾句話:

　　　謂其妻曰:我孰與城北徐公美?

　　　謂其妾曰:我孰與徐公美?

　　　問之(客):吾與徐公孰美?

三個句子在意義上是沒有多大不同的。因此,解釋的人就往往滑了過去。至多不過說:這是作者爲了避免重複,把句子變化一下而已。其實就這麼一變化,也就有著實際需要和區別的。首先,從語法上說,

前兩句是單主語（吾、我或者再加上「美」），後一句是複主語（吾與徐公）；前兩句的「孰」字是疑問代詞形容動詞「與」，《漢書》顏師古注解「孰與」爲「何如」，可以作爲例證，有人把第一句解爲「我與城北徐公孰美」（王力《古代漢語》上冊第一分冊251頁），就把「孰與」分爲「孰」、「與」兩個詞，不是一個詞了。後一句「孰」字是疑問代詞，「與」字是連詞。其次，從句子的重點說，由於語法結構的變化，句子的意義也就各有所側重。前兩句著重以「吾、我」去比徐公，是單純的比較；後一句是「吾」與「徐公」並列，同時擺出來對比，是寓比較於抉擇。這兩方面的區別，只要細心觀察句子的形式，是比較容易分辨出來的。最主要的還有表達作用的不同。因爲從上下文考察，前兩句是「修八尺有餘，形容昳麗」的鄒忌在「朝服衣冠、窺鏡」的時候對妻妾說的，當時可能有向妻妾炫耀自己的美的情感，所以側重拿自己去比徐公；後一句是在「朝服衣冠」的「旦日」，妻妾的誇耀引起了自己的懷疑(不自信)和「客從外來、與坐談」的情況下說的。這時說話的對象和自己的關係不同，炫耀自己的美的情感消逝了。爲了解決自己的疑惑，就只好把自己和徐公並列同時擺出來對比，希望得到公正的評判。三種句式不同，正是人物的社會關係和內容表達的需要相適應的。

　　忽略句式變化的細微差異，會影響對句意深入的理解；忽略變化的句式相同的基本意義也會把句子解釋得前言不對後語。例如《詩經‧氓》有這樣幾句：

　　　信誓旦旦，不思其反；反是不思，亦已矣哉！

很明顯，「不思其反」和「反是不思」是一種句式上的變化。兩個句子的基本意義，應該是大致相同的。「不思其反」是承上文的結句；「反是不思」是啓下文的開句。有人指出：三百篇里，上句的謂語(即結句)和下句的主語(即開句)意義相同的有三種情況：一種是文字完

全相同，如「我覯之子，維其有章矣；維其有章矣，是以有慶矣」（《裳裳者華》）；另一種是文字一半相同，如「受福無疆，四方之綱；之綱之紀，燕及朋友」（《假樂》）；又一種是變換句式，如「凡周之士，不顯亦世；世之不顯，厥猶翼翼」……「商之子孫，其麗不億。上帝既命，侯于周服；侯服于周，天命靡常」（《文王》）。上引《氓》裡的幾句，屬於第三種。因此，「反是不思」這一句的解法雖然多種多樣，我們不能強求一律；不過它的基本意義應該同「不思其感」一樣，那是肯定了的。但是有人把「不思其感」解作「誰也沒有想到他會變心」；又把「反是不思」解爲：「既然那個男子行爲反復，不思舊情」，顯然沒有注意上述句式變化的情況。

注意句式的變化之外，還要注意句式的異同，例如：

君既若見錄。（《孔雀東南飛》）

郎誠見完與恩。（《童區寄傳》）

秦城恐不可得徒見欺。臣誠恐見欺于王，而負趙。（《史記·廉頗藺相如列傳》）

「徒見欺」省略了介賓詞結構「于秦」，解時往往把它添出來，解作「被秦欺騙」；「見欺于王」，介賓結構後置，解時往往把它提前，解成「被王欺騙」；這樣做都是對的。正因爲「見欺」和「見錄」、「見完與恩」結構形式相同，古典作品中又有「昨日蒙教」、「乃今日見教」之類的句子；於是對「見錄」、「見完」句，不少人也解成「既然蒙君記著我」、「誠然蒙郎保全我、對我好」。這就錯了。因爲「徒見欺」和「恐見欺」都是被動句式，被欺對象是「趙」和「臣」。「趙」給省略了，「臣」被提前到句首作主語。「見錄」和「見完與恩」在這兒不是被動式，是主動式。「見錄」的對象是蘭芝，「見完與恩」的對象是童，都給省略了，解時把它(我)添出來是對的。但「君」和「郎」都是句子的主語。是「見錄」、「見完與恩」的施事者，

而不是受事者。解時放在「蒙」字下，解成「蒙君記著我」、「蒙郎保全我對我好」，就變成作賓語的主謂結構的主語部份了，並且「蒙」有表謙之意。在上述「見欺」之類的被動式裡解「見」為「被、受」都合理。《五人墓碑記》「當蓼洲周公之被逮」、「猶記周公之被逮，」都用「被」字，在「見錄」、「見完與恩」等主動句句裡解「見」為「蒙」就不適當了。因此，有人認為：「錄」應當解作「親善」；「見」應當解作「加」。他的證據是：《鹽鐵論、未通篇》「錄民數創于惡吏」，「錄民」即「善民」；《漢書、外戚傳》「意尚肯復追思閔錄其中弟哉」！「閔」同「愍」，「閔錄」即「怜愛親善」。這是「錄」可解為「親善」的例證。韓愈《進學解》：「然而蒙主上不加誅；宰臣不見斥。」「加」與「見」互文見義。他如「使民畏公而不見親」（《管子、小問》）；「偏報諸所尚見德者」（《史記、蘇秦傳》）；「上之皇天見譴」（《漢書、鮑宣傳》）；「若使君不見聽許」（《三國志、蜀志、先主傳》）；「恐帝長太后見怨」（《漢書、雲敞傳》）。上述「見」字都解作「加」。我覺得說主動句中的「見」作「加」解是對的。《詩、氓》「至于暴矣」，鄭箋解為「乃見酷暴」，或也解為「而爾遽以暴戾加我」；「君既若見錄」下文「府君見丁寧」，一般解作「府君再三加以叮嚀」；都是好的例證。但說「錄」解為「親善」，卻不如解為「收留」好。因為蘭芝說得好，「今更被驅遣，何言復來還？」仲卿也說過，「不久當歸還，還必相迎取！」又說「不久當歸還，誓天不相負！」可見當前急需解決的，並不是甚麼「記著」或「親善」的問題；而是「收留」、「不收留」的問題。因為「覆水難收」，是我國古代被休棄婦女無可逃避的命運。從此可見，依照上下文和句子本身的格式，這句的正確解釋是：「你既然對我加以收留。」至于「見完與恩」句，則當解為：「你誠然對我加以保全和恩遇。」這裡也可把「見」作為「相」這樣的指代詞看待，把「見錄」、

「見完」句解爲「你既然收留我」和「你誠然保全(我)和恩遇我」。此外，有人認爲上引鄭箋對「至于暴矣」添上表被動的「見」字解爲「乃至見酷暴」；可見「至于暴矣」也是被動句。這就錯了。因爲一個句子是甚麼格式，只能從句子本身的實際去考察，注家的解說只能作爲參改。怎麼能因爲鄭箋添上一個甚麼字勍判定這個句子是甚麼格式？並且鄭玄是東漢末期人，漢魏時期的文章主動句用「見」字已經很多，我們上文所舉例句已足作證。怎麼見得用了「見」字就表被動？再說，辨別句式異同，也不能專看語文形式，有時還要從句子的邏輯意義去考察。例如：

　　　子畏于匡。（《論語、先進》）

一般解作：「孔子在匡地遇難。畏，遇難的意思。」這是把它作主動句來解釋的。這一句《史記、游俠傳》作「仲尼畏匡」。省略了介詞于。解「畏」爲「遇難」，解「于匡」爲「在匡地」似乎也沒有錯。但《鹽鐵論》作「匡人畏孔子」可見「子畏于匡」、「仲尼畏匡」都是被動句。《廣雅》：「畏，威也。」《漢書、五行志》：「嚮用五福，畏用六極。」《尚書、洪範》作「嚮用五福，威用六極。」可見「畏」即「威脅」之意。《廣雅》：「脅，恐也。」左莊二十八年：「若使太子主曲沃，而重耳夷吾主屈與蒲；則足以威民而懼戎。」則是可以威脅人民恐嚇戎狄。《淮南子、精神》：未知生之樂，則不可畏以死。」《漢書、景十三王傳》：「虜乃復見畏我」；「前殺昭平，反來畏我。」「畏」都作「恐嚇解。可見「子畏于匡」、「仲尼畏匡」就是「孔子被匡人威脅恐嚇。」此外，還有施受同詞的情況。如：「予羈縻不得還」（文天祥《指南錄序》）；「半匹紅紗一丈綾，系向牛頭充炭值」（白居易《賣炭翁》）。怎麼說被動句就一定有「見」字或「被」字？

　　主動被動外，還有其它句式，如《論語、公冶》：

　　老者安之，朋友信之，少者懷之。

三句的言語結構是一致的。一般都解作：「老年人，使他們安樂；朋友，使他們彼此信任；少年人，使他任得到關懷。」其實，把「安之」、「信之」解為「使他們安樂，使他們彼此信任」是對的；把「懷之」解為「使他們得到關懷」卻可商榷。因為這三句話，是孔子在「子路曰願聞子之志」的情況下說的。前面有「子曰」二字。可見這三句的主語都是「吾」，不過給省略了。《國語、吳語》：「富者吾安之，貧者吾信之。」也可作為佐證，因此，有人引《中庸》「懷諸侯也」孔疏「懷，安撫也」，認為「懷之」的「懷」應作「安撫」解。這三句話的解釋就是：「老年人，我使他們安樂；朋友，我使他們信實；少年人，我安撫他們」。「安之」的「安」和「信之」的「信」，都是使動用法，這兩句也是使動式的句子。「懷之」的「懷」是自動用法，這一句也是自動式的句子，「懷之」雖然也可解為「關懷他們」；但上述解法增添「得到」二字，解成「使他們得到關懷」，就把自動式解成使動式，同前兩個使動句式混淆不清了，這種說法也不是沒有理由的。又如：

　　夫人之，我可以不夫人之乎？（《穀梁》僖八年）

　　不如吾聞而藥之也。（《左傳》襄三十一年）

　　孟嘗君客我。（《戰國策、齊策》）

　　縱江東父兄憐而王我。（《史記、項羽本紀》）

前兩句「夫人」、「藥」是名詞的意動用法。「夫人之」是把她作夫人看待；「藥之」是把它當作藥，這兩句都是意動式的句子。後兩句「客」、「王」是名詞的使動用法。「客我」是以我為客；「王我」是奉我為王。這兩句是使動式的句子。我們上文說到一般把「孟嘗君客我」解為「孟嘗君把我賞客人看待」之所以出錯，就在于沒有分清句子的意動式和使動式，把使動句解成意動句。名詞的使動用法，在

古漢語中決非偶然的現象。如：「則眾人君之而受命矣」（黃宗羲《原君》）；「齊桓公合諸侯而國異姓」（《史記、晉世家》）；「汝欲吳王我乎」（《左傳》定十年）；「所謂生死而肉骨也」（《左傳》襄二十三年）；都是例證。這類句子《孟子、萬章篇》更多，如「舜之不臣堯」、孔子于衛「主癰疽、主顏讎由」于齊「主侍人瘠環」。「(陳)主司城子貞」、「孔子主我」(萬章上)。「天子而友匹夫」、「千乘之國友士」、「非事道與？曰：事道也」(萬章下)都是。特別是：《韓世家》：「完(桓公之名)母死，莊公令夫人齊女(莊姜)子之；」左隱三年作：「其弟戴媯生桓公，莊姜以為己子。」《三國志、吳志、步騭傳》：「天子父天母地」；《淮南子、精神篇》作：「以天為父，以地為母。」更進一步證明：這種句式只能解作「以（　　）為甚麼」或使（　　）怎麼樣」；不能解作「把（　　）當作甚麼」或認為（　　）怎麼樣」。《孟子、告子上》：「飲食之人，則人皆賤之」；「趙孟之所貴，趙孟能賤之；這兩個「賤」字都是形容詞動用。但前者是意動用法，只能解「認為（　　）賤」，不能解為「使（　　）賤」；後者是使動用法，只能解為「使（　　）賤」，不能解為「認為（　　）賤」。這都要注意分辨清楚。又如：

　　孟嘗君使人給其食用。（《國策、齊策》）

　　(陽貨)歸孔子豚。（《論語、陽貨》）

　　公賜之食。（《左傳》隱公元年）

很明顯，「給其食用」、「歸孔子豚」、「賜之食」，都是表人賓語在前，表事賓語在後的雙賓語式的句子。第一句「其」作「之」(他)解，是指人賓語；「食用」作「食的用的」解是指事賓語。一般都把第二句解為：「陽貨送給孔子豬腿」，第三句解為：「鄭莊公賜給穎考叔食」。但對於第一句卻解為「孟嘗君使人供給他(諼母)的食用。」這就把指人賓語解成定語，把指事賓語作中心詞了，所以會產了這種

錯誤，就是因爲古漢語指人賓語用「之」字的最多，大家看得慣了，
碰到「其」字作指人賓語的句子，腦子一時就轉不過彎來。其實，這
種句子，古漢語中也是不少的。如：「瞻卬昊天，曷惠(賜)其(我)寧」
（《大雅、雲漢》）；「(梁)王共(供)其(焦延存)資用」（《漢書、京
房傳》）；「陛下且（將)何以加其(之)法乎」（《漢書、張釋之傳》）；「
君試遺其(之)女樂以奪其志」（《史記、秦本紀》）；「陰報其(之)
禍」（《史記、平津侯傳》）；「貸錢者多不能與其 (他)息」、「民
頗與其(我)息」、「而民尙多不以時與其(我)息」；「王召孟嘗君而
復其相位，而與其故邑之地」（《史記、孟嘗君傳》）；「使人遺其
雙鶴」（《世說、言語》）；「遺其驢馬」（《世說、德行》）；「
不甚教其書學」（《世說、學文》）；都是例證。特別是：《墨子、
非命》：「上帝不順，祝(大)降其喪」；《墨子、非樂上》）作「上
帝不順，降之百殘。」《韓非、主道》：「君以其(他的)言投其事」；
《韓非子、二柄》作「君以其言授之事。」《說苑、說叢》：「邦君
將昌，天遺其道；大夫將昌，天遺之士」。《漢書、董仲舒傳》：「
予之齒者，去其角；傅其翼者，兩其足」。皆「其」、「之」互言。
以上說明注意句式變化和異同的細微差別的重要意義。

　　㈣**要注意句類的區分：**

　　句子還有各種不同的分類。句類不同，表達的思想情感也就不同。
閱讀解釋就不能不注意句子的類型，如《童區寄傳》有這麼一段：

　　　　逃未及遠，市者還。得童大駭，將殺童。遽曰：「爲兩郎僮，
　　　　孰若爲一郎僮耶？彼不我恩也；郎誠見完與恩，無所不可。」
　　　　市者良久計曰：「與其殺是童；孰若賣之？與其賣而分；孰若
　　　　吾得而專焉？幸而殺彼，甚善！」即藏其尸，持童低主人所。
「遽曰」下那個句子和「計曰」下那兩個句子是很相似的。因而解釋
的人也往往認爲前一句不過省略了「與其」二字。但細心的人指出：

前一句是單句:「爲兩郎僮」就是主語;「孰若」是謂語;「爲一郎僮」是賓語。後兩句是複句:「殺是童」、「賣而分」是偏句;「賣之」、「吾得而專」是正句。前一句是「遽曰」,是童寄在可能立刻被殺的情況下,急遽地說出來的,目的在於很快而有力地說服對方,使對方立即判明利害,語言必須簡明,因而就用單句。同時,情況那麼急迫,不是絕對需要的「與其」這類語詞自然也不會說出來。第二、三句是「計曰」,是市者在考慮利害得失,「良久」不決,心中盤算的話。加上「與其」,變爲選擇比較的複句,就更適當地表現出市者當時那種猶豫徘徊的心情。這樣細緻的分析,就把柳宗元運用語言描寫人物的工夫深入淺出地揭示出來了。這類句子古典作品屢見不鮮。如《荀子、天論》最末了一段:

> 大天而思之,孰與物畜而制之?從天而頌之,孰與制天命而用之?望時而待之,孰與應時而使之?因物而多之,孰與騁能而化之?思物而物之,孰與理物而勿失之也?願于物之所以生,孰與有物(有,右借字,右,助也。)之所以成?故錯(放棄)人而思天,則失萬物之情。

這六個「孰與」都解作「孰若」。六個以「孰與」作謂語的單部反詰句,蟬聯排比而下,氣勢雄壯,充分肯定了「人定勝天」的主題。以堅強的信心對人類發出了「控制自然、戰勝改造自然的號召」。假如錯誤地把它說成是六個省略了「與其」的選擇複句,這就把整段文章的內在的戰鬥精神無端削弱了。荀子是主張「戡天」,認爲:「張本而節用,則天不能貧;養備而動時,則天不能病;循道而不忒,則天不能禍」的。省去這六個「與其」,難道出於無意?又如:《韓非子、畫鬼》有這麼一段:

> 夫犬馬,人所共知也。旦暮罄于前,不可類之,故難;鬼神無形者,不罄于前,故易之也。

對于「故難」和「故易之」兩句，解釋的時候，也是很容易忽略的。有的人精細一點，也至多不過說明前句「難」字下省略了「之」字。但高明一點的人卻認爲：並不是一個用字省略的問題，而是不同句類的運用問題。前句是描寫句，是形容詞謂語句，「難」字的詞性並沒有轉變。後句是敘述句，是動詞謂語句，後面加一「之」字，「易」字詞性便從形容詞轉變爲動詞。這是形容詞的意動用法，這個「易」字也就變成了意動詞。犬馬有定形，是一種客觀存在，不以人的主觀想像爲轉移，「不可類之」；又「且暮罄于前」，大家有目共睹，畫得差一點點，人們都容易覺察出來；所以畫起來就艱難(故難)。鬼神是人們空想出來的產物，沒有固定的形體；又無影無蹤，不罄于前，可偶任憑人們主觀的想像去繪描，人們都無法加以科學的評斷；所以我以爲容易畫(故易之)。前者是要受客觀事物檢驗的，必須抱科學態度；後者沒有客觀標準，大可以意爲之。科學態度和主觀主義的異同，就從這一個「之」字的有無表現出來。這樣精闢的分析，就使人深刻地認識到不同句類在表現不同事物方面的特獨作用。

　　把句類區分滑了過去，解釋固然流於淺薄；把原句的類別解釋錯了，問題就更加嚴重。例如：

　　　我豈有所失哉！(《史記、魏公子傳》)

《經傳釋詞》把這個「豈」字訓爲「其」，「其」與「或」同義。可見這句話應當解作：「我或者有失誤的地方吧？」句末應當用疑問號，不該用感嘆號。因爲這並不是一個感嘆句，而是一個有疑而問的疑問句。正因爲信陵君不是感嘆自己有所失，而是懷疑自己有所失；所以他就「復引車還問候生。」有的本子把這一句加上感嘆號把它作爲感嘆句已經錯了；解釋的人一般都解爲：「難道我有不對的地方嗎」？又解成一個無疑而問的反詰句，這就和句子的標點和「復引車還問候生」的情節都不相符了。又如黃宗羲《原君》有這麼一句：

　　回思創業時，其欲得天下之心，有不癈然摧沮者乎？

這是修辭上一句無疑而問的設問句，它的作用在於啓發人們去思考來證實自己的想法，因而下文也就從「明乎爲君之職分」和「不明乎爲君之職分」兩方面去推論。但有人卻注解爲：「回想起(那些開國君主)創立帝業的時候，(如果知有今日)那想占有天下的野心，哪有不頹喪的呢」？這就解成一個用加強語氣使人相信自己的說法的反問句了。同原句的實際當然不柬適應。复如《孟子、滕文公下》：

　　一薛居州，獨如宋王何？

這是孟子謂戴不勝曰那段話的最後一句。這一句的上文是：「在于王所者，長幼尊卑皆薛居州也；王誰與爲不善？在王所者，長幼尊卑皆非薛居州也；王誰與爲善？」兩個「誰與」句都是反詰句。前句是肯定沒有人同宋王作壞事；後一句是肯定沒有人同宋王作好事。從此可見「一薛居州獨如宋王何」也是反詰句，孟子是以反詰的語言肯定一個薛居州不能使宋王作好事，斷言戴不勝欲其王(宋王)「爲善」，說「薛居州善士也，使之居於王所」這種辦法不能使宋王變好的。所以前人有的根據上文兩個「皆」字相對地把「獨」字獨立爲一句。注爲「言小人衆而君子獨，無以成正君之功。」更加強了「如宋王何」的反詰語氣。一般人註爲：「一個薛居州，還能對宋王起多大作用呢？如……何，把……怎麼樣；獨，助詞，相當於表疑問的其字」。這就把無疑而問的反詰句誤成有疑而問的疑問句，和上文兩個「誰與」反詰句互相牴牾了。因此，有人認爲：獨字與《論語、述而》「桓魋其如予何」的「其」字相當，與「可」同義。表反詰，不是表疑問。「獨如宋王何」意思是「可奈宋王何」，「可把宋王怎麼樣？」(不能把宋王變好)「桓魋其如予何」意即「桓魋可把我怎樣？」(桓魋不能害我)這種說法是對的。因爲「如何」即「若何」。《莊子、德充符》：「其用心也，獨若之何」與左僖二十四年「今天子不忍小忿，以棄鄭

親，其若之何」文例同，「其若之何」即「可若天子何」？同年「民未亡禍，王又興之，其若文武何」。「其若文武何」即「可若文武(功業)何」？僖十五年「慶鄭曰寇深矣若之何？對曰君實深之，可若何」？「可若何」即「可若之何」？同上「君亡之不恤，而群臣是憂，惠之至也，將若君何」？「將若君何」即「可把怎麼樣？」(不能夠辜負君)都是反詰句。《國語、楚語》：「德其忘怨」；《左傳》昭公元年：「吾儕偷食，朝不及夕，何其長也」；《越絕書外傳記地傳》「天以賜吳，其逆天乎」？「其」都作「可」解釋。還有：

> 其不足從游！(《魏公子傳》)

這是一個語氣堅強，憤激了當的表判句，這句話，是信陵君在邯鄲同處士毛公薛公成了好朋友，聽到他的姊夫人說平原君責備他「妄從博徒賣漿者游」，罵他「妄人耳」，氣憤得「乃謝夫人去」的情況下說的。這句話不只飽和著信陵君對平原君指責他「妄與博徒賣漿者游」罵他為「妄人」的憤怒；也充滿了他對「平原君之游，徒豪舉耳，不求士也」的不滿。這句話原來是「不足從其游」，「其」是賓語。指代平原君，意思是「不值得和平原君作朋友」。為了突出對平原君的不滿，故把賓語提前，說成「彼不足從游」，即「他這種人不值得交游」！正因為信陵君對平原君極度的憤怒和不滿；所以說完這句話的下一句是「乃裝為去」。即收拾行李要離開趙國。這是司馬遷對信陵君「好客喜士」和「重義氣」的重筆描畫，試看信陵君說「吾始聞平原君賢，故負魏王而救趙；」現在看到平原君看不起薛公毛公，又要離開自己有權有勢的姊夫平原君。可見在信陵君的眼裡是只有「士」；沒有甚麼權勢地位的。但王伯祥《史記選》207頁校釋〔142〕卻說：

> 其不足從游，等於說：「殆不足從游乎。」其，擬議不定的副詞，相當於「殆」。不足從游，猶言不夠朋友，意謂不配跟他在一塊兒了。「游」下當添一「乎」字看。

既然解「其」爲「殆」；又說「意謂不配跟他在一塊兒」；就解成兩個「其」字了。既然「游」下當添一「乎」字看；就和「不配跟他在一塊兒了」的「了」字矛盾了。信陵君既然「擬疑不定」；邪就不是表判句，是擬議句了。這樣解釋，不只抹煞了句子蘊藏的內在情感；而且歪曲了信陵君對「不求士也」的平原君的鬥爭精神。特別是和上文「乃謝(辭)夫人去」下文「乃裝爲去」這兩個「去」字矛盾。

有人認爲：在上古漢語裡，其字不能用作主語，在許多地方「其」字很像主語，其實不是的。這是因爲「其」字所代表的不是簡單的一個名詞，而是名詞加「之」字。「其不足從游」既然原來是「不足從其游」；怎麼能夠說把「其」字提前作主語？我覺得在古漢語裡，其字固然有時代表名詞加「之」字；有時也純粹代表一個名詞。當它代表名詞加「之」的場合固然不是主語；但當它純醉代表名詞的場合當然是句子的主語了。例如《項羽本紀》載張良對劉邦說：

> 楚兵且破，信、越未有也分地，其不至固宜。

這個「其」字不是純粹代表韓信、彭越作了句子「不至」的主語。又如《孟嘗君列傳》：

> 薛公必不破秦以強韓、魏。其攻秦也，欲王之令楚王割東國以
> 與齊，而秦出楚懷王以爲和。

這個「其」字不是代表上文「薛公」(孟嘗君)作了「攻秦」句的主語？特別是同傳：

> 若齊免天下之兵；其仇子深矣。

「子」指秦相魏冉。岡白駒把這句解爲：「齊仇子深矣」，「其」字更明顯純粹代表名詞「齊」作爲「仇子深矣」的主語。《秦始皇本紀》：

> 秦王政生于趙，其少時與丹驩

這個「其」字又代表秦王政作句子的主語。這是《史記》中的例句，再看《孟子、盡心上》：

舜之居深山之中，與木石居，與鹿豕遊，其所以異于深山之野
人者幾希。

獨孤臣孽子，其操心也危力其慮患也深。

前句「其所以」的「其」字，承上文「舜」作了句子的主語，後句兩
個「其」字，承上文孤臣孽子作爲句子的主語。又《盡心下》：

舜之飯糗茹草也，若將終身焉；及其爲天子也，被袗衣，鼓琴，
二女果(同婐，美務也)，若固有之。

這個「其」字又承上文「舜」作了句子的主語。還有《詩、豳風、東
山》：

之子于歸，皇駁其馬。親結其縭，九十其儀。其新孔嘉，其舊
如之之何？

「其馬」、「其縭」可以解作「她的馬」，「她的縭」。這兩個「其」
字下似乎是有「之」字的。「其新」、「其舊」兩句卻不能解決「她
的新」、「她的舊」；只能解作：「她新婚的時候很好，日子久了不
知怎麼樣？」這兩個「其」字當然是純粹指代上文「之子」作爲這兩
句的主語了，再看《禮、檀弓》：

其嗟也可去；其謝也可食。（《齊大饑》）

這兩個「其」字也代表黔敖作句子的主語。並且古漢語往往彼、其連
用作句子主語。如《墨子、節用》中：「彼其愛民謹忠」；《莊子、
天下》；「彼其充實，不可以已」；《則陽篇》：「父子之宜，彼其
乎歸居。」「彼其」都是句子的主語。「不足從其游」的「其」作賓
語，「其」下決不能加「之」字作解，本來是純粹代表平原君的名詞，
提前到句首，爲甚麼不是句子的主語？《詩、大雅》「其至于今」。
其也是主語。

　　以上說的是單句、複句、敘述句、描寫句、疑問句、感嘆句、設
問句、反詰句、表判句。再看《詩經、小雅、斯干》：

> 乃生男子，載寢之床，載衣之裳，載弄之璋。其泣喤矣，朱芾
> 斯皇，家室君王。

> 乃生女子，載寢之地，載衣之裼，載弄之瓦。無非無儀，唯酒
> 食是議，無父母詒羅。

這是《斯干》的最後兩段。《斯干》是一首祝賀新居落成的頌詩。最後這兩段是描寫遷入新居後生男育女的情景和祝願。前段前四句寫男子初（乃）生，給他（之）睡（寢）在床上，給他穿好下裙（裳），放一樣玉器（璋）他手邊給他玩弄。後段前四句寫女子始生，給她睡在地上，給她穿好褓衣或包被（裼），放一塊搓鞋繩績麻用瓦（陶製品）在他手邊給她玩弄。前段後三句寫男子（其）哭聲洪亮（喤），預測他將來可成家立室，為君為王，穿朱芾（帝王服式）那樣色彩輝煌（皇）的衣服。後段後三句寫女子長大了，不要多是非（無非）好打扮（無儀），（一說「無非」即無違公婆丈夫；「無儀」即無邪。）只要講究辦好酒食（婦主中饋）將來不留給父母憂慮。很明顯，兩段前四句都是對子女初生的描述；後三句都是對子女前途的希祈。「璋」、「瓦」下用句號煞住是對的。「王」、「羅」下也用句號作結就錯了。因為這是祈使句，要用祈使號（！），用上句號；就把祈願未來的內容變成了現實的描述，和初生小孩掛不上鉤。

㈤要注意上下句前後文的情況：

任何作品都是有機的統一體，它裡面的句子並不是孤立的。因此，要解釋得句意中肯；分清句子界限和把握句子本身的結構、句式、句類之外，就要注意上下句和前後文的情況。

現在先談上下句方面的問題。

例如《孔雀東南飛》：

> 著我繡袂裙，事事四五通。

後一句一般解為：「每穿戴一件衣飾，經過四五次更換。通，遍。「

單就這一句看是沒有問題的。但同「著我繡裌裙」聯系起來看，這樣解釋，就顯得上下句脫節，因此，有人認為：上句只說「著我繡裌裙」一事。下句上「事」字應是動詞，下「事」字當是名詞。「事事四五通」就是作「著我繡裌裙」這一件事就費了四五次手(經過四五次更換)。王安石《答司馬諫議書》：「如曰今日當一切不事事」注：甚麼事都不作，事事，作事。」就是一個很好的例子。《史記、曹參世家》：「卿大夫以下吏及賓客見參不事事」，「事事」的解釋也是這樣，今天我們還有「無所事事」的說法。又如：

　　腰若流紈素，耳著明月璫。(同上)

前一句一般解作：「腰身裊娜，穿著白綢子的衣裙，像流水一樣，閃閃發光。紈素，白色的綢子，流是說紈素發出的光像水流動。」但也有人認為：這兩句是對偶句。「流紈素」是名詞，和「明月璫」相對。「若」也不能作「像」解應當和「著」的意義相類。「若」同「惹」《廣韻、馬韻》，「若」、「惹」皆「人者切」。《增韻》：「惹，引著也。」可見「腰若流紈素」就是「腰間引著(繫掛)著用流紈素製的裙帶。」

　　以上說明注意上下句的聯繫和配合在解釋古典文學作品中的重大意義。

　　其次，再談前後文方面的問題。

　　例如《藺相如列傳》：

　　請奉盆缻秦王，以相娛樂。

一般解為：「讓我捧著瓦盆兒，請秦王敲一敲，也好互相娛樂。」但有人認為：下文相如有「請得以頸血濺大王」的話，假如這句是說「相如(我)捧著瓦盆兒請秦王敲」；就當同下文一樣稱「大王」不能稱「秦王」。因此，「奉」不能解作「捧」，當解作「獻給」的意思。《廣雅》：「奉，獻也」；《左傳》僖公三十年：「天奉我也」，杜

注:「奉,與也」。「請奉盆缻秦王」是「相如讓旁人奉獻秦王盆缻」，「奉」上用「請」字是客氣話。這種解釋我覺得很有理由。因爲從訓詁方面說，解「奉」爲「捧」雖然符合聲音通假的慣例；但王念孫《讀書雜記》指出：《文選西征賦》注和《太平御覽器物部》引這句話，「奉」都作「奏」。「奏」雖然和「奉」一樣，都可解作「進」；卻不能解成「捧」。其次，從語法上說，「奉盆缻秦王」是指事賓語在前的雙賓語句法，動詞「奉」及于「盆缻」也及于「秦王」。解成「捧」，就只及于「盆缻」，不及于「秦王」了。復次，從事件的發展看，「請奉盆缻秦王」不過是相如口頭上泛請秦方，還沒有想到要親奉「盆缻」，接著司馬遷寫：「秦王怒，不許。於是相如前進缻，因跪請秦王。」相如才親自「進缻請秦王」。解「請奉盆缻秦王」爲：「讓我捧著瓦盆兒請秦王」，就顛倒了請的對象，使文章所寫相如先口頭請求後親行促擊這兩個層次混淆不清了。又如同傳：

> 于是趙王乃齋戒五日，使臣奉璧拜送書于庭。
>
> 今大王亦宜齋戒五日，設九賓于廷，臣乃敢上璧。
>
> 秦王齋戒五日後，設九賓于廷，引趙使者藺相如。
>
> 卒廷見相如，畢禮而遣之。

第一句「拜送書于庭」，過去一般解作「恭恭敬敬地送國書于秦庭」。後來有人根據第二、三四句講到秦國方面都稱「廷」，不作「庭」，指出：第一句的「庭」指的是「趙庭」，不是「秦庭」；「拜送書于庭」也是趙王，不是藺相如。「使相如奉璧」下應有逗號，不該和「拜送書于庭」連成一氣。譯成現代漢語這句話是說：「于是趙王就齋戒了五天，讓我(相如自稱)捧著寶玉，他恭恭敬敬地行了禮，送出國書」。「庭」是「庭院」，其規模小。作者按照相如出使的口吻；稱本國的朝廷爲「庭」，含有自謙的意思；「廷」乃布政之所，是國君聽政的朝堂，一般專指「朝廷」，其規模較大，作者按照相如出使秦

國的身份，稱秦國的布政之所爲「廷」。也含有向對方表示尊敬的意義。這種解釋我看是很合理的。因爲從出使禮儀說，古代諸侯互聘朝天子所送禮物，都陳諸中庭，主辦官寫好禮單國書，當國君面前點交給使者。使者拜受收拾好才出發。趙王授相如璧當然在趙庭點交，從字詞訓詁看，「庭」雖可通「廷」，《易、夬》「揚于王庭」；《史記、公孫弘傳》「不敢面折庭爭」；「庭」都指百官所在的朝廷；但在這段文章裡，除「拜送書于庭」外，其它對秦國方面的確都作「廷」。這段話是相如對秦王說的。相如身入虎狼的秦廷，看見秦王受璧後無意償城，所以急中生智，說璧中有瑕，把璧騙了回來。又爲了爭取五日的時間，使自己可以從容完璧歸趙，所以編造出趙王送書時「乃齋戒五日」這種情節來，作爲要求「秦王齋戒五日，設九賓于廷，乃敢上璧」的根據。正因爲有了這種編造的情節，所以下面相如就緊接著申說趙王這樣作的理由而憤然地說：「何者，嚴大國之威以修敬也」；並聲色俱厲地責備秦王說：「今臣至，大王見臣列觀，禮節甚倨！得璧，傳之美人，以戲弄臣。」有了這種充分的理由，才說服秦王不得不接受自己的要求，「設九賓于廷，引趙使者藺相如，」按照過去的解法，敵我雙方的對比就沒有那麼鮮明。

談到注意前後文，就必須查看原著的有關篇章，不能以閱讀選文爲滿足。因爲好些選文，特別是課本，爲了適應閱讀和教學的需要，編者往往對原文加以節刪。因此，光看選文就往往不能解決問題。例如：

　　邑有成名者。（《促織》）

這一句一般本來把它解作「縣裡有姓成名名這個人。」然而卻有人說「成名」，是「以成名」的省略，也是「名成」的倒裝，應該解作：「縣裡有名字叫成這個人，」那末，這一句是順敘句，還是省略倒裝手法的句子呢？單看選文，這種爭論是沒有辦法解決的，但是，一查

《聊齋志異》，問題就解決了。因為這篇作品的末了有下列一段：

> 異史氏曰：「天子偶用一物，未必不過此已忘，而奉行者即為
> 定例。加以官貪吏虐，民販婦賣兒，更無休止，故天子一跬步
> 皆關民命，不可忽也。獨是成氏子以蠹病，以促織富，裘馬揚
> 揚。當其為里正受撲責時，豈意其至此哉！天將以酬長厚者，
> 遂使撫臣，令尹並受促織恩蔭。聞之：一人飛升，仙及雞犬。
> 信夫！

這段話不只幫助我們解決了一個句子的解釋問題；就是對于幫助我們
探索原作的主題思想，也有很大的作用。又如《留侯世家》：

> 韓諸公子橫陽君成賢，可立為王。

這是項梁接受范增的建議立楚懷王孫心為楚懷王時，張良說項梁立韓
後益樹黨的話，橫陽君成則下文項梁所封韓王成。橫陽是韓王成在秦
滅六國前為韓諸公子時的封地。韓封成于橫陽故稱橫陽君。但王伯祥
《史記選》100頁校釋〔54〕說：「橫陽君成即韓成。橫陽，封邑，
今地不詳。」北京大學《兩漢文學參考資料》120頁注⑥也說：「橫
陽，封邑，不詳今在何處。「韓兆琦《史記選注集說》109頁注釋〔
8〕卻說：「諸公子——指諸侯的除嫡長子以外的其他兒子。橫陽君
成——即韓成，橫陽君是其封號。」很明顯，韓兆琦是看到人們注「
橫陽不詳何地」；就說「橫陽君」是韓成「封號」而沒有「封地」的。
今按《史記、韓信傳》「故立韓諸公子橫陽君成為韓王。」《正義》
云：「故橫城在宋州宋城縣西南三十里。」《史記傅寬傳》：「陽陵
（《考證》「當作陰陵。」）侯博寬，以五大夫（九等爵）起橫陽。」
《索隱》：「按橫陽邑名，在韓。韓公子成初封橫陽君，張良立為韓
王也。」《正義》：「《括地志》：「故橫城在宋州宋城縣西南三十
里」案蓋橫陽也。」《史記、彭越傳》：「彭越攻下睢陽，外黃十七
城。」《正義》又說：「睢陽宋城也。」足證「橫陽」在睢陽西南三

十里。即今河南商邱縣西南三十里。《史記、功臣表》亦載陽陵侯傅
寬「以舍人起橫陽」。「橫陽」既然在今河南商邱西南三十里，又是
韓成的初封地；則王伯祥等所謂「不祥何地」和韓兆琦所謂「橫陽君
是其(成)封號」，都是不查《史記》原著中有關篇章及其注釋所造成
的錯誤。又如《刺客列傳》：

　　　燕太子丹者，故嘗質于趙；而秦王政生于趙；其少時與丹驩。
一般都把「其少時與丹驩」解成：「秦王政少年時代和燕太子丹歡好。」
但《史記、始皇本紀》說：「秦始皇帝者，秦莊襄王(異人)子也。莊
襄王爲秦質子于趙，見呂不韋姬，悅而取之。生始皇，以秦昭王十八
年正月生於邯鄲。及生，名爲政，姓趙氏。年十三歲，莊襄王死，政
代立爲秦王。」《史記、呂不韋傳》又說：「秦昭王五十年，使王齮
圍邯鄲急，趙欲殺子楚。（即異人。歸秦，楚服見王后華陽夫人。王
后悅其狀，高其知。曰：我楚人也，而自子之。乃變其名曰楚。」）
子楚與呂不韋謀，行金六百斤與守者吏，得脫，亡赴秦軍。（《秦策》：
子楚歸在秦孝文王立後，並且是呂不韋說服趙王遣歸的。與此異。）
趙欲殺子楚妻子。趙夫人，趙豪家女，得匿，以故母子竟得活。秦昭
王五十六年薨，太子安國君立爲王，華陽夫人爲皇后，子楚爲太子。
趙亦奉子楚夫人及子政歸秦。秦王立，一年薨。諡爲孝文王。太子楚
代位，是爲莊襄王。」「莊襄王即位三年薨（《秦本紀》作四年），
太子政立爲王。」這是秦王政生于趙及歸秦爲王的經過。秦王政既然
以秦昭王四十六年正月出生于趙，于秦昭王五十六年歸秦，又四年十
三歲即秦王位；則他即秦王位時都還在童年，所以《本紀》說：「王
年少，初即位，委國大臣。」至于在趙和燕太子丹一起，更是九歲以
前幼年時候的事。所以「秦王政生于趙，其少時與丹驩」，也只能解
爲：他少小時即幼年時和燕太子丹歡好」。《東觀漢記、馬援傳》：
「臣與公孫述同縣，少小相善。」賀之章詩「少小離鄉老大回」。都

是例證。解成「他少年時代和燕太子丹歡好」，就和他在趙的年齡不相符。這都是只看選文不查原著孤立作解所形成的錯誤。這樣的誤例很多，所以我認為解釋古典文學作品，要注意上下句前後文的情況，就不能不查看原著的有關篇章。

此外，還可查閱作者同時和不同時代作品用例如《史記》同上傳：

> 曩者吾與論劍，有不稱者，吾目攝之。試往，是宜去，不敢留！
> 固去也！吾曩者目攝之。

這都是蓋聶論荊軻的話。對于「是宜去」，有人誤解為：「這樣或這件事（指論劍時瞪他一眼），應該使他已經離開這裡。」很明顯，上引蓋聶兩段話，基本意思是一致的。所不同的：只是前段話先說明荊軻「不敢留」的原因，後推測荊軻「是宜去」的行動；後段話先斷言荊軻「去」的行動，後補述荊軻「固去」的原因。同時，「宜去」、「固去」這兩個結構也是相同的。所不同的：只是「宜去」上多一「是」字；「固去」前省略了「是」字，後面多一「也」字而已。假如說「是」字是「指論劍時瞪他一眼」這回事；和前後兩次所說「曩者吾目攝之」就相重複了。試查《史記》其它篇章：《黔布傳》「令尹曰：是固宜反」，上曰：是計將安出」；《滑稽傳、河伯娶婦》：「是當為河伯婦」；三個「是」字都作「此人」解。再查先秦古書：《左傳》莊公十一年，臧孫達曰：「是（指公子御）宜為君。有恤民之心；」昭公十二年「左史倚相趨過，王曰：是（左史倚相）良史也，子（指子革）善親之；是（左史倚相）能讀三墳五典八索九丘」；《論語、微子》：「是魯孔丘與」、「是知津矣！」以上五個「是」字也解作此人。還有：《荀子、君道》「然而是子獨好之」、「然而是子獨為之」、「然而是子猶將為之也」；《孟子、公孫丑》「爾何曾比予于是（指管仲）」；都是例證。字也作寔。《春秋》桓五年「寔來」。《公羊傳》曰：「寔來者，猶言此人來也。」復查看同時代作

家作品：《淮南子、道應訓》：「趙簡子以襄子為後。董閼子曰：「無呴賤，今以為後，何也？」簡子曰：「是」為人也，能為社稷忍羞。」其後，《說苑、善說》：「趙簡子問於成傳曰：吾聞夫羊殖者，賢大夫也。是，行奚然？」前一「是」字指「無呴」，後「是」字指「羊殖」。裴學海《古書虛字集釋》把這兩句列為「是猶其也」例，誤也。因「其」字下含「之」意，「是」字則否。《賈子、禮容語》「夫都(卻)氏晉之寵人也。是族在晉有三卿五大夫，貴矣！」是族即此族。

(六)**要注意句子的重複、繁簡和安排：**

作品雖然是句子連貫起來的整體；但由于內容表達的需要，有的地方可以把同樣的句子重複一下；有的地方又可以把類似的句子加以簡省。有時又繁簡不等。這種現象更要注意領會和說明。例如《孟子、離婁下》：

> 齊人有一妻一妾而處室者，其良人出，則必饜酒肉而後反。其妻問其所與飲食者，則盡富貴也，其妻告其妾曰：「良人出，則必饜酒肉而後反，問其所與飲食者，則盡富貴也。而未嘗有顯者來。吾將瞯良人之所之也。」

這段文章只七十九個字。而「良人出……則盡富貴也」卻重複一遍，所不同者只三數字。距離又很近。有人分析文句所以這樣繁複而不能簡省的理由是：這篇作品是記敘文，開頭那樣寫有兩種作用：第一、為後文「良人出」到「盡富貴也」作鋪墊；第二、寫良人「驕其妻妾」的言行，為以後揭露其虛偽面貌，暴露其卑鄙無恥染根。後面重複那個部份有三種作用：第一、增強上文的語意，引起讀者對這種醜惡言行的注意；第二、加深其妻「未嘗有顯者來」的疑竇，強化其「將瞯良人之所之」這種行動的必然性；第三、為下文揭露其卑鄙無恥和「訕其良人而相泣于中庭」積蓄力量，加強文勢。取消前一部份，妻的話就沒有根據；把這部份語意改輕些，則妻的話內容多不相吻合，

其懷疑和行動也覺過火，邏輯上都有問題；把這部份的語意改重些，所敘述的言行又嫌不夠。取消或者刪改後一部份，同樣也不能在增強上文語意和全文氣勢方面顯得更有力量。可見這段文章一些句子雖然貌似重複；其實卻不累贅。再看這篇文章的後一半：

> 蚤起，施從良人之所之，遍國中無與立談者，卒之東郭之墦間之祭者，乞其餘；不足，又顧而之它；此其為饜酒肉之道也。其妻歸，告其妾曰：「良人者所仰望而終身也，今若此！」與其妾訕其良人而相泣于中庭。而良人未之知也，施施從外來，驕其妻妾。

「今若此」的「此」是代詞，指代的是「無有立談」到「乞食祭餘」這種事實。有人指出：從故事的發展看，妻歸告其妾的話首先也應該是這種事實，然後才說「良人者」到「今若此」這些話。否則，「此」所指的是甚麼，其妾無從知道。但文章卻不這樣寫，而因緊接上文，卻無損于內容的完整。反之，添出這一段話，反而顯得累贅。這樣簡省，便不是脫漏。「遍國中與立談者」、「此其為饜酒肉之道也」、良人「施施從外來，驕其妻妾」等句，和故事情節的發展關係本不重大；但對凸出「良人」本身空虛無能，外表驕炫飛揚的醜惡形象作用很大，刪去這幾句；文章也大為減色。

　　前後兩段對比，還有人進一步指出：把「其妻告其妾曰」下面的「良人出」到「則盡富貴也」這部份，改為「良人若此，而未嘗有顯者來」，意思上也沒有甚麼脫漏。本文所以這樣寫，除上述理由外，還有，就是上段「其妻告其妾曰」是對丈夫有所懷疑的情況下說的，出于揣測之情，慢談細說，勢所必至；下段是妻發現了丈夫的卑鄙行逕說的，憤恨之情，已發展到「與其妾訕其良人」、「相泣于中庭」，出言簡快，理所當然。因此，作者適當剪裁，使前後段文章的詳略都符合前後不同的情節。

　　此外，我們還可以指出：「卒之東郭」至「顧而之它」和「施施從外來，驕其妻妾」，都是「良人」平日的一貫行為。從故事的發生進展說，「卒之」等句本應安排在「其良人出」之後和「必饜酒肉而後歸」之間；「施施」等句應安排在「饜酒肉而後歸」之後。接著才說：「而其妻未之知也，問其所與飲食者；則盡富貴也。」但這樣寫法，則「蚤起，施從良人之所之，遍國中無與立談者」之後，必然會重複「卒之」至「顧而之它」等句，文章也顯得平板。作者抓住主要矛盾，開頭便說「良人出，則必饜酒肉而後歸，問其所與飲食者，則盡富貴也。」這就向讀者提出了問題，使讀者急于要看下去。「其妻」根據「而未嘗有顯者來」的情況，疑竇更大，激發了「瞰良人之所之」的想法和行動。接著變直接描寫為間接描寫，把良人乞食祭餘的行為，移至「妻」的眼中親自看出來。使讀者和「妻」一樣這才恍然大悟「此其為饜酒肉之道也。」到「其妻」悲恨得「與妾訕其良人，相泣于中庭」，再說「而良人未之知也，施施從外來，驕其妻妾。」就尖銳鮮明，正反相襯，把良人的卑鄙無恥暴露無餘。這樣把良人平時一貫的醜行壓縮在「蚤起」到「外來」這一段時間內，更顯得集中簡煉，而又淋漓盡致，曲折多姿。這就是語句繁簡有度，安排適當的好處。在嘲罵良人的聲浪中，最後說：

　　　由君子觀之，則人之所以求富貴利達者，其妻妾不羞也，而不
　　　相泣者，幾希矣！

又把人提高到另一嚴肅的倫理世界，前人說：「言今之求富貴者，皆以枉曲之道，昏夜乞哀以求之，而以驕人于白日。與斯人何以異哉！」「言可羞之甚也。」這才是作者真正要說的話。前面兩段都不過是文章的肢體；最後幾句才是文章的主腦。而句子的繁簡卻不等如此。這都是內容表達的需要決定的。

　　句子的重複、簡省和安排是古今作品都有的問題。實際上就是一

個甚麼話要少說，甚麼話要多說，甚麼話在甚麼場合說的問題。對這個問題多加探討，無論對作品的領會解釋，對寫作的提高，都有很大的幫助，我們不可忽視！

㈦要注意修辭法則：

修辭雖然是後代整理出來的一門科學；但古人寫文章並不是不注意修辭的。因此，解釋古典人學作品就不能不注意修辭現象。否則，就很難中肯理解說明句意。前面我們提到有人把「人爲刀俎，我爲魚肉」解成「人家像刀俎，我像魚肉」，不符合隱喻這個修辭格，有人解「回思創業時，其欲得天下之心，有不毅然摧沮者乎？」沒有注意它那修辭上設問句的特點，已經涉及這個問題。這兒進一步把它集中地談一談。例如：《三國志・隆中對》說：

> 孫權據有江東，已歷三世。

一般解爲：「孫權這個人，佔據江東，已經經歷了三代。」同時，也有人指出：一個人或一個人的行爲都只能經歷一世，而不能歷三世。說孫權據有江東則可；說孫權這個人已歷三世或者孫權據有江東這回事已歷三世，都不合邏輯。因而這句文章本身就不健康。也有人懷疑「孫權」應作「孫吳」。上述意見，都是沒有從修辭這個角度去設想的。其實，這是一種借代的修辭手法，是拿孫權這個人去代替他們一家。這種修辭手法古漢語很早就有了。如：「不得已，乃至景丑氏宿焉」（《孟子・公孫丑》），就是「不得已，而到景丑氏家裡住宿了。」又如：「使使之主人」、「其所游諸侯」（《史記・荊軻傳》），這兒的「主人」也是代表「主人家裡」，才和上句「之（往）」字相應；「諸侯」是代表「諸侯國」，才和上「游」字相應。按《孟子・離婁下》：「君子之澤，五世而斬（盡）。」從父子輩分說，一輩叫一世。孫吳自孫堅開國，一傳至孫策，再傳至孫權。孫策孫權是兄弟不是父子。孫堅一世，孫策孫權一世。雖然只有二世沒有三世；但從「佔有

江東」這回事來看，已經是換了三個主人了。因此，這句話的正確解釋應該是：孫權他們家佔有江東，已經經歷三個君主了。又如：

> 彼君子兮，不素餐兮！（《詩・伐檀》）

有人從「縣狟」、「縣特」、「縣鶉」著眼，把「不素餐、不素食」解爲「不吃沒有肉的飯」。並引《左傳・曹劌論戰》「肉食者謀之」爲證。按王充《論衡・量知》：「素者空也。空虛無德，食人之祿，故曰素食。」這種解法和詩言「不稼不穡，取禾三百」；「不狩不獵，庭有縣狟，室有縣特」；都更吻合。可見「不素餐」、「不素食」是說「不尸位素餐」，並不是說「不吃沒有肉的飯」。《孟子・盡心上》：「公孫丑曰：《詩》云，不素餐兮，君子之不耕而食何也？孟子曰：君子居是國也：其君用之，則安富尊榮；其子弟從之，則孝弟忠信；不素餐兮，孰大于是？」更證明「不素餐」是「不無功受祿」。其實，這是一句諷刺的反語。《孟子・滕文公上》：「無君子莫治野人，無野人莫養君子。」詩中的「君子」是指在位的「君子官」。「君子官」猶言「君子儒」。詩句的意思是說：「那些好官吏呀，不白吃飯哪」！按字面是褒君子不素餐，而用意卻是貶小人（壞官吏）素餐。這種表情達意的手法，古書中很多。如《詩・小雅・十月之交》：「抑此皇父，豈曰不時；胡爲我作，不即我謀？徹我牆屋，田卒汙萊。曰予不戕，禮則然矣！」可見皇父分明是個強迫作者服役的壞官吏，即相傳是周幽王時怙惡爲非的執政之臣。但下文卻說「皇父孔聖，作都于向。」又稱他爲「聖」。又如：《左傳》文公十五年，「三月，宋華耦來盟……公與之宴。辭曰：『君之先臣督，得罪于宋殤公，名在諸侯之策。臣承其祀，其敢辱君？請承命于亞旅！』魯人以爲敏。」《正義》：「魯人，魯鈍之人。」注：「無故揚其先祖之罪，是不敏。魯人以爲敏，明君子不與也。」這都是以褒爲貶的。不過，《詩序》曰：「《伐檀》，刺貪也。在位貪鄙，無功而受祿。君子不得仕進爾。」《正

義》曰：「在位貪鄙者，經三章皆次四句是也。君子不得仕進者，首章（即每章之首，猶領章也。）三句是也，經序倒者，序見由在位貪鄙，令君子不得仕。如其次以述之，經先言君子不仕，乃責在位之貪鄙。故章卒二句皆言，君子不素餐，以責小人之貪。是始終相結也。此言『在位』，則刺臣，明是君貪而臣效之。雖責臣；亦所以刺君也。」所謂「始終相結」，是說每章開始「坎坎」、「寘之」、「河水」三句與每章煞尾「彼君子」、「不素餐」兩句相連結。可見前人是認為《伐檀》每章的開頭三句和終末兩句都寫不仕的伐檀人；中間四句則寫貪鄙的在位者的。則每章都先以不仕伐檀的君子和貪鄙在位的小人對比；再以贊美伐檀不仕的君子作結的。那「彼君子兮不素餐兮」句，雖然也貶小人（壞官吏）素餐；卻不是甚麼反語，而是修辭上以褒彼而貶此的手法了。這說明：修辭法則的辨析，由于對具體文章的不同分析；往往要有所變異。

三、字詞落實和句意中肯的聯繫

作品的字詞句的關係是部分和整體之間的關係；落實字詞意義和注意句意中肯的工作，也是部分和整體之間的工作。這兩種工作是密切聯繫，相互制約的；但又是互有差異，不能等同的。我之所以要把這兩種工作並在一起，相對地提出來研究；就是因為離開了字詞意義的落實，就很難使句意中肯；拋棄了句意中肯，也談不到字詞意義的落實，同時，字詞意義落實了卻不一定句意就中肯；句意中肯了也不一定字詞意義就落實。

怎麼說離開了字詞意義的落實句意就很難中肯呢？因為句是組合字詞而成的。不只對字詞的意義理解得不確切就無從理解句意；而且對字詞的意義理解不同，對句意的理解也就不同。例如《左傳‧晉公子重耳出亡》：

　　及齊，齊桓公妻之，有馬二十乘，公子安之。

「有」假如解作「有無」的「有」；則「有馬二十乘」這句話的主語是望下文「公子」而省略。同時，「公子」所以「安之」，也只是因為有了八十匹馬（駕著四匹馬的車曰乘）。「有」假如看成是「賄」的借字，解作「贈」；則「有馬二十乘」這句話的主語是承上文「桓公」而省略。同時，「公子」所以「安之」，也不只是因為有馬八十匹；而且是因為有了愛妻。又如「拜送書于庭」。「庭」假如解作「秦廷」，「庭」通「廷」；則「拜送書」的人就是藺相如。假如解為「趙庭」；那「拜送書」的人便趙王了。至于不能確切理解字詞意義就無法理解句子的意義；就不用舉例闡述而自明了。

　　怎麼說拋棄了句子意義的中肯也談不到字詞意義的落實呢？因為字詞既然組織到句中去了；它就變成整個句子的有機部分。整個句子變了；這個有機部分也就不能不有所變化。例如《齊人一妻一妾》

　　　卒之東郭之墦間之祭者，乞其餘。

　　　卒之東郭，之墦間，之祭者，乞其餘。不足，又顧而之它。

這個句子的字詞是固定的。但一向有上述兩種不同的句讀。句子結構變了，其中一些字詞的邏輯意義和語法功能也就顯然不同。前行三個「之」字，除了第一個是動詞，可以解作「往」外，其它兩個都是結構助詞，應該解作「的」。第二行三個「之」字都是動詞，都可解作「往」。又如《孟子‧梁惠王下》：

　　　王無親臣矣，昔者所進，今日不知其亡也。

　　　王無親臣矣，昔者所進，今日不知，其亡也。

這組句子的字詞也是固定的。但是由于對句讀的看法不同：前者把「其亡」看作是主謂結構作賓語；後者把「其亡也」看作是個句子。有些字詞的邏輯意義和語法功能也就不同。前者「親」作「親近」解，「知」作「知道」解。後者「親」作「新」的借字用，「知」作「接

識」解。复知《論語・公治》：

> 吾黨之小子狂簡，斐然成章。不知所以裁之！

> 吾黨之小子狂簡，斐然成章。不知，所以裁之？

這組句子的字詞同樣是固定的。但前者把「所以裁之」看成是「知道」的賓語；後者又把它看作獨立的句子。因而前者「知」作「知道」解，「所以」作「怎樣」解。後者「知」作「接觸」解，「所以」作「何以」解。《國語魯語》「曹劌問所以戰于公」；《左傳》莊公十年作「問何以戰」。《漢書・武五子傳》：「問帝崩所病」；顏師古注：「問何病而崩」。可見「所以」往往作「何以」。「何以裁之？」就是「拿（以）什麼（何）裁成他們（之）？」是一個獨立的疑問句。而「不知所以裁之。」卻是個陳述句，意思是「不知道怎樣（所以）裁成他們（之）」。這樣的例子很多。這就充分證明：拋棄了句意的中肯；就談不到字詞意義的落實。

怎麼說字詞的意義落實了不一定的句意中肯呢？因為任何句子都不是字詞的堆砌，而是有它內在情感的。假如不深入體會內在的思想情感，或者解釋的時候不善于把這種思想情感傳達出來；即使每個字詞的意義都說得很清楚；句子的意思也不能說中肯。例如：

> 豎子不足與謀。（《鴻門宴》）

對于這一句，在字詞意義上是沒有甚麼爭論的。一般也是解得準確的。但從整個句子來說，這句話可以理解為范增在陳述自己覺察到不能為笨人當軍師的認識；也可以理解為范增在斥責項王的無用。而以後一種理解更恰當。因為和「其不足從游」一樣，這是一個以煞斷的口氣，顯示出堅強的語感的表判句。深入領會和傳達這句話的強烈深沉的情感，便可把亞父當時的神情氣度，內心的憤懣，對項王的不滿，全盤活現出來。所以這句話的上文是「唉！」下文是「奪項王天下者必沛公也。」這句話非常有力。假如作前一種理解；就抹煞了句子這種內

在的重要因素了。還要注意：下文既稱「項王」；則「豎子不足與謀」這句話就不是面斥「項羽」的。因為《陳丞相世家》寫項羽中了陳平的反間計「大疑亞父。亞父欲急攻下滎陽；項王不信，不肯聽。亞父聞項王疑之，乃怒曰：天下事大定矣，君王自為之！願請骸骨歸！」可見面對「項羽」，則應稱「君王」，不應稱「項王」。因此，也有人說：下文稱「項王」，則「豎子」是罵「項莊」，而不是罵「項羽」。當然，這句話是充滿著指桑罵槐意味的。但說是罵項莊不是罵項羽，這就錯了。因為從當時的情況分析，范增召項莊入為壽，請以劍舞，擊沛公于坐，項莊就照辦了。不過由于項伯拔劍對舞，身翼沛公，不得擊而已。項王是主事者，宴前范增已向他說「此（沛公）其志不在小，急擊勿失」；宴中范增又「舉所佩玉塊以示之者三」，項王又「默然不應」。這才是范增的「奇計」破滅的根源。范增怎麼會主次不分，罵項莊不罵項王？不過，范增是個「年七十的長輩，雖然惱怒萬分，說話還注意居臣禮節。「乃怒曰：天下事大定矣，君王自為之！」就是個例子。他既然「受玉斗，置之地，拔劍撞而破之。曰：唉！豎子不足與謀！奪項王天下者必沛公也。」可見他是把憤怒轉遷于張良代劉邦所獻玉斗上，離坐側身背向東向坐的項羽面對西向侍的張良，兩手把所受雙玉斗置之地拔劍撞而破之，向著所撞玉斗，說這番話發洩自己內心憤懣的。所以最後一句是「吾屬今為之虜矣！」唉！是一聲沈重的長歎；豎子句直指主事者的昏憒；奪項王天下句力斷劉項勝負的將來；今為虜句極言今日縱敵的慘重代價。其稱「項王」是必然的。再看范增召項莊入舞劍謂曰：「君王為人不忍，若入為壽」；「不者，若屬皆且為所虜。」可證范增向項莊說話對項羽也應稱「君王」；對項莊則稱「若」、「若屬」。怎麼能夠說「下文稱項王；則豎子是罵項莊，不是罵項羽」？並且退一萬步說，即使表面罵「項莊」；實質上也是罵「項羽」。不理解這些；就很難說中肯地理解了句意。又

如：

> 小子無所畏？何敢助婦語！（《孔雀東南飛》）

這兩句在字詞解釋上一般也是準確而沒有分歧的。但前一句有的本子作逗號；有人認為應作問號；而以作問號更恰當。因為這一句是焦母以家長式的口氣，對仲卿聲色俱厲加以責問的。所以上文是「搥床便大怒」。假如用逗號；那就掩蓋了焦母那種橫蠻專制的形象。

怎麼說句意中肯也不一定字詞落實呢？因為字詞雖然是句子的建築材料；但是句子並不是孤立的，而是屬于整篇作品的。有時句子的解釋雖然沒有甚麼不對；但是為了配合作品的整體，某些字詞的意義可以有不同的看法。如：

> 與子同仇。（《詩·無衣》）

> 如三秋兮。（《詩·采葛》）

前一句「同仇」一般解作「共同的仇敵」，句意是說「和您共同對敵」。後一句「三秋」一般解作「三年」，句意是說「好像三年」。這樣解釋無論字詞方面或者句子方面，都沒有錯。但也有人認為：仇同逑，聚也。《大雅，民勞》：「惠此中國，以為民逑。」注：「逑，聚也。」這就是一個很好的義例。《無衣》第一章說「與子同聚」；第二章說「與子偕作」（偕，同也；作，起也。）；第三章說「與子偕行」；意義由淺入深，非常明顯。「三秋」也應解作「九個月」。因為《采葛》第一章言「三月」，第二章言「三秋」，第三章言「三歲」，意思也由淺入深。以上這種解釋，能分清作品的層次。無疑是較好的。又如：

> 宛在水中央。（《詩·蒹葭》）

一般解作「宛然在水的中間」；《說文》：「央，中也。」中央是同義複合詞。這樣解釋，字句方面也是對的。但有人認為：《蒹葭》全詩：第一章說「宛在水中央」；「第二章說「宛在水中坻」；第三章

說「宛在水中沚」。「水中坻」是水中之坻，水裡的小塊高地；「水中沚」是水中之沚，水裡的小塊陸地；「水中央」也應該解作水中之地。《莊子・德充符》；「中央者，中地也。」這樣解釋，從全詩章法的整齊看，也有好處。復如：杜荀鶴《時世行》：

　　　夫因兵死守蓬茅。（《山中寡婦》）

一般解作：丈夫因兵亂死了，（她）守著茅屋（過日子）。茅蓬，指用茅草蓋的屋。專從字句上看，這樣解也是可以的。但《時世行》是反映當時社會情況的詩篇，「行」是詩歌中一種體裁。本詩所反映的是唐代末年封建統治者對人民的殘酷剝削。全詩八句：一、二句「夫因兵死守蓬茅，麻苧衣衫鬢髮焦」，寫寡婦的住所和孤苦形象；三、四句「桑柘廢來猶納稅，田園荒後尚征苗」，寫當稅收的無理；五、六句「時挑野菜和根煮，旋斫生柴帶葉炊」，寫寡婦生活的痛苦；七、八句「任是深山更深處，也應無避征徭」，寫當時人民走投無路。末句「也應無計避征徭」，是全詩的總結。「征」指征斂財物；「徭」指的是力役。前七句只三、四句對「斂財物」作了具體描述；對「徭役」完全沒有涉及。因此，有人主張「夫因兵死」的「兵死」，不應解為「因兵亂死了」，應解為因「充兵役」死了。這樣就和末句「徭」字首尾相應了。這種解釋不只使詩的結構更為完整；而且使詩的思想更加充實。因為詩的前四句全詩的基礎；「夫因兵死」又是前四句的基礎。婦成寡而孤守蓬茅，桑柘廢、田園荒，都是從「夫兵死」發展出來的悲慘現實。猶納稅、尚征苗，則是這孤寡之婦所承受的沈重負擔。「婦」，因統治者泒充兵役奪去了丈夫，不只沒有得到應有的撫恤；還遭受無理的剝削。以至于「時挑野菜和根煮，旋斫生柴帶葉炊」的挨日子。這就是當時殘酷的世道。解為「夫因兵亂死」，對統治者的揭露就沒有那麼集中。

　　根據上面這些例子，我們可以知道：閱讀和解釋古典文學作品，

要落實字詞意義注意句意中肯，並不是一個簡單的問題。要作好這種工作，不只要注意字詞句之間的聯繫；還要注意字詞句和篇章結構以及思想內容之間的聯繫。唯有辯證統一地處理好字詞句章之間的關係和語言文字與作品思想內容之間的關係；才能在古典文學作品的閱讀解釋中走上正確的道路。

同字詞句及其在篇章之間的關係一樣，我們上述落實字詞意義、注意句意中肯所提出的各個要點也不是各自孤立而是錯綜關聯的。事實上，任何語文現象也往往不是單一地存在，而是交錯在一起的。因此，閱讀解釋的時候，就不能簡單了事，必須根據語文的實際，從多方面去考慮和說明。否則就很難解釋得字詞落實句意中肯。例如：

慎勿爲婦死，貴賤情何薄！（《孔雀東南飛》）

後一句很不好解。一般都解作：「（你和她）貴賤不同，（離開她）哪裡算薄情呢？貴指仲卿，賤指蘭芝。」這樣順著字面添上許多字去解，是很簡單的，但也是最不可靠的。不只字詞的意義不落實；句意也不中肯。有人根據「夫弟子後生其師，必修其言，法其行。」（《墨子・非儒》）。「後生」下省略「于」字的例子；認爲「貴」下省略了「于」字。又根據《韓詩外傳》二「區區之宋，猶有不欺之臣，何以楚國而無乎！」《公羊傳》宣十五年「何」作「可」，還根據「若何弔也」（《左傳》昭八年），「下而無直，則何謂正矣」（《左傳》莊公十年），釋文都說「何或作可」；認爲「何薄」即「可薄」，「貴賤情何薄」就是「貴于賤情可薄」。因此，這句話的正確解釋應該是：「你（仲卿）對她（蘭芝），情誼是可以薄的。」這樣解，字詞句的意義就落實中肯得多。我們知道，「于」字省略是古漢語的通例；「貴賤情何薄」有的本子正作「貴賤情可薄」。《史記・陸賈傳》「何乃比于漢」，《說苑・奉使》作「可乃比于漢」；《詩》「其魚維何」，石鼓文作「其魚佳可」；都是「何」通「可」的例證。《齊

策》「可往矣，宗廟亡矣」；《韓策》「夫爲人臣者，言可必用？盡
忠而已矣」；「可」都通「何」。這些都說明這種解法有著堅實的基
礎。又如：

> 始適還家門。（《孔雀東南飛》）

> 適戍漁陽九百人。（《史記・陳涉世家》）

前句一般解作：「出嫁不久，就被休回娘家。適，出嫁。」後句有人
解作：「九百人往戍漁陽。適，往也。」本來「適」解爲「嫁」或「
往」是有根據的。前者如《孔子家語六本命》：「女十五許嫁，有適
人之道」；《儀禮喪服》「子嫁反在父之室」鄭注：「凡女行于大夫
以上曰嫁，行于士庶人曰適人。」後者如《詩・鄭・緇衣》「適子之
館兮」；《論語・子路》「子適衛」。但對這兩句這樣解就完全錯了。
因此有人指出：「適作出嫁解，在此處不合邏輯。下文『蘭芝仰頭答：
謝家事夫婿，中道還家門』；上文仲卿啓阿母：『結髮同枕席』、『
共事二、三年』；都說明蘭芝並不是『始適』，不能說，剛出嫁」。
「始適」作「始嫁」解和「還家門」意義也不連貫。適通謫。《史記
・賈誼傳》「又以適去」，韋昭曰：「謫，譴也。」古漢語施受同詞，
謂被謫只曰謫。解爲（蘭芝）始被休（謫）回娘家」就夠了。添出「
始嫁」即是「贅疣」。這種意見，能從句子本身，前後文的邏輯字詞
通假，句式多方面著想，顯然比一般那種簡單化地作解是好得多而更
落實中肯的。「適戍」句的上文是「發閭左」。《漢書・食貨志》「
發閭左之戍」注，應劭曰：「秦時以適發之，名適戍。先發吏有過及
贅婿、賈人，後以嘗有市籍者發，又以大父母、父母嘗有市籍者發，
戍者曹輩盡，復入閭取其左者發之。未及取右而秦亡。」適通謫，譴
責、懲罰。按《詩・商頌・殷武》：「勿予禍適」；《孟子・離婁上》：
「人不足與適」；賈誼《過秦論》：「適戍之衆，非抗于九國之師也」；
適皆作責罰解。可見「適戍漁陽」即「謫（罰）守漁陽」。解爲「往

戍漁陽」；則沖淡了「適戍」的血汨義蘊。「發閭左適戍漁陽」是主動句；「始適還家門」則是被動句。復如：

　　窈窕艷城郭。（《孔雀東南飛》）

一般解作：「（她的）美麗在這城內外是出名的。郭，外城。」這樣解釋是很不切實的。說得嚴重一點，也是似是而非的。因為：第一，句中的「城郭」是修辭上的借代，是用「城郭」這個名詞代表城內外的婦女，解釋卻看成處所名詞；第二，「城郭」前省略了介詞「于」，意義相當于「比」，解釋沒有把它添出來；第三，「窈窕」和「艷」是形容詞作謂語，句子的主語承上句「東家有賢女」的「賢女」省略了，解釋卻把「窈窕艷」改為「他的美麗」作為句子的主語，又主觀添出「是出名的」這個合成謂語來；第四，「窈窕艷城郭」是「于城郭窈窕艷」的倒裝，「窈窕艷」是中心詞，「于（比）城郭是狀語，解釋卻把「在城內外」這個介詞結構作為「是有名的」這個合成謂語的狀語。根據上述四點，可以看出：原句是描寫句，解釋卻把它說成判斷句；原句的意思是說，「她（賢女）比城內外的婦女都窈窕和美麗」，是絕對的美，解釋卻認為「她的美麗在城內外是出名的」，降低為相對的美。再從字詞的義蘊去分析，「窈窕」和「艷」雖然都是美；但「窈窕」是著重從身段體態方面說的，「艷」是著重從面貌裝飾方面說的。因此，詩人把它組成聯合結構，從多方面去形容「東家賢女」的美。和上幾段焦母所說的「可憐體無比」相應，就顯出焦母對兒子花言巧語的欺騙性。改成「美麗」二字就簡單抽象，空洞無物了。此外，還有人把這句解成：「她的窈窕，使城郭內外都艷麗生色」。這就把「窈窕艷」這個作謂語的聯合結構割裂成一半作主語，同時，把省略了的主語「她」添出來作為「窈窕」的定語了。很明顯，這句話的準確解釋應該是：「（她）苗條艷麗超過城內外婦女」。

　　以上的例子說明：不從訓詁、聲韻、語法、修辭、邏輯、篇章多

方面去分析；要把古典文學作品的字詞句解釋得落實中肯；是不可想像的。

　　要明確：古典作品都是古人著作。對于這類著作，漢唐至今有許多人下過不少苦工去研究，成果豐碩。這種成果雖然不一定都是精華；但對我們閱讀理解古典文學作品都有很大的幫助。因此，閱讀解釋古典文學作品，除從上述多方面去仔細分析外，還要結合注解參照前人不同的講法，從中得出正確的結論。如《論語・公治》：

　　　顧無伐善，無施勞！

一般注作：「願意不誇耀自己的好處；不把勞苦的工作推給別人。伐，誇；施，加給（別人）」。這種解法是根據孔注：「不以勞事施置于人」的。但朱熹卻說：「施，亦張大之意，勞謂有功。《易》曰：勞而不伐，是也。或曰：勞，勞事也。勞事非己所欲，故亦不欲施之于人。亦通。」可見朱熹是以施勞即誇功爲己說；以勞勿施人爲或說的。劉寶楠則力主「施勞」爲「誇功」，引《淮南子・詮言》「功蓋天下不施其美」證明「施」字有「誇大」之義。後來又有人引劉向《列女傳・仁智篇・晉范氏母傳》：「少子伐其謀，歸以告母。母喟然曰：『滅范氏者，必是子也。夫伐善施勞，鮮能佈仁；乘僞行詐，莫能久長。』」認爲「施勞」二字是暗用《論語》文，可見劉向是理解「無施勞」爲「不誇功」的。這證明解「施勞」爲「誇功」是本漢儒之說，較僞孔注可靠。又認爲：施，與移、侈、多三字古通用。移、侈、多三字都訓大，施也可訓大。大作誇大解，見《禮記表記》「君子不自大其事，不自尚其功」；多訓誇大，見《呂氏春秋・知度》「其患又將反以自多，」高誘注：「多，大也」。移、侈二字，雖無誇大之義；也可訓大。見《國語・吳語》「以廣侈吳王之心；」韋注：「侈，猶大也，」《禮記表記》「衣服以移之」，釋文：「移、大也。」還有《禮記・大傳》「絕族無移服」，釋文：「移本作施；」《周禮考工

記·輿人》「飾車欲侈」，鄭注：「故書侈作移」；《史記·魏世家》「魏獻子生魏侈」，《公羊傳》莊公十三年作「魏多」。這就是施、移、侈、多四字通用的例證。施、、移侈、多既同用；故都訓邪。如《法言·吾子篇》：「中正則雅，多哇則鄭。」多、哇皆為邪，《廣雅》：「哇，邪也；」多則「放辟邪侈」之侈。《孟子梁惠王》「放辟邪侈」，公丁著本作「邪移」。《孟子離婁》「施從良人之所之」，趙注：「施者邪施而行」。《淮南子·要略》「接徑直施」，高注：「施，邪也。」可見邪移、邪施、邪侈意義相同。細析上述各種說法，我們知道：施亦有多言誇大之義，「無施勞」句解為「不要誇功」是比靠可靠的。我們今天口語裡還有稱功道勞的說法。根據《論語·衛靈公》「己所不欲，勿施于人」，「無施勞」解為「勞勿施人」雖也可通；但那是後起的解法，不只和上句「無伐善」有距離；且有因《衛靈》「勿施于人」牽合之跡。恐非《公治》本意。又清俞樾《俞樓雜纂》十四：「伐古訓敗，施與弛通，訓毀。謂人有善宜獎成而勿敗；人有功宜保全而勿毀。」這種解法，從文字音義看，是沒有問題的。試看《孫子兵法》：「上兵伐謀，其次伐交。」這兩個伐字都作破敗解。《國語魯語上》：「文公欲弛孟文子之宅」，弛即毀或廢。弛，施又屬同音字。因此，也有不少人採用這種解法。但這兩句語是「顏淵季路時，子曰盍各言爾志」時，顏淵陳述自己的志願的。無伐己善，無施己功，說的是顏淵本人自我克制的工夫。顏淵是孔子第一個好學生，平時總不至有敗人善、毀人功的壞習染，需要加強克制。至于「獎成」和「保全」這類字眼，那是原文所沒有，俞氏為了自圓其說，額外增添上去的。不深入分析；就不能得出正確的結論。又如《詩經·周南·關雎》：

關關雎鳩。君子好逑。

雎鳩一般注解為：「鳩類鳥。相傳此類鳥的雌雄經常相守不離，故稱

匹鳥。」但有人根據劉向《列女傳・仁智篇》「雎鳩之鳥，猶未嘗見乘居而匹處也」（《廣雅》：「乘，二也》）」，對上述注解加以駁難。又據《後漢書馮衍傳》注引薛夫子《韓詩》章句曰：「詩人言雎鳩貞潔，以聲相求，必于河之洲蔽隱無人之處，潔同潔」（說詳馬端辰《毛詩傳箋通釋》），斷言「雎鳩是鷙（猛）鳥，雌雄不匹處。」這種爭論都有反科學處，因為凡是鳥獸都有一定的交配期。交配期內，雌雄相聚；過此，則各自西東。怎麼會雌雄常相守？並且人類開始都是亂婚的，進步到一定社會階段，才配定一夫一妻。鳥類無知，怎麼會有「匹鳥」？至于，見人則飛避，乃鳥類習性。故深山密林、河洲溪曲多為群鳥聚居生息之所。怎麼見得其「以聲相求必隱蔽在無人之處」？可見「雌雄相守不離」、「以聲相求必蔽隱在無人之處」等說，都是解詩的人根據自己不同的情感和不同的倫理觀外加于鳥類的。《詩序》：「關雎樂得淑女以配君子」；注：「雎鳩，王雎也，鳥摯（至）而有別。」《左傳》昭十七年：「雎鳩氏，司馬也；」注：「雎鳩，王雎也。鷙（猛）而有別。故為司馬，主法制。」就代表了注家對「雎鳩」的不同看法。「雎鳩」既然象徵「君子淑女」；因而就注為誠摯之鳥。「雎鳩」既然是以鳥名官的少暤氏「主法制」的「司馬」；因而就注成猛鷙之鳥。劉向作《列女傳》是拿來作婦女教科書以矯世風的；所以強調「雎鳩之鳥猶未嘗見乘居而匹處也。」皆各因所需而為之說，是很明顯的。其實，和《小雅・伐木》「鳥鳴嚶嚶」，從鳥類群居共鳴的聲音想到人不可無朋一樣，詩言「關關雎鳩」，也不過從「雎鳩」和諧相應（關關）的聲音，想到人亦當有偶而已。這就是詩人的本意。也是這句詩的確切解法。至于「雎鳩」的性格是「摯」還是「鷙」，「潔」或不潔，那是要鳥類學家用科學的方法進一步去測定的。當然，從科學的觀點看，劉向所謂「未嘗見乘居匹處」，應該是說對了。不過要注意：文學作品是幻想的世界，藝術的真實並不

等于科學的真實，以星辰花木蟲鳥去象徵人類愛情，是古典文學常有的事。拿蟲鳥來說，睢鳩之外，最常見的就有鴛鴦、蝴蝶。《詩·小雅·鴛鴦》：「鴛鴦在梁，戢其左翼。」注家不只說鴛鴦是「匹鳥」；還說：「石絕水爲梁。戢，斂也。張子曰：禽鳥並棲，一正一倒。戢其左翼以相依于內；舒其右翼以防患于外。蓋左不用而右便故也。」可見詩人和注家對于鴛鴦並棲的情況是仔細觀察過的。則「三六鴛鴦同命鳥」云云也不是全無根據。但有人發表文章，指出鳥類專家、昆蟲學者的研究是：鴛鴦懷孕後，產卵孵雛哺嬰全由鴦（雌）負責，鴛則不知去向；胡蝶盤旋飛舞，是雌蝶爲了擺脫雄方糾纏，並不是互相依戀。認爲《孔雀東南飛》的結局鴛鴦相向鳴，《梁山伯祝英台》冢上的雙蝶對飛，都有問題。呼喚文藝創作要趕上科學發展的腳步。這樣提出問題，對于促使文學藝術工作者注意避免不應有的科學上的錯誤雖然有所裨益；但總不能把藝術的真實和科學的真實混同起來。

「好逑」一般注爲「好配偶」。魯迅先生也曾說作「好的一對」。也有人把「好」解成「愛好」，把「逑」解成「成配偶」。還有人認爲「好逑」就是「配偶」。第一種解法「好逑」是偏正詞組；第二種解法「好逑」是動賓詞；第三種解法「好逑」，是名詞；相差顯然很大。有人加以分析，指出：釋文：「逑本作仇」，《左傳》桓二年：「嘉耦曰妃，怨耦曰仇。」曹植《浮萍篇》：「結髮辭嚴親，來爲君子仇。」《詩·無衣》「與子同仇」疏：「與子同爲仇匹。」可見「逑」就是「配偶」，不能解爲「成配偶」。「好」作「愛好」解；則「好逑」二字不成義。解成「好配偶」雖然可通；仍不如解爲「配偶」有根據。因爲「君子好逑」，《漢書·匡衡傳》作「君子好仇」。可見「好逑」即「好仇」。《詩·兔罝》：「公侯干城（干，盾也）」、「公侯好仇」、「公侯腹心。」「干城」、「腹心」都是名詞；「好仇」也當是名詞。「公侯好仇」是說「赳赳武夫」是公侯的匹儔；「

君子好逑（仇）」是說「窈窕淑女」是君子的配偶。匹儔、配偶意義本同，不過因君臣、夫婦有別而名略異。干城、腹心都是並列詞組。《大戴禮・保傅篇》「及太子少長知妃色」，《新書・傅保篇》作「知好色」，《孟子・萬章》又言「知好色則慕少艾」。可見「好色」即「妃色」，乃配偶之色。妃音配會意，「以女儷己也」。左氏「嘉耦曰妃，怨耦曰仇」對言，可見「好逑」。也是並列詞組。好，古讀若休，《說文》：「　從辱，好省聲。」或體作茠。就是好和休古同意的證據。《淮南子・精神篇》「得茠越下」，借茠越爲休檖。休好二字皆訓美，休即好的借字。休也可作匹解，《洛誥》「其作用匹休」是其證。休、逑音近，《說文》「脙讀若休。」脙、逑皆從求聲。求也作匹偶解，《詩・下武》「世德作求」則例證。這些都說明解「好逑」爲「配偶」是信而可靠的。此外，聞一多先生《詩經新義》謂「君子好逑」、「公侯好仇」的「好」都作「匹配」解，也是正確的。但他說「好」、「妃」古同字就錯了。因爲《說文》妃從女己，意爲「以女儷己」，則己乃戊己的「己」；不是辰巳的「巳」。若辰巳字則與子通用。如《文選・辨命論》注引《韓愈・茅茔》薛君章句曰「詩人傷其君子有惡疾，人道不通，求巳不得。」求巳即求子。子巳通用如子祀通用。《周禮》「閩隸」：「掌子訓取隸焉」，杜子春曰：「子，古作祀」。《說文》：「祀，祭無巳也。從示，巳聲。」《周禮・大宗伯。小祝》注：「故書祀作禩」。古文巳聲異聲同在一部，故異形而同字。《易損卦》「巳事揣往」，釋文：「巳虞作祀」。則祀巳通用。《說文》對巳字的解釋是：「巳也。四月陽氣巳出，陰氣巳臧。萬物見，成彣彰，故巳爲它（蛇）象形」。《律書》「巳者，言陽氣之巳盡也。」辰巳之巳久巳用爲「巳然」、「巳止」之「巳」。故《韻補》云：「古巳午之巳亦讀『而巳矣』之巳。」至于戊己之己，則不與子通用。好、妃雖然都是會意字；但好從子妃從己，既非雙聲，

又非疊韻；怎麼能說「古同字」？好色也作妃色，好逑也即妃仇，都不過同義而已。

以上例證，說明結合注解參照前人不同說法，仔細分析去短取長，得出正確的結論，在研究古典作品中準確解釋字詞的意義的重要性。但要作到這一點，就要多查參考書和工具書。例如：《論語·雍也》孔子贊顏回簞食瓢飲「在陋巷」不改其樂。「在陋巷」一般注作；「住在狹窄的巷子裡。」還說「山東曲阜顏廟附近有陋巷故址」。但查看《經義述聞通說上》巷字條，則知「陋巷」即「陋宅」，是狹隘之居。證據確鑿。又如《孟子謂戴不勝曰》：

子欲子之王之善與？

欲其子之齊語也。

上句一般注為：「你希望你的國王作個好君主嗎？」下句一般注作：想他的兒子說齊國話。意思都解對了。但到底哪個字相當于「作」和「說」，就很難解決。我們查閱裴學海《古書虛字集釋》卷九「之」時七四二頁「之猶為也」、「一為作字之義」。下面列舉：《韓非子·十過篇》「秦穆公迎（由余）而拜之上卿」，《說苑反質篇》作「穆公迎而拜為上卿」；《戰國策燕策》「田光曰：光聞長者之行不使人疑之」，《史記刺客列傳》作「光聞之，長者為行」；《莊子·列御寇篇》「知而不言，所以之天也，失而言之，所以之人也，古之人，天而不人」。「之天即為天，之人即為人」；《淮南子·兵略》「有逆天之道，帥民之賊者，身死族滅」；「下之字訓為，《御覽》引作帥民為賊」；《詩·園有桃》「園有桃，其實之殽……園有棘，其實之食」，《逸周書·允文篇》「選同氏姓位（立）之宗子」；這三個「之」字也解作「為」。就知道「之」訓「為」是古漢語所常見。因此，除「子之王」這個「之」字作結構助詞「的」解之外，「之善」、「之齊語」這兩個「之」字都當作「為」字解。「之善」是「作善事」；

「之齊語」即「爲齊語」（說齊國話）。此外，《莊子·天下篇》「惠施日以其知與人之辯」；《淮南子·本經訓》「是以稱湯武之賢」；這兩個「之」字也作「爲」解。《呂氏春秋·謹聽》：「亡國之主反此，乃自賢而少人。少人則說主持容而不極，聽者自多而得。雖有天下何益焉！是乃冥之昭，亂之定，毀之成，危之寧。」高注：「以冥爲昭，以亂爲定，以毀爲成，以危爲寧。」也以「爲」訓「之」。這樣以《孟子》同時和前後不同期作品中的用例廣泛取證，自然堅實可靠。這是說要多查參考書和工具書。

不過，參考書工具書的資料是很豐富的。有時幾種說法似乎都解得通，這就要嚴加分析鑑別，作出確切適合于具體作品的解釋來。否則，又會誤入歧途。例如《左傳·晉公子重耳之亡》：

蒲人狄人，余何有焉？

今君即位，其無蒲狄乎？

上句一般注爲：「你逃蒲的時候是蒲人，逃狄的時候是狄人，對我又有甚麼關係呢？」下句一般注爲：「現在你即了君位，難道不會再有像你那樣逃蒲狄的人了嗎？」有人覺得上句解「何有」爲「有甚麼關係」，下句以「像你那樣逃蒲逃狄的人了嗎」十二字解「蒲狄乎」三字，都不適當。查《經義述聞通說》「有」字條。下面說：左昭六年傳：「女喪而宗室，于人何有？人亦于女何有？」杜注曰：「言人亦不能愛汝也。」……《管子·戒篇》：「今夫易牙子之不能愛，將何有子公？」則「有」訓「愛」是古義。再查俞樾《群經平議》「左傳」，更分明說：「余何有焉猶云余何愛焉。」就斷言上句應解爲：「你在蒲的時候是蒲人，在狄的時候是狄人，我怎麼愛你呢？」更推論：「可知《左傳》僖公二十二年：『何有於二毛……愛其二毛』，『有』亦『愛』也。互文耳。」下句他查《經傳釋詞》，「無」也訓「非」。楊柳橋認爲：「其無蒲狄乎」即「則非蒲人狄人矣」。「其」，「則

也」;「乎」,「矣也」。于義雖通;但「其無蒲狄乎」下當用句號,不當用問號;和原句的句類,作者的口氣又不相符。再讀《漢書·薛宣傳》「君子之道,焉可憮也」。(本《論語》子張文,今《論語》「憮」作「誣」。)顏師古注引蘇林曰:「憮,同也」。復查《古書虛字集釋》,「其」可訓「尙」。左文公十七年:「畏首畏尾,身其餘幾?」《國語·晉語》「今將婚媾以從秦,愛好以愛之,聽從以德之,懼其未可也,又何疑焉」?「其」都訓「尙」。又斷言:「今君即位,其無蒲狄乎?」就是「今君即位,尙同蒲人狄人乎?不言蒲人狄人,而言蒲狄,是蒙上文省略。」

上述斷言,雖然是查看過有關參考書和工具書的結論,有一定根據;但按照上下文來分析,卻很不切合。因為「蒲人狄人」的上句是「除君之惡,唯力是視。」蒲人狄人既然是「君之惡」而必須「除去」;那就不是甚麼「愛」或「不愛」的問題,而是「寬容」或「不寬容」的問題了。按《管子·版法》「罰罪宥過以懲之」,《版法解》「宥」作「有」。可見「有」是「宥」或「侑」的同音假借字。《易解》:「君子以赦過宥罪」;《管子·法法》:「文有三侑,武毋一赦」;都「赦」、「宥(侑)」互文。可見「有」就是「寬宥」。「蒲人狄人,余何有焉」就是「蒲人狄人,我怎麼寬宥?」這是第一種解法。又當時晉文公使人責讓寺人披的話是:「蒲城之役,君命一宿;女即至。其後,余從狄君以田渭濱。女為惠公來求殺余。命女三宿;女中宿至。雖有君命;何其速也?」這是寺人披急需解答的問題。今按《國策·齊策·齊人諫靖郭君城薛》:「客趨而進曰:『海大魚。』因反走。君曰:『客有於此!』」高注:「于此止無走也。」此「止」字即訓「有於此」的「有」字。《書·大誥、康誥》並云「若有疾」。這兩個「有」字前人也解作「已」。已止也。「已(有)疾」即「止疾」。《易·艮》:「時止則止,時行則行。」止與行對言。《論語

‧微子》：「止子路宿」，即「留子路往住宿」。《離騷》：「馳椒
丘且焉止息。」止息即停止休息。可見「有」解爲「止」，有留步、
休止、住宿等義。寺人披的解答既然說「除君之惡」，要「唯力是視」；
所以接著說：「（奉命殺）蒲人狄人，我停留甚麼呢」？這是「我何
有焉」的另一種解法。這種解法，和晉文公責讓寺人披的話更針鋒相
對。這兩種解法都和上下文結合得很緊密。不過，「我怎麼寬宥」說
的是寺人披的思想認識；「我停留甚麼」說的是寺人披的實際行動。
前者可以包括後者；後者卻不能包括前者。因爲好的思想認識，能產
生好的積極行動。好的積極行動，卻不一定源于好的思想識。也可能
源于貪功貪償。當然，晉獻公聽驪姬之譖要殺害自己的兒子，本來就
是昏憒。申生重耳也是無罪的羔羊。下句「其無蒲狄乎」，用十二字
去解「蒲狄乎」三字雖然不適當；但意思還是對的。很明顯，「蒲狄」
二字是借用晉獻公和晉惠公要捕殺的「蒲人狄人」指代晉文公目前要
清除的敵人（晉惠公的死黨）的。因爲這段文章開頭說：「呂（甥）
郤（芮）畏偪（怕被逼害），將焚公宮而弑晉侯。寺人披請見。」就
顯出「寺人披請見」的目的是要向晉文公告發晉惠公的舊臣呂、郤陰
謀「焚公宮而弑晉侯」這回事。所以晉文公使人責讓寺人披時，寺人
披答辯的第一層就說：「臣謂君之入也，其知之矣；若猶未也，又將
及難。」意思是說：「我以爲你能重回晉爲國君，當然就懂得爲君之
道（指置射鉤相管仲事）了。假如還不懂；您又將遇到災難！」只「
又將及難」一句，就暗示有「將焚公宮而弑晉侯」這隱謀叛亂的事。
第二層說：「君命無二，古之制也。除君之惡，唯力是視。蒲人狄人，
我何有焉。」正面是解答了他爲獻公惠公努力捕殺重耳的正當理由；
同時也反映出他是個著實爲君除惡而效力的漢子。最後說：「今君即
位，其無蒲狄乎！」即「現在您即了君位，難道就沒有敵人（要清除）
了嗎？」蒲狄，暗指呂、郤。和第一層「又將及難」相補充，就鮮明

地告訴晉文公：我寺人披「請見」，是為君除敵，免君及難的。所以
下文緊接著是「公見之，以難告。」解為「尚同蒲人狄人」；就上下
文結合不緊，不能把寺人披「請見」的目的鮮明地暗示給文公。更難
使之頓釋前嫌馬上接見他。並且釋「憮」為「同」，也是蘇林注《漢
書》中僅見的例子，比《左傳》、《論語》時代較晚，不能成為鐵證。
又不能從《論語》、《左傳》本書，同時代或更早的時代的作品中舉
出「無」或「憮」訓「同」的例證來，怎麼可信？

最後，要注意別本、類書、文物和科學發展。

別本即同書副本或另一版本。前者對正本而言；後者也稱異本。
今統稱別本。即同書的其它本子。這種本子雖然是原書的翻版，但有
些字句卻有出入。這就為後人解釋原書提供了參考。我們曾經提到「
貴賤情何薄」，有的本子「何」作「可」，足證把「貴賤」看成「貴
于賤」的省略可靠。就是一個例子。又如《古詩十九首・去者日以疏》：

　　去者日以疏，來者日以親。

這兩句詩我們也引用過。饒學斌說：「親疏猶言遠近。去者日疏，去
者即日遠一日；來者日親，來者且日近一日。」但「來者，去者各指
甚麼，卻令人摸不著頭腦。這種解釋是不足取法的。余冠英說：「去
者指逝去的日子，也就是少年。……來者指將來的日子，也就是老年。
………以上二句是說：青春日遠一日；衰老日近一日。」這似乎是解
清楚了。但我們提到人們都說「來」，一本作「生」。「來者」既然
是指「生者」；就不是「指將來的日子」和「老年」，後一句也不能
解為「衰老日近一日」了。同時「去者」也就不是「指逝去的日子」
和「青春」，前一句也不解作「青春日遠一日」了。《文選》五臣注：
「去者，謂死也；來者，謂生也。不見容貌，故疏也；歡愛終日，故
親也。」這才是確切的解法。這說明：別本只差一字；原本的句意和
上下文意就完全變了。而馬茂元《古詩十九首初探》又說：「生者，

猶言新生事物，與『來』同義。『日以親』，猶言一天比一天迫近。」
還說：「以一本作已，古以、已通用」。這就更錯。因爲本文說過，
《禮記・檀弓》鄭注謂以、已字本相同，當解作「愈」或「越」；不
能解作「比」。「生者」既然和「死者」相對；就不是指「新生的事
物」，而應該指「誕生成活的人」。這才是「來者」二字的眞正涵義。
因此，「親」也不能解成「迫近」；而應該解作「親近」。這是游子
因過墓丘而思故鄉的詩。開篇兩句「去者日以疏，來者日以親」，是
全詩的總起。朱筠說：「茫茫宇宙，以去、來二字括之。攘攘人群，
以親、疏二字括之。去者自去，來者自來，今之來者，得與未去者相
親；後之來者，又與今之來者相親。昔之去者，已與未去者相疏；今
之去者，又與將去者相疏。日復一日，眞如逝波！」就充分闡發了這
兩句詩的內涵。所謂去、來、親、疏；去者、來者、相親、相疏；都
指死者和生者之間的關係。馬氏既引用朱說作爲這兩句發揮；又說「
生者，猶言新生的事物」。不是自相矛盾？中間六句「出郭門直視，
但見丘與墳。古墓犁爲田，松柏摧爲薪。白揚多悲風，蕭蕭愁殺人。」
是第一句「去者日已疏」的形象描寫。言人死後有親人築墳種樹；時
間愈久，愈爲人遺忘。終于連墳帶樹都被摧毀了。張玉穀說：「中六
句申寫所見邱墓摧殘悲愁之狀，本是觸緒之筆，卻恰作『日疏』印證。」
這種說法是很中肯的。馬氏也說：「古墓犁爲田，松柏摧爲薪，連最
後歸宿的墳墓也是有去者和來者，有古今的更替與變遷。」「生者」
又怎麼是指「新生事物」呢？最後二句「思還故閭里，欲歸道無因。」
是全詩的結局。抒發游子思鄉之情。「還」與「環」通，陳柱說：「
謂愁思環繞故里。」足見「思」字承上文「愁殺人」而省去「愁」字。
劉履說：「客遊邅遠，思還故里，日與生者相親而不可得，故其悲愁
感慨，見于詞氣，有不能自己者焉。可見最後兩句是和開篇兩句，特
別是和「生者日以親」句前後呼應，生息相關的。因爲久客他鄉「欲

歸無因」的人，會有狐正首丘的思想之外，特別想念的，當然是家鄉
還活著的親友，想與他「日以親」。解「生者」為「新生的事物」，
不只和全詩對不上號；特別是斬斷了全詩首尾生息相關的脈絡。這說
明異本一字之解，不只影響句子和上下文的意義；有時還影響作品的
內涵和結構。復如《楚辭・九歌・國殤》

　　　嚴殺盡兮棄原野。

　　　平原忽兮路迢遠。

上句一般注為：「戰爭激烈，人死得很多，屍骨丟棄在原野上。嚴，
劇烈。」這種解釋是空洞而不切實的。查王逸注：「按嚴本作莊」。
有人認為今本作嚴，是避漢明帝而諱改。莊、壯古同音。盡，即《莊
子・齊物論》「至矣盡矣，不可以加矣」之義。棄原野，是「棄身于
原野」的省略。全句話的意思是：「壯烈殺敵，全力以赴，竟犧牲在
戰場上。」這樣解，不只突出了歌頌抗秦陣亡將士的主題；也和上文
「旗旗蔽兮敵若雲，失交墜兮士爭先」、「天時墜兮威靈怒」相呼應，
顯得愈戰愈勇。前人解「嚴」為「壯」，解「殺」為「死」，又解「
盡」為「壯士盡死命」，還解「棄原野」為「骸骨棄于原野而不土葬。
不只兩個「壯」字和「死」字彼此糾纏不清；還外加戰場慘象削弱對
戰士的歌頌。《詩・北山》「或盡瘁國事」；《管子》「出則盡節死
敵以安社稷」；《國語・晉》五「甲冑而效死，戎之政也」；《孟子
・梁惠王下》「效死而民弗去」。效死即効死，也即盡節死敵，盡死
命。可見「壯殺盡」，也即「壯烈殺敵竭盡死命」。《北史・魏彭城
王傳》還有「士于布衣猶為知己盡死命」之言。下句「平原忽」這個
「忽」字頗費解，一般只好把它注為「渺茫無際」。這大概是根據賈
誼《鵩鳥賦》「寥廓忽荒兮與道翱翔」作解的。但王逸注：「一云『
平原路兮忽迢遙』」。有人認為這是古本，于義為長。「忽迢遠」三
字同義，《廣韻》：「迺，遠也」。迺、忽同音通用。全句的意思是：

「平原路途遙遠」。《九章・懷砂》也有「路遠忽兮」的句子，「遠忽」也就是「遙遠」，見《廣韻》疏證，也可作爲參考。這類例子很多，茲不再舉。

這是說別本。再說類書和文物。

類書是古代一種匯編各種材料供人查閱的雜鈔書。其內容包括古代和當時所見書籍中的歷史事件、人物傳記、名物制度、詩賦文章、成語典故、駢詞儷語和天地日月星辰、山澤河海、禽獸草木蟲魚、衣服飲食、神異人事、季節地理。類于百科全書。也有人認爲：類書是採集群書，或以類分，或以字分，以便檢查的書。以類分的類書有二：甲、兼收各類，如《藝文類聚》、《太平御覽》、《玉海》、《淵卷類函》；乙、專收一類，如《小名錄》、《職官分記》等。以字分的類書也有二：甲、齊句尾之字，如《韻海鏡源》、《佩文韻府》等；乙、齊句首之字，如駢字類編。三國魏文命王象、桓範等所編的《皇覽》，梁徐勉等所編的《華林遍略》和北齊祖珽等所編的《修文殿御覽》久已散亡外，現存類書有：《北堂書鈔》（唐虞世南編）、《藝文類聚》（唐歐陽詢等編）、《初學記》（唐徐堅等編）、《白孔六帖》（唐白居易與宋孔傳編）、《太平廣記》（宋李昉等編）、《太平御覽》（宋李昉等編）、《冊府元龜》（宋王欽若等編）、《玉海》（宋王應麟編）、《永樂大典》（明解縉等編）、《唐類函》（明俞安期編）、《淵鑒類函》（清張英等編》）、《子史精英》（清張廷玉等編）、《古今圖書集成》（清張廷錫等編）。這是一般常用的類書。這些類書當然不是甚麼學術著作，編輯的時候，有的不過是奉統治者之命編來作爲顯示一代之盛的裝飾品，有的編來供他們觀察歷代治亂興亡之跡研究統治之術的參考書，有的是編來供皇家子弟作文查事、選詞之用。科學士子也往往依爲尋章摘句的秘本，有人卻以翻閱類書爲博覽群書的終南捷徑。解放前的村塾先生還以《幼學瓊林》、

《兔園冊》之類的書為教材。但由于每部類書都保存著浩瀚的古代文獻，今天仍然是祖國寶貴的文化遺產。對我們了解探討古代各方面的問題，都有很大的參考價值。

在搜輯古代佚書及古書佚文這方面，不只明張溥編《漢魏六朝百三名家集》、清嚴可均編《全上古三代秦漢三國六朝文》、王謨輯《漢唐地理書鈔》、孫星衍輯《蒼頡篇》、孫馮翼輯《皇覽》，無不借助于上述有關類書；就是魯迅輯《古小說鉤沈》，也以《北堂書鈔》、《藝文類聚》、《初學記》、《太平廣記》、《太平御覽》和其它類書為主要內容的來源。其中按「以韻統字，以字系事」的體例而編的《永樂大典》，引書七、八千種。元代明初以前的佚文秘典往往全部抄入，不加刪節，並注明出處。保存古籍特別多。清乾隆間修《四庫全書》，就從中輯出佚書五百多種。

在學術研究方面，帶問題查上述類書；都會有所收穫。《北堂書鈔》、《藝文類聚》所引多隋以前的古籍。《書鈔》雖已失原書面目；但所保存的古籍仍有參考價值。王念孫撰《廣雅疏證》、《讀書雜志》、王引之撰《經義述聞》、洪頤煊撰《讀書叢錄》校訂《管子》、《穆天子傳》、《竹書紀年》，都引用過陶宗儀舊藏此書影宋抄本。《類聚》所載魏晉南北朝人詩文賦頌，多出宋代所無諸文集；所引謝承《後漢書》、袁山松《後漢書》、王隱《晉書》也和現存范曄《後漢書》、唐人所修《晉書》有出入；所引晉裴啓《語林》、郭澄之《郭子》等小說，亦早已亡佚。這就為研究魏晉南北朝文學，《後漢書》、《晉書》等保存著可貴的資料。《太平廣記》採錄漢晉至宋初小說、筆記、野史、引書約五百種左右，其中南北朝怪異小說分量不少，唐人傳奇盡載書末。前人稱為「小說之淵海」，是研究古代小說的重要典籍。加之所引原書已大半亡佚，所流傳的原書又多乖誤，這就使它在輯佚校訂方面價值更大。此外，書中還涉及史、地、宗教、民俗、詞章、

考據各方面的材料。所採渝州、隴州、建州、黎州、新津縣、通望縣等圖經，都不見著錄。也可供有關研究人員參考。《冊府元龜》錄五代故事特詳，所據史書都是北宋以前古本，所采事跡，十七史外兼及唐五代各朝實錄，是研究唐、五代歷史的重要文獻。《初學記》采隋以前古籍、初唐詩文、著述，保存許多史地、民情、風俗資料，可供考證。《玉海》為應博學鴻詞科考試而編。包括文史多方面知識，內容豐富。元胡助稱之為「天下奇書」，清熊本稱它「大有裨經濟實學」。（見清刻本胡熊二氏序）其藝文部書目提要談唐類書《三教珠英》主要內容，亦為宋代史志所未載。大有研究價值。「永樂大典」雖然未經刻印，正本毀于明亡之際，副本又為八國聯軍焚燬劫走，解放後蘇聯、東德送回六十多冊，連同國內征集的仿抄本復制本只存七百三十多卷；已由中華書局影印出來。其中「三未」　的「戲」字下的《小孫屠》、《張協狀元》、《官門子弟錯立身》三種戲文，就是研究戲曲的好材料。「七皆」韻「台」字下的有關元代御史台的幾種記載，也可供研究官制的參考。「二十九尤」的「油」字下，羅列中國古代各種油質及其製法、用途的說明，又是科技史的好素材。「九眞　」中「彞」字下集錄「彞」各種字形和「尊」的許多圖式，都可供鐘鼎彞器研究之參考。「六模」韻中「湖」字下採摘記述西湖的幾十部書，對研究地理古跡更有不少作用。此外，還有農業、園藝、醫學等材料可供掘發。（見《四庫總目提要》子部《類書類存目》一、中華書局影印本《永樂大典》郭沫若序。）《古今圖書集成》、由清誠郡王（胤祉）命其門客陳夢雷纂集，康熙四十五年（1706）成書；經蔣廷錫等重加編校，雍正四年（1726）用銅活字印出。全書一萬卷，目錄四十卷，附考證二十四卷。分歷象、方輿、明倫、博物、理學、經濟六編、乾象、歲功等三十二典，六千一百零九部。在現存類書中，規模最大，體例最完善。不只所輯錄的書往往整部整篇或整段抄入，

詳注出處，標明書名篇目作者；每部又逐項排比事文。去取謹嚴，條理清楚，使人能獲得得比較系統的材料。是一部用途最廣，有助學術研究的類書。

在查詩文典故、詞藻、事物、典章制度各方面的材料上，凡是一般詞典、辭書如《辭源》，《海海》甚至《佩文韻府》、《駢字類編》所查不到的東西，都可試查上述類書。《初學記》為唐玄宗時皇子作文摘詞之書可利用外，《唐類函》把唐人類書，刪去重複，匯為一函。以《藝文類聚》為主，每條先列《藝文類聚》的材料，次列《初學記》、《北當書鈔》、《白氏六帖》的引證，後附詩賦文章。以後三書補前一書之不足。「歲時部」兼取唐韓鄂《歲華紀麗》補四書所未收。又採唐杜佑《通典》有關政典的材料補四書之缺如。便于查唐以前的詩文典故。《淵鑒類函》于康熙十九年（1710）在《唐類函》的基礎上增補成書。唐類書外，兼採《太平御覽》、《玉海》等十七部類書的材料，又加上二十一史和子、集、雜書的內容。《唐類函》所收材料止于唐初；《淵鑒》則補入元明以前至明嘉靖時的事類文章。查找唐宋至明嘉靖時的典故、詞藻，更為方便。《子史精華》成書于清雍正五年（1721）。全書一百六十卷，分三十二部，二百二十類。專收子書、史書名言雋語，按類排比，對查找典故、語詞也很有利。此外，還有《喻林》（明徐元太撰）《麗句集》（明許之吉選輯）、《文選錦字》、《分類字錦》、《古儷府》等，也是查我語典故的好書。《喻林》匯錄古人設譬之詞，《麗句集》專採前人儷句偶詞，各有特點。查我各類事物的材料，要掌握各種類書的目錄編排。如讀了杜甫《秋興八首》「香稻啄餘鸚鵡粒」。要我鸚鵡的材料，可查《古今圖書集成》博物匯編禽蟲典鳥部；也可查《白孔六帖》卷九十五鸚鵡。讀了蘇軾《次韻王鞏留別》「蛾眉亦可憐，無奈思餅師。」想知道餅的掌故，可查《太平御覽》飲食部十八；也可查《古今圖書集成》經

濟匯編食貨典飲食部。要了解指南車的原始，可查《北堂書鈔》卷一百四十部；也可查《古今圖書集成》經濟匯編考工典器物部。要考查擊壤、角牴是甚麼玩意，可查《古今圖書集成》博物匯編藝術典技戲部；也可同時查其它類書有關部分。此外，還有一些專談事物原始的類書，如：《事物紀原》（宋·高承撰·明·李果訂，《叢書集成初編》據《惜陰軒叢書本排印》）、《事物紀原補》（清、納蘭承壽增補，清嘉慶謙牧堂刊本），《廣博物志》（明，董斯張編，明萬曆四十三年高暉堂刊本），《格致鏡原》（清·陳元龍編，上海大同書局右印），《事物原會》（清·汪汲編，清嘉慶二年休寧汪氏古愚山房刊本，收入《古愚老人清夏錄》），《壹是紀始》（清·魏崧編，道光十四年新化魏氏刊本），《全芳備祖》〈宋·陳景沂編。舊抄本），可供查閱。《事物紀原補》，在《事物紀原》四十五部一千八百四十一事的基礎上增補二百餘則，兩書可互相參證。《廣博物志、分天道、時序等二十二門，共一百五十七個子目，每個子目下再列有關材料。所據各為異本，保存一些古書原貌。《格致鏡原》著重匯集古書中有關各種器具、花草、樹木、鳥獸、蟲魚、各種技藝的記載。一般先總論，引古書講該字字義、該物來源。次列有關材料，並注明原書名，便于考核鑽研。在清代影響很大，當時士子普遍藏有此書。《事物會原》，廣採隋謝昊《物始》、唐劉孝孫、房德懋《事始》、朱繪《事原》、宋高承《事物紀原》、明羅頎《物原》，參考前人考訂著作，增補清代典制。全書二千零六目。取材既廣，稽考頗細。《壹是紀始》全書二十二類，並補遺共二千一百六十九目。較簡明便用。《全芳備祖》是一部專輯花草樹木資料的類書。前集二十七卷為花部；後集三十一卷為果、卉、草、木、農桑、蔬、藥部。部下分門，全書四百餘門。每種植物下，又以事實組、賦咏組編列其掌故、詩文。讀《詩經》、《楚辭》和歷代詩詞，凡是碰到香草花木方面的問題，都可試查此書。

如《離騷》「餐秋菊之落英」，一般解「落英」為「落英繽紛」的「落英」，即「落花」。又有人認為菊花是不落的，當解為「始英」，即初開的花。《詩周頌訪落》「訪予落止」傳：「訪，謀；落，始」。宋吳曾《能改齋漫錄》三「秋菊落英」，孫奕〈履齋示兒編〉十「落英」，皆主此說。但也有人查上述之類的類書發現菊花也有落的。這說明「始英」之解並不可信。

在校勘考證古書方面，凡今本古書各種訛誤，都可參照各種類書的引文去研究。如《史記・秦始皇本紀》：「（三十六年）秋，使者從關東夜過華陰平舒道。」這句話就不清不楚：一是未交代是何方使者；二是華陰縣在關內，關東並無華陰，平舒道在華陰縣西北六里，南傍渭水，怎麼能說「從關東過華陰平舒道？」王念孫曰：「《文選》注引作『鄭使者從關東來』《初學記》引作」鄭客從關東來。「《漢書・五行志》同，皆有鄭字來字。」張文虎曰：「王謂當有來字，是也。下云『謁者從東方來』，句法一例。」今按下文二世元年云：「謁者使東方來，以反者聞二世，二世怒下吏。」《集解》：《漢書・百官表》曰；「謁者，秦官。掌贊賓受事。」可見下文是說「二世的謁者出使東方回來」。與「使者（或鄭客）從關東來」雖然不能說是同「一例」；但要有這個「來」字，「謁者」才能「以反者聞二世」，「二世」也才能把謁者「下吏」，和要有這個「來」字，「使者」或「鄭客」才能「過華陰平舒道」，彼此是一致的。這說明張文虎把下文「謁者使東方來」說成「從東方來」認為和「從關東來」句法同例，雖然失之粗疏；但他肯定「王謂當有來字是也」，卻是對的。瀧川資言《考證》說：「南本東下有『來』字。」從此可見《文選》注引作「從關東來」是符合實際，合情合理地解決了「使者從關東過華陰平舒道」這句話不清不楚的第二個問題的。但依《史記・鄭世家》，鄭早于鄭君乙二十一年為韓哀侯所滅。秦始皇三十六年是秦統一六國十

年，又何來「鄭使者？」可見《初學記》引作「鄭客」較《文選》注引作「鄭使者」合理。這是從邏輯上去推斷。再查《漢書·五行志第七中之上》載：「《史記》秦始皇三十六年，鄭客從關東來。至華陰，望見素車白馬從華山上下。知其非人，道住止而待之。遂至，持璧與客曰：『為我遺鎬池君！』因言『今年祖龍死』。忽不見。鄭客奉璧，即始皇二十八年過江所湛璧也。」同記此事，稱「鄭客」者三，必非無據。可見《初學記》引作「鄭客從關東來」，不只更合邏輯；而且證據確鑿地全面校正了「使者從關東過華陰平舒道」這句話的缺誤。這種例子很多：本文所提過的《漢書外戚傳》「乃召趙王殺之」，《御覽、引作「欲誅之」；《史記藺相如傳》「請奉盆瓿秦王」，《御覽》所引「奉」作「奏」；《淮南子·兵略》「帥民之賊」，《御覽》引作「帥民為賊」；都起了很好的佐證作用。至于清劉文淇以《冊府元龜》校勘《舊唐書》；洪頤煊以《北堂書鈔》校訂《管子》、《穆天子傳》、《竹書紀年》；成績就更大了。

　　不過，要切實注意：上述各種類書，並不是十全十美的；其中也往往有不一定對甚至錯誤的地方。這就要學會鑑別，才不會上當。例如上引《始皇紀》「過華陰平舒道」下說：「有人持璧遮使者曰：『為吾遺鎬池君』。因言曰：『今年祖龍死。』」《集解》引蘇林曰：「祖，始也；龍，人君象；謂始皇也。」這是對的。但梁玉繩曰：「今年，《搜神記》作明年，《初學記》、《文選》注引《史》文正作明年。」這樣以《初學記》、《文選》注引作「明年」去論證《搜神記》作「明年」為是；而《始皇記》作「今年」為誤；就不一定對了。因為《始皇紀》載山鬼奉璧言「今年祖龍死」這個故事前說：「三十六年，熒惑守心，有墜星下東郡，至地為石。黔首或刻其石曰：『始皇死而地分』。始皇聞之，遣御史逐問，莫服。盡取石旁居人誅之，因燔銷其石。」這個故事反映出關東，即東郡一帶的六國人民對始皇

橫暴兇殘的憤恨，所以乘墜星爲石，刻其石進行詛咒：希始皇速死；願秦帝國速分崩。始皇遺御史逐問，莫服。接著又「盡取石旁人誅之」，這就不可避免地激起關東人民更大的仇恨。第二個故事鄭客從關東來奉璧就是這樣發展出來的。因言曰：「今年，祖龍死！」是關東人民再詛咒始皇即死。秦以十月爲歲首，「秋」點明「歲云暮矣。」「今年祖龍死」是詛咒始皇年關前即死。這是一個借鬼神以洩人憤的故事。言「今年」正表示人民對始皇憤恨之深，欲其死之急。《前漢書五行志》雖然所載皆漢以前鬼神怪異；但它的目的是徵戒君主要爲善的。所以記載這個故事不只保留著「今年祖龍死」的說法；並且加以宣揚說此「炕陽暴虐，號令不從，孤陽獨治，衆陰不附之所致也。」爲了向君主敲警鐘，還如響斯應地說：「是歲始皇死。後三年，而秦滅。」按《始皇紀》下文明言「三十七年十月癸丑始皇出游」，歸途中「至平原津而病」，「七月丙寅始皇崩于沙丘平臺。」《志》言「是歲始皇死」雖然背于史實；但切合當時人民的強烈願望，有樸素積極浪漫精神。瀧川資言說：「《漢書五行志》、《春秋後語》作今年。」則作今年更不孤立。《搜神記》作于晉代，大家公認是言鬼神宣揚迷信的小說。干寶改「今年」爲「明年」，其目的顯然在于強化這個故事的「神性」，使人們確信鬼神能預知人的死期。這就沖淡了這個故事假鬼神以洩人憤的原意。《初學記》編者和《文選》注家由于時代和自己世界觀的局限，引作「明年」，固然偏信干寶的話；清代學者單從始皇死于三十七年，不在當年的歷史事實著眼，是他們重考據不注意刻石和置璧兩個故事的因果聯繫和性質形成的片面性。中華書局排印本《初學記》卷首詞義組《校點說明》、劉葉秋《類書簡說》34頁都肯定作明年爲是，也是因襲舊說，未加深究。又如《古今圖書集成》卷897《吉安府疆域考》載：「龍泉縣南至永新縣界七十五里」。「永新」分明是「贛縣」之誤。因爲該書所附地圖，永新在龍泉之北，

贛縣才在龍泉之南。龍泉縣即今遂川縣。今天我們從贛縣往永新，也是自南向北走，先經遂川，再到永新。復如同書博物匯編禽蟲典鳥部「鷓鴣」載鄧光薦《行不得也哥哥·禽言詩》，除「肉飛不起可奈何」句。「肉」字是「鷓鴣飛必南翥」的「南」字的形誤外，還錯誤地把鄧光薦說成是「文丞相（按指文天祥）之客」。關于鄧光薦和文丞相的關係，拙作《鄧剡水天空闊詞指迷》說得很清楚，這裡不重複。「南飛不起可奈何！」飽和著他為宋帝昺禮部侍郎時，目睹崖山海戰陸秀夫、張世傑所率領的南宋最後一支軍隊為元將張弘範李恆破滅，陸秀夫負帝昺投海的民族君國之恨。誤為「肉飛」；就不知所云。其它的錯誤當然不會沒有。這就需要科學研究工作者在引用類書材料的時候仔細辨識。今天，科學發展一日千里。不只自然科學天文地理動植物各科知識日益精新；考古學的成績，也遠勝往昔。這都使舊的知識碰到新的挑戰。如《詩·小雅》：「螟蛉有子，蜾蠃負之。」傳：「螟蛉，桑蟲也。蜾蠃，蒲盧也。」箋：「蒲盧取桑蟲之子，負持而去。煦嫗養之，以成其子。」這是中國傳統數千年的講法。還有人加以增飾說：蜾蠃無子。取桑蟲之子，祝曰：「類我！類我！」使成己子。因而人們就稱「養子」為「螟蛉之子」。其實，蜾蠃產卵期間，是大量捕捉桑蟲的幼蟲，藏在巢穴裡作自己的幼蟲的食料的。因為產卵巢穴構築在屋簷洞穴裡人們看不見。只看見蜾蠃把桑蟲的幼蟲從洞口拖進去；再過幾個月，蜾蠃的成蟲就從洞口爬出來；所以就誤認真負持桑蟲子煦養為己子。這是一個普通人民經過實驗發現的真情。假如說稱養子為螟蛉之子是錯了幾千年的習慣，沒有必要去改變；那《小雅》這兩句詩就不能再因襲《鄭箋》那樣的解釋了。在考古掘發的文物方面，普通本《國策·趙策》「左師觸讋願見太后」，「太后盛氣而揖之」，一般認為「揖之」的「揖」字是和下句「左師入而徐趨」相牴牾的。因為「觸讋」未入，「太后」何能先「揖之」？《御覽》所引

「揖」作「須」；胡三省曰：「趙以觸龍爲左師」；均與策異。今按
《史記趙世家》作「左師觸龍言願見太后，太后盛氣而胥之。」《集
解》：「胥猶須也。《穀梁傳》曰：須其出也。」這是《御覽》所引
胡三省所說的依據。有人認爲：《世家》所引是司馬遷所見古本《趙
策》，普通本《趙策》中的「讋」字是「龍言」二字誤合爲一；「揖」
字是小篆「胥（ˋ）」字形誤爲「昜（ ）」，後人讀「昜之」不得
其解，再加手（才）旁造成的。經過和出土的漢墓《趙策》對照，前
人上述考證完全正確。這見出土文物的參證作用。至于山東臨沂銀雀
山掘發的《孫武兵法》和《孫臏兵法》，更打破了前人對孫武其人及
其書的疑團，爲今天流行的《孫子兵法》十三篇提供了原始的校勘依
據了。同時出士的，還有《管子》、《六韜》、《尉繚子》等書，都
是有價值可供參校的可靠資料。不容人們忽視。此外，還有人運用甲
骨文的知識，對《詩經》中的詩篇和其它古代作品提出新的看法。科
學新知和古代文物對古典文學研究有參證價值的資料很多，我們要充
分地研究和運用！

薤露蒿里探源

本文所談的《薤露》、《蒿里》是古樂府中的兩支曲子。《薤露》是樂府相和歌辭第七曲；《蒿里》是相和歌辭第八曲。關於這兩支曲子和這兩篇古辭的起源，歷來記載樂府的書籍都有傳統一貫的說法。這種傳統一貫的說法，不只爲解放前編著文學史的學者和高等院校講文學史的教授們所採用；而且爲今天高等院校編文學史參考資料①講文學史的教師所繼承。其實，這種傳統一貫的說法是很值得商榷的。

崔豹《古今注》說：

> 《薤露》、《蒿里》並喪歌也，本出田橫門人。橫自殺，門人傷之，爲作悲歌。言人命奄忽，如薤上之露易晞滅也。亦謂人死魂魄歸于蒿里。故爲二章。至漢武帝，李延年分爲二曲：《薤露》送王公貴人；《蒿里》送士大夫、庶人。使挽柩者歌之，亦謂之《輓歌》。

譙周《法訓》說：

> 輓歌者，漢高帝召田橫，至屍鄉自殺。從者不敢哭，而不勝哀。故爲《輓歌》以寄哀音。

這是對這兩支典子和這兩篇古辭的起源最早的說法。

唐吳兢《樂府題解》在援引崔、譙原文之後，發表自己的意見說：「《左傳》云：『齊將與吳戰于艾陵，公孫夏命其徒歌《虞殯》。』杜預注：『送死薤露歌。』即喪歌不自田橫始也。」李匡義（濟翁）《資暇錄》也說：「昔謂輓歌起自田橫門人，非也。《左傳》（按哀公十一年）『魯哀公會吳伐齊。將戰，公孫夏命其徒歌《虞殯》。』杜預注：『《虞殯》，送葬歌曲，示必死也。』如是，則古已有之矣。」

（此集當作于唐末。《說郛》引作《資暇錄》。）這似乎對這兩支曲子和這兩篇古辭，即輓歌的起源提出了新的看法。其實，這種看法是西晉工部郎嚴本厚最初提出來的。後來劉孝標《世說新語》注也引用過。《樂府題解》和《資暇錄》不過根據嚴厚本的主張，略加省改，以爲己說罷了。

　　崔豹、譙周、吳兢的說法一致出而問世之後，鄭樵《通志·樂略》、郭茂倩《樂府詩集》就把這些說法兼收累存起來。解放前出版陸侃如先生著的《樂府古辭考》爲這些說法下了一條按語說：

　　　　侃如按：崔、譙二說較古，當可信。杜預注未明言《薤露》即《虞殯》，晞昂誤會。古辭存。

　　《薤露》、《蒿里》，即輓歌的起源的說法，大概如上。

　　以上這些說法，自漢至今，相沿二千多年沒有異議。其缺點，主要是囿于古辭的圈圈，忘記了《薤露》、《蒿里》是樂府，而樂府是以聲爲主的。其次，是把《輓歌》看作一般喪歌，忘記了「使輓柩者歌之」這個特點。他們既然把《薤露》、《蒿里》看成一般的徒詩；所以只糾纏於古辭的作者的問題，而忽略了《薤露》、《蒿里》的音歌性。他們既然把《輓歌》看成一般的喪歌；所以隔靴搔癢說些一般喪歌的起源，而不能揭示《輓歌》起源的本質。爲了探求眞理，下面從六個方面提出個人的淺見。

　　一、陸侃如說的剖析；

　　二、崔豹譙周說的可疑；

　　三、《薤露》、《蒿里》同出故楚；

　　四、《輓歌》異名早見《莊子》；

　　五、《輓歌》原是力役之歌；

　　六、崔、譙說法的點滴貢獻。

一、陸侃如說的剖析

　　細析上述陸先生這個按語，便知道他的主張有二：㈠崔、譙可信，其理由是「更古」；㈡晞昂誤會，其理由是「杜預未明言《虞殯》即《薤露》。」這種主張實在有商榷必要。

　　訓詁學中有一個通例，是以今言釋古語。古今訓詁家所以要運用這條通例去注解他要注釋的古書；就是因為今言易曉，古語難通。為求讀者明瞭；非如此不可。運用這條通例所作的註解，比比皆是。《左傳》說「命其徒歌虞殯」，杜預于其下註云：「送葬歌曲，示必死」。雖「未明言《虞殯》即《薤露》」；固已言《虞殯》即送葬歌曲或喪歌矣。晞昂在《樂府題解》作「杜預云：『送死薤露歌』」，雖然增省了杜預原文；但《薤露歌》自漢武帝時李延年用為輓歌以來，除了範圍上或者有大有小外（見後段）；其意義已和送葬歌、輓歌、喪歌等名稱完全無異。晞昂為使人易曉，故改杜注之文而逕言為《薤露》。從晞昂當時的情況說，何得說是誤會？且《左傳正義》云：

　　賈逵曰：「虞殯，遣殯歌辭。」杜云「送葬歌曲」，並不解虞
　　殯之名。《禮》：「啟殯而葬」，葬即下棺；「反，日中而虞」；
　　蓋以啟殯將虞之歌，謂之虞殯。歌者，樂也，喪者，哀也。送
　　葬得有歌者，蓋輓引之人為歌聲以助哀。今之輓歌是也。

考《正義》作者和晞昂都是唐代人。晞昂以《薤露》解《虞殯》，也和《正義》以輓歌釋《虞殯》一樣，同是以今言釋古語。是則《虞殯》者，周代之喪歌也。《薤露》者，漢以後之喪歌也。晞昂謂「喪歌不自田橫始」，不是很正確嗎？這是陸先生第二點主張應該糾正的地方。

　　至於說：較古可信，其實，「較古」這個術語並不能作為真理的標準。因為「較古」的東西固然不完全都是錯，也不完全都對。一切要具體分析。你說譙周之說較古為可信嗎？何以司馬紹統條其《古史

考》之失凡百三十二事之多？你說崔豹《古今注》較古可信嗎？何以鄭樵《通志》有「崔豹之徒以義說名，吳兢之徒以事解目」的攻忤？就以陸先生來說吧，在《中國詩史》的《詩經》，《楚辭》兩個部份，不也是提出很多新的見解去說明古人之非嗎？並且陸先生在其《中國詩史》裡，主張「輓歌起于國風《黃鳥》，漢初的《薤露》、《蒿里》亦此類。」在這裡又承認「崔、譙二說較古當可信」；這不是自相矛盾？至于「起于黃鳥」之說，犯了以普通喪歌的起源說輓歌起源的毛病，就更不用說了。這是陸先生第一點主張要糾正的地方。

　　推究陸先生致誤之由，當然是因爲忽於訓詁。上述錯誤之外，由於沒有看清楚崔豹、譙周的原文，還把原文的句讀都斷錯了。陸先生在《樂府古辭考》裡，對吳兢那段文字是這樣斷句的：

　　　　《左傳》云：「齊將與吳戰于艾陵，公孫夏命其徒歌虞殯。」

　　　　杜預注：「送死薤露歌，即喪歌。」不自田橫始也。

但《樂府古題要解》這段文字，還有其它本子和其他書籍所引是這樣的：

　　　　杜預注：「送死歌曲，示必死。」即喪歌不自田橫始也。

我們再查《左傳》杜注，本文確是這樣有「示必死」三字在「送死（或葬）歌曲」之下和「即喪歌」之上。可見《樂府題解》此條杜注以下應該這樣斷句：

　　　　杜預注：「送死薤露歌」。即喪歌不自田橫始也。

晞昂說「喪歌不自田橫始」，意即「薤露」、《蒿里》之類的喪歌不自田橫始。喪歌的範圍比《薤露》、《蒿里》要廣一些；但晞昂這種說法不是正和陸先生所謂「輓歌起於國風《黃鳥》，漢初的《薤露》、《蒿里》亦此類，」彼此相類？爲甚麼晞昂是「誤會，陸先生倒不是？」

　　綜看上述對陸先生這條按語的辨析，可見陸先生這條按語，除了下得不痛不癢，又和自己《中國詩史》中的主張相矛盾之外，對輓歌

起源問題，仍保持崔豹、譙周說的原狀，毫無新的貢獻。至於崔、譙之說是否「更古」、「可信」，下文再作分析。

二、譙周崔豹說的可疑

崔豹和譙周雖然是最早論說輓歌起源的人；但田橫的事是發生在漢高帝時候的。因此，距離田橫這件事發生的時間較近的，應該是作《史記》的司馬遷和作《漢書》的班固。而不是三國的譙周和晉代的崔豹。

《漢書·高帝紀》說：

「初，田橫歸彭越。項羽已滅，橫懼誅，與賓客亡入海。上恐其久爲亂，遣使者赦橫，曰：『橫來，大者王，小者侯；不來，且發兵加誅。』橫懼，乘傳詣雒陽。未至三十里，自殺，上壯其節，爲流涕。發卒二千人，以王禮葬焉。」

《史記·田橫傳》說：

「漢王立爲皇帝…田橫懼誅，而與其徒屬五百餘人居島中。高祖聞之，以爲田橫兄弟本定齊，賢者多附焉。今在海中不收，後恐爲亂。迺使使赦田橫罪而召之。田橫因謝曰：臣烹陛下使酈生，今聞其弟酈商爲漢將而賢，臣恐誅，不敢奉詔。請爲庶人，居海島中。使還報，高皇帝乃詔衛尉酈商曰：『齊王田橫即至，人馬從者，敢動搖者，致族夷』。迺復使使持節，具告以詔酈商狀。曰：『田橫來，大者王，小者侯耳，不來，且舉兵加誅焉。』」

「田橫乃與其客二人，乘傳詣雒陽。未至三十里，至尸鄉厩置，橫謝使者曰：『人臣見天子，當洗沐止留』。謂其客曰：『橫始與漢王俱南面稱孤。今漢王爲天子，而橫乃爲亡虜而北面事之，其恥固已甚矣。且吾烹人之兄，（指酈生）與其弟（指酈

商）並肩而事其主，彼縱畏天子之詔，不敢動我，我獨不愧于
心乎？且陛下所以欲見我者，不過欲一見吾面貌耳。今陛下在
洛陽，今斬吾頭，馳三十里間，形容尚未能敗。猶可觀也。』
遂自剄，令客奉其頭從使者馳奏高帝。高帝曰：『嗟呼！有以
也。夫起自布衣，兄弟三人更王（指田儋、田廣、田橫），豈
不賢乎哉！』爲之流涕。拜其二客爲都尉，發卒二千人，以王
者禮葬之。田橫既葬，二客穿其冢旁孔，皆自剄下從之。高帝
聞之，迺大驚。以田橫之客皆賢。吾聞其餘尚五百人在海中，
使使者召之。至則聞田橫死，亦皆自殺。于是乃知田橫兄弟能
得士也。」（《漢書・田儋傳》所記略同）

綜看《史記》、《漢書》，田橫的壯節，門人的義烈和他們主客
之間的談話都記得很生動很詳盡，假如眞有作歌之事，爲甚麼沒有一
句話提到。

至於譙周說「從者不敢哭，」更是想當然之辭。《史記》《漢書》
不是明明地說：「高祖爲之流涕」嗎？並且高祖還封了兩個從者爲都
尉，隆重地以王禮辦理田橫的喪事。高祖自己都哭了，爲甚麼田橫的
從者還不敢哭？蔡邕哭董卓，田疇哭劉虞，王修哭袁譚，都冒萬死而
不辭，何況這一批義烈的門客呢？所以何義門先生說：

「五百人不難自殺，乃至不敢哭邪？周奈何以小人之腹量君子！」
可見譙周的說法不合情理，古人已經揭穿了。

並且樂府裡所載某某作以哀某某這類的歌辭很多。如《平陵東》，
《古今注》不也說是翟義門人作以哀翟義的嗎？他的歌辭說：

「平陵東，松柏桐，不知何人劫義公，劫義公在高堂下，交錢
百萬兩走馬。兩走馬，亦誠難願見，追吏心中惻。心中惻，血
出漉，歸告我家賣黃犢。」
它明白地提及義公的名字。說到義公被追被劫的事。當然，這個

義公也有人認爲不是翟義。《古今樂錄》說：

> 「歡聞愛歌者，晉穆帝升平中，童輩或歌於道曰：『阿子聞，曲終云：『阿子，汝聞不，』無幾，而穆帝崩，褚太后哭：『阿子汝聞不，』聲既凄苦，因以名之。」

我們再參考《宋書・五行志》說：

> 「歡聞歌者，晉穆帝升平初。……歌畢輒呼『阿子汝聞不，……。」

雖然是讖緯之說，也史有可考。《古今樂志》釋《華山畿》二五曲又說：

> 「少帝時，南徐一士子從華山畿往雲陽，見客舍有女子，年十八、九。悅之，無因。遂感心疾。氣欲絕，謂母曰：『葬時車從華山度。』母從其意。比至女門，牛不肯前，打拍不動。女曰：『且待須臾……』女透入棺，家人叩打，無如之何。乃合葬，呼曰神女冢。」

它的歌辭說：

> 「華山畿，君既爲儂死，獨生爲誰施！歡若見憐時，棺木爲儂開！」

也提及華山畿女子願意同生死的話。

《丁都護歌》相傳是彭城內史徐達之爲魯軌所殺，宋高祖使府內直督護丁日午收殮殯埋之，達之妻高祖長女也。呼日午至閣下，自問殮送之事，每問輒嘆曰『丁都護』。其聲哀切，後人因其聲度曲焉。歌辭今雖無考，但是事卻見于《宋書樂志》。

至於《讀聲歌》十九曲，《古今樂錄》以爲「元嘉十七年袁后崩，百官不敢作聲歌，或因酒讌，止竊聲讀曲細吟而已，以此爲名。」《宋志》以爲「民間爲彭城王義康所作也，其歌云：『范曇劉領軍，誤殺劉第四是也。』」二說互異未知孰是。陸侃如雖以「想亡佚已不少」

爲釋，但是還疑惑「《宋志》所引兩句，不見于八十九曲中。」

現在我們回頭再考查薤露、蒿里這兩首古辭。《薤露歌》說：

「薤上露，何易晞？露晞明日更復落，人死一去何時歸？」

《蒿里曲》說：

「蒿里誰家地？聚斂魂魄無賢愚。鬼伯一何相催促，人命（一
作今乃）不得少踟躕。」

有片言隻字說到田橫或其門人嗎？根據《史記》《漢書》所載，
田橫的死是自殺的，高祖對他的詔令是「橫來，大者王、小者侯，」
因爲田橫曾烹酈食其，預防酈商爲哥哥報仇，傷害田橫。高祖還詔令
酈商說：「齊王田橫即至，人馬從者敢動搖者致族夷！」對田橫這樣
衛護。田橫的死，又有誰從中催促，而云「鬼伯一何相催促，今乃不
得少踟躕？」

作歌之事史籍既然沒有根據，歌辭的文字又沒有涉及田橫的事，
「不敢哭」的說法和歌辭本身又違反當時的情況，憑崔豹、譙周一席
想像的話就斷定薤露、蒿里這兩篇古辭是田橫門人哀田橫的作品，不
是近乎耳食嗎？

崔豹、譙周離田橫的時代比我們近，是無可否認的，但班固、司
馬遷離田橫的時代不是比崔、譙更近嗎？爲甚麼卻沒有作歌的說法？
此外，在同時討論挽歌起源問題上，離崔、譙時代不遠的西晉工部郎
嚴本厚等就有不同的說法。嚴本厚起于《左傳》虞殯的主張，雖然同
陸侃如先生認爲「起于國風黃鳥」一樣，犯了以一般喪歌的起源說挽
歌的起源的毛病，不能揭示挽歌起源的本質；但他不同意崔、譙本出
田橫門人的說法那是一致的。我們又怎麼能不加思考盲從崔譙的說法？

三、薤露、蒿里同出故楚

我們說過，樂府是以聲爲主的。薤露、蒿里既然是樂府中的兩支

曲子，我們就不能離開它的音樂性，專糾纏於古辭的作者的問題上去探討它的起源。只要我們讀古書細心一點就會發現：薤露、蒿里作為兩支歌曲的名稱，並不是從漢樂府開始的，而是早在漢樂府以前就存在的。

《楚辭·宋玉對楚王問》：

「楚襄王問于宋玉曰：『先生其有遺行與？何士民眾庶不譽之甚也！』宋玉對曰：『唯。然，有之。愿大王寬其罪，使得畢其辭。客有歌于郢中者，其初曰下里、巴人，國中屬而和者數千人。其為陽阿、薤露，國中屬而和者數百人。其為陽春、白雪，國中屬而和者數十人。引商刻羽，雜以流徵，國中屬而和者，不過數人而已。是其曲彌高，其和彌寡。……」

這段小小的文章裡，卻明明白白地記載著「薤露」這個名稱「薤露」既然和下里、巴人、陽春、白雪……等歌曲並舉，前面又冠以「客有歌于郢中者，」那它是一種歌曲，或當時就叫做「薤露歌」是沒有疑問的，下文既然說「國中屬而和者」，那這兒的「薤露」是一種相和而唱的歌曲，也是沒有疑問的。這就很確鑿的證明，「薤露」，不只作為歌曲的名稱在漢樂府之前已經存在，而且它的音樂性質在漢樂府之前本來就是一種相和曲的。所以《纂文》說：「《宋玉對問》已有薤露、陽阿矣。」（見《文選》集評引）黃節《曹子建詩注·薤露篇》也說：「宋玉對楚王問曰：『其為陽阿、薤露，國中屬而和者數百人。』則薤露歌由來久矣。崔豹《古今注》曰：『薤露、蒿里並喪歌也，本出田橫門人，橫自殺，門人哀之，為作悲歌，言人命奄忽，如薤上露易晞滅也。』然以宋玉之言考之，則薤露不自田橫始矣。」

《纂文》、黃節指出「薤露」出于《宋玉對問》是很可貴的，但它沒有注意《蒿里》也是出于《宋玉對問》的。只是因為「薤露」很明顯地載在這篇文章中，容易看出，而「蒿里」的字形、字音上略有

轉變，自古至今一直較少人發現也見于這篇文章中罷了。

《漢書田延年傳》：

「茂陵富人，焦氏、賈氏以數千萬陰積貯炭葦下里物。」

孟康注說：

「死者歸蒿里，葬地下，故曰下里。」

又《韓延壽傳》：

「賣偶車馬下里偽物者，棄之市道。」

張晏注說：

「下里，地下蒿里也。」

《武帝本紀》顏師古注也說：

「死人之里，謂之蒿里，或呼爲下里者也。」

這是從蒿里、下里意義上的聯繫去考查。

再從聲韻學上去考察，雖然古音「下」字屬於匣母，是濁紐，「蒿」字屬於曉母，是清紐，但古音「下」讀hia，「蒿」讀hao，兩個字是旁紐雙聲，「下里」、「蒿里」不過是一音之轉罷了。所以師古說：「謂之蒿里，或呼爲下里。」

根據上面的證據，可以證明：同漢樂府中的薤露就是《宋玉對問》的薤露一樣，漢樂府中的「蒿里」，也就是《宋玉對問》中的「下里」。這種意見，解放前我曾經發表在《文化先鋒》中，解放後，人民出版社57年出版的余冠英先生選注的《樂府詩選》，也認爲：「宋玉《對楚王問》說有人唱下里（就是蒿里）……」

再考察《淮南子‧說山訓》：「欲美和者，必先始于陽阿、采菱。」高誘注：「陽阿、采菱樂曲之和聲。」《宋玉對問》這段文字，既然把蒿里（下里）和「巴人」並舉，而說「國中屬而和者數千人，」又把「薤露」和「陽阿」並舉，而說「國中屬而和者數百人。」並且說：「其曲彌高，其和彌寡，」雖然這種相和只是人聲，發展到漢樂府的

相和就加上了絲竹。但薤露、蒿里在這裡已經和釆菱一樣，是相和而歌的相和歌曲，而且是相和曲中高下有別的兩支不同的相和歌曲，是很明顯的。那末，崔豹所說的「本出田橫門人，故爲二章。」「李延年分爲二曲，」就毫不足信了。後來鄭樵還說：

「薤露一名蒿里行」（釋泰山吟行下）

把自古以來就高下不同的兩支歌曲混爲一個曲子，不是很明顯的上了崔豹的當嗎？

《宋玉對問》這篇文章，雖然載于《文選》，又是散文，同宋玉的賦有些不同，同時《漢書藝文志》也只載宋玉賦，不聞有散文作品，有人懷疑不是宋玉的作品，但文中既然說：「客有歌于郢中者，」「其初爲下里巴人，」「其爲陽阿、薤露，」「其爲陽春白雪」……那「下里、巴人、陽阿、薤露、陽春、白雪……都是楚（郢）地的歌曲是可以想象的。」並且「陽阿」這個曲子的名稱也屢見于《楚辭》，《楚辭·大招》：「謳和陽阿」，就是個明顯的例子。《楚辭·招魂》：「涉江釆菱，發揚荷些，」注：「楚人歌曲也，……」《文選》作陽荷。注：『荷當作阿，涉江、釆菱、陽阿皆楚歌名。』《淮南子》：『歌釆菱，發陽阿，』又云『足蹀陽阿之舞。』……」都是很好的證據。所以徐養源《律呂臆說》認爲：《楚辭·宋玉對問》中的陽春、白雪、陽阿都是屬楚聲這個系統。巴是春秋一百二十四國中的姬姓小國，子爵。《春秋左傳》文公六年桓公十年都談到巴人楚人的良好關係。《左傳》注：「巴，巴國，在巴陵郡江州縣。」《史記·楚世家》楚肅王四年「蜀伐楚，取茲方。于是，楚作扞關拒之。」徐廣曰：「魚腹有扞水關，扞水關在巴郡。」可見戰國時巴已經歸楚。《漢書禮樂志》：「巴·俞鼓人三十六人」。顏師古曰：「巴，巴人；俞，俞人。」可見巴人也和巴渝曲一樣以地爲名，同屬楚地。巴人和陽阿既然都是楚曲，那末，同巴人並舉的下里和同陽阿並舉的薤露，又怎麼

不是楚國的歌曲呢？下里、薤露既然同陽春、白雪、巴人、陽阿一樣，都是楚國已經有了的歌曲，那「薤露、蒿里……本出田橫門人，橫自殺，門人傷之，爲作哀歌」這種傳統的說法，就不攻自破了。

至于有人認爲蒿里即薨里，說法似乎有些不同，但蒿里、薨里都是死人所居之里，也叫下里，這是彼此一致，沒有分歧的。同時，聲韻上「薨」也和「蒿」一樣，可以轉爲「下」。

四、挽歌異名早見《莊子》

以上是從薤露、蒿里這兩支歌曲的名稱和音樂性質去探討。以下再從挽歌這個名稱去研究。

把我們前面引用的崔豹、譙周的說法相比較，崔豹是認爲挽歌這個名稱是始于漢武帝時，李延年以「薤露送王公貴人，蒿里送士大夫、庶人，使挽柩者歌之，亦謂之挽歌」的。而譙周卻說「挽歌者，漢高帝召田橫至屍鄉，自殺，從者不敢哭，故爲挽歌以寄哀音。」又把挽歌這個名稱的起源推前到漢高帝召田橫，田橫自殺的時候。不管他們怎樣說，認爲挽歌這個名稱起源于漢初卻是一致的。

其實，這些都是錯誤的說法。

《酉陽雜俎》說：

「裧，鬼衣也。桐人起于虞卿，明衣起左伯桃，挽歌起紼謳。」

（見唐段成式所著《廬陵官下記》）

《纂文》也說：

「薤露今挽歌也……《莊子》亦有紼謳之文」。（見《文選》集評，何義明引及劉孝標《世說》注。）②

《事物異名錄》禮制挽歌一目也說：

「《莊子》『紼謳所生，必于斥苦。』按紼謳即挽歌也。」

可見前人已經把漢樂府的挽歌和《莊子》的紼歌等同起來看的，

現在我們從歌和謳，紼和挽的關係去考察。

焦循《孟子正義》說：

「……《毛詩魏風》：『園有桃，…我歌且謠，』傳云：『曲
合樂曰歌』《楚辭大招》：『謳和陽阿，』王逸注云：『徒歌
曰謳。』然則，謳，歌同一長言，而歌依于樂，謳不依于樂，
此所以分也。《說文》欠部下云：『歌，詠也，』言部云：『
謳，齊歌也。』齊歌之說有二：《漢書高帝紀》，『皆謳歌思
東歸，』注云：『謳，齊歌也』。謂齊聲而歌，』或曰：『齊
地之歌。』段氏玉裁《說文解字》注云：『假令齊聲而歌，則
當曰眾歌，不曰齊歌。李善注《吳都賦》：引曹植《妄薄命行》
曰：『齊歌、楚舞紛紛。』《大平御覽》引《古樂志》曰：『
齊歌曰謳，吳歌曰歈，楚歌曰豔，謠歌曰哇。若《楚辭》『吳
歈蔡謳，』《孟子》『河西善謳』則不限于齊也。謹按：區有
眾義。《說文》：「區從品存區中，品，眾也。《爾雅釋品》
云：『玉十之爲區，』《考工記》『桌氏兩豆爲區，』皆取積
眾之名。劉熙《釋名・釋形體》云：『軀，區也，是眾名之大
總，若區域也，』聚眾聲而爲謳，故云『謳和陽阿。』謂齊聲
相和也。」

從此可見謳字已有相和之意，要相和而歌才叫謳。

除上引《漢書高紀》「皆謳歌思東歸」之外，又按《孟子》「謳
歌者不謳歌堯之子，而謳歌舜，」陸機《答賈長淵詩》「俗獄違魏，
謳歌適晉，」都把謳歌二字連稱。足見謳歌二字的意義，焦循雖以爲
有不依樂和依樂的分別，但這種差別，正同它的聲音轉變一樣，不會
很大。甚而就沒有甚麼差別。因爲王逸既然說：「徒歌曰謳」可見謳
也是歌，不過沒有入樂罷了。並且毛傳是說「曲合樂曰歌」的，所謂
曲，就是有聲無辭的曲譜，如《詩經》中南陔、白華、華黍、由庚、

崇丘、由儀之類。至于「園有桃」這種辭，當它由人民群眾在口頭上用人聲唱出來的時候，不也就是歌嗎？所以它的下句說我「歌」且謠。既是《魏風》，也就是魏這個地方的民歌。這是從謳和歌字一方面去考察。

尚秉和《歷代社會風俗事物考》說：

「《禮內則》『弔于葬者必執引，若從柩及壙必執紼。』③《曲禮》：『助葬必執紼。』注：『車曰引，棺曰紼。』疏：『引，車索也；紼，引棺索也。凡執引用人，貴賤皆各有數，若其數足，則引人不得遙引，皆從柩也。』何東山曰：『天子千人，諸侯五百人，大夫三百人。從柩者是執引所餘。紼是撥動之義。無定人數，故執紼以示助力。』由此證之，古靈車之行不用牛馬④。若紼則大于引。考《爾雅》：『紼，繂也；繂，（音律）大索也。』蓋靈車至葬所，牽紼以移柩入冢也。」

從此，可見古代出殯運柩的方式，和今天有些地方用人抬著棺柩走不同。尚氏又說：

「《左傳》宣八年，葬敬姜，旱，無麻，用葛茀（即紼），注：『茀所以引柩，然因旱無麻，即不能用麻索。』」

從此，可見古代出殯用紼很多。尚氏又說：

「《禮檀弓》：『季康子之母死，公輸方若小，斂，般請以機封，將從之』。公肩假曰：『不可。夫魯有初，公室視豐碑，三家視桓楹。般，爾以人之母嘗巧乎⑤』注：『豐碑斫大木為之，形若石碑。于椁前後四角樹之，穿中，于間為鹿盧。下棺以繂繞。天子六繂四碑，前後各重鹿盧』。桓楹者，斫木如大楹，四植謂之桓。』按天子用石碑下棺。諸侯不敢用石，以木斫為碑，樹之椁之四角，碑上有孔，各安鹿盧，棺到時，將紼（大索）繞于鹿盧之上，徐徐下之。此天子諸侯之禮也。公輸

般巧，請以機械下棺，有類諸侯，故公肩假以爲不可。桓楹者，但將木斫之若楹，不爲碑形，植四隅以下棺而已。夫曰樹于槨之四角，是棺未到而預將槨置于冢內也。用碑係棺。是天子亦懸棺下葬也。惟《左傳》僖二十五年『晉侯請隧，弗許』杜注：『闕地通路曰隧，天子葬禮也，⑥諸侯皆懸棺而下。』據杜說，是天子不懸棺葬也，鄭與杜孰是，不敢定。疑杜非也。」

又說：

「古以引（索）挽靈車，士用五十人，下而至于庶民當更少于士。然亦較今日爲多。葬用碑綍，乃富貴之家，至庶民則不用，《禮檀弓》『懸棺而封，人豈有非之者哉？』注：『貴者用碑綍，貧者手懸棺而下。』然則古貧民下葬與今日同也。」

《禮記雜記下》說：

「諸侯執綍者五百人。」

綜觀上述各段，可以想見古時以引挽柩，以綍下棺的情形。《經典》說：「綍以索爲之」可見綍、茀和上引『執綍者五百人』的綍，都是挽柩的繩索。

．關于綍字還有一種值得注意的解釋說：「從前引之曰綍，綍，發也。發車使前也。」「兩旁引之曰披，披，擺也，各一方引擺之，備傾倚也。」用原來是名詞的「綍」字作動詞解，不正和「前引曰挽」意義吻合嗎？

這是從挽字、綍字方面去考察。

綜上兩方面所述，我們知道綍是執綍的略稱，也就是挽，謳就是歌。《莊子》文中的綍謳，是執綍的人在執綍的時候所謳，和漢樂府中的挽歌是同一事物，不過名稱有變化罷了。所以司馬紹統在「綍謳」下注說：「綍，引柩索也，謳，挽歌也。」雖然把「謳」注成「挽歌」有點粗心，但他的本意是和我們一致的。並且從上引焦循對謳字的解

釋已有相和之義，更可見莊子時代的紼謳也是一種相和合唱的歌。因為執紼的人數很多呢。這就更可以證明「本出田橫門人」的說法是全不足信了。

五、挽歌原是力役之歌

以上從薤露、蒿里、挽歌的名稱和它的音樂性說明了薤露、蒿里、挽歌的起源早在田橫門人之前。以下再從挽歌的本來面目，說明挽歌的起源。

《說文》車部輓字下說：「引車也。從車，免聲……。」《後漢書梁冀傳》：「能挽滿」注：「猶引強也。」《爾雅·釋訓》：「『步挽輦車』，謂引車也。」《漢書·霍光傳》：「侍婢以五采絲輓顯遊戲第中。」師古曰：「輓，謂牽引車輦也。」《漢書·食貨志》：「平都令光，教過以人輓犁」，師古曰：「輓，引也。」可見「輓」和「挽」，字形上雖有從車，從手的分別，字音和字義上是完全一致的。又《漢書景帝紀》中元二年令「得發民挽喪，」顏師古注：「挽，引車也。」足見「挽喪」也就是「輓喪」，「輓歌」也就是「挽歌」。知道了這些，對于挽歌的起源就可以獲得更深刻確切的根據，從本質上去解決。

《左傳》襄公十二年文：「或挽之，或推之」注：「前牽曰挽」《史記·劉（婁）敬傳》：「脫輓輅」。《索隱》「輓者牽也，音晚。輅者鹿車前橫木。二人前輓，一人後推。」所以輓或挽，和「推」一樣，都是一種動作，也都是一種勞動。勞動者當他工作緊張或用力加強的時候，最自然的流露，便是一陣陣地發出「杭唷……杭唷……的呼聲」，或者哼著他們的工作之歌。現在只要我們拋開書本，踏上自然的原野，無論在修築的馬路上，或在正開發的礦山上，在有帆船來往的河岸上，都可以普遍地聽到這種杭唷之聲或工作之歌。這種因身

心直接受了痛苦的壓迫而發出的聲調或歌唱，便是眞正內心的發洩而有眞摯的情感。這是詩歌的起源，也就是各種文藝的開始。同時，正因爲勞動要用力，本身有痛苦，所以他們的歌聲不能太急，往往是徐緩而拉長，或者因用力加大而把低沉的聲調逐漸提高，于是宛轉哀苦的歌調便自然地形成了。不過，在用力緊切動作迅速的勞動中，他們的歌聲就不能過長，于是我們可以聽到一種急促有力的節奏。」

淮南子說：

「今夫舉大木者，前呼邪許，後亦應之。」注：「邪，亨遮反，許，讀若虎。」

這就是今天的勞動者「re……he」或「杭唷」之聲。（《呂氏春秋・淫辭》引翟剪說作「前呼輿謣」。）

《賈誼新書》：

「鄒穆公之死，鄒之百姓，若失慈父，酤家不售其酒，屠者則罷列而歸，傲童不謳歌，舂築不相杵。」

《國策》趙良說商君說：

「五段大夫死，秦國男女流淚，童子不歌謠，舂者不相杵。」

注：「相，助也；歌以助杵聲也。」

《曲禮上》說：

「鄰有喪，舂不相。」陳注：「五家爲鄰。相者，以聲音相勸相，蓋舂人歌以助舂也。」

按《說文》舂作 ，擣粟也。從廾，（即 ，拱字，兩手相向也），「持杵臨臼上。午，杵省也，古離父初作舂，書容切。」又《說文》：「臼，舂臼也。古者掘地爲臼（見《易繫辭傳》，蓋黃帝時雍父初作如此。）其後穿木石。象形，中象米也。凡舂之屬皆從臼。」周禮地官有舂人，槀人二官，掌共米物。《詩》：「或舂或揄（一作扰」《周禮》：「其奴女子入于舂槀。」可見舂人、槀人這兩種官就是掌管

罪人之拏沒入官做苦工的。《周禮》笙師注：「舂牘以竹，大五六寸，長七尺，短者一、二尺。其端有兩空。」檥畫，以兩手築地。《禮記・樂記》：「治亂以相，疾訊以雅」。荀子《成相篇》注：「相者助也，舉重勸力之歌」。從此可見「相」，既是仿照舂米的勞動工具所做成的樂器，也是舂歌。這就證明勞動者有其杭唷之聲或工作之歌，乃古今一體，發乎人情的事，所以鄭樵《通志樂府部》所載遺聲二十五正門二十附門之歌舞二十一曲中有「勞歌」之目。宋伍緝之、周肖誦也都有「勞歌」之作。在西洋方面，荷馬以前的Linus（林納司）也是農人摘葡萄時所唱的歌曲。

那末，勞動者在他精疲力竭的勞動中爲甚麼反而會有這種自然的聲音或歌唱的流露呢？這種自然的聲音或歌唱的流露，又有甚麼作用呢？第一是柔和的歌聲可以減少工作的苦倦；第二是聲音或歌調的節拍可以作爲用力的記號以協調用力。第二種作用，多發生于合作的勞動工作中，第一種作用，無論單當（獨力工作叫單當），合作都可產生效果。有了這兩種作用，便可以間接地提高勞動效率。所以上文所引相杵的注說：「相，助也。歌以助杵聲也。」又說：「以聲音相勸相，蓋舂人歌以助舂也。」所謂「助」，所謂「勸」，都是對工作有所鼓舞和輔助的意思。這樣看來，杭唷之聲或勞動之歌都不只是必然之事，而且是必需之事了。

這種勞動之歌，不只勞動者自己會有這種需要和創作，而且爲了提高勞動效果，就是統治者也會派出人去從旁歌唱，至而有所創作。這只要看了管仲被囚，從魯國起解到齊國，恐追兵速至就作歌叫解者歌之，伐孤竹時，因山路險峻，作下山、上山之歌，令士兵歌之，都獲得重大的效果，便可證明。

《韓非子》儲說左上第三十二說：

「宋王與齊仇也，築武宮。謳癸倡，行者止觀，築者不倦。王

聞，召而賜之。對曰：『臣師射稽之謳又賢于癸。』王召射稽
使之謳，行者不止，築者知倦。王曰：『行者不止，築者知倦，
其謳不勝如癸美，何也？』對曰：『王試度其功。』癸四板，
射稽八板；搥其堅，癸五寸，射稽二寸。」

　　這兒的「謳癸」和「射稽」就是善于用他的謳歌鼓舞勞動的好歌
手。又如《詩經・大雅・緜》：

「捄（盛土）之陾陾（仍），度之（投土于板）薨薨（衆聲），築
之登登，削屢（牆成治重覆也）馮馮，百堵（五板爲堵）皆興。鼛
鼓弗勝。（言其樂事勸功鼓不能止也，蓋以鼓役事。）」

　　這段寫「乃召司空，乃召司徒（司空掌管國邑，司徒掌徒役之事。）
俾立家室，其繩其直，縮版以載，作廟翼翼（嚴正貌）」的勞動場
景。陾陾、薨薨、登登、馮馮這些象聲詞顯出廣大勞動群衆盛土、投土、
築牆、削複、拍牆使堅的聲音。這些沸騰的勞動之聲，再加上勸功的
鼛（皋）鼓聲，熱鬧一片。正是勞動場面中的大合唱。

　　至於勞動之歌歌辭的取材，正因爲它是勞動時所歌，直接而易爲
其歌唱對象的，當然是它勞動的情景或困難。所以《韓詩外傳》說：
「飢者歌食，勞者歌事。」所謂「歌事」，就是歌其勞動的事。《漢
書・外戚傳》：「惠王立，呂后爲皇太后。　　令永巷囚戚夫人。髠
鉗，衣赭衣，令舂。戚夫人舂且歌曰：『子爲王，母爲虜。終日舂薄
暮，常與死爲伍。相離三千里，當誰使告女』！」這是戚夫人從帝王
寵姬降到永巷舂奴地位的勞動歌唱，雖然不是一般勞動人民的勞歌，
也充分顯示出「勞者歌事」的特點。此外，最易爲其歌詠對象的，就
是他當時目睹耳聞的事物。有時對面來了一個或一群異性，他們也會
即景生情唱起挑動性的情歌來。

　　《吳越春秋》說：

「伍員奔吳，追者在後。至江，舟中有漁父。子胥呼之，漁父

欲度。因歌曰：『日月昭昭乎寖已馳，與子期乎蘆之漪！』子
胥止蘆之漪。漁父又歌曰：『日之夕矣，我心憂悲。月已升矣，
何不渡爲』？」

《國策》也載這件事，這支歌，文字更加生動。「日月昭昭……」
不是漁翁正在鼓棹撒網的時候，看見叫渡的人，就即景生情所唱的歌
辭？『日之夕矣，』不是漁翁工作了一整天，日暮泊橈時，回憶上午
所見叫渡的人而發的歌辭？

《說苑·善說》：

「君獨不見夫鄂君子皙之泛舟于新波之中也，……越人擁楫而
歌。歌曰『……』鄂君子皙曰：『吾不知越歌，子試爲我楚説
之。』于是乃召越譯，乃楚説之：『今夕何夕兮，搴舟中流，
今日今日兮，得與王子同舟。蒙羞被好兮，不訾詬恥，心幾頑
而不絕兮，得知王子。山有木兮木有枝，心悦君兮君不知。』」

《楚辭：漁父》也說：

「漁父莞爾而笑，鼓枻而去。歌曰：『滄浪之水清兮，可以濯
我纓。滄浪之水濁兮，可以濯我足。』」

這都是漁人的勞動之歌。不過《漁父》也可能是僞託。

《左傳》襄公十七年載：

「宋皇國父爲大宰，爲平公築台，妨于農功。子罕請俟農功之
畢，公弗諾。築者謳曰：『澤門之皙，實興我役；邑中之黔，
實慰我心。』……」注：「澤門，宋東城南門，皇國父白皙，
居近澤門。黔，黑色。子罕黑色，而居邑中。」

這是築台的人民在勞動中對妨礙農功強迫人民築台的統治者的拼
擊和對主張不違農時的子罕的贊揚。

《左傳》宣公二年，載著一段更滑稽的故事：

「楚伐宋，宋華元、樂呂御之，二月壬子戰于大棘，宋師敗績，

囚華元，獲樂呂及甲車四百六十乘，俘二百五十，馘百人。狂
狡輅鄭人，鄭人入于井。……宋人以兵車百乘，文馬百駟以贖
華元于鄭。半入，華元逃歸。至于門外，告而入見。叔牂曰：
『子之馬然也。』對曰：『非馬也，其人也。既合而來奔。』
宋城，華元爲植，巡功，城者謳曰：『睅其目，皤其腹，棄甲
而復。于思于思，棄甲復來。』使其驂乘謂之曰：『牛則有皮，
犀兕尚多。棄甲則那？』役人曰：『從其有皮，丹漆若何？』
華元曰：『去之，其口眾，我寡。』……」

　　這段故事中有兩個解釋先得弄清楚。第一是『華元爲植』的「植」
字。第二是「于思」二字。《左傳》杜注：『植，將之主也。』《左
傳正義》：「《周禮》大司馬：『大役，屬其植。』鄭司農云：『植，
謂部曲將吏。』故宋城華元爲植巡功，是謂將領主帥監作也。巡功，
謂之巡城檢作功也。」杜注「于思」云「多鬚貌。」賈逵則說：「白
頭貌。」正義說：「賈逵以爲白頭貌，成十五年華元爲右師，距此三
十二年，計未得頭白。多鬚貌，亦是意言之耳，」可見「于思」二字
的解釋，自古已聚訟紛紜。近人裴學海有一種新的解釋，他說：「于，
大也。《方言》：思即腮頰之腮」。這種解釋我以爲最得當而有意義。
因爲正義說：《說文》：「睅，目大也。」目大則出。故云出目也；
皤是腹之形狀，腹以大爲異。故爲大腹也」。

　　我們把《睅目、皤腹、大腮》聯起來看，不正是比例相稱，活畫
出一個碩大無朋的華元嗎？歌辭的意思不過是笑華元「體大無用」罷
了。哈哈！他們卻在勞動之中把一個巡功的敗軍之將，笑得抱頭鼠竄
了。沈德潛是把這首歌載入《古詩源》，稱它爲「役人之歌」的。從
此，我們可知勞動之歌取材的廣泛和歌辭的靈活。他們盡可即景生情，
信口開河不受任何拘束。這是一種最自由的詩歌。

　　役人之歌或勞動之歌的作用、性質和普遍性既如上述，我們便可

知道做爲勞動之一的挽，在實行拉一樣很重的東西的時候，也就會有它的工作之歌。解放前所唱的「縴繩拉得肩背麻，《俄國伏爾加河船夫曲》，就是這一類東西。《說文》：「輦，輓車也。從車扶，扶在車前引之也。」《周禮小司徒》「輂輦」。注曰：「輦人輓行，所以載任器也。司馬法云：夏后氏謂輦曰余車，殷人曰胡奴東，周曰輜輦。夏后氏二十人而輦，殷十八人而輦，周十五人而輦。故書輦作連。鄭司農云：連讀爲輦。」可見合群以車拉重物是我國很古的時候，已經很普遍的一種勞動。《漢書，主父偃傳》「（秦始皇）使蒙恬將兵而攻胡……又使天下飛芻挽粟，起于黃、腄，琅邪負海之郡，轉輸河北。」師古曰：「運載芻藁令其疾至，故曰飛芻。挽，謂引車船也，音晚。黃、腄二縣名，並在東萊。言自東萊及琅邪緣海諸郡，皆令轉輸至河北也」《漢書，嚴助傳》載淮南王安上書：「越甲卒不下數十萬，所以入之，五倍洒足。挽車奉饟者不在其中」。師古曰：「挽，引也，音晚，饟猶餉也。」這都說明牽引車船，運輸糧芻供給征戰之用，也是古代封建統治者加給人民沉重的力役。所以《詩經》有：「蟋蟀在堂，役車其休」的句子。隋煬帝時《挽舟者歌》說：

> 「我兒征遼東，餓死青山下。今我挽龍舟，又因隋堤道。方今天下飢，路糧無些小。前去三十程，此身安可保？寒骨枕荒沙，幽魂泣煙草。悲損門內妻，望斷吾家老。安得義勇兒，焚此無主屍。引其孤魂回，負其白骨歸。」（全隋詩卷四）

把兵役徭役天災人禍、壓得人民家破人亡，暴屍荒沙的悲慘景象完全歌唱出來了。這是楊廣遊揚州時，挽船的人的哀歌。征遼東是楊廣勞民傷財最殘暴的行動。大業八年（公元 614）發兵一百一十三萬，民伏加倍，隊形長九百六十里，因戰敗而死的戰士就有三十萬，開頭兩句唱出人民的憤恨，開運河、造龍舟，幸揚州這幾事，都害死了許多人。當時爲了避免徭役，人民往往砍斷手足，稱爲福手福足。

徭役的殘暴可以想見，這首歌的作者一做了挽龍舟的役夫，便不做生還之想，而坐在龍舟上的楊廣還高詠泛龍舟詩：「舳艫千里泛歸舟，言旋回鎮下揚州」。眞令人憤恨！

這是挽歌的眞正起源或原始形式。所以《莊子》說：「綍謳所生，必自斥苦」司馬紹統注：「綍，引柩索；謳，挽歌。斥，疏緩；苦，急促。言引綍謳者爲人用力也。」《禮記》注也說：「綍，引柩索也。執之以致力也。」這眞是一針見血的說法。我們發現了挽歌這種眞正的起源，就知道前人專從薤露、蒿里等歌曲古辭去說明它的起源的偏向，至于以未必「使挽柩者歌之」的一般喪歌去說明挽歌的起源，更是隔靴搔癢。因爲挽歌的性質雖和哀死有關，但並非它的全部，挽柩歌之外，還有各種各樣的哀死詩文。而且挽歌的眞正起源是由于疏緩困苦，由于協調用力，哀死是後來附加的意義。

《周禮‧大司徒》：「大喪帥六鄉之衆庶，屬其六引，而治其政令。」注：「衆庶，所喪役也。鄭司農云：六引謂引致之索也。鄉至六引，六遂至六綍。釋曰：大喪謂王者七月而葬。大司徒帥六鄉之衆庶，取一千人，屬其六引，輓柩鄉壙，而治其政令者，大司徒即驗校輓柩之事。」《周禮‧小司徒》：「大喪帥邦役治其政教。」注：「喪役，正棺、引窆、復土。正棺，言七月而葬之時，正棺于廟。引謂窆時引柩車自廟至壙。窆謂下棺于坎。天子六綍四碑，皆碑輓引而下。復土者，掘坎之時，掘土向外，下棺之後，反復此土。」又《周禮》：「鄉師之職……大喪用役，則帥其民而至。遂治之。」釋曰：「言大喪用役，謂若喪時輓六引。……鄉之大夫既主鄉民，役用鄉民之時，鄉師遂治之。云治，謂監督其事。」《周禮》遂人的職責也有這類記載。從此，可見古代統治階級的喪葬，從廟升正棺，輓柩向壙，以綍下棺、動土，都要加給人民繁重的勞役，而且有各級官員監督其事。除掘坎用鋤是另一種勞動，其中運土正棺，輓柩向壙，以綍引棺，都

屬于牽輓這種勞役，特別是輓柩向壙，以綍下棺，既然要用力，隨著身體的運動、呼吸的加速，就會發出相應的聲音。既然是群眾牽輓，需要協調一致；就會有共同用力的記號。

章大夫炎先生《國故論衡·正齋送》說：

「其挽歌之流，爲古虞殯徒役相和，若舂杵者有歌焉。」

《虞殯》雖然不一定爲挽柩者所歌（理由見下文）但，把挽歌看做徒役之歌，是和我們一致的。

六、傳統說法的點滴貢獻

薤露、蒿里既然是楚國的俗曲，挽歌的眞正起源又是初民的勞動之歌。那末，催豹、譙周、吳兢、鄭樵、郭茂倩、陸侃如等一脈相承的傳統的說法，是否都成了鬼話，一無可取呢？這又不是的。因爲挽歌雖然是初民已經有了的勞動之歌，但它還沒有正式成爲挽柩之歌。紼謳雖然是莊子的時候已經有了的風俗，但也還沒有成爲正式的送終之禮。並且照焦循的說法，謳也只是一種不依于樂的徒歌。至于薤露、蒿里這兩篇古辭，更很難決定它就是楚國當時的作品。因此，我覺得「薤露蒿里……本出田橫門人」的說法雖然站不住腳；但「至漢武帝時李延年以薤露送王公貴人，蒿里送士、大夫、庶人，使挽柩者歌之，亦謂之挽歌」這種說法卻是很可能的。下面就從漢以前和漢魏的禮俗去說明這個問題。

《舜典》說：「帝（堯）乃殂落，……三載四海遏密八音。」這是先秦宣揚的古代天子的喪禮。《周禮·春官》還規定「諸侯薨，令去樂；大臣死，令弛懸。」《檀弓上》雖然說：「子張既除喪而見，予之琴，和之而和，彈之而成聲，作而曰：先王制禮，不敢不至焉；」它的上文卻說：「子夏既除喪而見，予之琴，和之而不和，彈之而不成聲，作而曰：哀未忘也，先王制禮，而弗敢過也。」《檀弓上》又

說：「孔子既祥，五日彈琴而不成聲，十日而成笙歌。」《左傳》宣八年還說：「襄仲（魯大夫）卒而繹，非禮也。」這是古代喪不用樂的明證。《檀弓下》載有一個故事說：

> 「知悼子卒，未葬。平公飲酒，師曠李調侍，鼓鐘。杜蕢外來，聞鐘聲。曰：「安在」？曰：「在寢」。杜蕢入寢，歷階而登。酌曰：『曠飲斯！』又酌曰：『調飲斯！』又酌，堂上北面坐飲之。降，趨而出。平公呼而進之曰：『蕢！曩者爾心或開予，是以不與爾言。爾飲曠，何也？』曰：『子卯不樂。知悼子在堂，斯其爲子卯也大矣！曠也，大師也。不以詔，是以飲之也。』『爾飲調，何也？』曰：『調也，君之褻臣也，爲一飲一食，忘君之疾；是以飲之也。』『爾飲，何也？』曰：『蕢也，宰夫也。非刀匕是共，而敢與知防，是以飲之也。』平公曰：『寡人亦有過焉。酌而飲寡人！』杜蕢洗而揚觶。公謂侍者曰：『如我死，則必毋廢斯觶也！』至于今，既飲獻，必揚觶。謂之杜舉。（《春秋傳》作「屠蒯」。）

這段細緻完整的記載，說明晉平公君臣上下，對于改正「臨喪用樂」的錯誤，態度是怎樣的嚴肅！至于「歌，《曲禮》更有「望柩不歌，里有殯不歌，適墓不歌，哭日不歌」的明文。《檀弓上》還說「里有殯不巷歌。」《檀弓下》雖然說：「季武子寢疾……及其喪也，曾點倚其門而歌；」但《孟子》卻說「如琴張、曾皙、牧皮者，孔子之所謂狂矣！」《檀弓上》又說：「魯人有朝祥而暮歌者，子路笑之。夫子曰：『由！汝責于人終無己夫。三年之喪，亦已久矣。』子路出，夫子曰：『又多乎哉？踰月，則其善也。』」子路是野而不文，懷疑三年之喪的。但在孔子的薰陶下，對「朝祥而暮歌者」也加以訕笑。懷忠恕之道的孔子，雖然當面指責子路不應如此；但子路走出後，他仍然要維護臨喪不歌的禮制說：「踰月，則其善也。」從此可見；在

禮法統治下的古代是臨喪不只不能「作樂」；而且也是不能「歌唱」的。《禮記‧雜記下》：

> 「升正柩，諸侯執綍者五百人，四綍皆銜枚，司馬執鐸，左八人，右八人，匠人執羽葆御柩。」

陳澔注：

> 「棺有四綍，枚，形似箸，兩端有小繩，銜于口而係于頸後，則不能言，所以止喧嘩也。五百人皆用之。司馬十六人執鐸，分居左右，夾柩，以號令于眾也。葆形如蓋，以羽爲之。御柩者，在柩車之前。若道途，有低昂傾虧；則以所執者爲抑揚左右之節，使執綍者知之也。」

此外，《周禮》還有「銜枚氏」。鄭玄曰：

> 「銜枚，止言語囂讙也。枚，形如箸，橫銜之，結繩于項。」

《禮記喪大記》又說：

> 「凡封，用碑去棺負引。君封以衡，大夫以咸。君命毋譁，以鼓封；大夫命毋哭；士，哭者相止也。」

《疏》曰：

> 「下棺時，將綍一頭繫棺緘，一頭繫碑間鹿盧。所引之人在碑外，背碑而立。負引者漸漸應鼓聲而下。故云用綍去碑負引也。以衡，謂下棺時別以大木爲衡，貫穿棺束之緘，平持而下，備傾頓也。以咸者，以綍直繫棺束之緘而下也。命毋譁，戒止其喧譁也。以鼓封，擊鼓爲負引者縱捨之節也。命毋哭，戒止哭聲也。士則眾哭者自相止而已。」

這幾段文字，不只使我們知道漢以前送葬下棺的情況，也使我們清楚地知道：《左傳》雖然有「歌虞殯」之文，似乎禮法的控制也不能使當時沒有喪歌。但在這種銜枚的辦法之下，挽柩者是絕對無法歌唱的。至于《莊子》所說的「莊子妻死。箕踞鼓盆而歌」，《列子》

所說的「季梁之死，楊朱望其門而歌，（仲尼篇），那就更是莊子、
楊朱個人的事了。」

《莊子》又說：

「子桑戶、孟子反、子琴張三人相與友，莫然有間。而子桑戶
死，未葬，孔子聞之使子貢往待事焉。或編曲，或鼓琴，相和
而歌。曰：『嗟來！桑戶乎！爾已反其眞，而我猶爲人猗！』
子貢趨而進曰：『敢問臨喪而歌，禮乎？』二人相視而笑曰：
『是烏知禮意！』子貢反，以告孔子，曰：『彼何人者邪？修
行無有而外其形骸，臨屍而歌，顏色不變。無以命之，彼何人
者邪？』孔子曰：『彼遊方之外者也，而丘遊于內者也。內外
不相及，而丘使爾往弔之，丘則陋矣。』」

成玄英疏云：

「嗟來，歌聲也。『桑戶乎』，以下，相和之辭也。『猗』，
相和聲也。」

《莊子》這段原文這幾句的上面又說：『或編曲，或鼓琴而歌。』
那文中所載這幾句歌和漢代挽歌所屬的相和曲，「絲竹更相和」，性
質顯然很相近。但這也不是挽柩者所歌，而是一般的哀死之歌，同時，
子貢和孔丘也明明指出這種行爲不合當時的禮法，把他們視爲遊方之
外的人。

此外《禮記・檀弓下》所載：

「孔子之故人曰原壤。其母死，夫子助之沐棺。原壤登木曰：
『久矣！予之不託于音也。』歌曰：『狸首之斑然，執女手之
卷然。』夫子爲弗聞也者而過之。從者曰：『子未可以已乎？』
曰：『丘聞之，親者毋失其爲親也，故者毋失其爲故也』。」

其中雖然有兩句完整的歌辭，但《論語・憲問》朱注說：

「原壤孔子之故人，母死而歌，蓋老氏之流，自放于禮法之外

　　者。」

　　根據上面的考察，可見在初漢以前，無論是一般臨喪葬而歌或者是挽柩而歌，都是禮法所不容許的。雖然最初或者某些地域沒有禮法的約束。可見《莊子》所說的綿謳也不是當時普遍禮俗。至于《詩經秦風黃鳥》，更是人民對慘無人道的殉葬制度的控訴，只能說是一般的哀死之作了。

　　可是一到漢代以後就很不相同。

　　試看劉勰《文心雕龍・樂府篇》說：

　　　　「至于軒岐鼓吹，漢世鐃挽，雖戎喪殊事，而並總入樂府，繆襲所致，亦有可算焉。」

　　又看《史紀絳侯世家》：

　　　　「勃以織薄曲爲生，常爲人吹簫給喪事。」《集解》淳如曰：「以樂喪賓，若俳優。」臣瓚曰：「吹簫以樂喪賓，皆樂人也。」《索隱》云：「左傳歌虞殯，猶今挽歌類也。歌者或有簫管。」《漢書、周勃傳》注，顏師古用瓚說。俞正燮（理初）《癸巳存稿》：「今案《索隱》言是也。簫，……乃短簫，亦謂之鼓吹，謂簫之簧，鼓以吹之。自是秦漢喪儀，非關樂賓。」

　　《晉書禮志中》也說：

　　　　「漢魏故事，大喪及大臣之喪，執綿者挽歌。」

　　從上述記載，可見挽歌正式成爲送終之禮當是漢代的事，至于虞殯之類的一般喪歌就在漢高帝定天下之前已經是成了一種喪儀，因爲周勃年輕的時候就是從事這種工作的。

　　《漢書禮樂志》說：

　　　　「至武帝，定郊祀之禮，祠大乙于甘泉，就乾位也。祭后土于汾陽，澤中丘也。乃立樂府，采詩夜誦，有趙、代、秦、楚之謳。以李延年爲協律都尉，舉司馬相如等數十人造爲詩賦，略

論律呂，以合八音之調，作爲十九章之歌。」

《漢書李延年傳》

「李延年中山人，身及父母兄弟皆故倡也。女弟得幸于上，號
李夫人。延年善歌，爲新變聲。是時，上方建天地諸祠，欲造
樂。令司馬相如等作詩頌，延年輒承意弦歌。所造詩。謂之新
聲曲。」

可見在漢代又要推漢武帝是第一個提倡樂府的人。李延年是當時
唯一的音樂家。雖然漢孝惠二年已命夏侯寬爲樂府令，但當時這個「
樂令」，下屬的規模還不是很大。其所用樂歌也習常肆舊，歌高祖三
侯之章，（大風歌），改唐山夫人房中樂爲安世樂而已。事實上創造
新聲采詩夜誦的還是漢武帝、李延年。他既然「總趙代之音，撮齊楚
之氣」，「有趙代秦楚之謳」；那末，薤露、蒿里的古辭，絏謳的形
式，就在這時采入樂府，正式定爲送終之樂是很可能的。

最足以證明挽歌在送葬方面正式獲得禮樂上的地位，是始于漢武
帝時的，就是下面一段記載。

《晉書禮志中》說：

「挽歌出于漢武帝時役人之勞歌，聲哀切，遂以爲送終之禮。」
⑦

廖廖數語，不只揭示了挽歌的廬山眞面，而且說明了李延年爲甚
麼要以薤露、蒿里「使挽柩者歌之」的社會基礎。

我們知道，漢武帝是個雄才大略、振作有爲的皇帝。他在位的時
候，爲了征南越，曾開鑿昆明池，建五丈高的樓船以習戰；爲了通西
南夷，曾派數十萬人鑿山開道，叫百姓運輸糧餉，至起運時有十餘鍾
的粟，運到目的地自食者只剩一石；爲了抵抗異族，他曾多次遣使率
領大群的人，分使各國；爲了鞏固邊陲，他曾在北方築朔方郡。同時
因爲支出浩繁，他又曾大開河渠，廣辟農田，以培經濟之源。就這幾

項工作所發動的人役的數字，據史書所載已是令人驚駭。爲了同黃河作戰鬥。在用事萬里沙歸來之後，他還親臨塞瓠子的戰場，「令群臣從宦自將軍以下，皆負薪寘決河……下淇園之竹以爲楗，」並且「悼功之不成」做了兩首性質和勞歌相近的《塞瓠子》。在他的統治下，力役繁多，服役者的勞動之歌一定悠揚在當時大地的每一角落，直達與漢族相鄰的各族邊陲。同時他又提倡音樂，采詩夜誦，設立樂府專門機構。試想作協律都尉的李延年，在政府的倡督下，一方面迫于樂章和樂譜的緊切需要，一方面感于這種哀苦徐長的工作之歌的聲調，他能不仰視俯拾，依聲采辭，以充實它的新聲嗎？並且挽柩也是一種勞動，爲了減輕身體倦苦和協調用力，本身也自然會流露出勞動的歌聲。而挽歌或勞歌的本身，又是一種哀苦的聲音，和臨喪宜哀的原則不相違背呢！試看晉代有人認爲：「挽歌音曲凄愴，違禮設銜枚之義，方在哀慕，不宜以歌爲名，」主張除不挽歌，摯虞不是加以駁斥說：「挽歌因倡和而爲摧愴之聲，銜枚所以全哀，此亦以感衆，……詩稱君子作歌以告哀，以歌爲名亦無所嫌」（《晉書禮志中》）嗎？

還有一層值得注意的，就是漢武帝時不只勞役很多，而且戰爭也很頻繁。據《漢書武帝本紀》所載：

建元：三年秋，閩越圍東甌，東甌告急，遣中大夫嚴助持節發會稽兵浮海救之。六年八月，閩越王郢攻南越，遣大行王恢將兵出豫章，大司農韓安國出會稽擊之。

元光：元年十一月，令衛尉李廣爲驍騎將軍屯雲中，中尉程不識爲車騎將軍屯雁門，二年夏六月，御史大夫韓安國爲護軍將軍，衛尉李廣爲驍騎將軍，太僕公孫賀爲輕騎將軍，大行王恢爲將屯將軍，大中大夫李息爲材官將軍，將三十萬衆屯馬邑谷中，誘致單于，欲襲擊之。三年夏，發卒十萬救決河，起龍淵宮，五年夏，發巴蜀治南夷道，又發卒萬人治雁門阻險。六年春，穿漕渠通渭，……遣車騎將軍衛青

出上谷，騎將軍公孫敖出代，輕車將軍公孫賀出云中，驍騎將軍李廣出雁門。青至龍城，斬首虜七百級。廣敖失師而還。秋，遣將軍韓安國屯漁陽。

元朔：元年，遣將軍衛青出雁門，將軍李息出代。獲首虜數千級，東夷薉君南閭等口二十八萬人降，爲蒼海郡。二年冬，遣將軍衛青、李息出云中至高闕，遂西至符離，獲首虜數千級，收河南地，置朔方、五原郡。夏募民徙朔方十萬口。五年春，大將軍衛青將六將軍，兵十餘萬騎出定襄，斬首三千餘級。夏四月，衛青復將六將軍絕幕，大克獲。

元狩：三年春三月，遣驃騎將軍霍去病出隴西，至蘭皋，斬首八千餘級。將軍去病，公孫敖出北地二千餘里，過居延，斬首虜三萬餘級。遣衛尉張騫，郎中令李廣皆出右北平。廣殺匈奴三千餘人，盡亡其軍四千餘人。三年春，發謫吏穿昆明池。四年冬，貧民徙隴西、北地、西河、上郡、會稽凡七十二萬五千口。春，大將軍衛青將四將軍出定襄，將軍去病出代，各將五萬騎，步兵踵軍後四十萬人，青至漠北圍單于，斬首萬九千餘級。至闐顏山乃還。去病與左賢王戰，斬獲首虜七萬餘級，封狼居胥山乃還。兩軍戰士死者數萬人。五年夏，徙天下奸猾吏民于邊。

元鼎：五年，遣伏波將軍路博德出桂陽，下湟水，樓船將軍楊僕出豫章下湞水，歸義越侯嚴爲戈船將軍出零陵下漓水，甲爲下瀨將軍下蒼梧，皆將罪人江淮以南樓船十萬人。越馳義侯遣別將巴蜀罪人發夜郎兵，下牂柯江，咸會番禺。六年冬十月，發隴西、天水、安定騎士及中尉、河南、河內卒十萬人，遣將軍李息、郎中令徐自爲征西羌，平之。行東將幸緱氏至左邑桐鄉，聞南越破，以爲聞喜縣。春，至汲新、中鄉，得呂嘉首，以爲獲嘉縣。馳義侯遣兵未及下，上便令征西南夷。平之。秋，東越王餘善反，攻殺漢將吏，遣橫海將軍韓說、中

尉王溫舒出會稽，樓船將軍楊僕出豫章，擊之。又遣浮海將軍公孫賀出九原，匈河將軍趙破奴，出令居，皆二千餘里，不見虜而還。

元封：元年冬十月，親帥師自雲陽，北歷上郡、西河、五原，出長城，北登單于台，至朔方，臨北河，勒兵十八萬騎，旌旗遙千餘里，威震匈奴。二年秋，遣樓船將軍楊僕，左將軍荀彘將應募罪人擊朝鮮，又遣將軍郭昌、中郎將尉廣，發巴蜀兵平西南夷未服者。四年秋，遣拔胡將軍郭昌屯朔方。六年益州、昆明反，赦京師亡命，令從軍，遣拔胡將軍郭昌，將以擊之。

太初：元年夏，遣因杅將軍公孫敖築塞外受降城，秋八月，遣貳師將軍李廣利發天下謫民西征大宛，二年秋，遣浚稽將軍趙破奴二萬騎出朔方擊匈奴。三年夏，遣光祿勛徐自為築五原塞外列城，西北至盧朐，游擊將軍韓說將兵屯之，強弩都尉路博德築居延。四年春，貳師將軍廣利斬大宛王首。

天漢：元年夏，發謫戍屯五原。二年五月，貳師將軍三萬騎出酒泉與右賢王戰于天山，斬首虜萬餘級。又遣因杅將軍出西河，騎都尉李陵將步兵五千人，出居延北，與單于戰，斬首虜萬餘級。泰山琅琊群盜徐勃等阻山攻城……遣直指使者暴勝之等以繡衣杖斧分別逐捕。四年正月，遣貳師將軍李廣利將六萬騎、步兵七萬人出朔方。因杅將軍公孫敖萬騎，步兵三萬人出雁門，游擊將軍韓說，步兵三萬人出五原，強弩校尉路博德步兵萬餘人與貳師會，廣利與單于戰餘吾水上連日，敖與左賢王戰不利，皆引還。

征和二年秋，太子與皇后謀斬江充，呂節發兵與丞相劉屈氂大戰長安，死者數萬人。三年二月，遣貳師將軍廣利將七萬人出五原，御史大夫商丘成二萬人出西河，重合侯馬通四萬騎出酒泉城，至浚稽山與虜戰，多斬首，通至天山，虜引去，因降車師，皆引兵還。

綜看上列記載，從建元到征和，終漢武帝在位之時，幾乎無歲不

戰。有人統計：武帝在位五十四年，進行了五十年的大小戰爭，《東光》、《通博南歌》、《三秦民謠》，有人認爲都是當時遠征士卒傾訴怨苦之情的力役之歌。從此，可想見當時在長期的戰爭中，死亡的人數之多也一定異乎尋常。

《漢書‧高帝紀》：漢四年，「漢王下令軍士不幸死者，吏爲衣衾棺殮，轉送其家。」高祖八年十一月「令士卒從軍死者，爲槥歸縣。」《成帝紀》也說：「其爲水所流壓死不能自葬，令郡國給槥櫝埋葬。」金布令也說「不幸死，死所爲槥，傳歸所居，縣賜以衣棺。」《魏志》文帝丕延康元年冬十月癸卯下令曰：「諸侯征伐，士卒死亡者未收殮，吾甚哀之。其告郡國給槥櫝殯殮，送致其家，官爲設祭。」而應劭《漢書》注說：「槥小棺也，今謂之櫝。」足見漢魏時代用車輛載小棺運送陣亡士卒或死難役人回縣殯殮，乃是盛行的事了。所以應璩《百一詩》說：「槥車在道路，征夫不得休。」何況武帝時征戰勞役頻繁爲全漢之冠呢？《漢書‧嚴助傳》載淮南王安上書：「前時南海王反，陛下（武帝）先臣（淮南屬王長）吏將軍間（一作簡）忌將兵擊之，以其軍降，處之上淦。後復反，會天暑多雨，樓船卒水居擊擢，未戰而疾死者過半。親老涕泣，孤子啼號，迎屍千里，裹骸骨以歸，悲哀之氣，數年不息。長老至今以爲記。」這是劉安諫武帝征閩越追述他父親時淮南奉命征南海的情況。《漢書韓安國傳》載元光初安國王恢廷辯擊匈奴說：「今邊境數驚，士卒傷死。中國槥車相望于道。此仁人之所隱也。」師古注：「從軍死者以槥送致其喪。載槥之車相望于道，言其多也。」隨著戰爭的升級，情況更加慘重，悲涼的挽柩歌更普遍。那末，《晉書禮制中》所說：「挽歌起于武帝役人之勞歌，聲哀苦，遂以爲送終之禮」不正和「槥車在道路，征夫不得休」的詩句一樣，是當時社會的寫照？而薤露、蒿里這二首挽歌的歌辭所說：「聚斂魂魄」、「催促人命」不正有了著落，是對當時政府的痛斥嗎？

《禮記‧檀弓上》說：

> 「邾婁復之以矢，蓋自戰于升陘始也，魯婦人髽而吊也，自敗
> 于台鮐始也。」

陳澔注：

> 「魯僖公二十一年，與邾人戰于升陘，⑧邾師雖勝而死傷者多。
> 軍者無衣，復者用矢，吉時以纚韜髮，凶則去纚而露其髻，故
> 謂之髽。狐鮐之戰，在魯襄公四年，蓋爲邾人所敗也。髽不以
> 吊，時家家有喪，故髽而相吊也。方氏曰：『矢所以施于射，
> 非所以施于復；髽所以施于喪，非所以施于吊；因之而弗改，
> 則非矣。』」

《禮記檀弓》又說：

> 「帷殯，非古也。自敬姜之哭穆伯始也。」

陳澔注說：

> 「禮朝夕哭殯時，必褰開其帷。敬姜哭其夫穆伯之殯，乃以避
> 嫌而不復褰帷，自此以後，人皆放之。故記曰：『非古也』。
> 穆伯，魯大夫季悼子之子公甫靖也。張子曰：『敬姜早寡，晝
> 哭以避嫌，帷殯或亦避嫌，表夫之遠色也！』」

可見因爲某一人或某一群人的臨時權變，以致引起禮俗上的援例
改變，也是常有的事。李延年因挽樞的役人的哀歌，略加潤澤，協以
律呂，以爲送終之禮，當然也是可能的了。那末，挽歌用于送終，不
也是社會的產物嗎？

尙秉和《歷代社會風俗事物考》裡說：

> 「《莊子》：『紼謳所生，必自斥苦。『司馬紹統注曰：『紼，
> 引柩索；斥，疏緩；苦，用力也。引紼所以有謳者爲人有用力
> 不齊，故促急之也。』然則，挽歌者所以齊人力也，猶今日築
> 牆、棹船者之喊號，非所以助哀；若後世之薤露歌，即純爲哀

挽矣。」

這正是挽歌雖然源于紼謳和工作之歌，而其在送喪方面到了漢武帝時才正式獲得禮樂上的地位的說法。

挽歌紼謳在送喪方面正式獲得禮樂上的地位既然是在漢武帝的時候，那薤露、蒿里這兩首古辭的正式寫定成爲挽柩者所歌唱的歌辭，也就很可能在這個時候，很難說它是當時楚國原來的歌辭了。

試看鄭樵《通志》說：

> 「白雪，楚曲也，或云周曲。唐顯慶三年十月，太常寺奏。按張華《博物志》云：『白雪是黃帝使素女鼓五十絃瑟曲名。以其調高，人和遂寡。自宋玉以來，迄今千祀，未有能歌白雪者。』今臣准勒，依琴中舊曲，定其宮商，然後教習，輒以御制《雪詩》爲《白雪歌辭》。又樂府奏正曲之後，皆有送聲，君唱臣和，事彰前史。輒取詩中許敬宗等奏和《雪詩》十六首以爲送聲，各十六節。上善之，乃付太常，編于樂府。」

由此可見《宋玉對問》所稱的《白雪》古辭，久已亡佚。陽阿歌，鄭樵《通志》雖存其目，而且注明爲楚曲，但卻列于遺聲二十五正門二十附門的時景二十五曲中。《楚辭》雖然說：「謳和陽阿」（《大招》）「涉江采菱，發陽荷（阿）些」（《招魂》），《淮南子》也說：「歌采菱，發陽阿」，「足蹀陽阿之舞」，古詩又說：「陽阿出奇舞」，但終不見有陽阿古辭。《茅盈內傳》雖載有巴謠歌，但內傳是說：「秦始皇二十一年九月庚子，茅盈曾祖父蒙于華山之中，乘鶴駕雲，白日升天。」先是時有巴謠歌云：「神仙得著茅初成，駕龍上昇入大清，時下玄州戲赤城，繼世而往在我盈，帝若學之臘嘉平」。這雖然是巴地人民的謠歌；即使那麼完整的七言詩也可以產生于那個時期；但內傳明明說是秦始皇時之歌。所以凡是《宋王對問》中所稱的曲名，其辭其音都已亡佚。雖間或有辭，也是後人所擬作，不是廬

山真面。其目雖存于後起之書，其名雖稱于歷代詩人之口，也只是令人凝神嚮往，增加無限「江上峰青」之感而已。其餘各曲，既無或存，距離古代遙遠，又毫無根據的我們，又怎能不加深究地斷定今存的薤露、蒿里古辭就是當時楚國民歌的原辭？

還有，劉彥和《文心雕龍·樂府篇》說：

> 「凡樂詞曰詩，聲詩曰歌，聲未被辭，辭，多者直減之，明貴約也。觀高祖之詠大風，孝武之嘆來遲，歌童被聲，莫敢不協。子建、士衡，咸有嘉篇，並無詔伶人，故事謝絲管，俗稱乖調，蓋未之思也。」

足見李延年採用古辭入樂，為著協律，是會大加增省的。那末，薤露、蒿里這兩首古辭，即使就是當時楚國的舊辭為李延年所采用，也未見得李延年沒有加以增省或修改，又那能知道它就是最初的廬山真面？何況歌辭說「聚斂魂魄」、「催促人命」也很象徵役頻繁的武帝時的產物呢？

再從詩歌形式去觀察，薤露是由兩個三言兩個七言的句子組成的，蒿里是用一個五言接著三個七言的句子組成的，這種三、五、七言並用，長短不齊的節奏，除了摘去「兮」字的楚辭或秦漢之際的楚聲歌辭外，惟有經過楚聲化的漢初樂府和雜詩是這樣。這只要我們檢閱漢初雜詩和樂府，便可發現它和薤露蒿里形式的近似，不用麻煩地舉例。從此可以推定這兩首古辭的寫定當在李延年的時候，也不是瞎說吧！

那末，崔豹、譙周所說的「李延年分為二曲，以薤露送王貴人，蒿里送士、大夫、庶人」，或者是指他增省古辭，訂立禮樂而言的，這就是傳統說法的點滴貢獻。

【附註】

① 見中華書局出版的《魏晉六朝文學史參考資料》第七頁《蒿里行》注①。

② 《莊子》有紼謳之文，是《莊子》的佚文。見《太平御覽》卷五五二和

宋王應麟《困學紀聞》十八引。

③ 此文在《禮記・檀弓下》不在《內則》。尚氏誤。

④ 《左傳》哀公二年鐵之戰，簡子（趙鞅）誓曰：「若其有罪，絞縊以戮，不設屬辟，素車樸馬，無入于兆。下卿之罰也。」可見當時也有用馬拉柩車的，不過是一種懲罰罷了。

⑤ 此文在《禮記・檀弓下》。原文是「餰以人之母嘗巧；則豈不得以其母嘗巧乎？」意思是：「在這諸侯大夫都戕禮的形勢下，你今天以他人的母親嘗試技巧；豈不貪圖明天用自己的母親嘗試技巧嗎？」尚氏漏引一句。

⑥ 《左傳》杜注原文是：「闕地通路曰隧，王之葬禮也。」尚氏引文略有改動。

⑦ 此依《二十四史》標點本《晉書》斷句。舊讀至「勞」字斷。「歌」字屬下句。但嚴可均校《全晉文》卷七十六摯虞《挽歌議》，「勞」字在「歌」字後，「聲」下有「辭」字。疑歌、勞誤倒，《晉書・禮志中》「聲」下脫「辭」字。

⑧ 《左傳》僖公二十一年，經「……公伐邾」注：「無傳，為邾滅句須故。」是年傳只載邾滅句須事。二十二年經：「秋八月丁未，及邾人戰于升陘。」是年傳詳載升陘之戰經過。陳澔說升陘之戰在僖公二十一年。誤也。

泰山吟非輓歌論

古今說法的邏輯要點

《泰山吟》是古代樂典的名稱。關於這支樂曲，古今有關文獻的
記載，都把它和輓歌混同起來。這是很值得商榷的。

吳兢《樂府古題要解》說：

「薤露歌（亦曰薤露行）、蒿里傳（亦曰蒿里什），亦曰泰山吟行。」

「復有泰山吟行，言人死魂魄歸于泰山，薤露、蒿里之類也。」

鄭樵《通志》說：

「薤露亦謂之泰山吟行者，言人死精爽歸于泰山。」「蒿里傳
亦曰蒿里行，亦曰泰山吟行，亦曰挽柩歌，喪歌也。」

郭茂倩《樂府詩集二十七》說：

按蒿里，山名。在泰山南。

余冠英《樂府詩選‧梁甫吟》注：

梁甫是山名，在泰山下。古代迷信泰山梁甫是人死後魂魄所歸
處。古曲泰山梁父吟分爲泰山吟和梁父吟二曲，都是葬歌，和
薤露、蒿里同類。這篇是齊地土風。或題諸葛亮作，是誤會。

朱東潤《中國歷代文學作品選》上編第二冊271頁曹植《泰山梁
甫行》解題：

本篇一作梁甫行，（泰山兩字據影宋本《樂府詩集》校補）梁甫是
泰山下面的小山。古代迷信，相傳人死魂魄歸于泰山梁甫。泰
山梁甫行原是挽歌。曹植這篇，用舊題寫邊遠地區貧民的困苦
生活。

吳兢唐代人，鄭樵、郭茂倩宋代人。余冠英、朱東潤先生是當代人。

綜看他們的說法，不外下面四點：

　　㈠、泰山吟是挽歌；

　　㈡、泰山吟是挽歌之類；

　　㈢、蒿里，山名，在泰山南；

　　㈣、人死魂魄歸于泰山。

最後一點㈣人死魂魄歸于泰山，是他們立論的大前題；㈢蒿里、梁甫是泰山下小山，是小前提；㈠泰山吟是挽歌和㈡泰山吟是挽歌之類是結論。這就是傳統一貫的推理邏輯。這種邏輯雖古今一致；我却不敢苟同。下面談我粗淺的意見。

一、楚調曲非相和曲

　　首先，從樂府古辭看。《泰山吟》和《挽歌》雖同屬漢魏樂府；但《泰山吟》的古辭是：「步出齊東門，遙望蕩陰里。」《挽歌》的古辭是：「薤上朝露何易晞」，「蒿里誰家地」。面對這兩種分明不同的古辭，硬要說「泰山吟原是挽歌，或「薤露、蒿里亦曰泰山吟行。真是令人不解。

　　其次，從古樂類別上看。《古今樂錄》說：

　　　張永《元嘉技錄》，相和有十五曲：一曰氣出唱；二曰精列；三曰江南；四曰度關山；五曰東光；六曰十五；七曰薤露；八曰蒿里；九曰覲歌；十曰對酒；十一曰雞鳴；十二曰烏生；十三曰平陵東；十四曰東門；十五曰陌上桑。十三曲有辭；……二曲無辭；覲歌、東門是也。古有十七曲，其武陵、鵁鶄則亡①。

　　可見《薤露》、《蒿里》是相和曲，屬於相和曲的七、八兩曲。《古今樂錄》又說：

　　　王僧虔《伎錄》，楚調曲有白頭吟、泰山吟行、梁父吟行、東

武琵琶吟行、怨詩行……

泰山吟行、梁甫（父）吟行既列于《楚調曲》中，當然是《楚調曲》
之二曲。再查《宋書志十一‧樂三》，薤露，蒿里也列于《相和》第
七、八曲。志中沒有泰山梁甫吟。《楚調怨詩》則在篇末另爲一類②，與
《相和》、《清商》、《大曲》並列而四。可證《泰山梁父吟》和《
薤露》、《蒿里》，即挽歌，不只歌辭彼此不同；並且音樂曲調也種
類各殊，毫不相涉。雖然後代談樂府的書，如鄭樵《通志‧樂略》、
郭茂倩《樂府詩集》等，有所謂「相和五調」，即相和平調、相和清
調、相和瑟調、相和楚調、相和側調，似乎平、清、瑟、楚、側五調
都是相和曲，相和曲和楚調曲並沒有甚麼不同；但是，側調見于《唐
書‧樂志》外，平、清、瑟楚四調皆見于《宋書‧樂志三》。平、清、
瑟在「清商三調歌辭」下，是清商曲；楚調怨詩則在大曲十五曲最後
一曲白頭吟之後，獨立爲一類。不只同大曲、清商三調界限分明；而
且同相和曲不相混同。梁啓超未發表的文稿說：

> （鄭）樵有大錯誤者一點，在把清商曲與相和曲混爲一談。故
> 於相和歌十三曲以外，復列相和平調、清調、瑟調、楚調四種。
> 而清商則僅列七曲。附三十三曲皆南朝新歌，一若漢魏只有相
> 和別無清商者。殊不知惟清商爲有平、清、瑟三調；而相和則
> 未聞有之。凡樵據王僧虔伎錄所錄入之五十一曲，皆清商也。
> 《宋書‧樂志》云：「相和漢舊曲也。絲竹更相和，執節者歌，
> 本十七曲，朱生、宋識、列和等，合之爲十三曲。」此十三曲，
> 《宋志》全錄。……至于清商，則杜佑《通典》云：「清商三
> 調，並漢氏以來舊曲歌章古調，與魏三祖所作者，皆備于史籍。」
> 佑所謂史籍，即指《宋志》也。《宋志》錄完相和十三曲之後，
> 另一行云：「清商三調歌詩，苟勗撰舊詞施用者。」此下即分
> 錄平調六曲、清調六曲、瑟調六曲。即此三調皆屬清商甚明。

> 而鄭樵讀《宋志》時，似將「清商三調荀勗撰」一行滑眼漏掉。
> 漫然把《宋志》卷二十一所錄諸歌，全部歸入相和。造「相和
> 平調」等名目。於是本來僅有十三曲的相知，無端增出幾十曲
> 來。本來有幾十曲的清商，除吳聲七曲外，漢魏歌辭一首都沒
> 有。……大概替清商割地，始自吳兢，而鄭樵、郭茂倩沿其誤。
> 又《宋志》于三調之外，復有所謂《大曲》及《楚調》，其性
> 質如何，雖難確考；既王僧虔以類相次；則宜並屬清商。

這不只指出唐代後鄭樵郭茂倩等談樂府虛造相和平、清、瑟、楚四調
的錯誤；還指出了他們致誤的原因。

　　還有，要進一步指出的，就是：《宋書樂志》於錄完清商平、清、
瑟三調各六曲共十八曲最後一曲「來日（善哉行）古調六解」之後，
也有另一行「大曲」二字；標明以下十五曲是屬於「大曲」的。如梁
氏所說鄭樵「把《宋志》卷二十一所錄諸歌全部歸入相和」，「於是
本來僅有十三曲之相和無端增出幾十曲來」，則鄭樵所漏看的不只「
清商三調荀勗撰」一行；「大曲」這個類名一行也給漏看了。因爲清
商三調各六曲只十八曲，要加上大曲十五曲共三十三曲，才吻合「多
出幾十曲」這個數字呀！這說明鄭樵不只「把清商曲與相和曲混爲一
談」；同時，也是把大曲和清商曲的瑟調曲混爲一談了。正因爲鄭樵
漏看這兩行書，取消了「清商」、「大曲」這兩種古曲的類名，把平
調、清調、瑟調十八曲歸入了相和曲，把大曲十五曲歸入了瑟調曲；
就容易把篇末的「楚調」也看成相和曲，變成相和平、清、瑟、楚四
調。這是清商曲混同于相和曲的歷史根源；也是楚調曲混同于相和曲
的主要原因。梁啓超著重指出鄭樵漏看「清商三調荀勗撰」一行「把
清商曲與相和曲混爲一談」的錯誤；對於漏看「大曲」一行把大曲、
楚調曲混同于相和曲這一點輕輕放過。大概由於認爲「大曲、楚調」，
「則宜並屬清商」。我覺得梁氏著重說明清商曲與相和曲不能混同是

很必要的③。他說大曲宜屬清商雖不一定對④；但說楚調宜屬清商却有些近似。因爲平調曲伎錄云：「未歌之前有八部絃，四器俱作；」清調曲伎錄云：「未歌之前有五部絃，又在弄後，晉宋齊亡四器也；」瑟調曲伎錄云：「未歌之前有七部絃，又在弄後，晉宋齊亡四器也；」楚調曲伎錄云：「未歌之前有一部絃，又在弄後。」楚調曲雖然只是有一部絃；弄前弄後有絃，是和清商三調一致的。楚調曲既然近于清商曲⑤；當然就有別於相和曲了。那末，屬于楚調曲的泰山吟和屬于相和曲的薤露歌、蒿里傳又怎麼能合而爲一？這說明「泰山吟即挽歌這個結論是不能成立的。

　　至於說以言人死精魄歸于泰山，就說泰山吟是挽歌之類，就更不成理由。因爲這種結論是和崔豹對挽歌的解釋「亦言人死魂魄歸蒿里」這種表面現象孤立聯繫得出來的。我們知道，樂歌一般都由曲譜和歌辭兩個部分組成。和文學的特點是以語言文字爲表現工具，繪畫的特點以線條色彩爲表現工具一樣，音樂是以聲音、節奏爲表現工具的。《文心·樂府》說：

> 樂府者，聲依詠，律和聲也。……至於塗山歌乎侯人，始爲南音；有娀謠于飛燕，始爲北聲；夏甲嘆于東陽，東音以發；殷整思于西河，西音以興；聲音推移，亦不一概矣。匹夫庶婦，謳詠土風；詩官采言，盲樂被律，志感絲管，氣變金石。是以師曠覘風于盛衰，季札鑒微于興廢，精之至也。

鄭樵《樂府說序》也說：

> 武帝定郊祀，乃立樂府。採詩夜誦，有趙、代、秦、楚之謳，莫不以聲爲主。

樂府是不惟其辭的。楚調曲與相和曲也是惟其聲的。泰山吟和挽歌既是音樂部門各有所屬的歌曲；當然各有其音樂上的差異。又怎能含混的視它們爲一類呢？假如因爲也言及死亡或魂歸泰山，就說成是挽歌

一類；邪《平陵東》、《丁都護歌》、《歡聞愛歌》、《華山畿》、
《讀聲曲》、《古詞怨詩行》、陳思《驅車篇》、劉楨《贈五官中郎
將》、應璩《百一詩》……不是都成了挽歌之類嗎？因爲這些篇章，
都從不同的角度言及死亡呀！但我們翻開《樂府詩集》一看，除了《
平陵東》是相和曲的第十三曲，或者音調歌唱上相近，和挽歌一類外，
其它各曲都不只和挽歌不相連屬；而且部門各異，彼此不同。至于《
贈五官中郎將》，雖言及「常恐游岱宗」，《百一詩》謂「東嶽與我
期」，曹植《雜詩》說「思欲赴泰山」，更不在樂府範圍之內，只能
說是徒詩。這裡面的原因，就是由于樂府是「惟其聲不惟其辭」的。
上舉各曲，既只是由于音調互異，音樂部門各屬，不能同歸挽歌一類；
泰山梁父吟又何能例外？

　　並且挽歌是用於送葬的歌由。專指李延年「以薤露送王公貴人；
以蒿里送士大夫庶人；使挽柩者歌之」（崔豹《古今注》這兩支歌曲，
和由這兩支歌曲演化出來的歌曲。如曹操擬《薤露》爲《惟漢》，曹
植擬《薤露》爲《天地》等；並不包括廣泛的悼亡哀終之作。挽歌的
得名，也正因爲這兩支歌曲爲挽柩者所歌。泰山吟梁父吟既不出於挽
柩者之口；又不是這兩支歌曲的摹擬演化之作；怎麼能僭竊挽歌的名
色，和挽歌合作一類？雖然爲挽柩者所歌只是西漢的事；到了東漢，
挽歌已有另外的羽林孤兒、兵囚、巴渝櫂歌者（見《續漢書儀禮志》）
或女侍史（見《續漢書禮儀志》注引丁孚《漢儀》）大伙助葬者歌唱，
挽柩者恢復了衛枚的制度；但它是著重人聲相和的。用于送葬行列的
唱法是：六十人爲六列，鐸司馬八人執鐸；」或者再加上「節喪車行
止」的「短簫」或「鼓吹」。平時的唱法是「搖大鈴爲倡，左右齊和」。
而楚調曲即以樂器相和爲主。它的唱法，張永《元嘉技錄》說是「未
歌之前，有一部絃；又在弄後。」王僧虔《伎錄》說「其器有笙、笛、
弄節、琴、箏、琵琶、瑟。」這是平時用以自娛的歌曲。所以諸葛亮

好爲梁父吟。泰山吟和挽歌既然音樂上明顯不同，而又各有其用；又怎麼能說是一類？

再看《梁父吟》這首古辭，是說：

> 步出齊東門，遙望蕩陰里（一作追望陰陽，疑誤。）。里中有三墳，纍纍正相似。問是誰家墓，田疆古冶氏。力能排南山，文（一作又，是也。）能絕地紀。一朝被讒言，二桃殺三士。誰能爲此謀？國相（一作相國）齊晏子。

分明是在齊東門外散步，望見蕩陰里田開疆、古冶子、公孫接三個壯士的墳墓，所發的懷想。朱喜徵說：

> 梁父吟「步出齊東門」，哀詩也。無罪而殺士，君子傷之。如聞《黃鳥》哀音！

這種說法倒是近似的。余冠英說是「葬歌」已經違反古辭的實際。又要把它說成和「薤露」、「蒿里」即爲挽柩者所歌的挽歌「同類」，不是彼此距離更遠？假如說他所謂「與挽歌同類」的不是這首古辭，而是指泰山吟梁父吟古曲；更混淆了楚調曲、相和曲的分界，沒有可靠的根據。

那末，「泰山吟爲挽歌之類」的結論，也不能魚目混珠地成立了。

二、高里山非蒿里地

「蒿里在泰山南」，「是泰山南近的小山」。這個論點的根據出於《漢書》伏儼注和陸士衡《泰山吟行》。《漢書‧武帝紀》：

> 太初元年……冬十月，行幸泰山。十一月甲子朔旦冬至，祀上帝于明堂。乙酉，栢梁臺災。十二月，禮高里。

伏儼曰：

> 山名，在泰山下。

這是「高里」在泰山下，而爲山名的根據。陸士衡《泰山吟行》說：

> 泰山—何高！迢迢造天庭。……梁父亦有館，蒿里亦有亭。幽
> 岑延萬鬼，神房集百靈。……

這是「蒿里」在泰山下，而為死者魂魄所歸的根據。

關于「高里」是否即「蒿里」？顏師古注《漢書》作過嚴明的辨析。他說：

> 此高字自作高下之高。死人之里謂之蒿里，或呼為下里者也，
> 字即為蓬蒿之蒿。或者見泰山神靈之府，高里山又在其旁，即
> 誤以高里為蒿里。混同一事，文人學士共有此謬。陸士衡尚且
> 不免；況其餘乎？今流俗書本，此高字有作蒿者，妄加增耳。

從這段話，足證「高里」和「蒿里」，字形雖然相近；但「高里」和梁父一樣，都是泰山下小山的名稱；「蒿里」即為死人所歸的蓬蒿之里；二者不可混同。由「今流俗本此高字有作蒿者」一語，可見顏師古以前的古本《漢書》，「高里」之「高」絕不作「蒿」。將「高里」之「高」作「蒿」是師古以後的事。把「高里」和「蒿里」混同一事，雖始於陸士衡；但也是從此之後才漸盛。我們知逆，顏師古是隋唐之際的人。唐高祖時曾授朝散大夫，累遷中書令。太宗時又拜中書侍郎，嘗受詔秘書省考定五經文字，多所釐定。又為太學承乾，注班固《漢書》，稱為孟堅忠臣。還注《急就章》，著《匡謬正俗》。他，時代既早，地位又高。所以能博覽古籍，多所辨考。至於武后朝的吳兢，就難免因俗本而致誤了。鄭樵以後的人，當然更以訛傳訛。

其次，王先謙《漢書補注》云：

> 按《玉篇》：「蒿里，黃泉也，死人里也。《說文》呼毛反。
> 經典則為鮮蒿之字。《內則》注：「蒿，乾也。」蓋死則乾枯
> 矣。以蓬蒿字為蒿里，乃流俗所作耳。

黃節《鮑參軍詩注》第三頁《代蒿里行》補注，也贊成這種說法。余

冠英《樂府詩選》10—11頁《蒿里》注更加以宣揚說：

　　蒿里；古代迷信的說法，人死後，魂魄聚居的地方名爲蒿里。

　　又名薧里。蒿就是薧，也就是槁。人死則枯槁，故名。

王、余二氏的說法雖然不完全對（理由見下文）；但說「蒿里」又名「薧里」，却是歷史事實。「蒿」既然字又作「薧」，其義爲乾枯，當然就不是高下之「高」。「蒿里」既然是「薧里」，原爲「死人之里」，當然就不是甚麽山的名稱。那末，「蒿里就是高里，山名，在泰山南」這種說法，當然就更難成立了。

　　還有，最重要的一點，就是：字詞是意念、現實的反映。同是一是代表死人所歸之地的「蒿里」，有人認「蒿自作蓬蒿之蒿」；有人認爲「蒿」爲「鮮薧之字」；又有人認爲「蒿」爲「高下之高」；誰是誰非，還可以深入一步，從喪葬禮俗加以辨析。

　　《孟子・滕文公》：

　　蓋上世嘗有不葬其親者。其親死，則舉而委之于壑。他日過之，狐狸食之，蠅蚋姑嘬之。其顙有泚，睨而不視。……蓋歸反，虆梩而掩之。……

這是上古人死從「委之于壑」的不葬過程，到「虆梩而掩之」的虆葬過程。《吳越春秋》所載《竹彈謠》「斷竹續竹，飛土逐肉。」相傳是「弩生子弓，弓生于彈。彈生于古之孝子不忍見父母死爲禽獸所食，故作彈以守之」的守屍歌。守不能久，必出于葬。《說文》：

　　，臧（藏）也。从死在茻中。一其中所以薦之。《易》曰：

　　「古者葬厚衣以薪。」　亦聲。此于疊韻得之，則浪切，十部。

可見原始時期的喪葬，不過是棄之中野，蓋上一些草莽而已。這就活現出一個「蒿」字。《禮記・檀弓》說：

　　有虞氏瓦棺，夏后氏堲周，殷人棺椁，周人墻置翣。

雖然見出有虞氏不衣薪，以瓦爲棺；夏后民治土爲磚而四周于棺之坎；

殷人始為棺椁；周人又加上了棺飾，障棺之飾如墙垣，加上畫上黼黻或雲氣的扇（翣）。喪葬逐步演化，似乎脫離了草莽氣味。但《禮·檀弓》又說：「易墓非古也。」陳澔《禮記集說》云：

> 疏曰：「易，為芟治草木，不使荒穢。古者，殷以前。墓而不墳，不易治也。

既然墓而不易；當然就雜草叢生了。至於晉皇甫謐《篤終篇》所謂：

> 籧篨之外，便以親土。土與地平，還其故草使生。

就更加明顯。所以《正字通》說：

> 蒿，蒿里，言冢間宿草積聚。指墓門也。

這是「蒿」、「蒿里」最準確最原始最根本的意義。怎麼能說成「高」和「高里」？

再看《墨子·節葬篇》：

> 古聖王制為埋葬之法曰：（桐）棺三寸，足以朽體；衣衾三領，足以覆惡。及其葬也，下毋及泉，上毋通臭。壟若參耕之畝則止矣。……禹東教于九夷，道死，葬會稽之山。衣衾三領，桐棺三寸。蒿以緘之，絞之不合。通（道）之不埳（坎）。土（當作掘）地之深，下毋及泉，上毋通臭。既葬，以餘壤其上，壟若參耕之畝則止矣。

《漢書·楊王孫傳》載其報祁侯書也說：

> 昔帝堯之葬也，窾木為匵，葛藟為緘。其穿下不亂泉，上不泄殠。

《禮記·檀弓下》又說

> 延陵季子適齊，於其反也，其長子死。葬于嬴博之間。……其坎深不至于泉，其歛以時服。既葬而封，輪廣揜坎。其高可隱也。……

可見古代相傳的賢君和有識之士，都是實行薄歛淺葬的。所謂薄歛，就是「桐棺三寸，衣衾三領。所謂淺葬，就是「下不及泉，上不泄臭」。

所以《國策楚策》江乙說於安陵君，也不過說：「大王萬歲千秋之後，願得以身試黃泉，蓐螻蟻。」李善引作「願得式黃泉蓐螻蟻。」張叔空《戰國策》論曰：「爲王先用填黃泉，爲王作蓐御螻蟻。」這樣葬，屍首就容易腐爛了。故豪門貴族一般都是厚葬。《禮記檀弓上》說：

> 夫子適宋，見桓司馬自爲石椁，三年而不成。……

《史記·始皇紀》：

> 始皇初即位，穿治驪山。及并天下，天下徒送詣七十餘萬人。穿三泉，下銅（一作錮）而致椁。宮觀百官，奇器珍物，徙臧（藏）滿之。令匠作機弩矢，有所穿近者輒射之。以水銀爲百川江河大海，機匠灌輸。上具天文，下具地理。以人魚膏爲燭，度不滅者久之。

這當然是窮奢極侈的葬法了。《禮記檀弓》又說：「天子之棺四重：水兕革棺被之，其厚三寸；杝棺一；梓棺二；四者皆周。」注解說：

> 水牛兕牛之皮耐濕，故以爲親身之棺。二革合被爲一重。杝木亦耐濕，故次于革，即所謂椑棺也。梓木棺二：一爲屬；一爲大棺。杝棺之外有屬棺；屬棺之外又有大棺。四者皆周，言四重之棺上下四方悉周匝也。惟椁不周，下有茵，上有抗蓆故也。

《禮記·喪大記》還說：

> 「君，大棺八寸，屬（內棺）六寸，梓四寸。上大夫，棺八寸，屬六寸。下大夫，棺六寸，屬四寸。士，棺六寸。」
>
> 「君，裏棺用朱緣，用雜金鐕。大夫，裏棺用玄緣，用牛角鐕。士，不緣。」
>
> 「君，蓋用漆，三衽三束。大夫，蓋用漆，二衽二束。士不用漆，二衽二束。」
>
> 「君，松椁。大夫，柏椁。士，雜木椁」。

可見爲了做到「且比化者無使土侵膚。」（《孟子公孫丑下》）就是

按照周代的禮制；也爵位愈高，棺板愈厚，木質愈好，柩的重數也愈
多。至於窮苦的平民，當然就只能藁葬了。

《喪大記》又說：

> 熬，君四種八筐；大夫，三種六筐；士，二種四筐。加魚臘焉。

熬，就是以火燭穀令熟。熟即香，置之棺旁。使蚍蜉聞香聚食，免侵
屍體。四種，稷、黍、稻、梁。每種二筐。三種，黍、稷、梁。二種，
黍、稷。此外，還加魚與臘。這也是當時的禮制。但《檀弓上》還載：
「宋襄公葬其夫人，醯醢百甕。」這就超越禮制了。再看《呂氏春秋
孟冬紀》指出：「國彌大，家彌富，葬彌厚。含珠（口實也）鱗施（
施玉於死者之體如魚鱗）……題湊之室，（《漢書霍光傳》」便房黃
腸題湊」注：蘇林曰：「以栢樹黃心致壘棺外，故曰黃腸。木頭皆內
向，故曰題湊。」）棺椁數襲（重也），積石積炭（石以其堅，炭以
禦溼。）以環其外……」解放後河北滿城出土的金縷玉衣，史書上稱
爲玉匣或玉柙，是封建貴族死後穿在屍體上的貼身衣。共用玉片二千
四百九十八片，金絲重約一千一百克。按照人體部位不同，玉片的大
小形狀都不同。還有墨書編號。這件玉衣的製成，估計需費一個玉工
二十多年的時間。這種葬衣，先用於天子。後來，王侯貴族也往往使
用。如《漢書霍光傳》：「光薨…賜金錢、繒絮……璧珠璣、玉衣；」
《後漢書朱穆傳》；「有宦者趙忠喪父，歸葬安平。僭爲璵璠、玉匣、
偶人。」注：「玉匣，長尺廣二寸半。衣死者自腰以下至足。連以金
縷，天子之制也。」《西京雜記》：「漢帝送死，皆珠玉匣。」我國
現在發掘的，還有金縷、銀縷、銅縷等貴族死後穿的貼屍衣服。足見
我國古代封建貴族，爲了保存他們死後的屍首，是無所不用其極的。
所以漢代楊王孫「贏葬以矯世」。並且在報祁侯書中抨擊這種惡劣的
葬風說：

> 蓋聞古之聖王，緣人情不忍其親；故爲制禮。今則越之。……

且夫死者，終生之化而物之歸者也。歸者得至，化者得變，是
物各反其眞也。……裏以幣帛，鬲以棺椁。支體絡束，口含珠
玉。欲化不得，鬱爲枯腊。千載之後，棺槨朽腐廼得歸土……
今費財厚葬，留歸鬲至。死者不知，生者不得，是謂重惑！…

足證和下錮三泉，以石爲椁一樣，冢置熬炭，隔以重棺，含珠被玉，
裹之幣帛，欲化不得，鬱爲枯腊，都是統治貴族厚葬的惡習。顧野王
說「薧里，黃泉也。」黃泉雖然也可泛指地下；但結合「『薧』乾也，
人死則乾枯」的意義來看，「薧里」之名正是封建統治階級力行厚葬
「鬱爲枯腊」這種現實和意念的反映。《說文》：

　　薧，死人里也。从　（死），薧省聲。

可見《玉篇》「薧里」原簡稱「薧」。「薧」是由蒿、死二字孳乳出
來的。許云死人里，顧云黃泉，意義是一致的。段玉裁注說：

　　樂府相和曲有薤露、蒿里之歌。譙周、崔豹皆云起於田橫自殺，
　　從者爲作悲歌。崔云：「謂人命奄忽如薤上露易晞滅也。亦謂
　　人死魂魄歸于蒿里。」蒿里辭曰：「蒿里誰家地？聚歛魂魄無
　　賢愚」。然則蒿里者謂虛墓之間也。且其字作蒿。此獨云「薧，
　　死人里」，則字作薧，而義亦殊。蓋有一里人盡死者，因目爲
　　薧里。許所聞不同譙崔也。按《周禮》乾魚謂之薧；《內則》
　　「蜃苴粉榆免薧」注：「免，新生者，薧，乾也；」然則凡死
　　而枯槁謂之薧，不必如許也。

看來段氏沒有察覺蒿里和薧里雖然都是「死人里」，却是平民薄葬、
貴族厚葬迥不相同的現實的反映；但他指出許氏和譙崔所聞不同，態
度是很嚴謹的。段氏沒有細考古代喪葬制度，把「死人里」說成「蓋
有一里之人盡死者」雖然錯了（理由見下文）；但他根據《周禮》和
《內則》注指出「凡死而乾枯者唱之薧」也是正確的。這說明「死人
里」只是「薧」的狹義。

王先謙沒有注意「蒿里」之「蒿」作蓬蒿之蒿，是最原始最根本的意義，和「薧」是由死，蒿二字孳乳出來一樣，「薧里」字作「薧」也是後來貴族厚葬對語言的影響；說甚麼「以蓬蒿字爲蒿里，乃流俗所作耳」，這就源流顛倒了。其實，流俗的東西固然不完全都對；但既然成爲流俗；就往往有他的道理。並且統治貴族所謂「大雅」的東西，也往往是在流俗的基礎上發展出來的。「死人里」稱「薧」或「蒿里」稱「薧里」，正是這樣。

余冠英上了王先謙的當，進一步說：「蒿就是薧，也就是槁。」就抹煞了蒿里，薧里所反映的不同喪葬現實，歪曲了「蒿」字的客觀實際意義。

崔豹說過，李延年是「以薤露送王公貴人，以蒿里送士大夫、庶人」的。把「蒿」說成「槁」，把「蒿里」說成「薧里」，就不合「士」和「庶人」的喪葬實際了。

也許有人會說：

> 陳直《史記新證》一五三頁：「蒿里始見於《漢書》廣陵厲王歌云『蒿里召兮郭門閲』……廣陵王爲王公貴人，所作歌中僅用『蒿里』二字，不用薤露。可見在西漢時，以薤露送王公，蒿里送士庶之說，並無嚴格的區分。兩歌各自爲韻，句法又不同。崔豹之說不可從也」。可見蒿里也不一定送士、庶人。

我覺得陳直這種說法是很表面的。因爲廣陵厲王雖然是王公貴人；但這首歌是他祝詛昌邑王和宣帝的事被發覺，畏罪自殺所作的。並不是他死後人們送葬的。他自殺時說：

> 上遇我厚，（薧按「」上指宣帝）今負之甚。我死骸骨當暴。幸而得葬；薄之，無厚也。

歌中用蒿里二字不用薤露，正反映他服罪和免暴骸骨爲已足的心情，是意在薄葬的表現。歌各自爲韻，句法又不同，也正說明蒿里、薤露

雖然同是挽歌；却有其區別。怎麼能以此證明西漢以薤露送王公蒿里
送士庶無嚴格區分？

　　以上說明：蒿里地的蒿字是蓬蒿之蒿，絕對不作高下之高，作薨
也是派生的。同天子死稱崩，諸侯死稱薨，士死稱卒一樣，是階級對
於語言的影響。下面再談里字的意義。

　　《莊子‧雜篇》載狶韋曰：

　　　夫靈公也死，卜葬于故墓不吉；卜葬于沙丘而吉。掘之數仞，得石
　　　椁焉。洗而視之；有銘焉。曰：「不馮其子，靈公奪而里。」

宣穎曰：「子、里爲韻。」釋文云：「里一本作埋，則不能與子叶矣。」
司馬彪曰：「言子孫不見可馮，致使公得此處爲冢。」方揚曰：「古
人謂窀穸爲蒿里。」胡遠濬曰：「居處也」。可見「蒿里」就是「窀
穸」。「里」就是「居處」。《西京雜記》載，廣川王去疾，好聚無
賴少年發掘國內墳墓。他所見古墓中的情景是：

　　　魏襄王（按即孟子所見梁襄王）冢，以文石爲椁，高八尺許，廣
　　　狹容四十人。中有石床、石屏風。不見棺柩明器踪跡。但床上
　　　有玉唾壺一枚，銅劍二枚。金玉雜具，皆如新物。

　　　魏哀王（按《竹書》惠王生襄王，襄王生昭王。無哀王。此依《史記‧
　　　魏世家》稱魏哀王耳。不知可靠否。）冢，以鐵灌其上，穿鑿三石
　　　乃開。有黃氣如霧，七日乃歇。初至一戶，無扃鑰。方床方四
　　　尺，床上有石几。左右各三石人侍立，皆武冠帶劍。復入戶，
　　　石扉有關鑰。叩開，見棺柩。黑色照人，刀斫不入。燒鋸截之，
　　　乃漆雜兕爲棺。厚數十寸，累積十餘重。力不能開，乃止。復
　　　入戶，亦石扉關鑰。得石床，方七尺。石屏風、銅帳購一具。
　　　或在床上，或在地下，似是帳糜朽而銅購墜落。床上石枕一，
　　　塵埃朏朏甚高，似是衣服。左右石婦人各二十，悉皆侍立。或
　　　有執巾櫛、鏡鑷之象，或有執盤捧食之形者。無餘異物，但有

　　　　鐵鏡數百枚。

這不是如人世家居的佈置嗎？至于秦始皇驪山冢中的游觀，周幽王冢的高壯，晉靈公冢的瑰瑋，……更不用舉例了。庶民之葬所雖然沒有這些排場；但陶淵明《雜詩》說：「去去欲何之？南山有舊宅。」《自祭文》說：「陶子將辭逆旅之館，永歸于本宅。」也把坟墓當作自己的居宅。

　　《莊子·雜篇》又說：

　　　少知問于太公調曰：「何謂丘里之言？」太公調曰：「丘里者
　　　合十姓百名，而以爲風俗者也。」

李頤曰：「四井爲邑，四邑爲丘。五家爲鄰，五鄰爲里。」《漢書食貨志》也說

　　　五家爲鄰，五鄰爲里，四里爲族，五族爲黨，五黨爲州，五州
　　　爲鄉，鄉方二千五百戶也。

　　　在壄（野）曰廬，在邑曰里。

師古曰：「廬堂在田中，里，聚居也。

可見「里」不專指個人或一家獨居。《周禮春官宗伯》：

　　　墓大夫掌凡邦墓之地域而爲之圖。令國民族葬，而掌其禁令。
　　　冢人掌公墓之地，辨其兆域，而爲之圖。先王之葬居中，以昭
　　　穆爲左右。凡諸侯居左右以前。（按此指畿內諸侯）卿大夫士
　　　居後，各以其族。

又《周禮地官》「以本俗六安萬民」。其中第二條就是「族墳墓」。注：「族，猶類也。同宗者生相近，死相迫。」可見古人是實行叢葬的。（當然，並不是決沒有獨葬。）這種制度。一直相沿不變。如《三國志魏志武帝紀》載其令曰：

　　　古之葬者，必居瘠薄之地。其規西門豹祠西原土爲壽陵！因高
　　　爲基，不封不樹。《周禮》「冢人掌公墓之地，凡諸侯居左右

以前，卿大夫居後。」漢制亦謂之陪陵。其公卿大臣列將有功
者，宜陪養陵。其廣爲兆域！使足相容。

解放後地下掘發的叢冢，更屢見不鮮。這樣建成宮室居舍叢葬地下，
不正如人世聚居類處，有鄰里鄉黨？這是「蒿里」和「蒿里」的「里」
字的意義。

再看，《詩·唐風·葛生》：

葛生蒙楚，蘞蔓于野。予美亡此，誰與獨處？

角枕粲兮，錦衾爛兮，予美亡此，誰與獨且？

夏之日，冬之夜。百歲之後，歸于其居！

冬之夜，夏之日。百歲之後，歸于其室！

這是一首悲切痛人的悼亡詩。詩云：「葛生蒙楚，蘞蔓于野；」「葛
生蒙棘，蘞蔓于域；」突出了一個「蒿」字。箋云：「居，墳墓也。」
「其室」即地下之室。馬其昶曰：「居，本不訓墓，以百歲後所歸之
居，則墳墓也。」我也說：里本不訓叢葬之墟，以百歲後有叢葬之事，
故以爲叢葬之墟也。這是「蒿里」和「蒿里」最適當的解釋。段玉裁
沒有注意「里」可訓居和古代叢葬的制度，而且這種制度是由墓大夫
冢人事先有計劃安排的。從而誤以爲「蓋有一里之人皆死者，因目爲
蒿里。」當然錯了。

再看，比李延年稍後的廣陵屬王臨死作歌說：「蒿里召兮郭門闕」；
東漢時夏承碑云：「痛沉蒿里」；陶淵明《祭從弟敬遠文》：「長歸
蒿里，邈無還期；」《祭程氏妹文》：「死而有知，相見蒿里；」蒿
里的蒿都作「蒿」，不作「高」，也不作「蒿」。孔融《雜詩》第二
首：

褰裳登墟丘，但見蒿與薇。白骨歸黃泉，肌體乘塵飛。生前不
識父，死後知我誰？孤魂游窮暮，飄飄安所依！

這是一首悼兒詩，也把「墟丘（墓）」和「蒿薇」對舉。唐人于鵠挽

歌說：

> 陰風吹黃蒿，挽歌渡秋水，車馬却歸城，孤墳明月里。

趙明徵的挽歌說：

> 寒日蒿上明，凄凄郭東路。素車誰家子？丹旐引將去。

曰「黃蒿」，曰「蒿上」，都以「蒿」爲「草」。曰「孤墳」，曰「引將去」，也以人死所歸或墳之所在爲「蓬蒿之地」。假如把「蒿」視爲「高」或「薨」乾也；這些詩句怎麼講得通？僧貫休《蒿里傳》說：

> 所以蒿里，墳出戢戢！

也以「蒿里」爲叢葬多墓之處。不似陸機以「蒿里誰家地」之「蒿里」爲延萬鬼之山。所以蒿里曲及其古辭「蒿里誰家地」之「蒿里」，絕對不是泰山下的「高里山」。「蒿」字也決非「原來作薨」。

並且依崔豹、譙周、吳兢、郭茂倩的說法，薤露、蒿里的作者是田橫門人。田橫死于屍鄉，其門人也是把田橫屍首從屍鄉挽至宮的。那末，他們的歌也就作於屍鄉、洛陽一帶，試問作者爲何不就目前所見的曠野丘壟（蒿里）屬辭，反而想到遠在天邊的泰山？又何以不言著名的登之可以小天下的泰山或其旁別一座山，而必須說「高里」呢？

據我們考察，「蒿里」就是《宋玉對楚王問》中的「下里」。孟康《漢書》注，「死者葬地下歸蒿里，故曰下里。」張敬叔朱書陶缶文：「地下擊犆鄉，耗里伍長等。」（「耗」孟康《漢書》注音毛。是「蒿」的假借字。）亦「耗里」、「地下」互文。《檀弓下》：「夫子疾（死之諱言），莫養于下，僃以殉葬；「《莊子列禦寇》：「下爲螻蟻食。」和「薨里」簡稱「薨」一樣，「地下」亦簡稱「下」。顏師古還說：「蒿里或呼下里。」既然是「下」；就不是「高」。既然是「下里」爲甚麼又忽然是「高里」呢？哈哈！

那末，前人「蒿里，山名，在泰山下」這種說法，也格于邏輯，

不能成立了。

三、魂歸泰山非魂歸蒿里

　　人死魂歸泰山之說，雖然風傳於世，而且同人死魂歸蒿里之說意義相近；但其瀟源却不很早。

　　顧炎武《日知錄‧論東嶽篇》說：

> 嘗考泰山之故，仙論起自周末，鬼論起自漢末。《左氏》、《國語》未有封禪之文，是三代以上無仙論也。《史記》、《漢書》未有考鬼之說，是元、成以上無鬼論也。《鹽鐵論》云：「古者庶民魚菽之祭，今富者祈名嶽、望山川，椎牛擊鼓，戲倡舞像。」則出門進香之俗，已自西京而有之矣。自哀、平之世，而讖緯之書出，然後有如遁甲開山圖所云：「泰山在左，左亢父在右，亢父主生，梁父主死；」《博物志》所云：「泰山一曰天孫，言爲天帝之孫。主召人魂魄，知生命之長短者。」其見于史者：則《續漢書‧方術傳》，許峻自云：「嘗病篤三年不愈，乃謁泰山請命；」《烏桓傳》；「死者魂靈歸赤山，赤山在遼東西北數十里，如中國人死者魂歸泰山也；」《三國志‧管輅傳》：「謂弟辰曰：「但恐至泰山治鬼，不得治生人，何如？」而古辭《怨詩行》云：「齊度遊四方，各系泰山籙。人間樂未央，忽然歸東嶽。」陳思王《驅車篇》：「魂魄所系屬，逝者感斯征。」劉楨《贈五官中郎將詩》云：「常恐游岱宗，不復見故人。「應璩《百一詩》云：「年命在桑榆，東嶽與我期。」鬼論之興，其自東京之世乎！

我覺得顧炎武先生「元、成以上無鬼論」、「鬼之興其自東京之世乎」的說法是錯的。但泰山主人生死之說，却確實起于東京之世。

　　試看《韓非子‧十過》：

　　　昔者黃帝聚萬鬼于泰山之上，駕象車而六蛟龍。畢方並錯，蚩
　　　尤居前，風伯進埽。虎狼在前，鬼神在後。騰蛇伏地，風伯覆
　　　上。大合鬼神，作爲清角。

　　《墨子》也說：

　　　黃帝合鬼神於泰山，駕象車，六蛟龍。

怎麼能說元、成以上泰山無鬼論，鬼論始于東京之世？

　　　再看《三家禮義》說：

　　　東嶽所以謂之岱者，代謝之義。陽春用事，除故生新。萬物更
　　　生相代之道，故代爲名也。

　　《風俗通義》云：

　　　泰山之尊，一曰岱宗。岱，始也；宗，長也。萬物之始，陰陽
　　　交代，故爲五嶽長。王者受命恆封之。

　　　封禪所以必于泰山，萬物交代之處也。

都以陰陽五行解說泰山。《緯書孝經援神契》則說：

　　　泰山，天帝孫也。主召人魂。

《博物志》云：

　　　東方，萬物之始成。故知人生命之長短。

《洞淵集》說：

　　　泰山名蓬元、太空之天，即太昊。爲青帝治。東嶽主萬物發生，
　　　考校鬼神之所。

《岱史》：

　　　《道經》曰：「岱，泰山。乃天帝之孫，群靈之府。主世界人
　　　民官職生死貴賤等事。」

所以顧氏所謂：「自哀、平之世，而讖緯之書出，然後有如《遁甲開
山圖》所云」、「《博物志》所云」，是準確地指出了人死魂歸泰山
之說的根源，很有卓見的。這是從黃帝聚萬鬼于泰山發展爲泰山聚人

魂魄的歷史轉變。其轉變關鍵，在於讖緯之說興。

應劭《風俗通義》說：

> 俗說：岱宗上有金篋、玉策，能知人年壽修短。武帝操策得十八，因讀曰八十。其後果用耆老。武帝出璽印石，栽有朕兆。奉車子侯即歿其印，乃止。武帝畏惡，亦殺去之。

今按《史記・始皇紀》載：「二十八年始皇東行郡縣，上鄒嶧山」後，「乃遂上泰山」，只說他「立石封祠祀。下，風雨暴至，休於樹下，因封其樹爲五大夫。禪梁父，刻所立石。」《山海經》也只說：「泰山，其上多玉，其下多石。」《史記・封禪書》載始皇東遊海上，行禮祠名山大川及八神：「二曰地主，祠泰山，梁父。」都只將天主、地主、兵主、日主、月主、陰主、陽主、四時主八神並列。謂「上有金篋策，能知人年壽修短。」；都是漢武帝封泰山後所產生的「俗說」。這是前人所謂封泰山始于秦皇侈于漢武的產物。應劭又說：

> 以元鼎六年告封，改爲元封。武帝已四十七歲，何緣反操得十八也。就若何云，明神禍福，必有徵應。權時倒讀，焉能誕招期乎？奉車子侯駿乘上。下臣不預封事，何用操印沒石乃止？暴病而死，悼恒無已。又言「武帝與仙人對博，棊沒石中。馬蹄跡處，于今尚存。」盧妄非若此一事也。予以空僞，承乏東嶽。忝素六載，數聘祈祠。咨問長老賢達上泰山者云：「謂璽處刻石，文昧難知也。殊無有金篋玉牒探策之事。」春秋以傳聞不如親見之人，斯爲審矣！

應劭是東漢的泰山太守，在泰山呆了六年。《後漢書獻帝紀》：「初平二年冬……十一月，青州黃巾寇泰山，泰山太守應劭擊破之。」他還以泰山太守以名義參加討李傕的行列。這就說明應劭爲泰山太守，是在東漢末漢獻帝的時期。上距西漢哀、平，約二百年。他既然說泰山知人生死是當時「俗說」，而加以駁斥；可見西京之世，泰山主人

生死，人死魂歸泰山之說，的確沒有出現。顧氏所舉《後漢書》許峻、烏桓傳，《三國志·管輅傳》言及泰山外，《三國志·蔣濟傳》還進一步宣揚說，泰山主者有府君，有令。令之下有錄事……。陳寅恪先生說：「三國時所譯佛經有一種。凡梵文地獄字，皆譯爲泰山。」可見這種「俗說」，又和佛教「地獄」之說混同起來了。這就是這種「俗說」發展的情況。顧氏謂古辭怨詩行、陳思王、劉楨、應璩等的詩涉及泰山，都是這種「俗說」盛行的產物。

根據古籍的記載，薤露、蒿里二篇古辭的創作，至遲不會在西漢初期之後。或者還是在戰國和秦代。因爲宋玉《對楚王問》已有薤露、蒿里（下里）之名。崔豹、譙周都說是田橫門人作以哀橫。即使如陳直《史記新證》所說，「疑田橫之客用舊有的曲名而歌新辭」；泰山司人生死，召人魂魄之說的淵源期，也遠在古辭創作之後。試問作者怎麼能預知人死魂歸泰山的鬼話，而用「高里」這個山名入辭？

那末，魂歸蒿里和魂歸泰山或高里，也淵源有前後，不是一碼事。泰山吟即挽歌或挽歌之類的立論大前提就站不住腳了。

並且依黃節所說，魂歸蒿里正和陶淵明挽歌「今宿荒草鄉」，鮑明遠挽歌「栩骨依青苔」意思一樣；「魂歸泰山」、「魂歸高里山」不過是一種神話；性質何等不同！

至于《神仙傳》、《列仙傳》、《五嶽記》、《搜神記》、《稽神錄》、《幽明記》、《濟南府志》……後來大批志怪書中所談及泰山鬼神的事，當然是「泰山主人生死」、「召人魂魄」的傳說所演化出來的了。

黃節《鮑參軍詩注·代蒿里行篇》，在援引了王先謙對顏師古的批評後說：

節案：今泰安府城西南三里，有高里山。山極小，上有塔。其東北有廟，內供閻羅、酆都、陰曹七十二司等神像。歷代碑記

　　數百座。蓋即沿薶里喪歌之誤。

這就很冤枉了。因爲薶里曲所謂「聚斂魂魄」不過相信人死有魂魄而已。黃節所舉閻羅、酆都、陰曹七十二司，分明是魂歸泰山的傳說和佛教「地獄」說相結合的產物。說是「沿高里召人魂魄之誤是對的，怎麼能說是「沿薶里挽歌之誤」？

四、總的結論

　　總之，楚調曲與相和曲，既部類各別，音調、古辭都不相同；則泰山吟或梁父吟決非薤露歌或薶里曲。高里和薶里既字形不同，意義各異；則高里山決非薶里地。魂歸薶里和魂歸泰山說既淵源有前後，性質有差異；則魂歸薶里自魂歸薶里，魂歸泰山自魂歸泰山。那末，泰山吟即挽歌的說法，怎麼不是魂歸薶里和魂歸泰山二說混同以後，遂誤以薶里爲高里而附會出來的呢？而古今學者對於這種錯誤，却全未察覺，反一致以異爲同。此大惑也。故論述如上，以求正於通博。

【附註】

①　《宋書‧樂志》言「本十七曲，朱生宋識、列和等復合之爲十三曲。「未言亡佚。《宋志》只錄十三曲，無觀歌、東門。與此言「相和有十五曲」，亦有出入。

②　《宋志》所錄「楚調怨詩」，標題「明月、東阿王詞七解」。即「明月照高樓，流光正裴回。」怨詩也作怨歌行。舊傳春秋楚卞和獻玉遭刖，作《怨歌行》。後以爲班婕妤失寵，託辭「紈扇」而作。古辭今存「天德悠且長」。晉陶淵明《怨詩楚調贈龐主簿》第一句作「天道悠且遠」。南朝梁武帝亦有擬作。

③　清商、清樂、清商樂，指我國古代起源於民間的歌曲，包括清商三調。北魏孝文帝、宣武帝收集中原舊曲及南朝時江南吳聲、荊楚西聲，總稱

為清商樂，以別于雅樂和胡樂。隋改稱清樂，置清商署以掌其事。（見《通典》一六四）、《唐會要》三三、《舊唐書音樂志二》）《宋書樂志》載「順帝昇平二年，尚書令王僧虔上表「并論三調哥（歌）有云：「又今之清商，實由銅雀；魏世三祖，風流可懷。」他說「魏氏三祖，風流可懷」是對的。因為三祖所作三調歌辭皆載《宋書樂志》中。但他說「清商實由銅雀」，却大錯特錯。《魏書樂志》說：神龜二年陳仲孺言依琴五調調聲之法，以均樂器。「其瑟調以角為主，清調以商為主，平調以宮為主。」也是對的。但梁啓超、陸侃如認為：清商之名，則由「清調以商為主」得來，說是「舉一以槩三」，更是主觀。因為清商之名，實常見於古代詩文中。謝靈運《會吟行》：「六引緩清唱，三調（即平、清、瑟三調）停繁音」；鮑照《朗月行》：「靚妝坐幃裏，當戶理清絃」；侯瑾《箏賦》：「散清商而流轉兮，若將絕而復續」；韋誕《景福殿賦》：「吟清商之急哇」；傅玄《琵琶賦》：「啓飛龍之妙引兮，逞奇妙于清商」；陸機《策向秀才紀瞻等》：「合清商以絕節」；嵇康《酒會詩》「素琴揮雅操，清聲隨風發（第一首）」；「操縵清商，遊心太象（第四首）」；這是見于晉、南朝的。魏文帝《燕歌行》：「援琴鳴絃發清商，短歌微吟不能長；《善哉行》：「悲絃激清聲，長笛吹清氣；「劉楨《贈五官中郎將》：「清歌發妙聲，萬舞在中庭」；這是見於三國魏的。《古詩十九首·西北有高樓》：「清商隨風發，中曲正徘徊；」《東城高且長》：「當戶理清曲，音響一何悲；」此外，《古歌》還說：「主人前進酒，彈瑟為清商；「張衡《西京賦》：「嚼清商而却轉」；仲長統《樂志詩序》：「發清商之妙曲」；張衡《舞賦》還說：「展清商而長歌」；這是見於東漢的。偽蘇武詩有「絲竹厲清聲」、「欲展清商曲」之句暫且不說；賈誼《惜誓》：「二子擁瑟而調均兮，余因稱乎清商。」注：「清商，歌曲也。」則分明見於西漢。至於先秦，宋玉《笛賦》「吟清商追流徵」，為《文選·西京賦》李善注所引用。

《韓非子‧十過》載衛靈公之晉在濮水之上夜分而聞所鼓的新聲，師涓為平公所奏，就有清商、清徵、清角等曲。這是《史記‧樂書》、《論衡‧紀妖》、《太平御覽》三百七十九也引用過的。荀卿說此三曲衛靈聞于濮水之上，薛綜《西京賦》注說「清商，鄭聲。」又蔡邕《釋誨》：「甯子檢手而嘆息」；注同引《淮南子》載甯戚為商于齊飯牛見桓公而歌，李善云：「甯戚，衛人，金聲清，故以為曲。」則「清商」是先秦鄭、衛地帶的民歌俗曲是沒有疑問的。梁啓超、陸侃如說由陳仲孺「清調以商為主」，王僧虔說「實由銅雀」，要落後五、六百年。《唐書‧樂志》：「平調、清調、瑟調，皆周房中樂也。」則清商三調，淵源更早。鄭樵漏看「清商」這個類名，一若漢魏沒有清商，也更遠離中國音樂發展的歷史事實。這是從清商這個名稱去考察。再從樂理去研究，陳思荃《楚聲考》：「音清之調，系采用清聲之律。《樂記》鄭玄注：「清調謂蕤賓至應鐘；濁調謂黃鐘至仲呂。」按《禮記‧月令》，自蕤賓至應鐘，含有徵、商、羽三聲。其中又以商聲居首。此三聲既同屬清聲；且能因變化而產生。《淮南子‧墜形訓》：『變徵生商，變商生羽。』」陳氏認為清商之名由此而起。《淮南子‧本經訓》高誘注：「商清宮濁」。聲調清越正是商聲的特點。清商之得名，怎麼能說是北魏陳仲孺以五調調聲之論的「以一概三」？正因為清商是我國先秦鄭衛地帶的民間歌曲，是有地方特點的音樂；所以「商」在五音之一外，也有另一種意義。《禮記‧樂記》：「子贛見師乙而問焉。曰：「賜聞聲歌各有宜也。如賜者宜何歌也？師乙曰：『乙，賤工也』何足以問所宜？請誦其聞，請吾子自執焉！寬而靜、柔而正者，宜歌頌；廣大而靜、疏遠而信者，宜歌大雅；恭儉而好禮者，宜歌小雅；正直而靜、廉而儉者，宜歌風；肆直而慈愛者，宜歌商；溫良而斷者宜歌齊。」這就把「商」和齊、風、大小雅、頌並立起來了。又說：「故商者五帝之遺聲也，商人識之故謂之商；齊者三代之遺聲也，齊人識之故謂之齊。明乎商之音者，臨事而屢

斷;明乎齊之音者,見利而薄。臨事而屢斷,勇也;見利而讓,義也。有勇有義,非歌孰能保此?」這樣把音樂和人的性情聯繫起來,從古樂的歷史淵源,又把「商」視為「殷商」之樂聲了。接著說:「故歌者,上如抗,下如墜,曲如折,止如槁木,倨中矩,勾中鈎,纍纍乎端如貫珠。」這就寫出了這些地方俗曲的音樂美之所在。《樂記》有一段故事說:「魏文侯問于子夏曰:『吾端冕而聽古樂,則唯恐臥;聽鄭衛之音,則不知倦。敢問古樂之如彼,何也?新樂之如此,何也?』」這就以聽眾的感受反映出平平板板的古樂已經沒有市場;生機勃發的新興地方音樂,正充滿活力。古樂和新樂藝術效益和吸引力的高低是判然若揭的。但子夏卻對曰:「今君之所問者樂也;所好者音也。」就毫無理由的把「樂」和「音」割裂開來。又說:「今君之所好者其溺音乎!⋯⋯鄭音好濫淫志(堯按即《論語·衛靈公》:「鄭聲淫」。)宋音燕女溺志;衛音趨數煩志;齊音敖辟喬志;此四者皆淫于色而害于德,是以祭祀弗用也。」宋是商的後代,宋音即商音。卜子夏把鄭音、宋音、衛音、齊音並列而四。其實衛音、宋音都是商音。因為《左傳》昭公廿一年載:「六月庚午,宋城舊鄘及桑林之門而守之。」注:「舊鄘故城也,桑林,城門名。」可見宋地就是故鄘地。武王克商,分紂城朝歌以北謂之邶;南謂之鄘;東謂之衛;以封諸侯。後來衛併邶鄘。《詩·邶鄘》也詠衛事。可見宋(鄘)地即衛地,也即商地。衛乃武王弟康叔之國。初都朝歌東淇水、北泉間。子夏謂「宋音燕女溺志」,是對「溺音」的一種解釋。《韓非子·十過》寫師涓「援琴鼓之,未終,」師曠就「撫止之」。曰:「此亡國之音,不可遂也。」並且指出:「此師延之所作,與紂為靡靡之樂也。及武王伐紂,師延東走,至于濮水而自投(溺)。故聞此聲者,必于濮水之上。」又把「商代之音」縮小為「商紂之音」,把「商人識之」的「商人」落實為「商紂師延」。這是子夏所謂「溺音」的又一含義。鄭衛之聲魏侯分明說「聽不知倦;《樂記》卻大罵:「鄭衛

之音，亂世之音也，比于慢矣。桑間濮上之音，亡國之音也。其政散，
其民流。誣上行私而不可止也。」這是因孔子說過「樂則韶舞。放鄭聲，
遠佞人；鄭聲淫，佞人殆；」衛，也是商紂故地；連審音的耳朵都不相
信了。其實，這種評論不完全對。鄭音如何？沒有更多的材料，暫且不
說。衛音實乃商音。《樂記》不是也說過「商者五帝之遺聲，商人識之
謂之商」嗎？既然是五帝之遺聲；就應當包括黃帝的咸池和虞舜的韶舞。
既然是商人；也不能專指商紂、師延，還可指成湯和武丁。宋雖然是商
後代；其所居之地，更不單是紂子武庚所居的舊都。還是後來微子所都
和古代帝嚳、成湯的故都「東亳」。《左傳》襄公十年：「宋公享晉侯
于楚丘，請以桑林。」注：「桑林，殷天子之樂名。」難道也是亡國之
音？再拿《詩經》中的邶風、鄘風、衛風來說，其音調如何現在雖不可
聞；但單保存的歌辭，其中就有共姜的《柏舟》，許穆夫人的《載馳》
（鄘）；莊姜的《綠衣》、《燕燕》、《日月》、《終風》；衛女的《
泉水》（邶）《竹竿》；宋襄公母的《河廣》（衛）。范氏曰：「衛有
婦人之詩，自共姜至于襄公之母六人焉。皆止于禮義而不敢過也。夫以
衛之政教淫僻，風俗傷敗；然而女子乃有知禮而畏義如此者，則以先王
之化，猶有存焉者也。」可見這些歌辭，就是站在封建禮教的立場；也
是讚美的。至於美衛文公「秉心塞淵騋牝三千」的《定之方中》；美衛
大夫的《干旄》（鄘）；美武公之德的《淇奧》，美莊姜的《碩人》，
美隱者的《考槃》（衛）；更不可誣。此外，和鄭風一樣，有不少刺淫
之作，也不能說壞。美醜善惡總是相對存在的，怎能不加分辨？《樂記》
載賓牟賈侍坐于孔子言樂。子問大武中「聲淫及商何也？」賈對曰：「
非武音也」。孔子再問「若非武音，則何音也？」賈說「有司失其傳也。
若非有司失其傳；則武王之志荒矣！」孔子說：「唯！丘之問諸萇弘，
亦若吾子之言。」可見武樂中有商聲這個問題，賓牟賈、孔子、萇弘都
沒有解決。其實，大武是反映武王伐紂和初定天下的政治大事的歌舞，

在同商紂戰爭的演奏中，會雜有商聲，並不是奇怪的事。這也是美醜相對倚存的現實在歌舞藝術上的反映。這不只和王僧虔、梁啓超、陸侃如所說無關；而且和《唐書樂志》所謂「皆周房中樂」無關了。

④　《辭海》六六三頁「大曲」②「古代大型歌曲。漢魏有大曲，《宋書樂志》已著錄大曲和歌辭。多用流行的詩篇記樂，增減字數以合音節。」這種歌曲，一般前有豔，後有趨。如《宋志》所載十曲，其中第三曲「羅敷，豔歌羅敷行古詞三解」。三解末即注明：「前有豔詞曲，後有趨。」第七曲「白鵠」，「豔歌何嘗，一曰飛鵠行，古辭四解。」篇末即注明：「念有下爲趨曲，前有豔。」第九曲「何嘗，豔歌何嘗行古辭五解」，篇末即注明：「少小下爲趨曲，前有豔。」第十一曲「爲樂，滿歌行，古辭四解。」篇末即注明「飲酒下爲趨。」第十二曲「夏門，步出夏門行，一曰隴西行，明帝辭二解。」篇末亦注明：「威迫下爲趨。」第十三曲「王者布大化，櫂歌行，明帝辭五解。」篇末亦注有「將抗下爲趨。」這是相和曲、清商三調、楚調怨詩這三種歌曲都沒有的。這就是大曲的特點。看來大曲的特點在一個大字。發展到唐宋，則爲以同一宮調的若干遍組成的大套歌舞。唐大曲仍以流傳的詩配樂疊唱。郭茂倩《樂府詩集》收有殘篇。宋大曲系詞體，爲長篇敘事歌曲，歌舞結合。如董穎詠西施《道古薄媚》，有十遍；曾布詠馮野故事《水調歌頭》七遍；皆長篇敘事。顯得更加龐大。梁啓超說大曲宜屬清商，並無可靠根據。陸侃如說「《宋志》所載大曲一五曲，一部分爲瑟調，一部份爲楚調。」更沒有具體指出哪幾曲爲瑟調；哪幾曲爲楚調；以甚麼爲標誌。這些說法，都很難置信。但鄭樵漏看大曲這個類名，把《宋志》所載大曲十五曲都混爲清商三調中的瑟調曲，倒是客觀存在的事實。這就是後來造成混亂的根源。

⑤　楚調曲梁啓超謂「其性質如何難確考。」其實，顧名思義即楚地的樂調。在我國古樂上屬南音系統。《文心·樂府》：「塗山歌于侯人，始爲南

音。」《詩・小雅・鼓鐘》：「以雅以南」。注：「南，二南。」即《詩・周南、召南》。也就是《詩漢廣序》所說的「南國」。指「江漢之間」。《左傳》成公九年：「晉侯觀于軍府，見鍾儀。問之曰：『南冠而縶者誰也？』有司曰：『鄭人所獻楚邊也。』……問其族，對曰：『冷人也。』公曰：『能樂乎？』對曰：『先父之職官也，敢有二事？』使予之琴，操南音。」注：「南音・楚聲。」又《史記・留侯世家》：「戚夫人泣。上曰：『爲我楚舞，我爲若楚歌。』」戚夫人家定陶；劉邦家沛；皆故楚。故愛楚歌楚舞。《漢書・禮樂志》：「高祖樂楚聲，故房中樂皆楚聲也。」這是楚聲在漢代的發展。項羽的《垓下歌》，劉邦的《大風歌》，也都是楚歌。既然是楚地樂調；當然就有別于清商。至于把「荊楚西聲」、「江南吳歌」、「中原舊曲」總稱爲「清商樂」，以別於雅樂和古樂，那是北魏孝文、武宣以後的事。

齊天舉《挽歌考》論評

齊天舉《挽歌考》（載中華書局《文史》第二十九集。以下簡稱齊考。）立論新穎，用功很深。但問題不少。茲分下列四個方面提出個人的淺見，供研究這個問題的人參攷討論。

一、關於《薤露》和《蒿里》；

二、關於「紼謳」和「挽歌」；

三、關於《虞殯》和《葬賓》；

四、關於挽歌之原起和流變。

一、關於《薤露》和《蒿里》

齊考提出了先秦無挽歌的論點。認為：「挽歌起於西漢，和一定的禮俗有關。先秦有挽歌的舊說實無根據。但相沿既久，貽誤滋深，有不得不辨者。最早的挽歌當為（西漢的）《薤露》、《蒿里》。」他首先反對的是宋玉《對楚王問》中的《薤露》、《下里》即是先秦挽歌的說法。他根據《淮南子‧人間訓》「夫歌《采菱》發《陽阿》」；《說山訓》「欲美和者必先始於《陽阿》、《采菱》；」《俶真訓》「足蹀陽阿之舞」；傅毅《舞賦》「《激楚》、《結風》、《陽阿》之舞；說「此曲《陽阿》在兩漢一直使用」，「為娛樂場合施用歌曲」，「與之同類並列的《薤露》的調子可知。如說它是挽歌；恐怕於情理也難通：挽歌為送死之用，決不會像上列所舉的那樣，可以隨時演唱。這說明宋玉《對問》中的《薤露》與挽歌《薤露》名同而實異。」這替推斷是不科學的。因為《薤露》作為挽歌之一的名稱，是從李延年以之「送王公貴人，使挽柩者歌之」開始的。這種送喪之歌，西漢雖

然平時不用；但東漢末就成爲「賓婚嘉會」常用的娛賓之歌了。東晉
南北朝名流達士更以唱挽歌爲風流雅事。這是齊考自己提到的。齊考
認爲「這牽涉魏晉思想史上許多複雜問題」，但其中主要一點，就是
魏晉南北朝的動亂局面促使當時士夫夫崇尙老莊，復活了戰國時代「
齊彭殤一死生」的老莊思想。齊考不是也舉莊子妻死鼓盆而歌，子桑
扈死或編曲或鼓琴相和而歌這些事例，說明道家以死樂於生嗎？可見
一貫排斥北方禮法的南方荊楚地帶，有老莊思想的鼓盪，平時唱唱喪
歌，並不是奇怪的事。這就說明齊考以挽歌不可隨時演唱去證明《對
問》中的《薤露》與挽歌的《薤露》名同而實異，是軟弱無力的。齊
考又說：

> 《對楚王問》中是否有《薤露》一名就很值得懷疑。《新序‧
> 雜事一》載有同一故事，文字基本相同。歧疑之處即在于：《
> 對楚王問》「《陽阿》、《薤露》」一句《新序》作《陽陵》、
> 《采薇》」。「阿」與「陵」義通，或者《陽陵》、《陽阿》
> 實爲一曲，所不同者要在《薤露》抑是《采薇》。又《文選‧
> 長笛賦》云：「上擬法于《韶箾》、《南籥》，中取度于《白
> 雪》、《淥水》，下采制于《延露》、《巴人》。」前引《淮
> 南子‧人間訓》也有《陽阿》‧《延露》諸曲。這些古曲名目
> 與《對楚王問》中所列多相合。值得注意的是《人間訓》和《
> 長笛賦》都提到《延露》，而不及《薤露》。也有可能，這段
> 故事在後世流傳過程中，古曲《延露》訛以挽歌《薤露》之名。
> 除《對楚王問》，先秦載籍並未見記《薤露》歌者。

這就疑而不實值得商榷。試看《辭源》第二冊30頁〔延露〕②
說：

> 《淮南子‧人間訓》：「夫歌《採菱》發《陽阿》，鄙人聽之，
> 不如此《延路》、《陽局》。（堯按下省「非歌者拙也，聽者

異也」九字）《文選》馬季長（融）《長笛賦》作《延露》。可見《淮南子‧人間訓》本作《延路》，並不作《延露》。「延路」的意義是漫長的道路。如陳思王《贈白馬王彪詩》：「揮淚即長路」；又如南朝梁沈約《沈隱侯集‧內典序》「以寸陰之短晷，馳永劫之延路。」都與「薤露」完全沒有關聯。「長笛賦」雖然作「延露」，與「薤露」同一「露」字；但其全句是「下採制於《延露》、《巴人》。」和上二句「上擬法於《韶箾》、《南籥》，中取度於《白雪》、《淥水》有別，把《延露》列於下，與《巴人》並列，同《對問》「其始爲《下里》、《巴人》，國中屬而和者數千人；其爲《陽阿》、《薤露》，國中屬而和者數百人」對照，《薤露》、《延露》分明高下不同，不能混爲一談。且「延露」不詞，「露」字分明是「路」字形近音同而誤。《抱朴子‧知止》雖然也說「口吐《采菱》、《延露》」；但《延露》作爲歌曲的名稱始見於《長笛賦》。其作者馬融是東漢安帝至桓帝時人。《長笛賦序》說：「追慕王子淵、枚乘劉伯康、傅仲武等簫、琴、笙頌，唯笛獨無。作《長笛賦》。則《長笛賦》作於傅毅之後，當東漢末期。雖然「除《對楚王問》，先秦載籍未見有記《薤露》歌者」；但聞一多先生說：

> 《對楚王問》蓋漢初人所作。所記諸樂曲多見于先秦載籍，疑皆先秦所傳舊曲。

這種說法是學術界公認的。怎麼能夠說《對楚王問》中的《薤露》，是東漢末期《長笛賦》問世之後，才在「流傳過程中」把《長笛賦》最初提到的「古曲《延露》訛以挽歌《薤露》之名」？董道先秦載籍就記有《延露》之名？退一萬步說，即使「露」、「路」可以通假，《淮南子‧人間訓》也作《延露》；但《淮南子》出自淮南王劉安及其賓客八公之手。荀悅《前漢紀》說：「（元狩元年）十一月，淮南王安、衡山王賜謀反，誅之。……安好讀書，招致賓客方術之士數千

人，作《內書》二十一篇，《外書》甚眾。又有《中書》八卷。」《漢書·劉安傳》說：「初，安入朝，獻所作《內篇》，新出，上愛秘之。」可見《淮南子》成書，當在西漢武帝初立至元狩元年這段時間。這時西漢王朝的建立已經八十多年。李延年以《薤露》送王公貴人，「使挽柩者歌之，世亦呼爲挽歌」，又要稍後一個時期。難道能夠說，《對問》中的《薤露》是西漢建國一個世紀以後，才「在流傳過程中」，把《人間訓》開始提到的「古樂曲《延露》，訛以挽歌《薤露》之名」？

《新序》和《說苑》都是劉向在漢成帝永始年間爲救當時頹風，雜采舜禹至漢初可供取法的遺聞佚事而成的有類教科書的著作。其中傳聞異辭姓名、時代、事實與原書相出入的很多。這是兩部雜採群書，各有所據，傳疑並存的書。其中也有根據當時情況略加改易造成錯誤之處。如婁敬說都關中時，張良說「關中北有胡苑之利」《新序善謀》作「胡宛」，就把以胡地爲養馬苑囿「的「苑」錯成了張騫通西域回來才知道的「大宛」。《對問》」《陽阿》、《薤露》《新序》作《陽陵》、《采薇》，很大的可能就是《薤露》在西漢武帝時李延年已把它作爲挽歌之一曲，爲了避免誤解改爲《采薇》。怎麼能因此懷疑《薤露》一名在《對問》中的存在？

齊考又反對《蒿里》即宋玉《對楚王問》的《下里》之說。他說：

> 此說是從《漢書》的幾條注釋引伸出來的。《韓延壽傳》「偶車馬下里僞物。」顏師古注引張晏曰：「下里，地下蒿里僞物也。」又《田延年傳》注引孟康曰：「死人歸蒿里，葬地下。故曰下里。」皆以「下」爲「地下」，而以「里」爲「蒿里」。把一詞拆成絕無聯繫的兩個意思，顯系根據記事與喪葬有關而加以附會的。顏師古注《武帝紀》說：「《蒿里》或呼爲《下里》」，這從聲訓上是可以說得通的。只是背于「蒿里」作爲專有名稱的事實。蒿里，山名，伏儼回：「在泰山下。」沈欽

韓引《元和志》曰：「在兗州乾封縣西北二十五里。」文獻上找不出蒿里或稱「下里」的例証。《漢書・武帝紀》「十二目禮高里。」高里即蒿里。《廣陵厲王傳》：「蒿里召兮郭門越。」都稱「蒿里」。武帝、劉胥與韓、田時代相近。其實，西漢時言「下里」，指貧賤百姓所居之地。《說苑・至公》：「臣竊選下里國俊之士曰孫叔敖。」某些喪葬禮俗開初流行于「下里」，相沿爲名，凡喪葬所用之物稱「下里物」。《對楚王問》中所謂「下里」，也不是歌曲的名稱，而是指歌謠所出，轉而代指一類歌謠。它與挽歌《蒿里》是風馬牛不相及的。

這種說法，雖然振振有辭；實際上是經不起推敲的。因爲「下里」即死人地下居里，指墓地。我們家鄉簡稱「地」。即「蒿里誰家地」之地。古書簡稱爲「下」。如《禮記・檀弓下》：「陳子車死於衛，其妻與家大夫謀以殉葬。定，而後陳子亢至。以告曰：『夫子疾，莫養於下，請以殉葬』。」「疾」，即同書「調也忘君之疾」的「疾」。死的諱言。「下」即「地下」。此言子車死葬地下無人奉養，故其妻和家大夫謀以人爲殉。陳澔注：「疾時不在家，家人不得以致其養，故云莫養於下。」則以「疾」爲「病」，以「下」爲「家人」，無關殉葬矣。《莊子・列禦寇》「在下爲螻蟻食」，亦以「下」指「地下」，言死葬地下爲螻蟻所食。這說明張晏、孟康注《漢傳》皆以「下」爲「地下」是有所根據的。「下里」又簡稱爲「里」。《莊子・雜篇》：「夫靈公之死，卜葬於故墓不吉，卜葬於沙丘吉。掘地數仞，得石槨焉。洗而視之，有銘焉。曰：不馮其子，靈公奪而里。」宣穎曰：「子、里爲韻。」司馬彪曰：「言子孫不見可馮，故使公得此處爲冢。」漢魏以降普遍利稱「死人里」爲「蒿里」，爲了使人易曉，故以「蒿里」釋「里」。這是訓詁學上「以今言釋古語」的常用方法。可見張晏、孟康皆以「下」爲「地下」，而以「里」爲「蒿里」是準確有據，

合情合理的。怎麼能說是「把一個詞拆成絕無聯繫的兩個意思」？又怎麼能說「顯係根據記事與喪葬有關而加以附會」？並且「蒿里」又稱「薧里」。《禮・內則》注：「薧，乾也。」王先謙說：「蓋死則乾枯矣。」《玉篇》：「薧里，黃泉也，死人里也。」黃泉，即「地下」。漢樂府《孤兒行》「下從地下黃泉。」《在傳》：「掘地見泉」；唐白居易《效陶潛體詩》：「早出入朝市，暮已歸下泉。」《始皇紀》寫驪山陵墓也說：「下錮三泉。」「薧里」亦簡稱「薧」。《說文》：「薧，死人里也。从厸，蒿亦聲。「蒿里」又稱「耗里」。「耗」的意義是消耗；古書稱「死」為「化」；言人死則消耗物化。《孟子》「且比化者無使土親膚」。《莊子・刻意》聖人之生也天行；其死也且物化。」陶淵明詩：「客養千金軀，臨化消其寶。」張敬叔朱書陶缶文：「地下擊牸卿，耗里伍長等。」地下、耗里互文見義。可見「下里」、「蒿里」名略異而實則同。又《大戴禮、易本命》：「息土之人美，耗土之人醜。」辭書釋「耗土」為「貧瘠的土地。」與《三國志》所載魏武帝令：「古之葬者必擇瘠薄之地」合。《左傳》昭九年「入我郊甸」注：「邑外為郊，郊外為甸。」《周禮、秋官、師士》「帥其屬而憲禁令於國及郊野」注：「去國百里為郊，郊外謂之野。」《周禮地官司徒下》：「縣師，掌邦國都鄙稍田郊里之地域，而辨其夫家人民田萊之數。」注：「郊里，郊所居也。」「郊外謂之萊。」「萊，休不耕者」。「田萊，見（現）田及荒不耕者之萊。」同書「載師」之職是「以宅田、士田、賈田、任近郊之地，以官田、牛田、賞田、牧田任遠郊之地。」注：「故書……郊，或為蒿。」杜子春曰：「蒿，讀為郊。」可見「郊里」即「蒿里」。郊，對國與邑而言；蒿，狀其未闢之貌。荒野蒿萊之地，可闢為田里、鄉里；其未闢者則易流為公用墓地。這就明顯地看出：「耗里」，兼有墓場地上地下二義；「薧里」、「下里」，專指墳場地下；「蒿里」，則專指墳場地面；

而其實則同爲「死人里」。又怎能指責顏師古說：「蒿里或呼爲下里」，只是「聲訓上說得通，文獻上找不出例證」？還有，《漢書武帝紀》「十二月禮高里」，記的是武帝「封泰山」的事。伏儼注「高里」爲「山名，在泰山下」是對的。陸士衡《泰山吟行》：「泰山一何高！迢迢造天庭。梁父亦有館，蒿里亦有亭。幽岑延萬鬼，神房集百靈。」把「高里」寫成「蒿里」，這就錯了。因爲「高里」作爲泰山下的「山名」，其字作高下之「高」；死人里「蒿里」字，作蓬蒿之「蒿」；二者不能混同。這是顏師古早已嚴加分辨的。廣陵屬王胥是武帝的兒子，宣帝時畏罪自殺。他將死作歌曰「蒿里召」，不曰「高里召」，更可進一步證明：「高里」決不是「蒿里」。班固寫《前漢書》，于《韓延壽、田延年傳》都稱「下里」，不稱「蒿里」，正說明西漢時普遍稱「死人里」爲「下里」，「蒿里」在那時不很流行。到張晏、孟康注《漢書》，就普遍稱「死人里」爲「蒿里」了。齊考未深入探討，說「蒿里，山名」、「高里即蒿里」，己經重複陸士衡所犯的錯誤，又把這種錯誤和劉胥的「蒿里召」混同起來，認爲「武帝、劉胥與韓、田時代相近」、「都稱蒿里」，進一步論證顏師古說「蒿里或呼爲下里」是錯的。這就更顛倒是非了。怎麼能說顏師古說「蒿里或呼爲下里」，「有背于蒿里，作爲專有名稱的事實」？

最後，「下里物」是個複合詞中的偏正詞組。「下里」既然是「死人里」；「下里物」當然就是死人地下使用的器物。即古人用陶土或竹木制成的隨葬品。古書稱之爲「明器」。《禮記檀弓》：「其曰明器，神明之也。塗車芻靈（泥車草人），自古有之。」正因爲這種器物不過是像眞物之形，「備物而不可用」；所以《韓延壽傳》又稱之爲「下里僞物」。後世又用紙作成日用品，燒給死人地下使用，稱爲冥器，錢曰冥財。（見宋趙彥衛《云麓漫鈔五》）用黃、白紙作的黃、白紙錁，又稱冥寶。宋陶穀《清異錄·喪葬》：「發引之日，百

司設祭于道。翰林院楮（紙）泉（錢），大若盞口。予令雕印字文文之：黃曰泉台上寶；白曰冥遊亞寶。」宋代有專售這種冥器的店舖。見宋孟元老《東京夢葬錄八中元節》。這種店舖，解放前各集市都有。《田延年傳》：「茂林富人焦氏賈氏，以數千萬陰積貯炭葦下里物。」《韓延壽傳》：「賣下里僞物者棄之市道。」可見這類店舖西漢時就有了。語詞是意念的代表。隨著時代社會的發展和語言環境的不同，它的意義也會發生變化。這就形成了語詞的多義性。與下邑下國類比，雖在某些情況下，下里也有「鄉里」之類的意義；但有目眞睹，班固在田、韓兩傳都稱「下里物」、「下里僞物」，代替古書所謂「明器」。則「下里」作爲「死人里」的意念代表，在西漢是普遍流行的。齊考爲了斬斷《對問》《下里》和漢代挽歌《蒿里》的聯繫，看見《說苑‧至公》「臣竊選下里國俊之士曰孫叔敖」這個例子，把它當作唯一的寶貝，說成「西漢時言下里指貧賤百姓所居之地」。我們不禁要問：既然所選這個「下里國俊之士曰孫叔敖」；當然就是遠在宋玉之前楚莊王時期的「賢相」了。說這句話的人，「臣」，也必然與孫叔敖同時。怎能說其言是「西漢時言」去證明西漢時「下里」，「指貧賤百姓所居之地」？並且把「下里」解成「貧賤百姓所居之地」，對「臣竊選下里國俊之士」這句話，是講得通的。對「下里物」、「下里僞物」這種複合名詞，就講不通了。因此，齊考只好說成「某些喪葬禮俗初流行於下里，相沿爲名，凡喪葬所用之物稱下里物。」這就更迂曲不達了。因爲初流行於下里的禮俗也有喜慶方面的。爲甚麼喜慶方面的用物沒有這種名稱，單獨喪葬用物就「相沿爲名稱下里物」？這就是《孟子》所說的「遁辭吾知其所窮。」

齊考還加以推論說：「宋玉《對問》中所謂下里，也不是歌曲的名稱，而是指歌謠之所出，轉而代指一類歌謠。」這就不只與「客有歌於郢中者其始曰《下里》、《巴人》」的歌字和曰字脫節；而且和

《薤露》、《陽阿》、《陽春》、《白雪》、《巴人》這一系列歌曲名不統一了。因為唱歌總是一支歌一支歌地唱的。為甚麼《巴人》、《陽阿》、《薤露》、《陽春》、《白雪》都是一支歌曲的名稱，而下里就是一類歌謠？當然，與此類似的說法也是早已有之的。《辭源》53頁〔下里〕㈠說：

> 鄉里。《文選》戰國楚宋玉《對楚王問》：「客有歌於郢中者，其始曰《下里》、《巴人》。」下里本謂鄉曲閭里，因以名其歌。後來遂為民間歌謠的通稱。《文選》晉陸士衡（機）《文賦》：「綴《下里》于《白雪》，吾亦濟夫所偉。」

同書57頁〔下里巴人〕：

> 古民間通俗歌曲。下里，鄉里。巴，古國名，在今川東一帶。《文選》楚宋玉《對楚王問》：「客有歌于郢中者，其始曰《下里》、《巴人》，國中屬而和者數千人。」唐李周翰注：「《下里》、《巴人》，下曲名也。」

雖然以「下里」為「鄉里」，與齊考類似。但都把《對問》中的《下里》和《巴人》看作古代通俗歌曲的名稱。至於成為通俗歌謠的總稱，那是以後的事。所以說「後來遂為民間歌謠的通稱。」可見齊考認為《對問》中的《下里》不是歌曲的名稱，而是指《一類歌曲》，即非《專名》，是《類名》，是很不切實的。同書53頁〔下里〕㈡又說：

> 人死歸葬之所。隨葬之物叫下里物。《漢書》七六《韓延壽傳》：「賣偶車馬下里偶物者，棄之市道。」又九十《田延年傳》：「先是，茂陵富人焦氏、賈氏以數千萬陰積貯炭葦諸下里偶物。」
> 注引孟康曰：「死者歸蒿里葬地下，故曰下里。」

可見辭書也是肯定《漢傳》孟康注，認為「下里」有「鄉里」、「死人葬所」兩個意義的。齊考以「鄉里」（貧賤百姓所居之地）的意義去否定「死人里」的意義，只承認有一個意義。認為「《對楚王問》

中所謂下里」，也「是指歌謠所出」。就更主觀片面，違反「下里」作爲「多義性」語詞的實際了。還要注意：《蒿里》作爲挽歌之二的名稱，雖始於李延年以之「送士大夫庶人」，這以前並沒有這樣一個曲名；但是《蒿里》名略異而音義通的《下里》，作爲相和歌曲的名稱，却白紙黑字的寫在宋玉《對問》中。這就很難排除《下里》在宋玉那時就是一支有關哀死的民謠，所以才命名爲《下里》。因爲「名者實之賓」。否則，起自民間的歌謠很多，如《採菱》之類都是。爲何獨具此名？這樣看來，《對問》中的《下里》也是因爲有關哀死得名了。怎麽能說「它（《下里》）與挽歌《蒿里》是風馬牛不相及的」？這見出《辭源》解「下里」爲「鄉里」是可以的。但舉《對楚王問》「下里」爲例也不相符。

從此可見，前人不把一般哀死歌曲和「使挽柩者歌之」的挽歌區分開來，硬把《對問》中的《薤露》、《下里》說成挽歌，固然錯了；齊考認爲宋玉《對問》中的《薤露》、《下里》沒有挽歌的迹象，就千方百計否定《薤露》在《對問》中的存在和《下里》在《對問》中作爲一支歌曲的名稱，也是很不科學的。

必須總的指出：《薤露》、《蒿（下）里》作爲挽歌的名稱，雖然始於漢武帝時李延年以之爲送終之禮，「使挽柩者歌之，世亦呼爲挽歌」，這以前並沒有挽歌之名；但一般認爲《薤露》、《下里》是先秦古曲，還是有明顯迹象的。第一，《薤露》、《下（蒿）里》作爲相和歌曲的名稱，分明見於宋玉《對楚王問》。《對問》雖然一般認爲是漢初人所作；但《對問》所記却是宋玉和楚王的事，其標題方式和文章體裁都和《國策》、《國語》相同。也可能是《楚策》或《楚語》的佚篇。第二，崔豹《古今注・音樂》說：「《薤露》、《蒿里》並哀歌也。出自田橫門人。橫自殺，門人傷之，爲作悲歌。」則《薤露》、《蒿（下）里》和《對問》一樣，都是西漢初期的產物。

但歌辭言「聚斂魂魄」、「催促人命」，不只和「橫自殺」與《史記·田橫傳》、《漢書田儋傳》載高帝召田橫謂「田橫來，大者王，小者侯」矛盾；也和漢初「與民休息」的政治形勢逕庭。反之，却與秦築長城、建阿房，及「爭城以戰殺人盈城，爭地以戰殺人盈野」的戰國情況相符。第三，《薤露、蒿里》的得名都由歌辭第一句頭二字摘來。《薤露歌》的歌是：「薤上朝露何易晞？露晞明朝更復發，人死一去無還期！」《蒿里曲》的曲文是：「蒿里誰家地？聚斂魂魄無賢愚，鬼伯一何相催促，人命不得少踟躕。」（依《四庫叢刊》本崔豹《古今注·音樂》）以七言爲主，只有一句五言。李延年略論律呂當有增省。如有些本子，「露」字上就沒有「朝」字。對照《茅盈內傳》載秦始皇時《巴謠歌》：「神仙學得茅初成（盈曾祖濛字），乘龍上升入太清。時下玄洲戲赤城。繼世而往在我盈，帝若學之臘嘉平。」每句用韻略異外，全詩也由七言組成。秦始皇三十一年，就是聽到這首歌謠，「欣然乃有尋仙之志」，「十二月更名臘曰嘉平」的。在五、七言詩尚未興起時，《薤露》《蒿（下）里》的語文形式竟和秦始皇時期的《巴謠歌》相似。特別是《薤露歌》那種三句七言組成的詩章，竟和《巴謠歌》前半三句七言組成的詩段同一模式。宋玉《對問》中《下（蒿）里》、《巴人》連稱，《巴人》也與《巴謠歌》同一類型。《巴謠歌》外，秦代還有《長城謠》。其辭云：「生兒愼莫舉，生女哺用脯。君不見，長城下，白骨相撐拄。」由三句五言兩句三言組成。則《蒿里曲》三句七言外的一句五言也不孤立。梁玉繩曰：「之罘銘有三字句有五字句者，琅邪銘有五字六字句，有七字九字句。豈盡四言爲一句哉！」何況雜言詩體先秦早已有之。秦始皇三十五年，曾把他認爲「犯禁」的儒生四百六十餘人皆阬之咸陽。死後葬「下錮三泉」的驪山陵墓，不只後宮無子者皆從死；還把「工匠知藏者」盡閉陵中。戰國秦昭王時白起坑趙降卒四十餘萬于長平之類的事，是發生在兩國

對敵之時的；上述事實就發生在秦統一六國後太平之日。更接近《蒿（下）里曲》辭「鬼伯一何相催促」、「聚歛魂魄無賢愚」的客觀現實。「鬼伯」這個概念也不是桑槐難分的。怎麼能夠斷言：「《對楚王問》是否先秦作品始終就是問題」？

二、關于紼謳和挽歌

齊考又反對「紼謳」即「挽歌」的說法。指出這種說法根源于司馬彪。這是對的。但說：

> 問題的關鍵在于「紼」字的訓詁。《詩經·小雅·采菽》：「汎汎楊舟，紼纚維之。」毛傳訓紼爲繂。繂，大索也。《說文》：「紼，亂枲也。」段注云：「亂枲者，亂麻也。可以裝衣，可以然火，可以緝之爲索。」紼原爲亂（反訓爲治）麻緝索的勞動，引伸爲索。可知紼爲索之泛稱，而不爲「挽柩索」專用。《采菽》中的「紼」則是引舟索。這應該是《莊子》「紼謳所生必于斥苦」的正解。引舟即拉縴，背縴。「紼謳」即縴夫的「號子」，或稱「船夫曲」。喊號子爲著協調動作，亦即「爲人有用力快慢不齊」，「急促之也」。引柩和背縴不能相比，景況大不同。本來司馬注客觀上說出了紼謳產生于勞動的道理；可惜的是，他把「紼」字緊緊固著于「引柩索」一義，結果與事實相去甚遠。後世即以訛傳訛。

這種論斷就非常片面，眞正與事實相去甚遠了。因爲《采菽》注說：「紼，繂也。纚、維皆繫也。言以大索纚其舟而繫之也。」並沒有談到拉縴、背縴的事。齊考從一個「紼」字想像出拉縴、背縴、船夫曲這一系列的東西，雖然也合情理；但既然「紼爲索之泛稱」；可以用於「引舟」，也可以用於「引車」。還可用於把各種沈重的東西綁著來拉或抬。《漢書主父偃傳》「飛芻挽粟」，師古曰：「挽，謂

引車、船也。」就包括牽引車和船兩個方面。《說文》：「輦，挽車也，從車、扶。扶在車前引之也。」《周禮・小司徒》「輦輦」注曰：「輦人挽行，所以載任器也。《同馬》注云：『夏后氏謂輦曰余車；殷曰胡奴車；周曰輻輦。夏后氏二十人而輦；殷十八人而輦；周十五人而輦。』故書輦作連。鄭司農云：連，輦也。」這是一、二十人用車挽重物的記載。比《采菽》「紼纚維之」詳明得多。「紼」，雖然「不爲挽柩索專用」；但也不爲「引舟索」專用。爲甚麼「引舟索」的「紼」，就「應該是《莊子》『紼謳所生必于斥苦』的正解」，而「引車索」就不「應該是」？難道船夫有號子有船夫曲，車夫就沒有號子沒有車夫曲？管仲的《黃鵠詞》和《上山歌》、《下山歌》是給誰唱的？

並且我國古代統治階層、富貴之家都是厚葬的。《禮記・喪大記》：

「君，大棺八寸，屬（內棺）六寸，椑（在屬內）四寸。上大夫，大棺八寸，屬六寸。下大夫，大棺六寸，屬四寸。士，棺六寸。君，裏棺（以繒貼棺裡）用朱綠（朱繒貼四方，綠繒貼四角）。用雜金鐕（以金釘璪朱綠著棺）。大夫裏棺用玄綠（四面玄四角璪）。用牛骨鐕。士不綠（悉用玄）。君，蓋（棺蓋）用漆，三衽三束。大夫，蓋用漆，二衽二束。士，蓋不用漆，二衽二束。」「君，松椁，大夫柏椁，士雜木椁。棺椁之間，君容柷（樂器），大夫容壺，士容甒。（壺，甒皆酒器。一說：壺，漏水器。）君，裏椁虞筐，大夫不裏椁，士不虞筐」。

《禮記・檀弓》還說：「天子之棺四重，水兕革棺被之，其厚三寸。杶棺一，梓棺二。四者皆周。」注：「水牛兕牛之皮耐濕，故以爲親身之棺。二革合被爲一重。杶木亦耐濕，故次於革。即所謂椑棺也。梓木棺二：一爲屬；一爲大棺。杶棺之外有屬棺，屬棺之外，又有大棺。四者皆周，言四重之棺上上四方悉四匝也。惟椁不周，下有菌，

上有抗蓆故也。」這樣重重相套，棺柩就相當沈重。所以《曲禮》說：「助葬必執紼。」注：「車曰引，柩曰紼」。疏：「引，車索也。紼，引柩索也。凡執引用人貴賤皆各有數。若其數足，則引人不得遙引，皆從柩也。何東山曰：天子千人，諸侯五百人，大夫三百人。（堯按：士五十人。）從柩者是是執引之餘。紼是撥動之義，無定人數。故執紼以示助力。」這反映出古代挽引柩車路上的情況。此外，柩車要加上飾棺的「龍帷」（用白布畫著龍張在車四周的帷障）「池」（織竹為籠，衣以青布，掛在車蓋邊，像宮室承霤。）「振容」（以青黃繪長丈餘如幡，畫為雉，懸子池下，以振動容飾。）「黼荒」（荒，車上覆，緣其邊為白黑斧文，故曰黼荒。荒通幌。）「素錦褚」，（褚，屋。荒下以白錦為屋，像宮室。）上加「帷荒」。上蓋與邊牆聯以「繡組」。齊（黼荒頂中心）上還交絡高三尺徑二尺多的五彩繪連貝各五行。車旁又有木製的黼翣、黻翣、畫翣。（扇形，在路障車，入椁障柩。）還有「魚躍拂池」，以魚懸池下，車行則魚跳躍，上拂于池。這就使柩車分外龐大沈重。所以「紼」和「引」外，要加「繂披」。君六披，大夫四披，士二披。以絳帛為之，一端繫連柩和車紐上，出一端於帷外，使人接著。謂之披者，若牽車，登高，則引前以防軒車；適下，則引後以防翻車；欹左，則引右；欹右，則引左；使不傾覆。這樣大隊人群挽著龐大沈重的柩車，小心合力地行動，怎能說「引柩和背縴不能相比，景況大不同」？雖然在某些情況背縴可能重些。

　　《記祀·檀弓下》：「弔于葬者必執引，若從柩及壙必執紼。」《爾雅》：「紼，繂也。繂音律，大索也。」《經典》：「紼以索為之。」足見紼大於引（索）。古代從祖廟或殯所舉棺上柩車，至葬所從柩車移棺入椁下沈於壙都用紼。柩車有輪，可以省力。故挽「柩車」則用引。尚秉和《歷代風俗事物考》：

　　　　《禮·檀弓》：「季康子之母死，公輸若方小。斂，般請以機

封。將從之。公肩假曰：『不可。夫魯有初，公室視豐碑；三家視桓楹。殷！爾以人之母嘗巧乎』？」注：「豐碑，砍大木為之，形若石碑。于槨前後四角樹之。穿中，于間為鹿盧，下棺以綍繞。天子六綍四碑，前後各重鹿盧。桓楹者，砍木為大楹，四植謂之桓。」按天子用石碑下棺。諸侯不敢用石，以木砍為碑。樹之槨之四角。碑上有孔，各安鹿盧。棺到時，將綍（大索）繞于鹿盧之上，徐徐下之。此天子、諸侯之禮也。公輪般巧，請以機器下棺，有類諸侯。故公肩假以為不可。桓楹者，但將木斫之似楹，不為碑形，植四隅以下棺而已。夫曰『植之槨之四角』，是棺未到而預將槨置于冢內也。」

《禮記・喪大記》：

「凡封，用綍去碑負引。君封以衡，大夫、士以咸。君命毋譁，以鼓封。大夫命毋哭。士，哭者相止也。」疏曰：「下棺時將綍一頭繫棺緘，又將一頭繞碑間鹿盧。所引之人在碑外，背碑而立。負引者漸漸應鼓聲而下。故云『用綍背碑負引』也。『以衡』，謂下棺時別以大木為衡，平持而下，備傾頓也。『以咸』者，以綍直繫棺束之緘而下也。『命毋譁』，戒止其喧譁也。『以鼓封』，擊鼓為負引者縱舍之節。『命毋哭』，戒止哭聲也。士，則眾哭者自相止而已。」

這些記載反映出古代喪葬至葬所從柩車移棺入槨下放壙中的全部過程。從四角樹石碑或桓楹，以轆轤繞綍，背碑負引，徐徐下之看來，這種勞動的確不簡單。特別是《喪大記》說「士葬，二綍無碑。」《禮・檀弓》又說：「懸棺而封，人豈有非之者哉！」注：「富者用碑綍，貧者手懸棺而下。」貧者之棺雖不如富者之棺那末沈重；但要手懸棺而下，也不是一兩個人可以濟事。難道這不是一種需要集體用力的勞動？在這種集體勞動過程中，難道就不需要協調用力和舒緩痛苦的「

號子」或「謳歌」？從此可見司馬彪注：「紼，引柩索也。斥，疏緩也。苦，用力也。引紼所以有謳歌者，爲人有用力不齊，故急促之也。」是有豐富的先秦文獻和喪葬事實根據的。並不像齊考那樣，憑《詩、采菽》一個「紼」字去想像推理的。當然，從上引以鼓爲節，戒喧嘩，止哭聲看來，封時不能有「謳歌」。但那是君、大夫、士的禮儀。士以下的「庶人」並沒有這種規定。和「刑不上大夫」相對；我國古代是「禮不下庶人」的。所以《禮·王制》只有「庶人懸封」一句，注也只說「庶人無碑繂，懸繩下棺。」其它就隨隅而異，各行所安了。並且這不過是周代禮儀，周以前並不完全這樣。《王制》又肯定風習的地域性。說：「中國戎夷五方之民，皆有性也，不可推移。」馮氏曰：「五方之民，以氣稟之不齊，兼習俗之異尚；是以其性各隨氣稟之昏明，習俗之薄厚，而不可推移焉。」這是無疑的。拿南方「荊楚」來說，就不受當時北方禮俗的限制。土葬之外，各地還有人死衣衾棺斂後，把棺柩送往山林停放，待二、三十喪，總葬石窟中的（見下文所引《隋書·地理志》）。今天考古學家在陝西南部、湖北、湖南、江西、浙江、福建、台灣一帶，發現好些沿河數十米高的懸崖絕壁上，一行行整齊的「石窟」，各石窟中都安放著商、周以來重數百斤的棺柩。要把棺柩這樣安放妥當，難道比拉繂容易，就說是先傍崖壁修好棧道，鑿出石窟，再把棺柩一具一具地從棧道運送到石窟中去。然後把棧道拆除，才被保存下來的。或者是水上人家古代葬窟遺跡。但當他們集體把一具具棺柩運送安放到石窟中去，難道比挽舟易，而不會有協調用力，疏緩勞苦的「號子」或「謳歌」？這就是楚蒙莊周所生活的社會環境。莊周說：「紼謳所生，必于斥苦。」不只反映出荊楚一帶「紼謳」盛行；而且反映出「紼謳」的「紼」字，一定是「挽柩索」，不是「引舟索」；「紼謳」也一是挽柩者之謳，不是「船夫曲」。因爲「拉繂」或「背繂」本身就是一重沈重的勞動。其所發出的「號

子」或「謳歌」是爲了舒緩勞動痛苦，那是小學生都會知道的。哪用莊子去說明？唯有這個「綍」字是「挽柩索」，「綍謳」也是挽柩之歌；它歌唱於送終的場合，充滿著哀死的意義；莊子却抹去它「送終哀死」的意義；還它個「勞動用力」的面目。這才使人感到「怪誕」，而符合其「妻死鼓盆而歌」的本色。怎麼能夠說司馬彪「把『綍』字緊緊固著於『引柩索』一義，結果與事實相去甚遠。後世則以訛傳訛」？齊考不把「綍謳所生必於斥苦」這句話聯繫莊子所處的社會環境和其人其書去理解，孤零零地抓住一個「綍」字和《詩經・采菽》相比傅，怎麼符合原意？從此可見前人把「綍謳」看成後來的挽柩歌，還是有些道理的。不過沒有文獻可證明當時「綍謳」已定爲送終之禮。《說苑・善說》：「君獨不見夫鄂君子晳之泛舟於新波之中乎？……越人擁楫而歌。」其歌辭楚說之是「今夕何夕兮，搴舟中流。今日何日兮，得得與王子同舟。蒙羞被好兮，不訾詬恥。心幾頑而絕兮，得知王子。山有木兮木有枝，心悅君兮君不知！」這是先秦的「行船曲」。歌者是個女兒。「擁楫」即「划槳」或「鼓棹」。《詩・大雅・棫樸》：「淠彼涇舟，烝徒楫之。」可見大船的槳也是要衆徒來划。《續漢書、儀禮志》載當時唱挽歌的情況是：「中黃門、虎賁各二千人執綍，皆銜枚；羽林孤兒、巴渝櫂歌者六十人爲六列。」漢武帝《秋風辭》：「泛樓船兮渡汾河，橫中流兮揚素波。簫鼓鳴兮發櫂歌（《文選》作「棹歌」）。」「櫂歌即搖櫓歌」。樂府瑟調曲有《櫂歌行》，那就是齊考所說的「船夫曲」。篙工、楫師、縴夫、梢公都是船工或船夫，不過由於實際需要，行船有時分工不同。唱挽歌而用「櫂歌者」，不只因爲挽船、挽柩同屬挽工；可能因爲挽歌、縴謳都是哀苦之歌。可見齊考把「綍謳」硬說成是「船夫曲」，也無法抹煞它和挽柩歌的聯繫。

三、關于虞殯和蒩賓

齊考還反對說《虞殯》是挽歌。它首先說：

> 杜預、賈逵只是根據《左傳》所寫故事料想《虞殯》大約是喪葬歌曲，並不知道其具體內容。說它是「歌」或「歌詩」，完全是根據他們那個時代的禮俗推斷的。孔穎達所謂「蓋以啓殯將虞之歌謂之《虞殯》」，「蓋挽引之人爲歌聲以助哀」；司馬貞所謂「猶今挽歌類也，歌者或有簫管。」都顯然是推測之詞。

我覺得《齊考》認爲《虞殯》不是挽歌是可以找到證據的。因爲挽歌這個名稱是漢武帝之時才有的。它的主要標誌是李延年「以《薤露》送王公貴人，以《蒿里》送士大夫庶人，使挽柩者歌之。」世才「呼爲挽歌。」先秦喪葬雖有挽柩執紼之事；但《禮記雜記下》說：「升正棺，諸侯執綍者五百人，四綍皆銜枚。」注：「棺有四綍。枚，形似箸，兩端有小繩，銜於口而繫於頸後，則示能言。所以止喧嘩也。」這正和漢代「使挽柩者歌」相反，先秦是「禁挽柩者歌」的。《虞殯》既不一定出於挽柩者之口；怎麼能說一定就是挽歌？這是齊考之說比較合理的地方。但齊考連賈逵、杜預、孔穎達、司馬貞之說都全盤否定，這就很不適當。因爲《虞殯》雖然不一定出於挽柩者之口，也不能說一定就是挽歌；但它作爲一般哀死送終的歌唱，像《秦風黃鳥》那樣，還是客觀存在，無法抹煞的。賈逵曰：「《虞殯》，遣殯歌詩；」杜預說：「《虞殯》，送葬歌曲；」司馬貞說：「《左傳》歌虞殯，猶今挽歌類也；」都是對的。齊考把一般哀死送終的歌唱都當作挽柩歌來反對，未免粗疏。孔穎達進而推論說：「送葬得有歌者，蓋挽引之人爲歌聲以助哀，今之挽歌是也。」雖似測詞；但開頭說：「禮，啓而葬，葬即下棺；反，日中而虞。蓋以啓殯將虞之歌謂之《虞殯》。」

這種解釋也是對的。不只《禮記·檀弓》有「日中而虞」，「虞而立屍」的記載；《公羊傳》文二年也有「虞主用桑」的說法。《儀禮·既夕》提到「三虞」，還有《士虞禮》一篇專談虞祭的禮節和初虞、再虞、三虞的時間。可見孔穎達這種注釋是確鑿有據的。怎麼能一概視爲「推測之詞」？再看《左傳》艾陵之戰的具體描寫說：

> 齊國書將中軍，高無平將上軍，宗樓將下軍。陳僖子謂其弟曰：
> 「爾死，我必得志。」（注：書子占也，欲獲死事之功。）宗
> 子陽與閭丘明相屬也。（注：相勸屬致死。子陽，宗樓也。）
> 桑掩胥御國子。（注：國子，國書。）公孫夏曰：「二子必死。」
> （注：亦勸勉也。）將戰，公孫夏命其徒歌《虞殯》。陳子行
> 命其徒具含玉。（注：子行，陳逆也。含玉，示必死。）公孫
> 揮命其徒曰：「入尋約，吳髮短。」（注：約，繩也。八尺爲
> 尋。吳髮短，欲以繩貫其首。）東郭書曰：「三戰必死，于此
> 三矣。（注：三戰，夷儀、丑氏與今。）使問弦多以琴。（注：
> 弦多，齊人也。六年奔魯。問，遺也。）曰：「吾不復見子矣！」
> 陳書曰：「此行也，吾聞鼓而已，不聞金矣。」（杜云：鼓以
> 進軍，金以退軍，言將死也。傳言吳軍強，齊人皆自知將敗。）

寫的都是齊國將士臨戰誓死的決心。「含玉」、「問弦多以琴」都和死葬有關，「歌《虞殯》那能例外？賈逵曰：「《虞殯》；遣葬歌詩；」杜預說：「《虞殯》，送葬歌曲；」還加上「示必死」三字。是切合當時史實的。怎能說祇是「料想《虞殯》大約是送葬歌曲，不知道其具體內容」？

其次，齊考說：

> 實則「虞殯」即「蕤賓」，十二律之一。「虞」、「蕤」爲一
> 聲之轉。古韻虞在魚部，蕤在支部。魚、支相近。又虞屬疑紐，
> 實際上是零母字；蕤爲日紐；皆爲舌面音。段玉裁《說文解字》

注謂虞字「假借多而本義隱矣」。「殯」與「賓」通。《禮記·檀弓》「周人殯于西階之上,則猶賓之也。」又云:「大殮于阼,殯于客位。」是其證。《隋書音樂志》:「請雅樂黃鐘宮以黃鐘爲調首,清樂去小呂,還用蕤賓爲變徵。眾皆從之。「王光祈《中國音樂史》說:「古調中之變徵,係蕤賓」(上冊一二五頁)。變徵乃悲哀之音。《史記·刺客傳》:「高漸離擊筑,荊軻和而歌。爲變徵之聲,士皆垂淚涕泣。」這是荊軻刺秦王故事中易水送別的場面。「這變徵之聲」,表示誓死赴敵,一去不返;這和《左傳》艾陵之戰,公孫夏之徒的「歌虞殯」用意相同。足證「爲變徵之聲」亦即「歌虞殯」。艾陵之戰恰值五月,即蕤賓之月。《禮記·月令》:「仲夏之月……其聲徵。律中蕤賓。」《周禮、春官》注:「蕤賓,午之氣也,五月建焉。而辰在鶉首。」因蕤賓之聲哀,或用爲喪葬之樂調。故《左氏傳》哀公十一年「賓」字作「殯」。

　　或者有人會說,《左傳》曰「歌虞殯」,似仍當有 歌詩。不錯,《說文》云:「歌,詠也。」所謂「詩言志,歌永言。」(《尚書·堯典》),所謂「歌詩三百」(《墨子·公孟》),都是這個意思。但歌字尚有另外的意思。《詩·魏風·園有桃》「我歌且謠」。毛傳:「曲合樂曰歌。」即謂奏樂。蔡邕《月令章句》:「樂聲曰歌。」(據《藝文類聚》四十三引)《禮記·檀弓》「歌于斯」,孔穎達疏:「歌,謂祭祀時奏樂也。」……要之,「歌虞殯」即「奏虞殯」。

　這是齊考的創見。這種「具體內容」,誰也不會「知道」。生活在魏晉時期的賈逵、杜預怎麼能夠「知道」?但這種說法,真如齊考自己所謂只是「聲訓上可以說通」,「背于事實」、「文獻上找不出例證」的。試看,《說文》「虙,虎文也。虞,騶虞也。白虎黑文,

尾長於身，仁獸也。……从虎，吳聲。」段注：「按此字假借多，而本義隱矣。凡云樂也安也者，娛之假借也；凡云規度也者，以爲度之假借也。」可見「虞」本是「騶虞」的簡稱。意義上和「蕤」並沒有甚麼聯繫。段玉裁說「本義隱」，也是說「虞」作爲「騶虞」的本義隱歿了。齊考引段氏此句似乎是說作爲「蕤」的本義隱歿了，不是歪曲段氏原意？再看《周禮・春官・宗伯下》，「大司樂」不只要「以樂德樂語、樂舞教國子」；還要「乃分樂而序之，以祭以享以祀。」所謂「分樂而序之」，就是分別使用樂舞，使尊卑有序。不能「不問尊卑，事起無常。」它的次序是：「乃秦黃鐘歌大呂舞雲門以祀天神；乃秦大簇歌應鐘舞咸池以祭地示；乃奏姑洗歌南呂舞大磬以祀四望；乃奏蕤賓歌函鐘舞大夏以祭山川；乃奏夷則歌小呂舞大濩以享先妣；乃奏無射歌夾鐘舞大武以享先祖。」這段文字是齊考引過的，可惜他沒有注意：「蕤賓」明明是「祭山川」所用的樂，怎麼會用於「自虞至殯」？這說明齊考所謂「因蕤賓之聲哀，或用喪葬之樂調，故《左傳》哀公十一年『賓』字作『殯』。」也是背于古代樂制的。還有「十二律」是《呂氏春秋》以「律」與「曆」相傅會產生的。以「十二月」應「十二律」始於《呂氏春秋》，漢儒也引以注《周禮》。其實，《呂氏春秋》之前只有「六律」、「六呂」，和「十二月」毫不相干。《禮記・月令》也是禮家記事者把《呂氏春秋》十二月紀中十二個月的政令鈔合而成。《周禮・春官宗伯下》：「太師掌六律六同以合陰陽之聲。陽聲：黃鐘、大簇、姑洗、蕤賓、夷則、無射。陰聲：大呂、應鐘、南呂、函鐘、小呂、夾鐘。皆文之以五聲：宮、商、角、徵、羽。皆播之以八音：金、石、土、革、絲、木、匏、竹。」這說明我國古代不只僅有陰陽六律；而且只有宮（1）、商（2）、角（3）、徵（5）、羽（6）五個音階。加上變徵（＃4）變宮（7）形成七個音階，也是後來的事。荊軻刺秦發生在戰國末期秦始皇二十年，當

時又是「高漸離擊筑（絃樂器）荊軻和而歌」的。所以司馬遷說他為變徵之聲。春秋時期只有五音階，《虞殯》更不一定配樂（理由見下文）。齊考根據戰國末期的音樂情況去比傅二百多年前春秋末期不知曾否配樂的《虞殯》，說「足證為變徵之聲亦即歌虞殯」，怎麼符合實際？特別是：《呂氏春秋》是用「夏正」記事的；《春秋》記事却用「周正」。《左傳》記事和《春秋》的月份時有出入，也是因為當時各國曆法不同。《春秋》哀十一年書：「五月公會吳代齊，國書帥師及吳戰於艾陵」；《左傳》也說：「公會吳子代齊，五月克博」；《春秋》和《左傳》都把艾陵戰記載在五月，那是因為魯國是周公的後代，和周室最親同用「周正」。周正以建子之月（十一月）為歲首；「夏正」以建寅之月（即今陰曆正月）為歲首；二者相差兩個月。艾陵戰役《春秋》和《左傳》所寫的「五月」，分明是《呂氏春秋》的「三月」。乃是「其音角，律中姑洗」。而齊考却說：「艾陵之戰恰值五月，即蕤賓之月。《禮記月令》仲夏之月……其音徵，律中蕤賓。《周禮春官》注「蕤賓，午之氣也，五月建焉，而辰在鶉首。」這不是「不揣其本而齊其末」？齊考把荊軻歌易水和公孫夏之徒歌虞殯的場面相比擬，是和杜預「示必死」的說法一致的。齊考承認「歌虞殯似仍當有歌詩也是和賈逵、杜預相符的。雖然《易水歌》的歌詩被司馬遷記了下來，《虞殯》的歌詩却散佚了。齊考又以「曲合樂為歌」的說法，認為「歌虞殯即奏虞殯」，則大錯特錯了。因為徒歌是比較簡單的。奏樂就複雜得多。所以《周禮春官》有典同、磬師、鐘師、笙師、鎛師、韎師、旄人、籥師、籥章、鞮鞻氏去教　各種音樂人材。《周禮地官》也有教「六鼓四金」的「鼓人」和「舞師」。「舞師」之下還有「給繇役能舞」的「舞徒」。《左傳》說：「將戰，公孫夏命其徒歌虞殯。」假如是「奏虞殯」；則公孫所命之徒，一時就不可能具備這些音樂技能。可見「歌虞殯」也就是口頭歌唱。決不是「奏

虞殯」。怎麼見得「說它（虞殯）是歌或歌詩，完全是根據他們（賈逵等）那個時代的禮俗去推想的」？這是根據《左傳》所載的情況所作的簡單分析。

齊考為了鞏固其「虞殯」即「菆賓」、「歌虞殯」即「奏虞殯」的論點，最後說：

> 事實上，先秦喪禮是排斥歌謠的。《論語・述而》：「子食于有喪者之側，未嘗飽也。子于是日哭，則不歌。」《禮記・曲禮》：「助葬必執紼，臨喪不笑……望柩不歌，入臨不翔。『鄰有喪，舂不相；里有殯不巷歌。』適墓不歌，哭日不歌。」又《檀弓》：「魯人有朝祥而暮歌者，子路笑之。……」臨喪不歌，是那時的普遍風俗，沒有例外。所謂「鄰有喪舂不相，里有殯不巷歌」，即是廣為流傳的風謠。連在函關以西的秦國，地接西戎。其風俗與山東各國有所不同；但也嚴格保守著殯喪不歌的禮俗。據《史記・商君列傳》記載：「五羖大夫死，秦國男女流涕，童子不歌謠，舂者不相杵。」但先秦喪禮用樂。《禮記・曲禮》：「臨喪則必有哀色，執紼不笑，臨樂不歎……」此「樂」當即喪樂。《禮記・檀弓》：「顏淵之喪，饋祥肉。孔子出而受之，入彈琴而後食之。」孔子此時彈琴是寄托哀思。而非比平日彈琴，其意與行喪用樂同。故鄭玄注云：「彈琴以散哀也。」喪樂不能同挽歌相混淆。

這就把先秦喪禮歪曲了。試看《尚書》：「帝（堯）乃殂落，四海遏密八音。」八音，這就是《周禮春官宗伯下大師》所說的「金、石、土、革、絲、匏、竹」八種原料所制造的樂器的聲音。《周禮、春官、大司樂》又說：「諸侯薨令去樂」，「大臣死……令弛縣」。「弛縣」就是懸掛著的樂器放下來。這是專指幫建統治階層的喪禮的規定。《喪大記》：「疾病，內外皆埽，君、大夫徹縣，士去琴瑟。」《儀禮

‧既夕》還說：「有疾病者齋，養者皆齋，徹琴瑟。」釋曰：「君子無大故，琴瑟不離其側。今以父母有疾，憂不在樂，故去之。」疾病已是去樂，何況死喪？所以艾陵之戰，東郭甘曰「三戰必死，于此三矣。」就把自己身邊的「琴」送給弦多，告訴弦多說「吾不復兒子矣！」

《檀弓下》還載：「仲遂卒于垂，壬午獨繹。萬入去籥。」就是說，魯莊公的兒子東門仲襄爲魯卿死于垂地。壬午那天，他們不管卿死，還舉行繹祭尋繹昨天祭祖廟之禮。雖然非禮而行；但進去萬舞的時候，都還要去掉有聲的吹籥。這些都充分證明齊考所胃「先秦喪禮用樂」是不可想像的。這更可進一步證明《虞殯》不可能配樂，「歌虞殯」決不是「奏虞殯」。《禮記曲禮》「臨樂不嘆」的上下文是：

> 揖人必違其位。望柩不歌；入臨不翔。當食不嘆。鄰有喪舂不相；里有殯不巷歌。適墓不歌；哭日不歌。送喪不由徑；送葬不避塗潦。臨喪必有哀色，執紼不笑。臨樂不嘆。介胄則有不可犯之色。

古人注解說：「此章自『揖人必違其位』、『當食不嘆』、『臨樂不嘆』、介胄則有不可犯之色」四句之外，皆是凶事之禮節。記者詳之如此。每事戒懼，則無失禮之愧。不但不可失介胄之色而已。」可見「臨樂不嘆」與喪事無關。故此句下又注明：「亦謂非嘆所也。」怎麼能夠說「此樂當即喪樂」？《禮間傳》：「父母之喪……期而小祥……又期而大祥。」《檀弓上》又說：「祥（大羊）而縞，是月禫，徒月樂。」足證十二月而小祥，二十四月而大祥，是指父母之喪來說的。二十五月（徒月）才能用樂，就說明大祥之月前都不能用樂。祥也不會有「琴瑟」。就是有「琴瑟」；也只能是像《禮記‧喪服四制》所說的那樣，「鼓」沒有漆飾的「素琴」。並且孔子是顏淵的老師。《檀弓》載子貢曰：「昔者夫子之喪顏淵，若子而無服，喪子路亦然。」可見老師對於學生的喪事，只像兒子之喪那樣，並沒有喪禮的規定。

不過顏淵是孔子最得意學生，看見祥肉，就自然會難過。所以鄭亦說他「彈琴以散哀」。陳澔還加以闡明說：「彈琴而後食者，蓋以和平之心散感傷之情也。」孔子彈琴既然是爲了「散哀」，要「以和平之心散感傷之情」，怎麼能說「此時彈琴是寄托哀思」，「其意與行喪用樂同」？這說明齊考所謂「先秦喪禮用樂」的論點和論據都是站在住腳的。反之，齊考所謂「事實上，先秦喪禮是排斥歌謠的」，雖然所舉論據比較可靠；但事實上却往往做不到。你說「適墓不歌」嗎？

《詩·唐風·葛生》却說：

> 葛生蒙楚，斂蔓于野。予美亡此，誰與獨處！
>
> 葛生蒙蘇，斂蔓于域。予美亡此，誰與獨息！
>
> 角枕粲兮，錦衾爛兮，予美亡此，誰與獨旦！
>
> 夏之日，冬之夜，百歲之後，歸于其居。
>
> 冬之日，夏之夜，百歲之後，歸于其室。

箋云：「域，塋域也。」「居，墳墓也。」「室，壙也。」這不是一首悲哀感人的「適墓」之歌？前人認爲這首詩是「婦人以其夫久從征役而不歸」之作，則三呼「予美亡此」絕不可解。《詩·秦風·黃鳥》又說：

> 交交黃鳥，止于棘。誰從穆公？子車奄息。維此奄息，百夫之特。臨其穴，惴惴其慄！彼蒼者天，殲我良人。如可贖兮，人百其身！
>
> 交交黃鳥，止于桑。誰從穆公？子車仲行。方維此仲行，百夫之防。臨其穴，惴惴其慄！彼蒼者天，殲我良人。如可贖兮，人百其身！
>
> 交交黃鳥，止于楚。誰從穆公？子車鍼虎。維此鍼虎，百夫之禦。臨其穴，惴惴其慄！彼蒼者天，殲我良人。如可贖兮，人百其身！

箋：「穴，壙也。」這是大家公認的秦國人民哀三良從葬的詩。也「臨其墓穴」而歌。唐風秦風就是唐地秦地的歌謠，怎麼能排斥歌謠？這也證明齊考舉「五殺大夫死童子不歌謠舂者不相杵」，就認定秦國嚴格遵守殯喪不歌禮俗的片面性。你說顏淵喪饋祥肉，孔子彈琴而後食是用樂嗎？《檀弓》就記載有「魯人有朝祥而莫（暮）歌者」的事。這是齊考也引用到的。遺憾的是齊考却大唱反調。你說臨喪不笑」、「臨喪不歌」嗎？《列子・仲尼篇》就說：「季梁之死，楊朱望其門而歌。」《檀弓下》也說：季武子之喪也，「曾點倚其門而歌。」你說「望柩不歌」嗎？《檀弓》載孔子之故人原壤，母喪，「登其木而歌」曰：「貍首之斑然，執女手之卷然。」他如莊子「鼓盆之歌」和「嗟來桑扈」，就更不用說了。當然這些都是一般有關死喪之歌，不能說是「挽柩者之歌」。反之，臨喪用樂的記載也是有的。《檀弓下》載：「知悼子卒，未葬。平公飲酒，師曠李調侍，鼓鐘。」雖然遭到杜蕢批評，晉平公也作過檢討；總是個例子。但這種情況很少。原因是「用樂」要有條件；口頭歌唱較簡單易行。可見儘管齊考千方百計以「先秦喪禮用樂」、「排斥歌謠」的說法去鞏固其「歌虞殯」即「秦虞殯」，也即「秦蕤賓」的論點；也是背於事實，徒勞無功的。

必須明確：我國古代統治階層的喪葬，自天子、諸侯至卿、大夫、士，都要加給人民以繁重的勞役，而且一層一層有人監督其事的。就拿天子的喪葬來說，《周禮・地官》所載「大司徒」之職就說：「大喪（天子之喪）」要「師六鄉之眾庶，屬其六引，而治其政令。」鄭司農云：「六引謂引致之索也。卿主六引，六遂主六紼。」釋云：「大司徒帥六鄉之眾庶，取一千人，屬其六引挽柩向壙。而治其政令者，大司徒即驗校挽柩之事。」同書《小司徒》又說：「大喪，帥邦治其政教。」注：「喪役：正棺、引窆、復土。正棺，言七月而葬之時正棺于廟。引，謂窆時引柩車自廟至壙。窆，謂下棺于坎。天子六紼四

碑，皆碑挽引而下。復土者，謂掘坎之時掘土向外，下棺之後反復此土。」同書載「鄉師」之職是：「大喪用役，則師其民而至，遂治之。及葬，執纛以與匠師御棺而治役。」釋曰：「云治，謂監督其事。」同書載「遂人」之職：「大喪，帥六遂之役而致之。掌其政令。及葬，帥而屬六綍。及窆，陳設。」注：「大喪之正棺、啓朝及引，六鄉役之；載及窆，六遂役之。鄭司農云：窆，謂下棺之時主陳設。」釋曰：「下棺之時，天子千人執綍，背碑負引，須陳列其人。」同書載「遂師」之職：「大喪，使帥其屬以幄帟先，道野役。及窆，抱磨共丘籠及蜃車之役。」注：「使以幄帟先者，大宰也。其餘，司徒也。幄帟先，所以為窆葬之間先張神坐也。道野役（司徒導引野中之役），帥以至墓也。丘籠之役，竁（穿土）復土地。其器曰籠（以盛土）。蜃車，柩路（車）也。柩路載柳（柩上帷，在祖廟中遂匠納車于階間，却而載之，乃加帷荒。）四輪迫地而行，有類于蜃。因取名焉。行至壙乃說（脫），更復載以輴。……玄謂：磨者……執綍者名（版，今名冊）也。遂人主陳之，遂師以名行校之。」此外，還有「稻人」供其蜃（墊柩用）；「掌荼」以時聚荼以著茵；「掌蜃」斂互物（蚌蛤之屬）蜃物以闔壙。又有所謂「題湊」。累積厚木，木頭皆內向以護柩。《呂氏春秋》：「題湊之室，椁棺數襲。」這些見出我國古代統治階級的喪葬加給人民勞役的繁重。章太炎先生《國故論衡·正齎送》說：「其挽歌之流，為古虞殯徒役相和，若舂杵者有歌焉。」雖然在執綍銜枚的制度下，《虞殯》不一定為挽柩者所歌，也不能說一定是後世的挽柩歌；但說《虞殯》是先秦喪葬自虞至殯的喪役中，舉重挽重「徒役相和」而形成的有關喪葬之歌，並不是沒有道理的。和祭祀山川的「薤賓」，又有甚麼關係？

四、關於挽歌之原起和流變

根據以上的論說，挽歌的起原是可以得出結論的。但齊考却說：

> 挽歌具體起于何時，已無可考。但從上面有關的材料可以看出，
> 它不出于漢民族的傳統禮俗。竺芝《扶南記》記載頓愻國有這
> 樣的風俗：「人死，或鳥葬，或火葬。鳥葬者，病困，便歌舞
> 送郭外。有鳥如鵝，綠色，飛來萬計，嗉食都盡。斂骨焚之，
> 沈之于海。」（據《御覽》五五六）漢代挽歌之起，或受這一類
> 外來風俗的影響。

這就更難令人同意了。因爲《莊子‧列禦寇》說：「在上爲鳥鳶食，
在下爲螻蟻食。」已經指出古代人民兩種葬法。鳥葬怎能說受頓愻國
之類的影響？再看趙煜《吳越春秋‧勾踐陰謀外傳第九》：

> 越王欲謀吳，范蠡進善射者陳音。音，楚人也。越王請音而問
> 曰：「孤聞子善射。道何所生？」音曰：「臣聞弩生于弓，弓
> 生于彈。彈生于古之孝子不忍見父母爲禽獸所食，故作彈以守
> 之。歌曰：斷竹續竹，飛土逐肉。」

這首四言兩句八字的《竹彈謠》，不只反映出原始人民漁獵生活的情
況；也反映出我國喪葬的早期狀態。歷來研究歌謠的人，都同意陳音
「古孝子不忍見其父母爲禽獸所食」的說法。引《孟子‧滕文公上》
「蓋上古嘗有不葬其親者，其親死，則舉而委之于壑。他日過之，狐
狸食之，蠅蚋咕嘬之。其顙有泚，蓋歸反，虆梩而掩之。」說「棄屍
中野，爲禽獸所食，是上古實在的情況。不過，一不忍而出于掩屍；
一不忍而出于守屍罷了。還認爲這種歌謠必伴樂舞。《酉陽雜俎》還
說：

> 弔字矢貫弓也。古者葬棄中野。禮：貫弓而弔，以助禽獸之害。」

許愼《說文解字》更詳明的說：

> 弔，問終也。从人、弓。古之葬者，厚衣以薪。故人持弓會敺
> 禽也。弓蓋往復弔問之義。段注：厚衣以薪，此稱《易繫辭》

說人人持弓會毆禽之故。《吳越春秋》陳音謂越王曰：「弩生于弓，弓生于彈。彈起于古之孝子。」古者人民樸質，飢食禽獸，渴飲霧露。死則裹以白茅，投于中野。故作彈以守之。故歌曰：「斷竹續竹，飛土逐肉。」按孝子毆禽，故人持弓以助之。此釋弔從人弓之義。《左傳》有「相問以弓」。故此言往復弔問。

從此可見喪葬持弓會毆禽獸是我國原始社會的普遍風俗。從「飛土逐肉」的「逐」字看來，這首八個字的「彈歌」，正是我國古代最早的送終守屍之歌。也就是齊考所說的「挽歌」。《文心雕龍·通變》：「黃歌斷竹，質之至也。」黃叔琳注：「按所歌者本黃帝時《竹彈謠》。」已經說得很明白。怎麼能夠說「挽歌不出於漢民族的傳統禮俗」？難道「弔」字不是漢字？

還有《隋書·地理志》說：

南郡、夷陵、竟陵、沔陽、沅陵、清江、襄陽、舂陵、漢東、安陸、永安、義陽、九江、江夏諸郡，多雜蠻、左。諸蠻本其所出，承盤瓠（堯按即盤古之諧音）。其死喪之紀，雖無被髮袒踊；亦知叫號哭泣。始死即出屍于庭，不留室內。歛卒，送至山中。以十三年為限，先擇吉日，改入小棺。謂之拾骨，必須女婿蠻童。女婿故以委之拾骨者。除肉取骨，棄小取大。當葬之夕，女婿或三數十人集會于宗長之室。著芒心接籬，名曰茅綏。各執竹竿長一丈許，上三、四尺猶帶枝葉。其行伍前却，皆有節奏；歌吟叫呼亦有章曲。傳云：「盤瓠初死置之于樹，乃以竹木刺而下之。故相承至今以為風俗。隱諱其事，謂之刺北斗。

其左人則又不同。無哀服，不復魄。始死，置於館舍。鄰里少年各持弓箭，遶屍而歌，以箭叩弓為節。其歌辭說平生樂事，

以至終卒。大抵亦猶今之輓歌。歌數十闋，乃以衣衾棺斂。送
往山林？則爲廬舍安置棺柩。亦有于村側瘞之。待二、三十喪，
總葬石窟。長沙即又雜夷蠻，名曰莫猺。自云其祖先有功，常
免徭役。故以爲名。其喪葬之節，頗同于諸左云。

南郡、夷陵、竟陵、沔陽、沅陵、清江、襄陽、舂陵、漢東、安陸、
永安、義陽、九江、江夏，都是我國古代荊楚領土。《漢書》：「楚
地，信鬼巫，重淫祀。」王逸《楚辭・九歌》注：「昔楚國南郢之邑，
沅、湘之間，其俗信鬼而好祠。其祠必作歌樂鼓舞以樂諸神。」我國
偉大詩人屈原所作的《九歌》之一《國殤》，就是一支致哀於當時楚
國抗秦陣亡將士，伴歌伴舞的挽歌。這是白紙黑字保存在《楚辭》中，
爲人傳誦的。怎麼能說「先秦無挽歌」？特別是盤瓠的子孫世代生息
在這片土地上，既然他們的葬禮是「送葬三數十人，手寺竹竿，行伍
前却皆有節奏，歌吟叫呼亦有章曲」；其中左人和莫猺世代相傳的喪
儀，又「始死置屍舍，鄰里少年各持弓箭遶屍而歌，以箭叩弓爲節，」
和持弓弔問相同；則喪葬之歌，齊考所謂挽歌，在我國長江流域、湖
北、湖南、江西一帶，自古已普遍流行。不過歌辭沒有保留下來罷了。
「扶南」，東界廣東交州，遙接天竺、安息。見于南朝《梁書》的「
頓遜國」，在離海疆三千餘里的海崎上。其喪葬雖「歌舞送郭外」，
有類蠻左；也只能說人類社會禮俗中有某些類似之處。《魏書》載烏
丸的喪葬也是「葬則歌舞相送。」怎麼能說「漢代挽歌之起，或受這
類外來風俗的影響」？以上探討不只可以證明：齊考「挽歌之原起」
的說法完全錯了；還可進一步證明齊考所謂「先秦喪禮是排斥歌謠的」，
也不符事實。上面提到左人、莫猺鄰里少年的送葬歌，「其歌辭說生
平樂事以至終卒」，「歌數十闋」。這是古今哭喪常有的事。因爲死
者的親友，想到死者生乎的爲人和自己的關係，就往往會在哭喪的時
候盡情傾訴。這也反映在古代喪禮中。《周禮春官》載「大師」的職

責，就有「凡大喪，帥瞽而廞作柩謚」一項。下屬的「小師」也要參與此事。注：「廞，興也；興言王之行，諷誦其治功之詩。」釋曰：「大喪言凡，則大喪中兼王后。雖婦從夫謚；亦須論行乃謚之。言帥瞽者，即帥矇瞽歌王治功之詩。」可見最高統治者的喪禮，雖「遏密八音」；但不排斥哀慕性的詩歌。所以詩稱「君子作歌以告哀」，俗言「長歌可當哭」《檀弓下》：「公叔子文（衛大夫名拔）卒，其子戌請謚于君（衛靈公）。公曰：『夫子爲粥與衛國之餓者，是不亦惠乎！昔者衛國有難，夫子以其死衛寡人。不亦貞乎！夫子聽衛國之政。修其班制，以與四鄰交。使衛國之社稷不辱，不亦文乎！故謂夫子貞惠文子』。」注：

> 魯昭公三十年，盜殺衛侯之兄縶。時，齊豹作亂，公如死鳥。此衛國之難也。班者尊卑之次；制者多寡之節；因舊典而舉修之也。據先後則惠在前；言大小則貞爲重；故不曰惠貞，而曰貞惠也。而惟稱文子者，鄭云文足以兼之。」

其實稱「文子」就是簡稱。這是古代喪禮中列述死者生平德績較簡明的例子。這是衛靈公的口頭陳述。古禮有人專掌其事。《周禮春官大祝》：「作六辭以通上下親疏遠近……六曰誄。」注：「誄，謂積累生時德行以賜之命（名），主爲其辭也。」就說得很明白。當然，這種對一個人蓋棺定論的事，是要經過上級的授意和大家公評的。但大祝主爲其辭，也要執筆在文辭上作草創潤澤的工夫才成。《史記孔子世家》言孔子卒，哀公誄之曰：「旻天不弔，不憖遺一老，俾屏余一人以在位。煢煢（《左傳》作嬛嬛）余在疚。嗚呼！哀哉！尼父。毋自律。」這是先秦留傳下來的古代誄辭。這篇誄辭沒有敘述孔子的業績，並不是如前人所說：「大聖之行，豈容盡列；」大概是因爲孔子在魯定公時只作了短期的司寇，去職後他就周遊列國，長期脫離了魯國統治階級，魯哀公無從概括其生平。所以只像周室尊呂尚爲「尙父」、

齊國稱管仲爲「仲父」那樣，諡孔子爲「尼父」，同時表示其在位無佐的哀悼。這雖然不是一首詩歌；但王觀國說：「《詩節南山》不弔昊天；《十月之交》不憖遺一老，俾屏我王；《閔予小子》嬛嬛（同煢煢）在疚；哀公蓋集詩辭而爲誄辭耳。」可見「誄辭」和「詩歌」的關係。發展到漢魏就成爲長篇用韻的誄辭和有韻無韻的祭文。據《論語》「誄曰禱爾于上上神祇」，則生人病禱亦誄列生平德行以爲辭。但《說文》言部：「讄，禱也，累功德以求福也。《論語》讄曰禱爾于上下神祇。从言畾聲。」段注：「（讄），施于生人以求福；誄，施于死者以作諡。《論語》之讄曰字當從畾；毛傳曰桑紀能誄字當從耒。《周禮六辭》鄭司農注，二字已不分矣。」《曾子問》：「賤不誄貴，幼不誄長。」注：「誄之爲言累也。累列其生平實行爲誄，以定其諡以稱之也。」都可證誄用於死人。所以陸士衡《文賦》說：「誄，纏綿而悽愴。」《檀弓上》：

> 魯莊公與宋人戰于乘丘（事在莊十五年）。貢父御，卜國爲右。馬驚敗績。公隊（墜），佐（副）車授綏（授莊公綏以登左車）。公曰：「末之，卜也。」（言卜國微末無勇）縣貢父曰：「他日不敗，而今敗績，是無勇也。」遂死之（戰死）。圉人（掌馬人）浴馬，有流矢在白肉。公曰：「非其罪也。」遂誄之。士之有誄，自此始也。注：「生無爵則死無諡。殷，大夫以上爲爵；士雖周爵，卑不應諡。莊公以義起，故誄其赴敵之功以爲諡焉。」方氏曰：「誄之爲議，達善之實而不欲飾者也。諡則因誄之言而別之。有誄；則有諡矣。」

可見只要有善可陳，士死後也有誄。這種誄雖不爲挽柩者所歌；但王和卿大夫的誄，和大師帥瞽瞶諷誦治功之詩一樣，《周禮春官·宗伯下》規定，棺柩離開祖廟「遣奠」之日，是要分別由「大史」或「小史」讀出來的。士的誄當然也要禮生去讀。這種「讀」，和《孟子》

「誦其詩，讀其書」的「讀」同義，就是要在「抽繹其義蘊」的基礎上「閒讀」，「吟咏以聲節之」。有類於今天的表情朗讀。這就和歌相差不遠了。不過名稱爲誄而已。

以上說明先秦喪禮禁止用樂，但不能排除歌謠的事實，宣告了齊考先秦無挽歌和挽歌原起說的破滅。發展到後世情況又不同了。《史記‧絳侯世家》說周勃「常爲人吹簫給喪事」。如淳曰：「以樂喪賓，若俳優」；瓚曰：「吹簫以樂喪賓，若樂人也」。這反映秦末喪已用樂。譙周曰：「周聞之：蓋高帝召田橫，至戶鄉亭自刎奉首。從者挽至宮，不敢哭，而不勝哀，故爲歌以寄哀音。彼則一時之爲也。」所謂「不敢哭」雖然和「橫既葬，穿其冢旁孔，皆自剄，下從之不相符；但「而不勝哀」以至「爲歌以寄哀音」，却是合情合理的。雖然「彼則一時之爲」，《薤露》、《蒿里》也不能說是田橫門人所作；但挽田橫的屍車而歌，却打破了「挽引皆銜枚」的古禮。齊考認爲：「譙氏特別引『四海遏密八音』的古訓和『鄰有喪，舂不相』的古風謠，強調『引挽人銜枚』，對時下民間行喪用挽歌是極不贊成的。他的這段話透露出：漢初因古禮，尚無挽歌；至漢末，謹守殯喪不歌舊俗的人仍爲數不少。人們對行喪用歌很不理解。」也不能否定喪葬樂歌在當時的存在。《漢書‧景帝紀》中元二年令「得發民挽喪」。顏師古注：「挽，引車也。」可見漢初挽喪仍用柩車。武帝立樂府，以李延年爲協律都尉。采詩夜誦，有趙、代、秦、楚之謳。李延年採取當時早已流行的喪歌，分二章爲二曲：《薤露》送王公貴人；《蒿里》送士大夫、庶人；使挽柩者歌之。這就使「挽柩者歌」正式獲得禮樂上的地位。《晉書禮志中》：「挽歌起於漢武帝役人之勞歌。聲辭哀切，遂以爲送終之禮。」這更鞏固了司馬彪對「絻謳所生必于斥苦」所作的注解。齊考認爲《晉志》這樣說「應該是有根據的」。其實這不只「應該有根據」；而且確有根據。因爲《漢書‧高帝紀》漢四年漢王

已下令：「軍士不幸死者，吏爲衣衾棺歛，轉送其家。」八年十一月
又令：「士卒從軍死者，爲櫝歸縣。」《成帝紀》也曾說：「其爲水
所流壓，死不能自葬，令郡國給櫝櫝埋葬。」金布令又載：「不幸死，
死所爲櫝，傳歸所居。縣賜以衣棺。」《魏志》文帝丕延康元年冬癸
卯令曰：「諸候征伐，士卒死亡者未收歛。吾甚哀之。其告郡國給櫝
櫝殯歛。送至其家，官爲設祭。」應劭《漢書》注云：「櫝，小棺也。
今謂之櫝。」可見用小棺運送陣亡士卒或死難役人回縣殯歛，乃漢魏
時代盛行的事。所以應璩《百一詩》說：「櫝車在道路，征夫不得休。」
武帝時，戰爭之多，徭役之繁，實爲全漢之冠。飛芻奉饟，牽引車船
外，挽柩迎屍更所常有。《漢書韓安國傳》載，元光初年，王恢和安
國廷辯擊匈奴已說是：「今邊竟數驚，士卒傷死，中國櫝車相望。此
仁人之所隱也。」顏師古注：「櫝，小棺也。從軍死者以櫝送致其喪。
載櫝之車相望于道，言其多也。」此後征役更多，挽櫝車的役人「哀
切」的「勞歌之聲」必到處可聞。這是《晉書禮志》云云的確鑿根據，
也是李延年「使挽柩者歌之」的現實基礎。可惜齊考沒有找出這種根
據，遂使《晉書禮志》所言和李延年「使挽櫝者歌」成爲兩碼毫不相
干的事。這就使他對紼謳的認識始終局於引船的圈圈。他雖然正確地
認爲：「挽歌與苦役歌謠有關的說法是可信的。唐段成式《廬陵官下
記》說：『挽歌起紼謳』，（見《夎》條）挽歌可能源於紼謳。」但
又錯誤地堅持「若說挽歌即紼謳，那就失之毫釐，謬以千里了。」當
然，上承田橫門人的哀歌，櫝車役人的勞歌武帝前也是有的。因爲「
不幸死爲櫝歸縣」是高帝時已有的命令。而《漢書嚴助傳》載淮南王
劉安上書言其父長伐南海的情況是：「前時南海王反，陛下先臣使將
軍簡忌將兵擊之。以其軍降，處之上淦。後復反，會天暑多雨，樓船
卒水居擊櫂，未戰而疾死者過半。親老涕泣，孤子啼號。破家散業，
迎屍千里之外，裹骸骨而歸。悲哀之氣，數年不息。長老至今以爲記。」

在這種情況下不可能沒有欛車役人的勞歌。但那時沒有人配上樂曲使挽柩者歌之，故《晉志》並不以爲挽歌之始。

任何禮俗的推行，隨著時代的發展，是會不斷變化的。「使挽柩者歌」的措施和《薤露、蒿里》的歌辭也是這樣。《續漢書儀禮志》說：

> 〔登遐〕中黃門、虎賁各二十人執紼。司空擇土造穿。太史卜日……侯司馬承爲行首，皆銜枚。羽林孤儿、巴渝櫂歌者六十人，爲六列。鐸司馬八人執鐸先。

這就把「挽柩者歌」變成「羽林孤兒、巴渝櫂歌者歌了。又較景中二年令列候薨葬，國得發民輓喪，「無過三百人」和《漢書》孔光元始五年薨，「羽林孔兒諸生合四百人輓送」降損得多。丁孚《漢儀》雖然說：

> 永平七年，陰太后崩。晏駕詔曰：「柩將發于殿，群臣百官陪位。黃門鼓吹三通，鳴鐘鼓，天子舉哀。女待史官三百人皆著素，參以白素，引棺挽歌。下殿就車，黃門宦者引以出宮省。太后魂車、鸞路，青羽蓋駰馬。龍旗九斿，前有方相、鳳凰車。大將軍妻參乘，太僕妻御。〔女騎夾轂〕悉道。公卿百官如天子鹵簿儀。」後和熹鄧后葬，案以爲儀。自此皆降損于前事也。
> （《續漢書・禮儀志》注引）

「女待史三百人引棺挽歌」似乎是「挽柩者歌」。但「下殿就車」後，就由「黃門宦者引以出宮省」了。這就是所胃「降損于前事」，像舉行儀式一樣，不是從前的「挽柩者歌」了。齊考引上列兩段文字作爲「挽歌在東漢被列入喪制」的證據，認爲這就是《晉書禮志中》所謂「漢魏故事，大喪及大臣之喪，執紼者挽歌。」並且把「女待史三百人引棺挽歌」說成是挽歌的「施用情況」。這就砍去了「挽歌起於漢武帝役人之勞歌」和「李延年使挽柩者歌之」這段歷史。齊考是承認

《晉書禮志》「挽歌起於漢武帝役人之勞歌，聲哀切，遂以爲送終之禮」的說法，「應該有根據」而「可信」的。既然「挽歌起于漢武帝役人之勞歌」；爲甚麼要等到一個多世紀後的「東漢」初期才「被列入喪制」成爲「送終之禮」？齊考不是也承認「李延年等人在樂府官署中的工作，就是將采自民間的歌謠加以整理改編，配樂歌唱」、「崔豹是說《薤露》、《蒿里》的本辭，經李延年改造之後作爲挽歌」嗎？爲甚麼竟忘記了李延年時已經「使挽柩者歌之」？《御覽》五五二引晉公卿禮秩云：「安平王葬，給挽歌六十人；諸公及開府給三十人。」《宋書‧臨川烈武王道規傳》：「及長沙大妃檀氏、臨川大妃曹氏後薨。祭，皆給鑾閣九旒、黃屋左纛、輼輬車、挽歌一部、前後部羽葆、鼓吹、虎賁、班劍百人。」《宋書‧范曄傳》：「彭城大妃崩，將葬。祖夕，僚故並集東府。曄弟廣淵時爲司徒祭酒，其日在直。曄與司徒左西屬王深宿廣淵許。夜中酣飲，開北牖聽挽歌爲樂。義康大怒，左遷曄宣城太守。」晉宋的挽歌，既是由上級像鑾輅、黃屋、輼輬車、羽葆、鼓吹、班劍等儀仗般賜給，有的又唱于「祖遷之夕」；則和挽柩用力完全脫離了關係。這是統治階層的「挽歌」施用情況。曾仕北魏的楊衒之所寫《洛陽伽藍記》載「洛陽六市」的情況說：「市北有慈孝、奉終二里。里內之人以賣棺槨爲業，賃輀爲事。有挽歌孫岩者……。」唐白行簡《李娃傳》：

> 由是凶肆日給鄭生，今執繐帷，獲值以自給。無何，能挽歌，曲盡其妙。初，二肆之備凶器者，互甲勝負。其東肆，車轝皆奇麗，殆不敵。惟哀挽劣矣。其東肆長知生絕妙。乃醵二萬索僱焉。其黨者舊共較其所能者，無能及生。

可見從北魏至唐，各市集凶肆都擁有一伙執繐帷、唱挽歌的專業人員。賣凶器時，由喪葬之家雇用。這伙人，乎時遊手好閒，遇事則凶肆召集。《資治通鑑》二五二唐咸通十二年：「葬文懿公主，……賜酒百

斛，餅餤四十橐駝，以飼体夫。」注：「体（ben）夫，舉柩之夫也。」舉即輿。這說明唐代的棺柩已經是抬不是挽。但唱挽歌的風氣相沿不變。如《水滸傳》第二十三回（貫華堂本卷二八）「王婆貪賄說風情」，王婆就說：「眼看旌旗至，專等好消息。不要叫老身棺材出了，討挽歌郎錢。」可見眞正「挽柩者歌」的歷史，在葬禮中並不很長。東漢以後的「挽歌」，都由參與送葬人員歌唱，像一般哀挽之歌。所以《隋書地理志》對諸左‧莫猺所唱的送葬之歌也說「大抵亦猶今之挽歌」。至於「漢末賓婚嘉會繼以挽歌」；晉代南北朝名流達士，好爲挽歌，如「武陵王晞未敗四、五年喜爲挽歌，自搖鈴，使左古和之；」（《續晉陽秋》）「（爾朱）文略彈琵琶，吹橫笛，謠詠。倦極便臥唱挽歌；」（《北史‧爾朱文暢傳》）這種脫離了葬禮的歌唱，就更和挽柩用力毫不相關了。這是說歌唱挽歌的人的流變。當然，在鐸司馬的統一指揮下，鼓吹、挽歌郎的歌聲，不只對挽柩者的用力有所勸助；還可以把鼓樂、歌唱的節奏和挽柩者的用力協調起來。

挽歌的歌辭，兩漢四百年間只有《薤露》、《蒿里》這兩首古代遺留下來的古辭。李延年分別定爲兩個階層所公用。自魏至隋共三百九十八年，作家擺脫《薤露》七、七、七或三、三、七、七與《蒿里》五、七、七、七那種簡短參差的節奏，用整齊的五言長篇競作新辭，現存二十一篇。魏武帝是繼漢武帝提倡樂府的統治者。根據魏代樂府的需要，他首先「擬《薤露》爲《惟漢行》。同時又作《蒿里行》。都爲魏樂所奏。他的擬《薤露歌》說：

> 惟漢廿二世，所任誠不良。沐猴而冠帶，知小而謀強。猶豫不
> 能斷，因狩執君王。白虹爲貫日，己亦先受殃。賊臣執國柄，
> 殺主滅宇京。蕩覆帝基業，宗廟以燔喪。播越西遷移，號泣而
> 且行。瞻彼洛城郭，微子爲悲傷！

這是爲漢帝國所唱的挽歌。他的《蒿里行》：

關東有義士，興兵誅群雄。初期會盟津，乃心在咸陽。兵合力
不齊，躊躇而雁行。勢利使人爭，嗣還自相戕。淮南弟稱號，
刻璽于北方。鎧甲生蟣蝨，萬姓以死亡。白骨露于野，千里無
雞鳴。生民百遺一，念之斷人腸！

這是為討董卓引起軍閥混戰中廣大死亡人民所唱的挽歌。這種抓住哀
挽意義擴大哀挽題材所唱的一定歷史時代的「挽歌」，充分顯示出魏
武的寬廣視野和創造才能。因為樂府是惟其聲不惟其辭的。《薤露》、
《蒿里》既然是樂府歌辭；在新的時代音樂下進行寫作，又何必固守
原來的哀死題材？這兩首挽歌，在反映現實的深度和廣度上，可以與
古辭《蒿里曲》並駕。陳思王曹植繼其父作《惟漢行》，又擬《薤露》
為《天地》①。拋開喪葬題材，脫離哀挽意義，論立君行仁之道，陳
展功揚名之懷。雖稍遜於魏武，却嫻雅其新辭、繆襲《挽歌》一首②，哀
死雜嘆老之辭，義不離乎生死？格實異於曹氏，晉代傅玄，直追陳思。
其《惟漢行》③頌樊噲鴻門之功，頗有類於詠史。張駿《薤露歌》仿
「惟漢二十世」為「在晉之二世」④。寫賈后亂政殺太子引起的八王
之亂匈奴入侵。歸於「誓心蕩狄」，亦無關於哀挽、固守喪葬題材，
鋪敘有層有次的當推陸士衡挽歌三首⑤。這幾首挽歌，從殯宮嘈嘈，
哀響中闈開始，以「中闈且勿諠，聽我《薤露詩》」為倡，逐首寫出
了「送葬者歌」；「觀送葬者歌」、「死者自歌」等歌辭。充分反映
出當時的挽歌一人倡眾人和的廣大場面，載於《文選》。他文集中還
有《庶人挽歌辭》、《王侯挽歌辭》。顏之推《文章篇》說：「挽歌
辭者，或曰古者虞殯之歌，或曰出自田橫之客，皆為生者悼往告哀之
意。陸平原多為死人自嘆之言，詩格既無此例，又乖制作本意。」對
陸機大加指責。但從當時名流達士好為挽歌，「每搖大鈴自倡，令左
古和之」的風氣看來，這種指責是沒有用的。東晉陶淵明挽歌三首⑥：第
一首寫初死的慨嘆；第二首寫祖夕的情景；第三首寫送葬場景所感。

三首都有我字，中間貫以「飲酒不足」之恨。歷代誤認爲是淵明「屬
纊之夕」的「自挽詩」。顏之推對陶淵明的詩是很熟悉的。但不知道
他爲甚麼對陶淵明這麼「寬恕」；對陸士衡却那麼「嚴厲」？南朝宋
鮑照也有「輓歌」、「代蒿里行」各一首。其挽歌說：「獨處重冥下，
憶昔登高台。傲岸平生志，不爲物所裁。埏門只復閉，白蟻相將來。
生時蘭蕙體，小蟲今爲災。玄鬢無復根，枯骸依青苔。憶昔好飲酒，
素盤進青梅。彭韓及廉頗，疇昔已成灰。壯士皆死盡，餘人安在哉！」
寫的是死者在墳墓中的感慨。其蒿里行說：「同盡無貴賤，殊願有窮
伸。馳波催永夜，零露迫短晨。結我幽山駕，去此滿堂親。虛容遺劍
佩，實貌戢衣巾。斗酒安可酌，尺書誰復陳？年代稍推遠，懷抱日幽
淪。人生良自劇，天道與何人？齎我長恨意，歸爲孤兔塵。」寫的是
死者將葬的感慨。從此可見，挽歌的歌辭，兩漢以前是「悼往皆哀」；
魏晉南北朝却發展爲哀當時的世事或詠史抒懷；可以寫送葬者、觀送
葬者的情懷，也可以寫死者自己初死祖夕、在墳地上、墳墓中的感嘆。
這種歌辭上的放誕色彩，是和魏晉以來名流達士崇尙老莊的亂世哲學
所形成的「裸袒挽歌」、「醉則挽歌」的風尙密切相關的。北齊祖珽
的挽歌說：「昔日驅馹馬，謁帝長楊宮。旌懸白雲外，騎獵紅塵中。
今來向漳浦，素蓋轉悲風。榮華與歌笑，萬事盡成空！」也生和死對
照。至於北齊盧珣祖《趙郡王妃鄭氏挽詞》⑦隋盧思道的《彭城王挽
歌》和《平樂長公主挽歌》⑧，就是保存下來的最古的專用於個人的
挽歌了。這種向個人表哀的挽歌的出現，不只清除了歌辭中的放誕色
彩；還爲挽歌的發展開闢了道路。與漢魏以來的誄辭、祭文有同等意
義。

　　唐宋各代，不只繼漢魏六朝之後有公用性挽歌；向某一人致哀的
專用挽歌更大量湧現。《唐書・魏國文懿公主傳》：「公主，郭淑妃
所生也。咸通十年薨。帝既素所愛，自制挽歌。群臣畢和。」唐《蔡

鸚昌公主傳》：「同昌公主薨，上哀痛甚。遂自製挽歌詞，令百官繼和。同日葬乳母，作祭乳母文詞。質而意切，人多傳焉。」這是唐代最高統治者作專用挽歌的記載。此外，上官儀有故北平公挽歌，上高鉻長公主挽歌，故徐州刺史贈吏部侍郎蘇公挽詞。張九齡有故榮陽郡君蘇氏挽詞，湄州唐司馬挽歌。宋之問有梁宣王挽詞，魯忠王挽詞，范陽王挽詞，故趙王屬贈黃門侍郎上官公挽詞。而李嶠有馬武騎挽歌，武三思挽歌，天官崔侍郎夫人盧氏挽歌。他如杜審言、崔融、蘇頲、余彥昌、駱賓王、沈金期、張說、孫逖、吳兢、王維、劉長卿、張渭、岑參、杜甫、李嘉裕、錢起、蔣溪、李峰、顧況、權德輿、韓愈、元禎和宋代的黃山谷、陳師道、蘇軾，明代的李東陽、袁時選亦莫不各有挽歌挽他所挽的人。……至於公用性的挽歌，則只有唐代于鵠兩首，趙徵明、孟慶雲、自居易各一首和唐僧貫休的《薍里》一首。數量遠不如專用挽歌那麼多。語文形式方面，五言雜言外又有了七言。還有，自行簡《李娃傳》載東肆鄭生「歌《薤露》之章」外，又有西肆長髯者「歌《白馬》之詞」。

以上說明：《薤露》、《薍里》作為挽柩者歌的兩支歌曲，無論「歌者」、「歌辭」方面，自東漢至唐宋都有巨大的變化。齊考雖然指出「魏晉以後文人們開始仿作挽歌，這便是擬挽歌。這樣一來，原本作為送喪之用的悲抑的調子，成為中國詩歌史上一種特殊形式的哀歌；」但又說挽歌「魏晉以下相沿漢制，一直到隋唐以後都沒有多大變化。」怎麼符合事實？

總之，《薤露》、《薍里》作為「挽歌」的兩支歌曲，其意在於「悼往告哀」是沒有疑問的。而崔豹《古今注》說：「亦謂之《長短歌》，言人壽命長短定分，不可妄求也。」這就錯了。因為其意既然是「言人壽命長短有定分不可妄求」；則無關「悼往告哀」了。怎麼能說「（挽歌）亦謂之《長短歌》」？齊考說「這一內容與《薤露》、

《蒿里》不相合」是對的。李善《文選》注說：「古詩云：『長歌正
激烈』，魏武帝《燕歌行》云『短歌微吟不能長』。（堯按此魏文帝
丕歌辭，載《宋書樂志》清商三調平調中。善言魏武，誤也。）晉傅
玄《豔歌行》云：『咄來長歌續短歌』。然則行聲有長短，非言壽命
也。」可見崔豹對《長短歌》的解釋也是錯的。而齊考說：「郭茂倩
《樂府詩集》卷三十引《古今注》分作《長歌》、《短歌》」，「今
從平調《長歌行》古辭『青青園中葵』和曹操的《短歌行》『對酒當
歌』，尚可以多少窺見《長歌》、《短歌》本辭的遺意：蓋詠人生短
暫，萬物有時。與『定分』之說庶幾近之。」這就更加錯誤。試看，
朱嘉徵說：「記曰：『詠嘆之不足，故長言之。』此長歌行之所為作
也。」亦從歌辭的音節着眼。至於此詩主旨，吳兢《樂府解題》說：
「言榮華不久，當努力為樂。無至老大乃悲傷也。」五臣《文選》注
則說：「當崇早樹事業，無貽後時之嘆。」這是前人對《長歌行》「
青青園中葵」的評論。曹操《短歌行》，《樂府詩集》載二首：第二
首述王業之本；「對酒當歌」是第一首。陳沆曰：「此詩即漢高《大
風歌》思猛士之旨也。『人生幾何』發端，蓋傳所謂古之王者知壽命
之不長，故並建聖哲，以貽後嗣。次引《青衿》、《鹿鳴》二詩；一
則求之不得，而沈吟憂思；一則求之既得，而笙簧酒醴。雖然，鳥則
擇木，木焉能擇鳥？天下三分，士不北走，則南馳耳。分奔吳、蜀，
栖皇未定。若非吐哺折節；何以來之？山不厭土，故能成其高；海不
厭水，故能成其深；王者不厭士，故天下歸心。」（見《比興箋》）
這是前人對曹操這首《短歌行》的評論。其意都和人生壽命長短定分
無關。即使其中有些句子「人生幾何」（《短歌行》）「陽春布德澤，
萬物生光輝」（《長歌行》），可以勉強說成「詠人生知暫，萬物有
時。與『定分』之說庶幾近之」；但樂府是以聲為主的。今查《宋書
・樂志》曹操《短歌行》《對酒當歌》和曹丕《燕歌行》「短歌微吟

不能長」，都在「清商三調」的平調曲中。《樂府詩集》載《長歌行凡二首，（嚴羽《滄浪詩話》以爲應有三首）也列入平調曲中。可見《長歌行》、《短歌行》都是「清商曲」。就是「另有《長歌》、《短歌》」散佚的「本辭」；也跳不出這種音樂上的分類，都應該是「清商曲」。而作爲挽歌的《薤露》、《蒿里》却是「相和曲」的第七曲和第八曲。兩者怎能合而爲一？從此可見齊考認爲「郭茂倩以『歌聲長短』當之，非是。」是違反樂府「以聲爲主」的原則的。這是說《長短歌》不是挽歌。至於以《泰山梁父吟》爲挽歌，那是漢武帝繼秦始皇封泰山求長生的傳說，經哀平間讖緯家說成泰山主人生死發展出來的。顧炎武《日知錄論東嶽》辨之甚審。陸士衡已把高里山蒿里地誤合爲一。《晉書》和《宋書》的《樂志》並無此曲。《古今樂錄》說：「張永《元嘉技錄》相和有十五曲：……七曰《薤露》，八曰《蒿里》……」又說：「《王僧虔伎錄》楚調曲有《白頭吟》、《泰山吟行》、《梁父吟行》、《東武琵琶吟》、《怨詩行》……。」可見《泰山吟》、《梁父吟》音樂上也和《薤露》、《蒿里》不同。這說明《樂府解題》所謂「《泰山吟》亦《薤露》《蒿里》之類」與《樂府詩集》所謂「《梁父吟》蓋言人死葬此山（梁父）」都未經細考。齊考說：「如《泰山吟》、《梁父吟》即爲挽歌。」更失之粗疏。這是說「《泰山、梁父吟》不是挽歌。

　　最後，必須明確：挽歌用於「悼往告哀」。主要指《薤露》、《蒿里》這兩支爲挽柩者所歌、和從這兩支歌曲發展出來的歌曲。此外別無挽歌。假如把只要言及死亡的歌曲都說成挽歌；那就漫無邊際了。可見齊考末段「《薤露》《蒿里》之外的挽歌」這個小標題也是錯的。

【附註】

① 曹植《惟漢行》：「太極定二儀，清濁始以形。三光炤八極，天道甚著

明。爲人立君長，欲以遂其生。行仁章以瑞，變故戒驕盈。神高而聽卑，報若響應聲。明主敬細微，三年礱天經。二皇稱至化，盛哉唐虞庭。禹湯繼厥德，周亦致太平。在昔懷帝京，日昃不敢寧。濟濟在公朝，萬載馳其名。」《薤露行》：「天地無窮極，陰陽轉相因。人居一世間，忽若風吹塵。願得展功勤，輸力于明君。懷此王佐才，慷慨獨不群。鱗介尊神龍，走獸宗麒麟。蟲獸猶知德，何況于士人。孔氏刪詩書，王業粲已分。騁我徑寸翰，流藻垂華芬！」

② 繆襲《輓歌》：「生時遊國都，死歿棄中野。朝發高堂上，暮宿黃泉下。自日入虞淵，懸車息駟駕。造化雖神明，安能復存我？形骸稍衰歇，齒髮行當墮，自古皆有然，誰能離此者。」

③ 傅玄《惟漢行》：「危哉鴻門會，沛公幾不還！輕裝入人軍，投身湯火間。兩雄不俱立，亞父見此權。項莊奮劍起，白刃何翩翩！但身雖爲護，事促不及旋。張良愕坐側，高祖變龍顏。賴得樊將軍，獸叱項王前。瞋目駭三軍，磨牙咀豚肩。空厄讓霸王，臨急吐奇言。威凌萬乘主，指顧回泰山。神龍困鼎鑊，非噲豈得全！屠狗登上將，功業信不原。健兒實可慕，腐儒何足嘆？」

④ 張駿《薤露行》：「在晉之二世，皇道昧不明。主暗無良臣，艱亂起朝庭。七柄失其所，權綱喪典型。愚狷窺神器，牝雞不晨鳴。哲婦逞幽虐，宗祀一朝傾。儲君縊新昌，帝執金墉城。禍釁萌宮掖，胡馬動北坰。三方風塵起，獫狁竊上京。義士扼素腕，感慨懷憤盈。誓心蕩眾狄，積誠徹昊靈！」

⑤ 陸機《輓歌》一、卜擇考休貞，嘉命咸在茲。凰駕警徒御，結轡頓重基。龍帾被廣柳，前驅矯輕旗。殯宮何嘈嘈，哀響沸中闈。中闈且勿諠，聽我薤露辭！死生各異倫，祖載當有時，含爵兩楹位，啟殯進靈轜。飲餞觴莫舉，出宿歸無期。帷衽曠遺影，棟宇與子辭。周親咸奔湊，友朋自遠來。翼翼飛輕軒，駸駸策素騏。按轡遵長薄，送子長夜臺。呼子子不

聞，泣子子不知。嘆息重襯側，念我疇昔時。三秋猶足收，萬世安可思？殞歿身易亡，救子非所能。含言言硬咽，揮淚淚流離。二、流離思親友，惆悵神不泰。素驂停轠軒，玄駟鶩飛蓋。哀鳴興殯宮，迴遲悲野外。魂輿寂無響，但見冠與帶。備物象平生，長旐誰為旆？悲風徽行軌，傾雲結流靄。振策指靈邱，駕言從此逝。三、重阜何崔嵬！玄廬竄其間。磅礡立四極，穹隆放蒼天。側聞陰溝涌，外觀天井懸。廣霄何寥廓！大暮安可晨？人往有返歲，我行無歸年。昔居四民宅，今託萬鬼鄉。昔為七尺軀，今成灰與塵。金玉素所佩，鴻毛今不振。豐肌饗螻蟻，妍姿永夷泯。壽堂延魑魅，虛無自相賓。螻蟻爾何怨？魑魅我何親？拊言痛荼毒，永歎莫為陳。

⑥　陶淵明《輓歌》三首：一、有生必有死，早終非命促。昨暮同為人，今旦登鬼錄。魂魄散何之，枯形寄空木。嬌兒索父啼，良友撫我哭。得失不復知，是非安能覺？千秋萬歲後，誰知榮與辱？但恨在世時，飲酒不得足。二、在昔無酒飲，今但湛空觴。春醪生浮蟻，何時更能嘗？殽案盈我前，親朋哭我旁。欲語口無音，欲視眼無光。昔在高堂寢，今宿荒草鄉。一朝出門去，歸來良未央。三、荒草何茫茫，白楊亦蕭蕭。嚴霜九月中，送我出遠郊。四面無人居，高墳正嶕嶢。馬為仰天鳴，風為自蕭條。幽室一已閉，千年不復朝。千年不復朝，賢達無奈何。向來相送人，各自返其家。親戚或餘悲，他人亦已歌。死去何足道？託體同山阿。

⑦　北齊盧珣祖《趙郡王妃鄭氏輓詞》：君王盛海內，伉儷盡寰中。女儀掩鄭國，嬪容映趙宮。春豔桃花水，秋度桂枝風。遂使叢臺夜，明月滿牀空。

⑧　隋盧思道《彭城王輓歌》：旭旦禁門開，隱隱靈輿發。縷看鳳樓迥，稍視龍山歿。猶陳五營騎，尚聚三河卒。客衛森未歸，空山昭秋月。《平樂長公主輓歌》：粧樓對馳道，吹臺臨景舍。風入上春朝，月滿涼秋夜。未言歌笑畢，已覺生榮謝。何時洛水湄，芝田解龍駕！

陶淵明臨終自挽説商榷

一、傳統說法的基本邏輯

由于祁寬、趙泉山等的孜孜立異，和曾瑞伯、王平甫、王世貞、李公煥……等的陳陳相因，陶淵明的輓歌，不只在名稱上取消了《擬輓歌》的「擬」字，同時，實質上也增加了「自輓」的意義；這雖然已成爲「傳統鐵案」，我卻以爲是「傳統大錯」。

陶淵明《輓歌》的標題，最初便有兩種：梁昭明在其文選上的標題作《陶淵明輓歌》，而其它陶淵明本集的標題，便在「輓歌」二字之上，多了一個「擬」字。這種名稱上的小差異，不止讀書如「走馬看花」的我們不注意，就是「讀書不求甚解」的淵明先生自己，恐怕也不會視爲「問題」吧！可是，湊巧碰著幾位刻意爲陶先生捧場，而又「明察秋豪」的後起之彥，細讀這《輓歌》之後，「獨具隻眼，覷出破綻」，以爲這《輓歌》是先賢「屬纊」之際的奇文，昭明《文選》的標題，不書「擬」字，原有「非擬」而爲「自輓」之義，後來編陶集者，昧于這種「一字褒貶」的筆法，竟毫不經意地在《輓歌》二字之上，加上一個「擬」字，于是，不只這《輓歌》的實質隨著名稱的改易而變了味，而且埋歿了先賢「不喜亦不懼」，「應盡便須盡」的偉大精神，乃毅然決然的正起名來，主張把這有侮先賢的「擬」字取消，而仍從《文選》所題含有深意的名稱，一人揚其波，萬人助其浪，眾口鑠金，眾志成城，永不可翻的鐵案奠定了！

試看他們的理論吧！

祁寬說：

「……寬攷次靖節詩文，乃絕筆于祭輓三篇，蓋出于屬纊之際

者。……」

趙泉山說：

「『嚴霜九月中，送我出遠郊』，與自祭文，『律中無射』之
月相符，知輓歌乃將逝之夕作，是以梁昭明采此辭入選，止題
曰：『陶淵明輓歌』，而編次陶集者不悟，乃題云：『擬輓歌
辭』。曾端伯說：『秦少游將亡，效淵明自作哀輓。』王平甫
亦云：『九月清霜送陶令』。此則輓辭決非擬作，從可知已。」
（以上二條，元李公煥，清陶澍……等本，均引之。）

丁福保說：

「陶淵明輓歌詩：『嚴霜九月中』，與自祭文：『律中無射』，
相符，蓋出于屬纊之際者。是以昭明採此詩入選，止題曰：『
輓歌詩』。此乃陶公自輓之辭也，故有，飲酒不足之恨。後世
編次陶集者，乃妄加一『擬』字，改為『擬輓歌辭』，各選本
亦盲從之。宜據《文選》刪『擬』字。」（見《全漢三國六朝詩
序》。）

由上引各條，可知輓歌為淵明臨終自輓之作，其說已成為歷代學
者的一致主張。

又吳仁傑曰：

「……將復召命，會先生卒。有自祭文及擬輓歌辭。祭文云：
『律中無射』，輓歌云：『嚴霜九月中』，『送我出遠郊』，
其卒當在九月。顏延之誄云：『疾維痁疾，視化如歸，』則以
痁疾卒也。又曰：『藥劑弗嘗，禱祀非恤』。又紀其遺占之言
曰：『存不願豐，歿無求贍，省訃卻賻，輕哀薄斂，遭壞以穿，
旋葬而窆。』自祭文亦曰：『奢恥宋臣，儉笑王孫』，又有『
不封不植』之語。嗚呼！死生之變亦大矣！而先生病不藥劑，
不禱祀，至為祭文輓歌與夫遺占之言，從容閒暇如此，則先生

平生所養，從可知矣。」（見吳瞻泰陶詩箋註卷首）

王雪山曰：

> 「君年六十三。有自祭文云：『律中無射』，擬輓歌詩云：『
> 嚴霜九月中，送我出遠郊』，當是杪秋下世也。……」（見陶
> 南村輟耕錄所載栗里年譜及吳瞻泰陶詩箋註卷首）

陸侃如說：

> 「古史各傳的記載，說他卒年六十三，故當生於此年，（晉哀
> 帝寧興三年、西三六五年）似乎可信。但全集未道及六十以後
> 事，只說：『年過五十』，又說：『早終非命促』，顏延年也
> 說他『年在中身』，可證他卒年不滿六十。各傳非誤載，即字
> 譌。」

他又說：

> 「他便在這窮愁中死了！死時，還留下三篇輓詩。」

他還說：

> 「臨終還很從容的寫他的自輓詩。……這三首有以爲擬輓歌者，
> 非。他還有一篇自祭文。」

（上引陸說，均見中國詩史、卷二、篇二、章一。）

朱自清說：

> 「自後倡異說者，有梁譜、古譜。梁君自稱鉤稽全集，知陶明
> 得年五十六。舉證凡八。……第三證，舉輓歌『早終非命促』，
> 謂若壽六十三，不得言早終。並舉《孟府君傳》五十一爲旁證。
> 此說頗言之成理。」（見陶淵明年譜中的問題七）

由上列各條，我們便知道，不止輓歌爲淵明臨終自輓之作的主張
成立了，並且，自祭文中的「律中無射」和輓歌的「嚴霜九月中」「
早終非命促」，已爲推算淵明壽終年月，和爭論其臨終年紀，歷代編
淵明年譜的重要根據，而這個根據，又已獲得現代學者的贊賞，以爲

「言之成理」了。這不是一件「傳統鐵案」嗎？

北大中文系古典文學教研組1957年級陶淵明研究小組發表的《陶淵明的思想發展及其創作》也說：

> 到了六十歲後，又值晉宋易代。變亂不已。他對這種現實，充滿了憤恨，感到痛心疾首。又無力改變。從而陷于悲觀絕望，從而最後寫出了《輓歌》、《自祭文》這種臨死前的哀歌。這三篇《輓歌》和《自祭文》，就是陶淵明痛苦和絕望到了頂點，也是詩人臨死前對社會現實發出的最後的悲痛抗議。陶淵明就是在這種矛盾的折磨中死去的。

從此可見這個鐵案，直到解放後還沒有改變。

再看李公煥評淵明《與子儼疏》說：

> 「……靖節當易簀之際，猶不忘詔其子以人倫大義，以表正風化，與夫索隱行怪，徒潔身而亂大倫者，異矣。」

張自烈也說：

> 「與子一疏，乃陶公畢生實錄，全副學問也。窮達壽夭既一眼覷破，則觸處任真，無非天機流行，末以善處兄弟勉勸，亦其至情不容已處。讀之，惟覺真氣盎然。」

張自烈又評淵明自祭文說：

> 「今人畏死戀生，一臨患難，雖義當捐軀，必希苟免，且有繼息將息，眷眷妻孥田舍，若弗能割者。嗚呼！何其愚哉？淵明豈止脫去世情，真能認取故我。如：『奚所復戀』？『可以無恨』，此語非淵明不能道。」

李公煥也于自祭文下註曰：

> 「此文，乃靖節之絕筆也。」

至于遍和陶詩，自謂「無愧淵明」的蘇東坡先生呢？他不止有淵明臨終，疏告子儼「之論」，而且也和張自烈先生一般，好學深思地

評過陶淵明先生的《自祭文》。他說：

　　「淵明《自祭文》，出語妙于纊息之餘，豈涉死生之流哉？」
1979年人民出版社出版中國科學院文學研究所編的《中國文學史》第
一冊魏晉南北朝文學第三章第二節陶淵明的作品也說：

　　《與子儼疏》則是作者的遺囑……《自祭文》歷來被認爲是他
　　的絕筆。在死生面前，他認識到這是自然規律，顯得很樂觀放
　　達，絕無頹廢感傷的情調。（原書238頁9-13行）

　　綜合各家的意見，不只輓歌三章，作于臨終之夕，即自祭文與子
儼疏各一篇，也同是作于臨終之夕。淵明咽氣的一刹那間，不止「詩
興大發」，而且「文情沛來」，所以咿唔咕嘩地作了三首詩，又洋洋
灑灑地屬了兩篇文，這種千古的奇事，我們是否對他確信呢？

　　最近人民出版社再版的北京大學《魏晉南北史文學參考資料》
346頁注①說「《擬輓歌辭》………這三首詩是淵明生前的自輓之詞。
此外，尚有《自祭文》一篇也屬于這一類作品。」仍然主張歌詩乃是
自輓之作。接著又引祁寬說：「寬考次靖節詩文，乃絕筆于祭輓三篇，
蓋出于屬纊之際者，情辭俱達，尤爲精麗。」此外，它一方面肯定「
陶淵明卒于宋文帝元嘉四年丁卯（公元四二七）年六十三。朱熹《通
鑑綱目》載卒于十一月」；一方面又說「這詩當是這年九月之作」，
卻不知詩中有「早終非命促」之句，正和「卒年六十三年」矛盾。這
說明注解仍然沒有解決問題。

　　我們現在試把這幾章輓歌平心靜氣一讀。第一首說：

　　「嬌兒索父啼，良友撫我哭。」

第二首說：

　　「殽案盈我前，親友哭我旁。」

第三首說：

　　「嚴霜九月中，送我出遠郊。」

每首內各自堂堂正正地用上一個甚而至于兩個「我」字，而詩中又有「昨暮同爲人，今朝登鬼錄」之句。這的確是對我們判斷這輓歌爲「臨終自輓」的一種強有力的誘惑。當我們在「模稜而可，莫衷一是」的推斷程序中，這幾個「我」字跳入我們的眼簾，我們一定如獲至寶般的拍案叫絕道：「證據都有了，還能說不是自輓？還能說前人之說爲非嗎？」

可是，我們要知道，「人往有返歲，我行無歸年」，不是陸機輓歌中的句子嗎？「造物雖神明，安能須存我」，不是繆襲《輓歌》中的句子嗎？「結我幽山駕」，「盡我生人意」，不也各自分見於宋鮑明遠，唐孟卿雲的輓歌嗎？……爲甚麼陸、繆、鮑、孟諸子的輓歌，均無自輓之說，而淵明先生的輓歌則有？爲甚麼鮑明遠的輓歌，其標題明明上加「代」字，（代即有擬意）而歌中也可用「我」字呢？於是，我們以「我」字爲臨終自輓之證的論斷，又以漸漸動搖，不得不放棄了。

再看上文所舉他們所發表的高見吧！娓娓滔滔，衆口一辭，也使人無形之中似乎要默許他們的是定論了。但我們再仔細地考究一下，即他們的基本論據，不外是下列七點：

㈠自祭文作于纊之際。文中「奢恥宋臣，儉笑王孫，不封不植」等語與顏誄：「存不願豐，歿無求贍，省訃卻賻，輕哀薄檢，遭壞而穿，旋葬而窆」，同有儉葬之意。

㈡自祭文中「律中無射」之月，和輓歌中九月相符，所以《輓歌》也和自祭文同作于屬纊之夕。

㈢梁昭明文選標題無「擬」字，故非擬作。

㈣靖節詩文，絕筆于祭輓三篇。

㈤歌中有「飲酒不足之恨。」

㈥秦少游臨終，有仿淵明作輓歌之事；王平甫亦有「九月清霜送

陶令」之詩。

　　㈦自祭文、輓歌、與子儼等疏，同作于屬纊之夕。

　　這幾條從雜亂無章的言論中歸納出來的理由，我們便認爲他很健全而有牢不可破的根據嗎？

二、文、歌、疏難同作於屬纊之夕

　　陶淵明是歷史上的大詩豪，或者有倚馬擊鉢的才情，我們並不否認。但對於他的《祭文》、《輓歌》、《與子疏》五篇東西同作於一晚，尤其是同作於咽氣的一刹那間的說法，我們似乎還有商量的餘地。

　　他在《飲酒詩序》中說：

　　　　「余閒居寡歡，兼比夜已長。偶有名酒，無夕不飲。顧影獨盡，
　　　　忽然復醉。既醉之後，輒題數句自娛。紙筆雖多，辭無詮次。
　　　　聊命故人書之，以爲歡笑爾。」

《移居詩》也說：

　　　　「春秋多佳日，登高賦新詩。」

《歸去來辭》又說：

　　　　「登東皋而舒嘯，臨清流而賦詩。」

《五柳先生傳》：

　　　　「酣觴賦詩，以樂其志，無懷氏之民歟？葛天氏之民歟？」

　　　　「常著文章自娛，頗示己意，忘懷得失，以此自終。」

可見他的創作態度，是放懷于大自然中「五日一山，十日一水」，以詩文爲歡笑之資的。所以大家對他的批評，是：

　　　　「意不在酒，寄酒爲跡。」

　　　　「意不在詩，寄詩爲跡。」

　　像這樣一個無意詩文，不過以詩文自誤的人，是否肯這樣如嘔心李賀般的自苦，一晚之間，一口氣寫了兩篇文，又要作上三首詩，我

們還有些懷疑。

再把這五篇詩文的字數，加以統計吧！

篇　名	篇　數	字　數
自　祭　文	一	三三〇
與子儼疏	一	二二〇
輓　　歌	三	三九七
綜　　計	五	九四七

看來將近千字。而其《答龐參軍詩序》說：

「吾抱病多年，不復爲文」

《與子儼疏》又說：

「患病以來，漸移衰損。」

一個身體健康，寫作技術又很熟練的人，要在一晚之內，以一個心情，寫一篇結構完整，詞句精確，上千字的文章，都覺相當費力，何況「因病衰損，久不爲文」，又「行將咽乞」的陶先生，要以三種心境，起三次腹稿，寫五篇詩文，而這五篇東西，又獲得後來許多學者的擊節歎賞呢？這種近乎不可能，即可能陶先生也不肯這樣幹的事實，前人似乎一點沒有想到，只是大家共同地高聲嚷著「作于纊息之餘」而已。

比較更爲「減價」而聰明可貴，可是仍不能令人滿意的說法，只有吳人杰一人。他說：

「東波云：『淵明臨終，疏告子儼等』，今按：疏稱年過五十，而先生享年六十有三，則此文又非屬纊時語。疏云：『患病以來，漸趨衰損，自恐大分將有限也』。即是因多病早衰，預作浴命耳！此後十三年，先生方物故，自祭文及輓歌辭，乃絕筆也。」

其說，雖非由於設想到事實之不可能的情形而發，然卻能從作者

臨終的年齡，和作品內所書年齡相沖突，及文中口氣的不符，獨闢衆非，斷定與子一疏，非作于屬纊之際，所以說他聰明可貴。可是，他不能把這種實事求是，獨抒己見、不耳食、不盲從的治學精神，運用到徹底，仍是難違群非，以爲「《自祭文》、《擬挽歌辭》乃絕筆也」所以我說他仍不能令人滿意。其實，一個人臨死會有些遺言、遺囑，本是平常的事，曹操死時就有遺令。但「祭」和「挽」兩個名稱，在意義上有多大差異，爲甚麼一個人在臨終之時，「自祭」之後，又要來上一次「自挽」，這種事實上不必兩具，更使我們察覺前人所說之妄。

並且，「有生必有死」，是自然的公例，「應盡便須盡」，是達者的態度。前人所以要提出先生挽祭詩文，甚至與子儼疏都是作于屬纊之際的主張，也無非要表揚他這種豁達的襟懷，果如前人的主張，這五篇東西同作于臨終之夕的話，那先生臨死那樣的纏綿不休，自挽之後又要自祭，自祭之餘又要疏子儼，這就不是脫屣于夭壽，反是斤斤于死生了。以前這些捧場的人，也似乎有些不在行，捧得過火，發生了適得其反的作用啊！

綜上所述，則前人基本邏輯第七點，已不能成立了。

歌中有「飲酒不足之恨」，雖和淵明嗜酒的性情相符，然，充其量只能證明這首挽歌是淵明先生的作品，不能因而說明其歌是淵明屬纊之夕的自挽。淮海集有挽歌三篇，秦少游臨終確有仿淵明作挽歌之事，但，少游宋人，距淵明時代很遠，東坡已有「淵明臨終疏告子儼」，「《自祭文》出言妙于屬纊之際」的說法，可見那時淵明作歌自挽的傳說，已經因爲錯誤的宣揚而成立，只能說少游誤聽傳說而仿之，卻無從確證淵明臨終有作歌自挽之事。王平甫「九月清霜送陶令」之句，雖用淵明挽歌中「嚴霜九月中，送我出遠郊」之典，但，正和少游仿淵明一樣，沒有提出淵明挽歌作於屬纊之夕的理由和證據，這樣的空

口白話，當然無置辯的必要了。所以上列七點，第五、六點也和第七點一樣，都是枝節問題，數語已破其妄。

比較更為完整而易淆人視聽的，是前面四點了。這四點中，第一、二點，是以《自祭文》作於屬纊之際為大前提，以文中「律中無射」之句，和歌中「九月」相符為小前提，而得出一個「所以輓歌也作于屬纊之際」的結論的。第三點是從昭明文選標題無「擬」字為「非擬」，以反證其為「自輓」的。第四點，據祁寬自己說，是從考次靖節詩文，而知其絕筆于祭輓三篇的。這三點，在邏輯上是否堅確？我卻認為實在有重新分別商討的必要。

三、自祭文的不可靠

自祭、自輓兩樁事，有無「兩具」的必要，暫且擱置不論。就《自祭文》本身而說，文中開宗明義便云：

「歲惟丁卯。」

而淵明死于元嘉四年，恰為「丁卯」之歲，又是古今一致的定論，自然可說是此文作於臨終之年的唯一根據。但是，我們參考嚴可均校輯《全上古三代秦漢六朝文》，「丁卯」二字，竟作「丁未」。若然，則此文應作于義熙三年，距淵明臨終之年，要早二十年。「丁卯」既有異文，又安能依而為推斷根據？然，可為之辭曰：「丁未二字誤也」。

文中第二、五句曰：

「律中無射。……陶子將辭于逆旅之館，永歸于本宅。」

依禮：「季秋之月，律中無射」之文，則此文又當然可謂作于「九月」，即臨終之月。但，淵明之死，雖然顏延之《陶徵士誄》只說「元嘉四年月日，卒于潯陽某里」，似乎連和陶淵明來往密切的顏延之都不知道他死于哪月哪日；朱子《綱目》卻大書特書列在元嘉四年十一月。（見朱自清《陶淵明年譜中的問題》一文）我們知道，朱子

雖爲宋人，十一月之文，我們現在雖難考其所據，但朱文公這條書法，是衆口稱道的得意之筆，自宋至今，還沒有人加以攻忤。陶澍曰：

> 「朱子《綱目》于元嘉四年特書：「晉徵士陶潛卒」。書法曰潛卒，于宋書晉何？潛，始終晉人也，《綱目》予節，故《通鑑》不書綱目獨書之。是故晉亡，潛心乎晉，則卒書晉；唐亡，張承業心乎唐，則卒書唐。徵士書卒，終《綱目》一人而已矣。按：稱先生曰晉徵士，不繫宋《綱目》，亦本顏延之。最合春秋之義。」

足見朱子當書這條的時候，態度是十分嚴正的，一字一句都經過審辨的工夫的。而且史臣修史，當然要博徵古今典籍，以資取信，所以「十一月」三字，決非無所依據，任意寫出。這樣看來，則自祭文中「律中無射」一語，又和淵明壽終之月不符了，又安能言《自祭文》作于臨終之月？

我們再把《自祭文》詳細讀下去，則其中又有云：

> 「樂天爲分，以至百年，此百年中，夫人愛之，……」

又云：

> 「壽涉百齡，身慕肥遯，從老得終，奚所復戀？」

按：陶淵明享年若干，雖然是一個爭論不決的問題；但史傳都說他「卒年六十三」。這是可靠的。因爲他自稱「年過五十」的告子儼疏已云「患病以來，漸趨衰損」；《答龐參軍詩序》又說「患病多年，不復爲爲文」。顏誄也說「年在中身」；陸侃如還說「全集未道及六十以後事」。可見他卒年決不會超過六十三，而此云「壽涉百齡」，「以至百年」「此百年中」；則和淵明臨終年齡不符。怎能視爲可靠之作？當然還可解釋說：這個「百齡」、「百年」說的是「一生」、「一世」，並不是指年齡。蕭統《陶淵明詩序》：「處百齡之內，居一世之中，」就是這種意思。但禮不只說「六十而制壽」；還說「七

十老，而傳」。又《說文》：「七十日老」。則古時年滿七十才能稱老。而此言「從老得終」，又怎麼是「卒年六十三」的陶淵明所說的話？也許有人會說：陶淵明未老先衰。他「四十無聞」所作的《榮木》詩已云「榮木，念將老也。」魏文帝年過三十，也說自己「已成老翁」。淵明「卒年六十三」，為甚麼不能說「從老得終」？要知道這是《自祭文》，不比平時說話作詩可以隨意稱老。大家既然公認《自祭文》是淵明屬纊之際的自祭；那就是件很鄭重的事。和未滿六十不能稱壽一樣，淵明總不至未滿七十而稱老，惹人笑話自己臨死依戀，誑言七十，對壽年存非分之想。

　　特別值得注意的是：遍查《宋書》、《南史》、《晉書》所載淵明本傳，及《蓮社高賢傳》，凡是淵明所作有關立身處世大節的詩文，如《五柳先生傳》、《歸去來辭》、《與子儼疏》、《命子詩》等，均或載其文，或舉其名。至于顏延之的誄呢？除「歸去來辭」為所舉及，誄曰：「賦辭歸來」外，對于先生臨死的一切措置，言之尤詳。如：

　　　　「視化如歸，臨凶若吉。藥劑弗嘗，禱祀非恤。」
　　這不是記載病中的態度嗎？

　　　　「式遵遺占，存不願豐，歿無求贍，省訃卻賻，輕哀薄斂，遭壞以穿，旋葬而窆。」

不是記載他臨終的遺言嗎？至于「遺占」二字，更值得我們注意。按：《後漢書張敞傳》：

　　　　「自獄中占獄吏上書自訟。」注：「占，謂口授也。」
　　又《漢書陳遵傳》：

　　　　「召善書吏十人于前治書謝京師人，遵馮几口占書吏，且省官事，書數百封，親疏各有意。」注：「占，隱度也。口隱其辭以授吏也。」

《史記平準書》：

> 「各以其物自占。」索隱：「占，自隱度也。謂各自隱度其財物多少，爲文簿送之官也。」

《漢書宣帝紀》：

> 「流民自占，八萬餘口。」注：「謂自隱度其戶口，而著名籍也。」

綜覽各註，則「占者，口授而令人書也。」所以濟注顏誄遺占下曰：「遺占，遺書也」。是則，顏誄不止舉一，「歸去來辭」和詳述淵明病中狀態與夫臨終所言，則這種遺言，曾由人代寫成書也提及了。假如淵明在這彌留之際，作了一篇偌長的《自祭文》的話，那正是花樣翻新，照例可以大書特書，如何晉書、宋書、南史、蓮傳、顏誄，竟一字不提？並且由遺占的情形看來，淵明當時根本不能秉筆，只是臨終時伏在枕上口授而叫人書寫之，試問如何能作詩文？

《自祭文》「奢恥宋臣，儉笑王孫，不封不植」數語，和顏誄「遺占」之言，表面看來，雖同含儉葬之意，細析起來，卻大不相同，並且除了這點不同之外，和淵明平日的主張，也有衝突之處。《孔子家語》說：

> 「孔子在宋，見桓魋自爲石槨，三年而不成。慨然曰：若是其靡也。」

《漢書》：

> 「楊王孫病且終，令其子曰：吾欲贏葬以反吾眞，爲布囊盛屍，入地七尺，既下，從足引脫其囊，以身親土。」

這是宋臣、王孫故實之所由。所以《漢書》載張奐的遺命因而說：

> 「奢非宋臣，儉笑王孫，推情從意，庶無咎吝。」

《自祭文》說：「奢恥宋臣，儉笑王孫」，不只句子由「奢非宋臣，儉笑王孫」點竄而成，其意也正和張奐一般，主張「不奢不儉，推情

以意」，而我們細玩上引遺占之文，卻極端主張一個「儉」字，這不是很大的不同嗎？

又淵明在飲酒詩中說：

> 「客養千金軀，臨化消其寶，贏（躶）葬何必惡？人當解意表。」

可見淵明平日的主張是不惡躶葬的，而在《自祭文》中，卻把躶葬的楊王孫譏笑起來，這不是和淵明平日的主張相衝突嗎？此尤足證明《自祭文》非眞了。

所以我們謹慎一點，便可說自祭文是淵明平時或老年時游戲之筆；假如膽大一點，簡直可說他是一篇後人僞託的東西。

你說《自祭文》是僞作就很奇怪嗎？

試看陶澍敘《陶靖節集・聖賢群輔錄》說：

> 「按靖節此錄，雖係僞作，究爲北齊以前所依託。」

湯東澗注《種苗在東皋》曰：

> 「此江淹擬作，見《文選》」。其音節文貌絕似。至『但願桑
> 麻成，蠶月得紡織，』則與陶公語判然矣。」

陳正敏、韓子蒼、洪邁、陶澍亦均以此爲江淹擬作，載于《文選》，誤收入陶集。且譏東波亦因而誤和之，爲「隨意而成，不復細考」。（韓子蒼、洪邁均有此論）又湯東澗注集中《問來使》曰：

> 「此蓋晚唐人因太白《感秋詩》而僞爲之。」

《容齋隨筆》及蔡條《西清詩話》亦有此說。郎瑛謂：

> 「此蘇子美所作，好事者混入陶集耳。」

又李公煥註《四時》曰：

> 「此乃顧長康詩，誤入彭澤集。」

湯東澗亦云：

> 「此顧凱之《神情詩》、《類文》有全篇，然顧詩首尾不類，
> 獨此警絕。劉斯立云：當是用此全成全篇，篇中惟此警絕，居

　　然可知。或雖顧作，淵明摘出四句，可謂善擇。」
陸侃如也說：

　　「他如五孝傳、讀史詩、四八目、畫贊等，疑皆僞作。」
是則陶集中的僞作正多著哩！自祭文又安知非此類？

　　你說《自祭文》爲陶公晚年遣戲之作就不合理嗎？

　　《史記‧趙世家》戴趙肅侯十五年「起壽陵」。瀧川資言曰：「壽陵，今生壙。古帝王生時起之。後世臣民亦有做之者。所謂壽藏，壽冢即是。《後漢書》趙岐自爲壽藏、圖季札、子產、晏嬰、叔向四像居賓位；又自圖其像居主位。皆爲讚頌。敕其子曰：「我死之日，墓中聚沙爲床。布簟白衣散髮，其上覆以單被。即日便下，下即便掩坎。」《侯覽》：「豫作壽冢石槨，雙闕高庶百尺」。事又見趙氏《陔餘叢考。》從此，可見生時豫爲墳墓、畫像、讚頌，古已有之。豫爲《自祭文》有何不可？

　　《漢書‧息躬夫傳》：「躬自待詔，數危言高論，自恐遭害，著《絕命辭》曰：『玄靈泱鬱將安歸兮，鷹隼橫厲鸞徘徊兮，矰若浮森動則機兮，叢棘棧棧曷可棲兮，發忠忘身自繞罔兮，冤頸折翼庸得往兮，泣涕流兮萑蘭，心結愲兮傷肝。虹蜺曜兮日微，孽杳冥兮未開，痛入天兮鳴呼！冤際絕兮誰語？仰天光兮自列，招上帝兮我察。秋風爲我唫，浮雲爲我陰。嗟若是兮欲何留？撫神龍兮攬其須，游曠迴兮反亡期，雄失據兮世我思。』」後數年乃死，如其文。」絕命辭既可作於平日；《自祭文》那一定要作於臨終？前於息躬夫漢成帝時班婕妤還作有《自悼賦》。

　　《南史》卷七十二列傳第六十二《何思澄傳附子朗、王子雲》云：

　　「子雲，嘗爲自吊文，甚美」。
吊文、祭文《文選》雖分爲二類，但《說文》：

　　「吊，問終也；又傷也；愍也。」

又《玉篇》：

> 「吊生曰唁，吊死曰弔。」

唐翼脩曰：

> 「或驕貴而殞身，或有志而無時，或美才而兼累，他人慰之惜
> 之，並名爲弔。其有稱祭文者，實亦弔文也。」又曰「祭文之
> 用有四：祈禱雨暘，驅逐邪魅，乾求福澤，哀痛死亡，如斯而
> 已。」

祭、弔之義既近，所以劉勰《文心雕龍》摯虞《文章流別集》顏之推
《家訓文章篇》，都把他合爲一類。那麼，以遊戲筆墨爲文自弔或自
祭，也是當時文人所有之事。至於後世文士有許多生時預輓的詩，謝
翱有生祭文丞相（天祥）的文，更是可以考查的。

還有古代復魄之禮，是初死之際舉行的，（見《禮記》、《墨子》）
後世招魂之葬，是爲不得「正首邱」的人而設的，而中國第一大詩人
風騷鼻祖屈原「被放之後，愁苦無可宣洩」，也曾「借題寄意，不嫌
自招」地作了一篇《招魂》，（此說黃文煥、林雲銘、蔣驥、游國恩
主之，見《楚辭聽直》、《楚辭燈》、《山帶閣注楚辭》、《楚辭概
論》等書。王逸、陸侃如等雖有異說，以爲招魂乃宋玉作以招屈原死
後之魂，但理由更不充足。）朱晦庵更說：

> 「招魂之禮，有不專爲死人者，如杜子美《彭衙行》云：『煖
> 湯濯我足，剪紙招我魂』，道路勞苦之餘，爲此禮以祓除慰安
> 之，何以非自招乎？」

至于我國民間爲病人厭勝，治病或爲小兒壓驚，往往有招魂之舉，那
更不用說了。就是《楚辭·招魂》這篇作品吧，也有人主張是屈原作
以招楚懷王的生魂，或宋玉作以招屈原的生魂的。前者如吳汝綸《古
文辭類纂校刊記》說：

> 「懷王爲秦虜，魂亡魄失，屈原憐君而招之盛言歸來之樂，以

深痛其在秦之苦……其時懷王未死，故曰，『有人在下，魂魄
離散。』蓋入秦不返驚恐憂鬱而致然也。」

後者如王逸《楚辭章句》說：

「招魂者宋玉之所作也……宋玉憐哀屈原忠而斥棄愁懣山澤，
魂魄放佚，厥命將落，故作《招魂》，欲以復其精神，延其年
壽。外陳四方之惡，內崇楚國之美，以諷諫懷王，冀其悟而返
之也。」

林雲銘說：

「古人以文滑稽，無所不可，且有生自祭者。」

隋唐之際的王績還有「自撰墓志。」淵明自祭文又安能知非此類
文章？淵明晚年的貧病交迫，愁苦呼號是有詩可考，盡人皆知的，（
詳作歌原因推測，環境煎迫段節）又安知他非作此文以自遣以祓除或
壓勝？

由此，則自祭文本身已不可靠，而前人據以爲推論《輓歌》作於
屬纊之際的大前提，也不能成立了。

四、《自祭文》與《輓歌》的矛盾

即使《自祭文》完全可靠吧！我們也不能據以推斷《輓歌》與之
同作於一夕。《自祭文》中的無射之月，和《輓歌》中的九月相等，
固然不錯。但，這只能說是一種偶然的巧合，而《自祭文》和《輓歌》，
除了這一點相符外，還有幾點很大的矛盾。

晉皇甫謐《篤終篇》說：

「禮，「六十而制壽」。……吾年雖未制壽，然，嬰疾彌紀，
仍遭喪難，神氣損勞，困頓數矣，常恐夭殞。」

則當時以未逮六十者不爲壽；其死，則爲夭殞也可知！

淵明《孟府君傳》亦云：

「後以疾終于家，年五十一。」

同時他又於傳末贊上說：

「仁者必壽，其斯言之謬乎？」

可見淵明也不以五十餘爲壽的了。《自祭文》既說：

「壽涉百齡，從老得終。」

《輓歌》又說：

「早終非命促。」

這不是一個很明顯的衝突嗎？所以，假使我們認爲稱「壽」、稱「從老終」的《自祭文》作于屬纊之夕是可靠的話，那稱「命促」、稱「早終」的《輓歌》，就絕對不是同在一個時間或同一夕的作品了。

又《自祭文》說：

「天寒夜長，風氣蕭索，……陶子將辭于逆旅之館，永歸于本宅。故人悽其想悲，同祖行于今夕，羞以嘉蔬，薦以清酌。……」

祖餞的東西，似乎是嘉蔬清酌。而《輓歌》中又說：

「殽案盈我前，親舊哭我傍。」

祖祭之物，又有殽案了。這不又是一個很明顯的衝突嗎？這種衝突，表面看來，似乎我們行文時不經意往往會有。不足據以證明《自祭文》、《輓歌》非同作於一夕。但《檀弓》云：

「曾子曰：始死之奠，其餘閣也與！」

陳註云：

「始死，以醯醢酒就屍床而奠于屍東，當死者之肩，使神有所依也。閣者，所以庋置飲食，蓋以生時庋閣上所餘脯醢爲奠也。」

這是始死之奠一定的禮法。雖然晉代經過了一個尚老莊，蔑禮法的時代，這種古禮，不足範圍當世，但淵明先生是很崇拜「彌逢以使其醇」的「魯中叟」的，他的飲酒、榮木、時運，處處都表示他對孔老夫子

的崇敬和對六經的愛好，所以後人說他的詩，「出于《論語》」。試想！一個這樣的人，雖然很順任自然，但他真的會如嵇康、阮藉般的蔑棄禮法嗎？並且《南史》卷六《梁本紀》上第六《武帝上》說：

> 「天監十六年，……三月，丙子，勅大醫不得以生類為藥。公家織官紋錦飾，並斷仙人鳥獸之形以為褻衣裁剪，有乖仁恕。于是祈告天地宗廟以去殺之理，欲被之含識。郊廟牲牷，則皆代以麵，其山川諸祀則否。時，以宗廟去牲，則為不復血食。雖公卿異議，朝野喧囂，竟不從。冬十月，宗廟薦羞，始用蔬菓。」

《南史》卷十二《劉勰傳》：

> 「梁天監中，兼東宮通事舍人。時，七廟饗薦，已用蔬菓，而二郊農社，猶有犧牲。勰乃表言：二郊宜與七廟同改，詔付尚書議，依勰所陳。」

《梁書顧憲之傳》：

> 「臨終，為制勅其子，……祀先人自有舊典，不可有闕。自吾以下，祀，只用蔬食時菓，勿同于上世也。示令子孫，四時不得忘其親耳。孔子曰：雖菜羹瓜祭，祭必齋如也。」

《南齊書王儉傳》：

> 「臨終，召子子廉、子恪曰：三日施靈，唯香火槃水、乾飯、酒脯、檳榔而已。朔望，菜食一盤，加以甘菓。此外悉省。」

可見祭品專用蔬菓以代替犧牲，乃齊以後，尤其是梁以後，佛教盛行，因禁殺牲，經梁武、劉勰倡導而起的風俗。所以說：「祀先人，自有舊典不可缺；自吾以下，祭祀只用蔬菓。」至於薦新菓於廟，雖為古代之禮，自漢初叔孫通倡之，歷代帝王亦多推行，（如《魏志》：「明帝叡大和六年四月甲子初進新菓于廟。」《王肅傳》：「上疏宜遵舊禮薦菓宗廟，事皆旋行」。）但，這不過是每季新菓初出的薦禮，

非規定用于死喪之祭者。不能因此說祭祀全無犧牲。顏誄雖言其：「灌園鬻蔬，以供魚菽之祭」，然也只謂其如《公羊傳》齊大夫陳乞所言：「常之毋有魚菽之祭，祭用魚豆，示儉也。」且也非全用蔬菓。《儀禮‧特牲饋食禮》「祝贊邊祭」注：「邊祭，棗栗之祭也。」也不是臨終之祭，更不是祭祀禁用犧牲代以棗栗；所以名曰「特牲饋食禮」、「少牢饋食禮」。由此，我們可從而推測，《自祭文》或者便是這個時代的人所偽託。那麼，他和《輓歌》的衝突，更不是偶然的了。眾所周知：「桃花源」是陶淵明的理想世界。他的《桃花源詩》，稱贊這個理想世界的美好特點之一是「俎豆猶古法」。既然「故人悽其相悲，同祖行于今夕」是「羞以嘉蔬，薦以清酌」；那就是「俎豆違古法」了。陶淵明怎麼會把這種向自己挑戰的場面寫到文裡去！並且陶淵明的詩，梁鍾嶸。《詩品》雖列為中品，但他死後二十五年，王僧達，即九月九日送酒給淵明的江州刺史王宏的兒子，已有學陶彭澤體。《鮑照集》亦載有奉和王作的陶彭澤體。（舊譜戴元嘉29年），我們上文說過梁江淹也有擬陶體之作。昭明、簡文兄弟都喜愛淵明詩文，昭明還把陶淵明的詩編入《文選》。可見南朝宋、齊、梁諸代，對於淵明詩文，不但有人喜愛；還有人把它當作一種特殊的體裁來學習和摹擬。《自祭文》又安知非這類作品？

　　《自祭文》和《輓歌》的文辭，既如此鑿枘，假使從「無射」、「九月」一點的相符，便從而推斷其同作於屬纊之夕，那正如見虎豹有一斑之似，蛇龍有一片鱗之同，便因而怡然自得地說：啊！這虎豹是同父所生，這龍蛇是一母之子了。這不是絕大的笑話嗎？何況《自祭文》和文中年月，還不可靠呢？

　　綜上所述，不止他們推論的大前提不可靠，連小前提也難成立。這種的論證，那能產生正確的結論呢？

五、《文選》標題的說明

依《文選・輓歌》的標題無「擬」字，以推斷《輓歌》為「非擬」，而為「自挽」，其說，驟聽之，雖甚入耳，但細察之，卻難成理。

《文選》的標題，自有其一律的體例。以「陶淵明」之名，加於《輓歌》之上，曰「陶淵明《輓歌》」也正和其它標題以作者姓名冠于其作品篇名之上一樣，其意不過表明這篇詩文是誰人所作而已，我們絕不能說它和古來所謂「史筆」一樣，寓有褒貶或其它的意義。至於「輓歌」二字之上沒有「擬」字，我們要知道其上也沒有「自」字。依前人之說，無「擬」字，即非「擬輓」，那麼無「自」字，又何可謂之「自挽」呢？且《文選》所載《輓歌》除淵明一首外，還有繆襲一首、陸機三首，其標題也和淵明先生的《輓歌》一般，以人名冠於篇名之上曰「繆襲輓歌一首」「陸機輓歌三首」，也一樣沒有「擬」字，假如淵明《輓歌》的標題上含有「自挽」之意，那繆襲、陸機《輓歌》的標題，也含有「自挽」的意義了。姑無論繆襲、陸機二先生沒有臨終為歌自挽的傳說或記載，則任舉陸機《輓歌》中的兩段來說：

> 「生死各異論，祖載當有時，含爵兩楹位，啓殯進靈輀，飲餞觴莫舉，出宿歸無期，惟祗曠遺影，棟宇與子辭，周親咸奔湊，友朋自遠來，翼翼飛輕軒，駸駸策素騎，按轡遵長薄，送子長夜台，呼子子不聞，泣子子不知，嘆息重襯側，念我疇昔時，三秋猶足收，萬世安可思，殉歿身易亡，救子非所能，含言言哽咽，揮淚淚流離」。

細察其口吻，不是如古人所說：「此段是送葬者所歌」嗎？又云：

> 「流離思親友，惆悵神不泰，素驂停輀軒，玄駟騖飛蓋，哀鳴興殯宮，迴遲悲野外，魂輿寂無響，但見冠與帶，備物象平生，長筵誰為筛？悲風徽行軌，傾雲結流靄，振策指靈郤，駕言從

　　此逝」！

審其語意，不是如古人所說：「此段乃觀送殯者之歌」嗚！假如是《自輓》，試問這兩段歌辭如何可解？

　　再看繆襲輓歌中的句子：

　　　　「形容梢衰竭，齒髮行當墜，自古皆有然，誰能離此者？」

分明是未死悲哀歎老的口氣，假如是臨終時的「自輓」，這類句子又當如何說明？劉彥和《文心雕龍樂府篇》說：

　　　　「漢世鐃輓，雖戎喪異俗，而並入樂府，繆襲所制，亦有可算焉。」

繆襲是魏代樂府模擬大家，他奉命作了許多樂府，《文章志》也說他作魏鼓吹曲與輓歌。陸侃如《中國詩史》曾疑他的《輓歌》，也是奉命而作，現在我們證以上引《文章志》、《文心》的話，這種懷疑，是一毫不錯的，何能說他是自輓呢？

　　繆襲陸機的《輓歌》既非臨終之作，也非「自輓」之品，依此隅反，則淵明《輓歌》非臨終之「自輓」又何疑哉？

六、絕筆於祭輓三篇的無據

　　淵明詩文絕筆於祭輓三篇，是祁寬的主張，他雖說：「考次靖節詩文絕筆于祭輓三篇」，但如何考次之法，及如何可由考次詩文以證明祭輓三篇為絕筆的理由，卻毫未提及。我們統計陶集百五六十首詩文，而加以考察，則有甲子可明知其作于何時者，不過詩十二首，文三首。除了這十五首詩文外，還有一百三四十首沒有年月，怎的知道那幾篇是絕筆？且則依今人陸侃如的考察，謂作期可考者，第一期（壯年）有命子，始作鎮軍參軍經曲阿、庚子歲五月中從都還阻風規林，辛丑歲七月赴假還江陵夜行途中，歸田園居，歸鳥，癸卯始春懷古田舍，癸卯歲十二月中作與從弟敬遠，還舊居，乙巳歲三月為建威參軍

使都經錢溪等計二十八首；第二期（中年）有責子詩，戊申歲六月遇火、移居、己酉歲九月九日、和劉柴桑、酬劉柴桑、庚戌歲九月中于西田獲早稻，飲酒、連雨獨飲，與殷晉安別、榮木、答龐參軍、又答龐參軍，丙辰歲八月中于下潠田舍穫，示周續之祖企謝景夷三郎，贈羊長史松齡、贈長沙公等計四十八首；第三期（晚年）有述酒、擬古、雜詩、遊斜川、怨詩楚調示龐主簿・鄧治中，於王撫軍座送客，九日閑居、乞食、有會而作、詠貧士、輓歌詩等計三十八首。三期共計百十四首。這種考察有無錯誤，我們暫且不論，然此外還有作期不可考者四言詩十餘首，五言詩二十餘首，約當全數四之一。我們再綜看歷代編淵明年譜的也未聞一人有如此大的本事，能把淵明全部詩文安排得絲毫不差的某篇作於何年。試問祁先生對靖節詩文是怎樣的考次法，能由而證明《輓歌》、《自祭》是陶淵明絕筆？淵明這百多篇詩文中，或陸侃如視為作期不可考的數十首詩文中，又如何可知其無一首是比《輓歌》、《自祭》更後的作品？我們在前上文統計過，淵明輓歌有三首，自祭文一篇，祭輓詩文共計是有四篇的。（《與子儼疏》除外），而祁先生卻說：「絕筆于祭輓三篇」，誤四為三，是則祁先生對於祭輓詩文的篇數都沒計算得清楚，遑論自祭詩文的內容和性質，更遑論整個陶集？祁先生所謂「考次靖節詩文」的考次之法，由此我們也可以想見一般了，其說又何足為準？

即使祁寬先生的確沒有吹牛，真的將淵明全集考次過了吧！也無法斷定祭輓詩文便是絕筆。北齊陽休之序錄說：

> 「先生集，先有二本行于世，一本八卷，無序，一本六卷，並序目。編次顛亂，兼復闕少。蕭統所撰八卷，合序目謀傳而少，五孝傳，及四八目。然編錄有體，次第可尋。余頗賞潛文，以為三本不同，恐終至亡失，今錄統所闕並序目等合為一帙十卷」。

唐書《藝文志》云：

「陶泉明集（泉：淵避，太宗諱作泉）五卷。今官私所行本凡
數種，與二志不同有八卷者，則梁昭明太子所撰，合序傳誄等
在集前爲一卷，正集次之，亡其錄。有十卷者，則陽僕射其撰。」

宋丞相私記曰：

「吳氏西齋錄，有宋彭澤令陶潛集十卷，疑即陽僕射本也。其
序並昭明誄傳合爲一卷，或題曰第一，或題曰第十，或不署於
集端，別分四八目自甄表杜喬以下爲第十卷，然亦無錄。余前
後所得本，僅數十家，卒不知何者爲是，晚獲此本，云出于江
左舊書。其次第最有倫貫。又五孝傳以下至四八目，子注詳密，
廣于他集，惟篇後八儒、三墨二條，此似後人妄加，非陶公本
意。且四八目之末，陶自爲說曰：「書籍所載，及故老所傳，
善惡聞于世者，蓋不盡于此」，即知其後無餘事矣。故今不著，
輒別存之，以俟博聞者。廣平宋庠記」。

晁公武昭德讀書志曰：

「靖節先生集有數本，七卷者梁蕭統編，以序傳顏延之誄載卷
首。十卷者北齊陽休之編，以五孝傳，聖賢群輔錄，序傳誄分
三卷，益以之詩，篇次差異。按《隋書經籍志》：「潛集九卷」。
又云：「梁有五卷，錄一卷」。唐《藝文志》：「潛集五卷」。
今本皆不與二志同。獨吳氏西齋目有潛集十卷，疑即休之本也。
休之本出宋庠家，云江左舊書，其次第最有倫貫，獨四八目後
八儒三墨二條疑後人妄加。」

宋僧思說曰：

「梁鍾記室嶸評先生之詩爲古今隱逸詩人之宗，今觀其風政孤
邁，蹈厲淳源，非晉宋間作者所能作也。昭明太子舊所錄纂，
且傳寫寖訛，復多脫落，後人雖加綜輯，未見其完止。愚嘗採
拾眾本，以事讐校；詩賦、傳記、贊述、雜文，凡一百五十有

一首，自四八目上下二篇，重條理編次爲十一卷。近永嘉周仲章太守，枉駕東嶺，示以宋朝丞相判定之本，于疑闕處，甚有所補。其陽僕射序錄，宋丞相私記存于正集外，以見前後記錄之不同也」。

陶澍曰：

「……今昭明本休之本，皆不得見，余所見李公煥以下凡十餘家，卷數分併，互有異同。……」

何焯後序曰：」

「陶集世行數本，互有舛謬，今詳加審訂，其本無二意，不必俱存者，如亂一作乱，禮一作礼，游一作遊，余一作予者。復有字畫近似，傳寫相襲，失于考究，如以庫鈞如庚鈞，丙曼容爲丙曼客，八及爲八友者。幾所改正，二百二十有六……。」

焦竑曰：

「靖節先生，微衷雅抱，觸而成言。昭明太子，手茸爲編，序而傳之。歲久，頗爲後人所亂。其改竄者，什居二三。竊疑其謬，而絕無善本，是本。頃友人偶以宋刻見遺，無堅賢之目，篇次正與昭明舊本吻合，中與今本異者，不啻數十處。……」

綜上所述，足見淵明集在北齊陽休之時，已多殘闕。昭明所收，亦非其詩文全豹。後來雖歷代有人校讐訂正，然脫落，錯誤，顛亂、改竄、僞增、互異……到處皆是，即所謂校正，也不過是略盡人事，何能復其眞面。試問祁寬先生所根據是甚麼版本，能存有陶公詩文全部而將他每篇的作時年月考次得一字不差？假如任取一種版本，看見《自祭文》是列在文之最後一頁，《輓歌》是排在詩最末三首；便侈然說《自祭文》和《輓歌》是絕筆的話，那就是以偏概全，所謂「不登山者不知天之高，不航海者不知水之深」了，其考次之法既不可靠，絕筆于祭輓之說又何足憑？

七、輓歌和臨終詩的分野

(一)輓歌的本質和體制

《文選》標題，既自有其體例，不容任意曲加附會，《自祭文》又非徒本身不可靠，而且和《輓歌》有所抵觸，絕筆于祭輓三篇之說，又為無稽之妄言，那《輓歌》作于屬纊之夕的說法，就自然不得不宣告崩潰了。那末，陶淵明這幾首輓歌，到底是一種性質怎樣的東西呢？我以為要解決這個問題，最好從《輓歌》的本身下手，先弄清楚他的本質和體制。同時從《輓歌》的本質和體制上，也尤足證明陶淵明先生這三首輓歌，不是屬纊之夕的自輓。

崔豹《古今注》說：

> 「薤露，蒿里，並喪歌也。本出田橫門人，橫自殺，門人傷之，為作悲歌。言人命奄忽，如薤上之露，易晞滅也；亦謂人死魂魄歸于蒿里。故為二章。至漢武帝時，李延年分為二曲，薤露送王公貴人，蒿里送士大夫庶人，使輓柩者歌之，亦謂之輓歌。」

誰周《法訓》說：

> 「輓歌者，漢高帝召田橫至屍鄉，自殺；從者不敢哭，而不勝哀，故為輓歌以寄哀音。」

可見輓歌原來為薤露歌、蒿里曲兩支歌曲，不過後來因為這兩支曲子都為挽柩者所歌，所以又叫做輓歌，這是輓歌起源的最正統的主張。雖然《纂文》云：

> 「薤露今輓歌也；莊子亦有紼謳之文。」

司馬紹統莊子註云：

> 「紼，引柩索也；謳，輓歌。」

可見莊子的時候，已有輓歌。宋玉對楚王問曰：

> 「客有歌于郢中者，其始曰下里巴人，國中屬而和者數千人；

其爲陽阿薤露，國中屬而和者數百人……」。

孟康《漢書》注云：

「死者歸萬里，葬地下，故曰下里」。

可見周末或秦漢之際已經有薤露萬里（下里）二個曲名，輓歌之作不必始于田橫門人。雖然《說文》輓字下曰：

「引之也，從車，免聲。」

《爾雅釋訓》：「『步輓輦車，謂引車也』。《左傳》：『或推之，或輓之』，註：前牽曰輓。」《莊子》：

「紼謳所生，必自斥苦」。

司馬紹統註：

「斥，疏緩；苦，急促；言引紼謳者，爲人用力也。」

《禮記》註也說：

「紼，引柩索也；執之以改力也。」

則輓歌的原始，應該是一種如現在伏爾加河船夫曲一般的爲勞動者用以調節用力，疏緩苦痛的工作之歌。但《晉書禮志中》云：

「輓歌起漢武帝役人之勞，歌聲哀苦，故以之爲送終之禮……。」

《文心樂府篇》也說：

「漢世鐃輓，並入樂府……。」

那麼，輓歌至漢武帝時始正式獲得禮樂上的地位，定爲送終之禮，卻是可信的。

我們再看張永《元嘉技錄》說：

「相和有十五曲，一曰氣出唱，二曰精列，三曰江南，四曰度
關山，五曰東光，六曰十五，七曰薤露，八曰萬里，九曰觀歌，
十曰對酒，十一曰雞鳴，十二曰烏生，十三曰平陵東，十四曰
東門，十五曰陌上桑……。」

吳兢《樂府古題要解》郭茂倩《樂府詩集》、鄭樵《通志》，也把薤

露，萬里或輓歌，列爲相和歌辭中相和曲的曲子。

《宋書樂志》說：

> 「相和，漢舊曲也，絲竹更相和，執節者歌。」

從此可見薤露蒿里或輓歌，雖可獨作歌辭；但牠是樂府的一種，是樂歌。其主要的目的還是在調其律呂和以絲竹歌唱出來的，試問一個患病已久，日就衰損的陶先生當那咽氣的剎那間他還有歌唱的氣力嗎？即使他就有唱歌的心情或興趣吧！何況《宋書隱逸傳》說：

> 「潛不解音聲，而蓄素琴一張，無絃，每有酒輒撫弄，以寄其意。」

《晉書隱逸傳》也說他

> 「性不解音，而蓄素琴一張，絃徽不具，每朋酒之會，則撫而和之曰：「但識絃中趣，何勞絃上音。」」

難道一個「性不解音的陶先生，當易簣之際，還要如在「朋酒之會」一般，搬出素琴來摩索，玩一道最後的玄虛的把戲，給「羞以嘉蔬，薦以清酌，懷其想悲」（《自祭文》語）的一群來祖行的故人開開心？」

還有，薤露蒿里或輓歌，既是「一以送王公貴人，一以送大夫士庶人」，可見牠的體制「告終哀往」，是生人用以歌哭死者的。自輓便不是牠的本質了。雖然陸機的三首輓歌中有一首說：

> 「垂阜何崔嵬，玄廬竄其間，磅礴立四極，穹隆放蒼天，側聽陰涵湧，臥觀天井懸，廣宵何寥廓，大暮安可晨，人往有反歲，我行無歸年，昔居四民宅，今託萬鬼鄰，昔爲七尺軀，今成灰與塵，金玉素所佩，鴻皮今不振，豐肌饗螻蟻，妍姿永夷泯，壽堂延魑魅，虛無自相賓，螻蟻爾何怨，魑魅我何親？枏心痛荼毒，永歎莫爲陳。」

而孫月峰評曰：「此段死人自唱」。宋鮑明遠的輓歌說：

> 「獨處垂冥下，憶昔登高台，傲岸平生志，不爲物所裁。梃門

只復閉，白蟻來相摧，生時蘭蕙體，小蟲今爲災，玄鬢無復根，骷髏依靑苔。憶昔好飲酒，素盤薦靑梅，彭韓及廉頗，疇昔已成灰，壯士皆死盡，餘人安在哉。」

也是死者的自嘆。魏繆襲唐孟雲卿和其它輓歌作者，也都有這類作死者口吻的句子，（略見上文—引）。至於陶淵明的三首輓歌更全部有些像他自己假扮死者說的話，但，這我們是不能以之爲自挽的證據的。牠的理由我們在上文已經說過了。而且顏之推《家訓文章篇》說：

「輓歌辭者，或曰古者虞殯之歌，或曰出田橫之客。皆爲生者悼往告哀之意，陸平原多爲死人自嘆之言，詩格既無此例，又乖製作本意。」

他所以專言陸平原，大概是因爲平原作俑寫這麼一大段死者自嘆之語的。我們知道陶淵明的詩文集在南北朝並非不盛傳，蕭統既爲之編集作序，《家訓文章篇》又曾說：

「劉孝綽當時已有重名，無所與讓，唯服謝朓，常以謝詩置几案間，動靜輒諷味。簡文愛陶淵明文，亦復如此」。

可見昭明簡文兄弟二人均愛淵明文，也是顏之推所深知的，試想！陸平原不過首先大段的作死者自歎之語，顏之推已經大加呵斥，責其「詩格既無此例，又乖製作本意」了。假使陶淵明先生有過爲歌自輓之事，那時一定會傳揚開來的，顏之推怎麼能對他容忍得一言不發呢？

㈡臨終詩標題述例

從《輓歌》的性質和體例上觀察，陶淵明《輓歌》爲臨終之夕自輓之事，既更不可能，那我們再細考漢魏六朝那個時候或以前社會上的人，是否有臨終作詩的事呢？

《禮記檀弓上》說：

「孔子蚤作，徒手曳杖，消搖于門。歌曰：『泰山其頹乎？梁木其壞乎？哲人其萎乎』？既歌而入，當戶而坐。子貢聞之，

曰：『泰山其頹，則吾將安仰？梁木其壞，哲人其萎則吾將安
放？夫子殆將病也』。遂趨而入。夫子曰：『賜爾來何遲也？
夏后氏殯于東階之上，則猶在阼也；殷人殯于兩楹之間，則與
賓主夾之也；周人殯于西階之上，則猶賓之也。而丘也，殷人
也，予疇昔之夜夢坐奠于兩楹之間，夫明王不興，而天下其孰
能宗予？予殆將死也。』蓋寢疾七日而歿」。

假如是真有其事的話，這一篇應該是最早的臨終自輓歌。《漢書·武
五子傳》：

「（廣陵厲王）胥壯大，好倡樂逸游。力扛鼎，空手搏熊羆猛
獸。動作無法度，故終不得為漢嗣……昭帝時，胥見帝少年無
子，有覬覦心。而楚地巫鬼，胥迎女巫李女須，使下神祝詛，
女須泣曰：『孝武帝下我。』左右皆伏。言『吾必令胥為王子』，
胥多賜女巫錢，便禱巫山。會昭帝崩，胥曰：『女須良巫也，』
殺牛賽禱。及昌邑王徵，復使巫祝詛之。後王廢，胥寖信女巫
等，數賜予錢物。宣帝即位，胥曰：『太子孫何以反得立！』
復令女須祝詛如前。又胥女為楚王延壽后弟婦，數相餽遺，通
私書。後延壽坐謀反誅，辭連及胥。有詔勿治，賜胥黃金前後
五千斤，它器物甚眾。胥又聞漢立太子，謂姬南等曰：『我終
不得立矣！』乃止不詛，後胥子南利侯寶坐殺人奪爵，還歸廣
陵。與胥姬左脩姦，事發覺，繫獄棄市。相勝之奏奪王射陂草
田以賦貧民，奏可。胥復使巫祝詛如前……，居數月，祝詛事
發覺，有司案驗。胥恐惶，藥殺巫及宮女二十餘人以絕口。公
卿奏誅胥，天子遣廷尉大鴻臚即訊。胥謝曰：『死罪有餘，誠
皆有之。事久遠，請歸思念具對。』胥既見使者還，置酒顯陽
殿。召太子霸及子女董訾胡生等夜飲。使所幸八子郭昭君家人
子趙左君等鼓瑟歌舞。王自歌曰：『欲久生兮無終，長不樂兮

安窮？奉天期兮不得須臾，千里馬兮駐待路。黃泉下兮幽深，人生要死兮何為苦心？何用為樂心所喜，出入無悰為樂亞。蒿里召兮，郭門閲，死不得取代庸身自逝！』左右悉更涕泣奏酒，至雞鳴時罷。脅謂太子霸曰：『上遇我厚，今負之甚。我死骸骨當暴，幸而得葬，薄之無厚也。』則以綬自絞死，父八子郭昭君等二人皆自殺。」

這是離李延年時代很近的一首臨終所作的歌。歌辭中還有「蒿里召」、「黃泉下」之類的話，在這之前，趙王劉友為呂太后所迫，不得食而幽死之前，也作過一首「諸呂用事兮劉氏危」的歌。《三國志‧吳志》卷十二《陸續傳》說：

「豫自知亡日，乃為辭曰：『有漢志士，吳郡陸績，幼敦詩書，長玩禮易，受命南征，遇疾遘厄，遭命不幸，嗚呼怨隔』，又曰：『從今已去，六十年之久，車同軌，書同文，恨不及見也』。年三十二卒」。

《西京雜記》說：

「杜子夏，葬長安北四里，臨終作文曰：「魏郡杜鄴，立志忠款，犬馬未陳，奄光草露，骨肉歸于后土，氣魄無所不之，何必故丘然即化？封于長安北郭，此為宴息」。及死，命刊石埋于墓側」。

雖然是簡短的文辭，但這卻史有明文的說是將死所作。所以縱使淵明《自祭文》和《輓歌》就真是作於屬纊之夕，也不足以表示他是了不起的人，這更不是一件了不起的事，那麼前人又何必為他無中生有的附會呢？

《後漢書孔融傳》：

「融為太中大夫，見曹操雄詐漸著。頻書爭之，致乖忤。又奏宜準古，王畿之制千里，寰內不以封建諸侯。操疑其所論建漸

廣，並憚之。都慮承旨以微法免融；又令路粹誣奏融；下獄棄
市。死時作詩曰：「言多令事敗，器漏苦不密，河潰端蟻孔，
山壞由猿穴，涓涓江漢流，天窗通冥室，讒邪害公正，浮雲翳
白日，靡辭無忠誠，華繁竟不實，人有二三心，安能合為一？
三人成市虎，浸漬解膠漆，生存多所慮，長寢萬事畢」。

《後漢書崔駰傳》，崔舒的小子篆也臨終作賦以自悼，名慰志：這篇
賦也載在傳後。他如晉代的歐陽建、符朗，也有將死時所作的詩。以
上所舉是比淵明先生時代更早的。

又《宋書謝靈運傳》：

「靈運既被擒，文帝以謝玄勳參微管，宜宥及後嗣，降死徙廣
州，又為有司所奏，請依法收治，詔于廣州棄市。臨刑，作詩
曰：『龔勝無餘生，李業有終盡，稽公理既迫，霍生命亦殞。
悽悽後桑柏，納納衝風茵，邂逅竟無時，修短非所愍，恨我君
子志，不得巖下泯，遂心正覺前，斯痛久已忍，唯願乘來生，
怨親同生朕』」。

他如范曄，何長瑜也有這一類的作品。這是和淵明先生同時的。又《
伽藍記》北魏孝莊帝的事說：

「莊帝既誅爾朱榮，右僕射爾朱世隆至高都立長廣王日曄為主，
遣穎川王爾朱兆舉兵向京師，大軍失利，遂執帝還晉陽，縊于
三級寺。帝臨崩，作詩曰：『權去生道促，憂來死路長，懷恨
出國門，含怨入鬼鄉。隧門一時閉，幽庭豈復光，思鳥吟青松，
哀風吹白楊，昔來聞死苦，何言身自當？』」

《續高僧記》記隋釋靈裕的事說：

「於時鄴下昌言，裕師將過世矣，道俗雲合，同稟歸戒，訪傳
音之無從。裕亦信福命之有盡，示誨善惡勵諸門人。從覺不愈，
至第七日，援筆制詩二首：『今日坐高堂，明朝臥長棘；一生

　　聊己竟，來報將何息？命斷辭人路，骸送鬼門前，從今一別後，
　　更合幾何年？』……」

他如北魏中山熙王，陳釋智愷，隋釋智命、（鄭頤）也有這類的作品。
這是比淵明先生時代較晚的。

　　我們把上舉各例細加分審，則除孔子的歌，廣陵厲王的歌，陸績
的辭、杜子夏的文，只分別附見於《檀弓》、《漢書本傳》、《史記
高后紀》、《吳志》《西京雜志》外，其他諸人的作品，均爲人於本
傳中錄出，分見於各種詩集中。再看這許多作品的標題，則不外下列
數種：

標　題	作　　　　　者	附　　注
臨終詩	孔融歐陽建符朗謝靈運	
	范曄何長喻北魏孝莊帝	
	隋釋智命陳釋智愷	
絕命詩	北魏中山熙王	一曰示寮友
		一曰別知友
哀速終	隋釋靈裕	
悲永殯	隋釋靈裕	

固然臨終詩，絕命詩等標題不能決其即爲作者自己所標，而有許多是
後來的選家所命，但哀速終、悲永殯、示寮友、別知友等題卻是作者
自己所標的，而這種史有明文的作於臨死那一刹那間的作品，他們卻
都不名之曰「輓歌」。崔篆還把他臨終自悼的賦名爲「慰志」。

　　我們再就牠的內容去觀察：「今日坐高堂，明朝臥長棘」，（靈
裕哀速終）不正和「昨暮同爲人，今且登鬼錄（淵明輓歌）一樣嗎？
「懷恨出國門，含悲入鬼鄉」（莊帝臨終）不正和「生時遊國都，死
歿棄中野」（繆襲輓歌）一般嗎？「隧門一時閉，幽庭豈復光」（莊
帝）和「幽室一已閉，千載不復陽，」（淵明輓歌）「誰非一丘土，

參差前後間，」（何長喻臨終）和「自古皆有然，誰能離此者，」（
繆襲輓歌）……意思不也相同嗎？「豈論東陵上，寧辦首山側，……」
（范曄臨終）和「彭韓及廉頗，疇昔已成灰」，（明遠輓歌）……不
也是一類嗎？內容儘管沿襲，可是他們在標題上便絕不假借，臨終詩
或絕命詩，和輓歌毫不混同。魏中山熙王的絕命詩還細分為示寮友、
別知友二個標題。這或者是因為輓歌是樂府，而臨終詩絕命詩等是徒
詩，前者可以入樂，而後者只供諷詠。性質既異；區別自嚴吧！

　　總之，依事實的例，臨死作詩，史家是可以記載的。依標題的例，
臨死所作的詩，是叫臨終詩或絕命詩，不叫做「輓歌」的。史籍上淵
明先生既無臨死作詩的記載；我們為甚麼要追風捕影的無中生有？淵
明先生所作的《輓歌》分明屬於樂府而標題為輓歌；又何必說他是臨
終所作？假設淵明先生真有臨死作詩的事，為甚麼其餘諸人均有明文
記載，而淵明獨無？假使《輓歌》是真的作於屬纊之際，為甚麼不照
例標題為臨終詩、絕命詩，而自亂名實地竊取輓歌之名？那麼，淵明
《輓歌》非作於屬纊之際，也非有有自輓之義，我們又得著一層反證
了。

　　大概倡導淵明《輓歌》作於屬纊之夕而為臨死自輓之說者，其目
的無非要勢勢利利地為陶先生作些錦上添花的工作。所以祁寬說：

> 「昔人自作祭文挽詩者多矣，或寓意騁辭，成于暇日。寬考次
> 靖節詩文，乃絕筆于祭挽三篇，蓋出于屬纊之際者。辭情俱達，
> 尤為精麗。其于晝夜之道，了然如此，古之聖賢，唯孔子曾子
> 能之，見于曳杖之歌，易簀之言。嗟哉！斯人沒七百年，未聞
> 有稱贊及此者，因表而出之，附于卷末」。

附和這一說的人，也無非要以「其于晝夜之道，了然若斯的聲譽，把
陶先生捧得和「易簀」的曾子，「曳杖」的孔子一樣好入聖廟。但現
在是不重這一套了，即使捧成了功，陶先生還是沒有冷豬肉吃。而且

依上面所引的例看來，當時「了然于晝夜之道」的人實在太多，就承認陶先生「了然于晝夜之道」吧！恐怕和那批刀斧在頸，棄市在即，還把筆作詩的人比起來，也有小巫見大巫之慨。孔子曳杖也好，曾子易簣也好，根本出不了風頭。何況陶先生？然則，我們又何必把土以附泰山呢？

陶淵明挽歌別議

一、作歌原因的推測

淵明《輓歌》既非作於屬纊之夕；而自挽之古說又只是爲了捧陶
先生的場，全不推究事實；那末，陶先生爲甚麼會有挽歌之作？要解
決這個問題，我覺得最好從當時的文學背景、時代環境、社會風尚，
淵明的遭遇各方面去著想。

(一)樂府的摹倣

拿文學史的眼光來看：有漢一代的文學，要以樂府爲主。建安時
代雖然漸漸有五、七言的徒詩，但文藝上主要的園地，還是樂府。假
如我們把當時的作家，所謂七子三祖的作品檢查一下，則魏武的作品
中，有氣出唱、精列、秋胡行、短歌行、對酒、步出東西門行、苦寒
行。……魏文的作品中，有短歌行、善哉行、臨高台、豔歌何嘗行、
燕歌行、大墻蒿上行……整部作品中，幾乎一半是樂府，只一半是徒
詩。魏明作品中，有善哉行、步出夏門行……集中所存詩有十一首，
全爲樂府；陳思王的作品中，有箜篌行、升天行、仙人篇、野田黃雀
行、當事君行、白馬篇、苦熱行、聖皇篇、靈芝篇、吁嗟篇、盤石篇、
門有萬里客、種葛篇、浮萍篇、棄婦篇、悲歌行、豫章行、丹霞蔽日
行、鰕䱴行、當牆欲高行、當欲遊南山行、苦思行、遠遊篇、五遊詠、
遊仙、平陵東、樹之樹行、飛龍篇、妄命薄、美女篇、白馬篇、名都
篇、豔歌當車以駕行、梁甫行、苦熱行、鞞舞行歌、大魏篇、精微篇、
孟冬篇……共計有五十多首，至于繆襲呢？他更奉命作鼓吹十二曲，
以楚之平擬朱鷺，戰榮陽擬思悲翁，獲呂布擬艾如張，克官渡擬上之
回，舊邦擬翁離，定武功擬戰城南，屠柳城擬巫山高，平南荊擬上陵，

平關中擬將進酒，應帝期擬有所思，邕熙擬芳樹，太和擬上邪。所以
《文章志》說牠「作魏鼓吹曲。」韋昭也爲吳作鼓吹曲，應璩更以新
聲被寵，作有秦女休行，從軍行……等。所以胡適之《白話文學史》
說：

　　粗

　　「此時主要事業，在於製作樂府歌辭；從做作樂府歌辭裡，得
　　著文學的訓練」。（第五章）

　　這種仿作樂府的風氣，不止瀰漫了建安時代的文壇；便以後的太
康、正始、元嘉，一直到南北朝、隋都還存在。雖然以後的徒詩，已
非常發達。試看淵明先生以前的文士：嵇康集中三十五首詩內，樂府
占其七；傅玄作有艷歌行、苦相篇……沈德潛更說他「長于樂府」；
張華有門有車馬客行，……陸機有猛虎行、泰山吟行、百年歌、吳趨
行、董逃行、悲哉行、緩聲歌、豫章行、齊謳行。和淵明先生同時的
鮑昭，有鳴雁行、淮南王、梅花落、白紵舞歌、空城雀、東門行、放
歌行、東武吟、出自薊門行，所存二百首詩中，幾乎半爲樂府；謝靈
運有豫章行、會吟行、董桃行。……在淵明先生稍後的謝莊有燕歌行、
鞠歌行；謝朓有有所思，玉階怨、……芳樹、臨高台；……王融有臨
高台、有所思、巫山高、芳樹；蕭綱有折楊柳、美女篇、大垂手；王
褒有飲馬長城窟、關山月、渡河北；蕭愨有上之回；薛道衡有昔昔鹽；
盧思道有日出東南偶、櫂歌行、採蓮曲。

　　除了擬作樂府中其他各種歌曲外，他們更擬作薤露、萬里這二支
曲子。「關東有義士……」云云，是魏武所擬作的萬里曲，「惟漢二
十世……」云云，是魏武擬作」的薤露歌。吳兢《樂府題解》云：

　　「曹植擬薤露爲天地」。

　　郭茂倩《樂府詩集》云：

　　「魏武帝薤露行曰『惟漢二十世，所任誠不良』曹植又作惟漢

行」。

可見曹植也和他父親一樣，曾擬摹這二支曲子的。作魏鼓吹曲的繆襲，
《文章志》也說他曾作挽歌。這是以魏代言。到了晉代，則陸機傅玄，
張駿都是曾陸續摹擬輓歌的人。此後，劉宋的鮑明遠、北齊祖珽、隋
盧思道、盧詢祖、唐代的僧貫休、于鵠、孟卿雲、趙明微、秦淮海、
白居易……等，有輓歌擬作的人，眞是不勝枚舉。並且輓歌自產生以
來，在魏晉時代算是他最流行的全盛時代，那麼，生逢其會的陶淵明
作這幾首輓歌的動機，也是由於一種樂府摹仿的衝動，並不是不可能
的。你說他不受樂府的影響嗎？樂府辭有云：「雞鳴高樹顛，狗吠深
宮中。」他的《歸田園居》便說：

> 「犬吠深巷中，雞鳴桑樹顛」。

魏明帝的擬樂府《短歌行》說：

> 「翩翩春燕，端集余堂」。

他的《停雲詩》便說：

> 「翩翩飛鳥，息我庭柯」。

這類和樂府相似，分明脫胎于樂府的詩句，集中還有很多。至于贈龐
主簿的詩，竟標明是怨詩楚調，第一句「天道幽且遠」又是古辭「天
德幽且長」的摹化，就更不用說了。何況他的輓歌還有許多胎息於陸
機、繆襲等所擬的輓歌的句子（見本文最後一節），郭茂倩也曾把這
幾首輓歌收入《樂府詩集》視同普通的樂府呢？

(二)現實的遯避

拿政治上的歷史來看，魏晉南北朝，是個最混亂的時期。八王五
胡的禍亂不講，內部三國的分爭，軍閥的跋扈和弑篡的相仍，已足使
人頭痛。雖然「苟全性命于亂世，不求聞達于諸侯」，是這時最好的
辦法，但「苟全性命」，就不是容易的事。建安時的孔融被曹操假手
於人殺了；正始名士的領袖何晏，爲司馬懿殺了；竹林七賢的翹楚嵇

康，也被司馬昭殺了；以後的文人張華、石崇、潘岳、陸機、陸雲、劉琨、郭璞、謝靈運、范曄、鮑照，也都一個個地逐漸被誅殺死於非命。所以阮籍《詠懷詩》慨嘆地說：「朝生衢路旁，夕瘞橫術隅。」這時，一般文士稍有先見的人，所孜孜注意的是怎樣表示自己無意用世，以明哲保身。這裡我們不妨舉幾個代表人物來談。《晉書阮籍傳》：

> 「魏晉之際，天下多故，名士少有全者。籍由是不與世事，遂酣飲為常。文帝初欲為武帝求婚于籍，籍醉六十日，不得言而止。鍾會數以時事問之，因其可否而致之罪，皆以酣醉獲免。」

> 「步兵廚營人善釀酒，貯三百斛，求為校尉」。

《晉書劉伶傳》：

> 「嘗渴甚，求酒于其妻。其妻捐酒毀器，涕泣諫曰：『君酒太過，非攝生之道，必宜斷之。』。伶曰：『善，吾不能自禁，惟當祝鬼神自誓耳，便可具酒肉。』妻從之。伶跪祝曰：「天生劉伶，以酒為名，一飲一斛，五斗解酲。婦孺之言，慎不可聽。」仍引酒御肉，隗然復醉。……惟著《酒德頌》一篇，其辭曰：『有大人先生，以天地為一朝，萬物為須臾，日月為扃牖，八荒為庭衢，行無轍跡，居無室廬，幕天席地，縱意所如，止則操卮執觚，動則挈榼提壺，惟酒是務，焉知其餘。有貴介公子，搢紳處士，聞吾風聲，議其所以，乃奮袂攘襟，怒目切齒，陳說禮法，是非蠭起。先生于是方捧罌承槽，銜杯漱醪，奮髯箕踞，枕麴藉槽，無思無慮，其樂陶陶。兀然而醉，怳爾而醒，靜聽不聞雷霆之聲，熟視不睹泰山之形。不覺寒暑之切肌，利欲之感情，俯觀萬物，擾擾焉若江海之載浮萍，二豪侍側焉，如蜾蠃之與螟蛉。』」

託於酒，當然也是一個解除煩憂反抗現實的辦法。但人終究是情感動物，內心的抑鬱，不是就這樣可以壓制下去的。他們對當時的政局既

不敢明白地反對，於是將這不滿現實的思想轉而依附老莊，對古代相傳下來的正統禮俗，發出反抗。《晉書王衍傳》：

> 「魏正始中，何晏、王弼等，祖述老莊，立論以爲天地萬物皆以無爲本，無也者，開物成務，無往而不存者矣，陰陽恃以化生，萬物恃以成形，賢者恃以成德，不肖者恃以免身。」

《范寧傳》說：

> 「時以虛浮相扇，儒雅日替，寧以爲其原始于王弼、何晏」。

這是崇老莊清談的開始。到了晉代，簡直就對正統的禮俗，發出攻擊了。我們試看他的言論！阮籍的《大人先生傳》說：

> 「世之所謂君子，惟法是修，惟禮是克，手執圭璧，足履繩墨，行欲爲目前檢，言欲爲無窮則，少稱鄉黨，長聞鄰國，上欲圖三公，下不失九州牧。獨不見群蝨之處褌中，逃乎深縫，匿乎壞絮，自以爲吉宅也，行不敢離縫際，動不敢出褌襠，自以爲得繩墨也。然炎丘火流，焦邑滅都，群蝨處于褌中而不能出也。君子之處域內，何異夫蝨之處褌中乎？……」

《晉書·阮籍傳》：

> 「有司言有子殺母者，籍曰：『嘻！殺父乃可，至殺母乎？』坐者怪其失言。帝曰：『殺父天下之極惡，而以爲可乎？』籍曰：『禽獸知母而不知父，殺父禽獸之類也，殺母禽獸之不若，……』」

這不是痛快淋漓罵盡世人嗎？我們再看他的行爲，《晉書·阮籍傳》又說：

> 「鄰家少婦有美色，當壚沽酒，籍嘗詣飲，醉便臥其側，籍既不自嫌，其夫察之亦不疑也。兵家女有才色，未嫁而死，籍不識其父母，徑往哭之，盡哀而返。……」

王昶請與相見，終日不交一言。蔣濟薦之爲官，乃馳書謝絕。籍嫂嘗

歸寧，籍相見與別，或譏之，籍曰：「禮豈為我輩設？」母死不哭。葬，飲酒二斗，然卻二次吐血數升。對弔客作白眼，散髮箕踞。對其子卻曰：「仲容已豫我此流，汝不得復爾」。這不是分明故作玩世傲俗之態，以略消胸中磈礧，而避免當道注意嗎？嵇康也是這麼一個人，嘗說：「老子莊周，吾之師也。」其詩亦云：「託好老莊，賤物貴身。」（《幽憤詩》）「狎嗽老莊，棲遲永年。」《酒會詩》「莊周悼靈龜，越穆嗟王輿。」（《答二郭之三》）「顏氏希有虞，隰子慕黃軒。」《與阮德為詩》「黃老路相逢，授我自然道。」（《遊仙》）常服食養性，入山採藥，與孫登遊。山濤薦以自代，則與絕交，鍾會往見，則鍛而不言。

莊子說：「其分也，成也；其成也，毀也。萬物無成與毀，復通為一。」《齊物論》「物之生也，若驟若馳，無動而不變。無時而不移，何為乎？何不為乎？夫固將自化。」（《秋水》）是真能認識這種真理，達觀異常。而晉代清淡人士，都不能及此，他們不過藉以表示他們對現世之不滿，發發牢騷而已。

當時的文壇上，也充滿了這種空氣。《文心明詩》曰：

「正始明道，詩雜仙心，何晏之徒，率多浮淺。」「江左篇制，溺乎玄見，嗤笑徇務之志，崇盛亡機之談」。

《晉書儒林傳序》曰：

「有晉始，自中朝訖于江左，莫不崇飾華競，粗述玄虛，擯闕里之正經，習正始之餘論，指禮法為流俗，目縱誕為清高，遂使憲章弛廢，名教頹毀。」

沈約《謝靈運傳論》曰：

「有晉中興，玄風獨扇，為學窮于柱下，博物止乎七篇，馳騁文辭，義殫于此，自建武暨于義熙，歷載將百，雖比響聯辭，波屬雲委，莫不寄言上德，託意玄珠，道麗之辭，無聞焉爾」。

誠所謂：「詩必柱下之旨歸，賦乃添園之義疏」了。淵明先生雖是生當「莊老告退，山水方滋」的交接時代，他的詩，的確也少些談老莊或遊仙的地方，然他《與子儼疏》說：「性剛才拙，與物多忤，自量為己，必貽俗患，僶俛辭世，……」《于西田獲早稻詩》說：「四體誠乃疲，庶無異患干」可見他也是和當時人士一般，注意「明哲保身」的。他的《飲酒詩》說：「但恨多謬誤，君當恕醉人」，可見託於酒，也是他明哲保身的辦法之一。他的《形影神詩神釋》一首說：

> 「三皇大聖人，今復在何處？彭祖愛永年，欲留不得住，老少同一死，賢愚無復數。……。縱浪大化中，不喜亦不懼，應盡便須盡，無復多此慮。」

可見「齊死生，一彭殤」的主張，他也是有的。再看他「不為五斗米折腰」，「不見王宏」，「當座伸足給人度履」，「以巾幘盛酒」，「叫學生兒子算籃輿」，「撫弄素琴」，「我醉欲眠卿可去」，等軼事，那傲岸的行為，狂脫的態度，不也是得了阮籍、嵇康……等的衣鉢真傳嗎？

《晉書》記劉伶的故事，還有幾句說：

> 「嘗乘鹿車，攜一壺酒，使人荷鍤而隨之，謂曰：「死便埋我」。其遺形骸如此」。

則以「忘懷生死」來顯示他們的達觀現實，也是當時遯世的一種方法。陶淵明所以要作「輓歌」，大概也是這個意思吧！

㈢風氣的激盪

大概是亂世哲學的特性吧！達觀死生似乎是兵翻馬亂的時候必然的觀念，以死生來開玩笑而遊戲人間，也似乎是抱厭世或樂天主義的人所常有的事。魏晉人物的風流事跡，尤其是他們「齊生死一彭殤」的思想，可以說是繼承中國第一次大亂的周末那時的風尚來的。在周末，這派思想的代表是南方學派的老莊，魏晉人物繼承了這種風習，

也正因爲他的崇尙玄風，復活了老莊的思想啊！

《曲禮》說：

「里有喪不歌，適墓不歌，哭日不歌」。

可見臨喪而歌是中國北方正統的禮教所不許的。雖然《檀引》說：

「季武子寢疾，礄固不悅，齊哀而入見，曰：『斯道也，將亡
矣。士唯公門說齊殷』。武子曰：『不亦善乎！君子表微』。
及其喪也，曾點倚其門而歌」。

似乎北方的聖門弟子也會喪歌，但孟子說：

「如琴張，曾晢、皮牧者、孔子之所謂狂矣」。

孟子卻斥之爲狂了。《檀弓》又說：

「魯人有朝祥而暮歌者，子路笑之。夫子曰：『由！汝責于人
終無已夫！三年之喪，亦已久矣』。子路出，夫子曰：『又多
乎哉！踰月則其善也』」。

雖然懷忠恕之道的孔子，會爲人解釋，但連野而不文懷疑三年之喪的
子路，都譏笑起他們了。《檀弓》雖然說：

「子張既除喪而見，予之琴，和之而和，彈之而成聲。作而曰：
『先王制禮，不敢至焉』」。

但牠的上文卻說：

「子夏既除喪而見，予之琴，和之而不和，彈之而不成聲，作而曰：
『哀未忘也，先王制禮，弗敢過也』」。

其他，如：

「子于是日哭則不歌」。

「孔子既祥，五日彈琴而不成聲，十日而成笙歌。」

這類記載往往都是。可見太平盛世的古代中國，在正式禮教統治之下，
是主張「臨喪不歌」的。

可是在衰周大亂之後的新興南方學派，他們的主張就不然了。《

莊子》說：

> 「莊子妻死，惠子弔之，箕踞鼓盆而歌。惠子曰：『與人居，
> 長子勞生，死不哭亦足矣；又鼓盆而歌，不亦甚乎！』莊子曰：
> 『不然，其始死也，我獨何能無慨矣。察其始，而本無生，非
> 徒無生也，而本無形，非徒無形也，而本無氣。集乎芒芴之間，
> 變而有氣，氣變而有形，形變而有生，今又變而之死，是相與
> 爲春秋冬夏四時行也，人且偃然寢于巨室，而我嗷嗷然隨而哭
> 之，自以爲不通乎命，故止也』」

對死生的看法既是這樣，又如何不歌？《莊子》又說：

> 「子桑戶孟子反子琴張三人相與友，莫然之間，而子桑戶死，
> 未葬。孔子聞之，使子貢往待事焉。或編曲，或鼓琴，相和而
> 歌，曰：『嗟來！桑戶乎！而已反其眞，而我猶爲人猗！』子
> 貢趨而進曰：『敢問臨喪而歌，禮乎！』二人相視而笑，曰：
> 『是惡知禮意！』子貢反，以告孔子曰：『彼何人者邪？脩行
> 無有，而外其形骸，臨屍而歌，顏色不變，無以命之，彼何人
> 者邪』？孔子曰：『彼遊方之外者也，而丘遊方之內者也，內
> 外不相及，而丘使爾往弔之，丘則陋矣』」。

夫《莊子》一書，類多寓言，固不可盡信。但由此可知臨喪不歌，只
是北方儒家的主張，南方諸學派卻未必然；于是曰哭則不歌，也只是
孔子個人的事，他人卻未必然。這種狂放的人士這類洒脱的行爲雖然
站在儒家的對面，但儒家根本沒牠的辦法。子貢只有驚得目瞪口呆的
問：「彼何人者邪？彼何人者邪？」而孔子也只好目之爲「方外之人」
了。《檀弓》又有一段記載說：

> 「孔子之故人曰原壤，其母死，夫子助之沐槨。原壤登木曰：
> 『久矣，余之不託于音也』。歌曰：『狸首之斑然，執女手之
> 卷然』。夫子爲弗聞也者而過之。從者曰：『子未可以已乎』？

子曰：『丘聞之，親者毋失其爲親，故者毋失其爲故也』」。孔子又有甚麼辦法呢？

綜上所述，可見以死生來開玩笑，是老莊的家常便飯，魏晉人士既然崇尚老莊，當然也就崇尚這種風氣了。

本來禮法是有時間性和空間性的，沒有一種禮可放之四海而皆準，也沒有一種法可行之百年而不變。起於斥苦的輓歌，雖然到漢武帝時，李延年已把牠定爲正式的送終的禮樂；但推行到漢代的末年，牠的性質，已有許多的變換了。

《風俗通義》說：

「漢末時，賓婚嘉會，皆作魁壘，酒酣之後，續以輓歌」。（干寶《搜神記》也有這類記載）

《漢書梁商傳》說：

「陽嘉六年，三月上巳，大會賓客，讌于洛水，酒闌倡罷，繼以薤露之歌，坐中聞者，皆爲掩涕」。

這種送終的禮樂，不是已經和魁壘（傀儡戲也）並用，當作賓婚嘉會酒酣讌闌的一種娛樂品嗎？到了晉宋之時，這種變質的輓歌和當時崇老莊的思想一相結合，於是更大放其光彩了。

《宋書范曄傳》：

「彭城大妃崩，將葬。祖夕，僚故並集東府，曄弟廣淵，時爲司徒祭酒，其日在直。曄與司徒左西屬王深宿廣淵許，夜中酣飲，開北牖聽輓歌爲樂，義康大怒，左遷曄宣城太守」。

這是因聽輓歌而惹禍的。

《世說新語》：

「張湛好于齋前種松柏，時袁山松出遊，每好令左右作輓歌。時人謂張屋下陳屍，袁道上行殯」。（《御覽》引裴啓《語林》種松柏下多「養鴝鵒」句。）

「張驎酒後輓歌，甚淒苦」。

《南史謝幾卿傳》：

「醉則執鐸輓歌」。

《續晉陽秋》：

「武陵王晞未敗四、五年，喜爲輓歌，每搖鈴，使左右和之。」

《北史、朱爾文暢傳》：

「（朱爾）文略彈琵琶，吹橫笛，謠詠。倦極，便臥唱輓歌」。

曾伯端云：

> 「晉桓伊善輓歌。庾晞亦喜爲輓歌；每搖大鈴爲唱，使左右齊
> 和，……類皆一時名流達士習尚如此，非如今之人倒以悼亡之
> 語而惡言之也。」

足見作輓歌是魏晉擬樂府的常例；唱輓歌，同「藥」和「酒」一樣，
也是當時社會的風尚。

《南史顏延之傳》還有一段可令人注意的記載：

「常日，但酒店裸袒輓歌」。

《御覽》引謝綽《宋拾遺錄》：

> 「太祖嘗召顏延之，傳詔頻日，尋覓不值。太祖曰：『但酒店
> 中求之，自當得也』，傳詔，依旨訪覓，果見延之在酒肆，裸
> 身輓歌，了不應對，他日醉醒乃往。」

可見酒和輓歌往往是相連的娛樂。陶淵明先生有無輓歌的嗜好，在沒
有發現確實的記載以前，我們雖不敢任意的斷定。但是顏延之是他的
素心知友，他們是常在一處聚飲的。顏延之《陶徵士誄》說：

> 「自爾介居，及我多暇，伊好之洽，接閈鄰舍。宵盤晝憩，非
> 舟非駕。念昔宴私，舉觴相誨，獨正者危，至方則閡，哲人卷
> 舒，布在前載，取鑒不遠，吾規子佩，爾實愀然，中言而發，
> 違衆速尤，迕風先蹙，身才非實，榮聲有歇，叡音永矣，誰箴

誰關？」

《晉書》淵明本傳也說：

> 「光是顏延之爲劉柳後軍功曹，在潯陽與潛情款。後爲始安郡。
> 經過日日造潛，每往必酣飲至醉。臨去，留二萬錢與潛，潛悉
> 送酒家，稍次取酒。」

可見陶顏兩人交誼之深，往來之密，聚飲之夥。試想，顏延之在酒店
內裸袒輓歌。如果不是「性不解音」；陶先生又有甚麼不可？所以，
與其說淵明《輓歌》是屬纊之夕的自輓，倒不如說牠是激于當時士大
夫風氣的一種亂世的反響或窩狗人生的扮演！不過因爲他「性不解音」，
就託空文以見其意罷了。史傳不是說他「性不解音，而蓄素琴一張。
朋酒之會，輒撫弄以寄其意」？「素琴」也就是《禮記·喪服四制》
所謂「大祥之月」所彈的「不加漆飾」的琴。而淵明的素琴更絃徽不
具。作《輓歌》和撫「素琴」，雖然是不同形式的兩碼事；但以寄其
曠達之意，卻是一致的。

㈣環境的煎迫

假如有另一個美麗的星球可以容我們的文士徘徊吟哦，假如自有
一種如意的遭境可以容我們的詩人徜徉自在，那對于世界的大亂，他
縱難如秦人視越人的肥瘠，或者他那天生的尖銳的感覺上，也可減少
一點撥觸。但鳶飛可以戾天，魚躍可以在淵，而我們的文士詩人，卻
永遠逃不出這個世界，在漫天烽火中，他也難有一個特獨的順境，于
是，他那多感的心情，便不能「古井無波」了。淵明所以有輓歌之作，
這也未嘗不是一個原因。

漢魏六朝的帝王，是動盪在一個旋毀旋立的局面中的。那時因而
所引起的新舊貴族激烈的傾亂和鬥爭，也和帝王毀立的局面一樣，自
魏至隋而猶存。在這種動盪的浪潮中，那還有甚麼永恆的東西呢？嵇
康《詠懷》說：

「如何金石交？一旦更離傷，讒邪使交疏，浮雲令晝昏」。

這是嘆友誼的無常，又說：

「一身不能保，何況戀妻子。」

這是言身家之無常。又說：

「黃金百鎰盡，資用常苦多。」「布衣可終身，寵祿豈足賴？」

這是說富貴之無常。又說：

「千秋萬歲後，榮名安所之」？「榮名非己寶，聲色焉足娛」？

這是說名譽之無常。又說：

「日月有浮沈，朝陽不再盛」？

這是言宇宙之無常。《宋書隱逸傳》記淵明的事說：

「曾祖侃，晉大司馬。」

「自以曾祖晉世輔宰，恥復屈身異代，自高祖王業漸隆，不復
肯仕。」

足見我們的淵明先生，不只未曾有過一個顯達的階段，而且還是身當
家國之痛的。所以他嗟嘆著說：

「靄靄停雲，濛濛時雨，八表同昏，平陸伊阻！」

「停雲靄靄，時雨濛濛，八表同昏，平陸成江」！

他在《擬古詩》裡，更明白地說：

「種桑長江邊，三年望當來，枝條始欲茂，勿值山河改，柯葉
自摧折，根株浮滄海，春蠶既無食，寒衣欲誰待」？

他更感嘆著人事的變幻說：

「皎皎雲間月，灼灼葉中華，豈無一時好，不久當如何？」（
《擬古》）「流目視西園，燁燁榮紫葵，于今甚可愛，當奈行復
衰！」（《和胡西曹……》）「榮衰無定在，彼此更共之，……
寒暑有代謝，人道每如茲。」（《飲酒》）

他更蒼涼地說：

> 「迢迢百尺樓，分明望四方，暮作歸雲宅，朝爲飛鳥堂。山河
> 滿目中，平原獨茫茫！古時功名士，慷慨爭此場，一旦百年後，
> 相與還北邙。松柏爲人伐，高墳互低昂，積基無遺主，遊魂在
> 何方？榮華誠足貴，亦復可憐傷！」

這種頹廢的有類輓歌的觀念，都是由於身當家國之痛所激起的。
他後來雖然是「自量爲己，必貽俗患，而俛勉辭世」（疏子儼語）他
雖然只有決定「達人解其會，逝將不復疑」，（《飲酒》）但「辭世」
也不過是逃到比較清靜的田園，「逝」也不會有更順的境遇。令彭澤
時，除了五斗米的俸祿之外，還有「公田之利，足以爲酒」，雖然李
公煥在《歸去來辭序》的注上說：

> 「詳序意，其艱窘就仕可知。《容齋隨筆》」，淵明在彭澤，
> 悉令公田種秫，曰：『吾常得醉于酒足矣』，妻子故請種秔，
> 乃使二項五百畝種秫，五十畝種秔。其自序云：『公田之利，
> 足以爲酒，故便求之；猶望一稔而逝』，然仲秋至冬，在官八
> 十餘日，即身免去職，所謂秫秔，蓋未嘗粒粒到口也。悲夫！」

到口不到口，卻是另一問題。至於從他「介然」的對著那五斗米行了
一個鞠躬禮辭謝出來，拂衣歸田之後，竟窮得「南圃無遺秀，枯條盈
北園，傾壺無餘粒，窺灶不見煙」（《詠貧士》）了。並且有時還至
于乞食。《飲酒詩》說：

> 「竟抱固窮節，飢寒飽所更，敝廬交悲風，荒草殁前庭，披褐
> 守長夜，晨雞不肯鳴」！

晚上飢寒至不可耐，卻討厭起不肯鳴的晨雞來，似乎牠（晨雞）也和
飢寒一般和他作對了。雖然有人認爲這首詩，是謂不見治平，如甯戚
之嘆長夜漫漫，但這確是他飢寒生活的寫實。《有會而作》的序文說：

> 「舊穀既殁，新穀未登。頗爲老農，而值年災。日月尚悠，爲
> 患未已。登歲之功，既不可希；朝夕所資，煙火裁通。旬日已

來，始念飢乏。歲云夕矣，慨然永懷。……」

詩也說：

> 「弱冠逢家乏，老至更長飢，菽麥實所羨，孰敢慕甘肥，憨如
> 亞九飯，當暑厭寒衣，歲月將欲暮，如何辛苦悲，常善粥者心，
> 深念蒙袂非，嗟來何足吝，徒歿空自遺！斯濫豈攸志，固窮夙
> 所歸，餒也已矣夫，在昔余多師！」

《怨詩楚調》敘述他貧窮的原因和情形更為詳盡。他說：

> 「天道幽且遠，鬼神茫昧然，結髮念善事，俛俛六九年，弱冠
> 逢世阻，始室喪其偏，炎火屢焚如，螟蜮恣中田，風雨縱橫至，
> 收斂不盈廛，夏日長抱飢，寒夜無被眠，造夕思雞鳴，及晨願
> 烏遷。在天何怨尤，離憂悽目前，吁嗟身後名，于我若浮煙，
> 慷慨獨悲歌，鍾期信為賢！」

兵戈擾攘之中，加上風雨、螟蜮、火災、喪偶，一個小康的農夫，怎
能不一貧如洗呢？在這種最低限度生活都不能維持情況下，無食無被，
於是他便大罵鬼神的茫昧幽遠，而覺得身後之名，有如浮煙了。這種
消極的近於「輓歌」的思想，是因為家境太窮激成的。

政治生活雖然不得意，農夫生活雖然窮苦，假如有一副強壯的體
格或者也可增加許多抵抗力，而奮發不少的勇氣。但他自稱「四十無
聞」的《榮木序》卻說：

> 「總角聞道，白首無成。」

除了自稱「奈何五十年」的《雜詩》，有「玄鬢早已白」之句外，他
自稱「行行向不惑」的《飲酒詩》另一首更說：

> 「宇宙一何悠，人生少至百，歲月相催迫，鬢邊早已白。」

《歲暮和張侍常》說：

> 「素顏斂光潤，白髮一已繁，闊哉秦穆談，旅力豈未愆。」

一個未老先衰，年方四十便已白髮滿頭的陶先生，這時早已感到人生

百年的短促和日月催迫得太急了。何況《宋書隱逸傳》說：「潛有腳疾，使一門生二兒舉籃輿。」

《晉傳》說他答王宏的話也說：

> 「素有腳疾。」

蕭統《淵明傳》，除了說他有腳疾外，又說：

> 「躬耕自資，遂抱羸疾。江州刺史檀道濟往候之，偃臥瘠餒有日矣。」

他自己的詩文中更常常地說：

> 「負疴頹簷下，終日無一欣。藥石有時閒……」（《示周續之。……》）

> 「本既不豐，復老病繼之。」（《答龐參軍詩序》）

> 「聞君當先邁，負痾不復俱！」（《贈羊長史》）

> 「白髮被兩鬢，肌膚不結實。」（《責子》）

> 「自抱病以來，漸趨衰損，親舊不遺，每以藥石相救……」（《與子儼疏》）

衰弱的身體，加上交迫的貧病，平日以輓歌來自嘆自寬，那更是很自然的事了。

二、擬作時間的推考

這幾首輓歌，既非陶淵明先生屬纊之夕的自輓，而是他平時隨意的擬作；那他這種擬作篇章的出世，應該是在甚麼時期呢？我的答案是：

> 「這種作品的產生，應該在陶先生的晚年，尤其是不會早於他五十歲以後這個階段。」

也許有人要反駁我說：「先生作輓歌的原因，你既以為由于樂府的摹仿和風氣的激盪，這種樂府摹仿和好輓歌的風氣的開始，是遠在先生

入世之前的，那先生無論在他的中年、少年時期，都可受這種風氣的激盪，隨時也可以作樂府摹仿，爲甚麼一定要在他的晚年？並且你說先生作輓歌的原因，也由于現實的遯避，而先生肥遯之日，依各家年譜的推斷，既遠在他五十以前，何以這幾首輓歌的出世反不會早于五十以後？」要知道：生、老、死、病，雖然是人生最大的苦患，也是文人所常用的題材；老和死的感觸，畢竟是人生晚年體衰病多時才會有的事。活力強壯的中年和生機蓬勃的少年，是不會有這種惡劣、衰歇的心境的。人生當著這個階段，即使好輓歌的風氣在激盪吧！但除了把他當音樂聽聽，作爲一種娛樂外，也很難激發他內心的同情和濃烈的興趣而衝動得出於藝術手腕地摹仿起來。因爲「外因」是一定要通過「內因」才能起作用的。所以陶淵明在他的《雜詩》中回憶他的過去說：

　　「昔聞長老言，掩耳每不喜。」

一個老年人的悲嘆，少年人是不了解其中意味的，又如何能使他中聽而不掩耳呢？何況他在《擬古詩》裡說：

　　「少年壯且屬，撫劍獨行遊，誰言行遊近，張掖至幽都，飢餐
　　首陽蕨，渴飲易水流。……」。

他在《雜詩》中又說：

　　「憶我少壯時，無樂自欣豫，猛志逸四海，騫翮思遠翥！」

《飲酒詩》說：

　　「在昔曾遠遊，直至東海隅。」

　　「少年罕人事，游好在六經。」

《始作鎮軍參軍經曲阿》說：

　　「弱齡寄事外，委懷在琴書，被褐欣自得，屢空常晏如！」

《歸田園居》說：

　　「少無適俗韻，性本愛邱山。」

《與子儼疏》說：

> 「少學琴書，偶愛閒靜，開卷有得，便欣然忘食，見樹木交蔭，
> 時鳥變音，亦復欣然自喜，嘗言五六月中，北窗下臥，遇涼風
> 暫至，自謂羲皇上人。」

一個卓犖不群，瀟洒脫俗的少年，有時意氣飛揚，俠客般的抱劍遠遊，
有時幽雅閒靜，隱士般的看山學琴，有時在北窗下讀書，有時在樹木
交蔭處聽鳥音，徜徉於大自然中，忘記了宇宙，忘記了萬物，甚而至
於忘記了自己和他的貧困，那還有老、死這回事，擾亂著他的清神呢？
所以輓歌的擬作，絕不會在這個時期——他的中年和少年時期的。

《飲酒詩》說：

> 「疇昔苦長飢，投耒去學仕，將養不得節，凍餒固纏己，是時
> 向立年，意志多所恥，遂盡介然分，拂衣歸田里，冉冉星氣流，
> 亭亭復一紀，世路廓悠悠，揚朱所以止。」

從學仕到歸田後這幾年，誠然是他生活的一大轉變。在「時來苟冥會，
宛轡憩通衢」，（《始作鎮軍參軍經曲阿》）的中間所經的風波，《
夜行塗口》、《阻風歸林》、《雜詩》、《歸去來辭序》，都有述及。
因為「和風弗洽」，使他不得不「翻翮求心」，此後，他的性情，似
乎也不是和少年期一般了。所以他在《與子儼疏》上追序著說

> 「意淺識罕，謂斯言可保，日月遂往，機巧好疏，緬求在昔，
> 眇然如何？」

他四十歲時所作的《榮木》詩說：

> 「采采榮木，託根于茲，晨耀其華，夕已喪之，人生若寄，顦
> 顇有時，靜言孔念，中心悵而。」

> 「采采榮木，于茲託根，繁華朝起，慨暮不存。……」

這時，他似乎有些「老」的慨嘆。他的《榮木詩序》說「《榮木》念
將老也，日月推遷，已復九夏，總角聞道，白首無成。」與《飲酒詩》

「行行向不惑，淹留遂無成」同慨。但他接著說：

> 「貞脆由人，禍福無門，匪道曷依？匪善奚敦？」

> 「先師遺訓，余豈敢墜？四十無聞，斯不足畏！脂我名車，策
> 我名驥。千里雖遙，孰敢不至？」

胭車策驥，志在千里，還有以人力、道、善去征服那「無常」的想頭。
「斯不足畏！」借用孔子成語，為自己增添了不少的勇氣。在這時期
輓歌似乎也不至於產生。

陶先生生活力的遞減和思想的轉化，在他的詩裡，是很可尋出痕
跡來的。他的《雜詩》說：

> 「……奈何五十年，忽然親此事？求我盛年歡，一毫無復意，
> 去去轉欲速，此生豈再值？傾家持作樂。竟此歲月駛，有子不
> 留金，何用身後置？」

到了五十歲，無論如何都難復盛年之歡了。除了勉強說些「傾家持作
樂」的豪語外，那兒挽得住「去去轉欲速」的時光？牠又說：
「……荏苒歲月積，此心稍已去，值歡無復娛，每每多憂慮。氣力漸
衰損，轉覺日不如，鷖舟無須臾，引我不得住，前途當幾許？未知止
泊處，古人惜寸陰，念此使人懼！」
體力的衰損，使一個「老態龍鍾」的他，感覺到前途的渺茫，念到惜
寸陰的古人，他不是嚮往，而只有恐懼的分兒了。雖然他在《雜詩》
另一首的開頭，還很大聲地說：
「丈夫志四海，我願不知老」。
使人讀了覺得他勇氣猶存。然下面接著的句子是：
「親戚共一處，子孫還相保，觴弦肆朝日，樽中酒不燥，緩帶盡歡愉，
起晚眠當早，孰若當世時，冰炭滿懷抱？」
也不過是撥置冰炭之懷，以弦觴醉眠來尋取目前的快樂。並且他以「
親戚共處」「子孫相保」為樂，根本就否定了「志四海」的丈夫之氣，

這種「龍頭蛇尾」前後不期而異的話，恐怕陶先生自己讀了也會好笑，這還不足以顯示他是在「強作豪語」嗎？再看他的結句是：

> 「百年歸邱隴，用此空名道！」

竟「終歸一死，管他怎的」了，那有半點「脂車策驥」的餘想呢？這個時期，似乎是最適宜於他的《輓歌》的產生啊！

我們再檢查他這時所作《雜詩》的另幾首吧！

> 「人生無根蒂，飄如百上塵，分散隨風轉，此已非常身。……盛年不重來，一日難再晨。……」

> 「日月擲人去，有志不獲騁。……」

充滿了老和失意的慨嘆！

> 「榮華難久居，盛衰不可量，昔爲三春蕖，今作秋蓮房，嚴霜結野草，枯悴未遽央，日月環復周，我去不再陽，眷眷往昔時，憶此斷人腸。」

> 「日月不肯遲，四時相催迫，寒風拂枯條，落葉掩長陌，弱質與運積，玄鬢早已白，素標插人頭，前途漸就窄，家爲逆旅舍，我如當去客，去去欲何之，南山有舊宅。」

竟完全是輓歌的口氣了。牠和《輓歌》、《自祭文》相近之處，我們把牠對比一下：

雜　　　　　詩	輓　歌　和　自　祭　文
昔爲三春蕖，今作秋蓮房。	昔在高堂寢，今宿荒草鄉。（淵明）
	昨暮同爲人，今旦登鬼錄。（淵明）
嚴霜結野草。	嚴霜九月中。（淵明）
枯悴未遽央。	歸來良未央。（淵明）
日月環復周，我去不在陽。	人往有返歲，我行無歸年。（陸機）
眷眷往昔時。	但恨在世時。（淵明）
盛年不再來，一日難再晨。	千年不復朝。（淵明）

日月不肯遲，四時相催迫。　　兔不遲，鳥復急，但恐穆王八駿著
　　　　　　　　　　　　　　　鞭不及。（唐僧貫休）

弱質與運積，玄鬢早已白。　　形骸稍衰歇，齒髮行當墜（繆襲）

寒風拂枯條，落葉掩長陌。　　風氣蕭索「草木黃落」。（淵明自祭文）

家爲逆旅舍，我如當去客。　　陶子將辭逆旅之館，永歸于本宅。

去去欲何之，南山有舊宅。　　　（淵明自祭文）

　　這樣看來淵明《輓歌》的擬作，應當在他的晚年尤其是五十以後，和他的《雜詩》同一個時期，是毫無疑問的。

　　再看《與子儼疏》說：「天地賦命，生必有死。自古聖賢，誰能免此？」又說：「吾年過五十，少而窮苦。」此言「生必有死」，即歌「有生必有死」。此言「年過五十」，故歌云「早終非命促。」彼此如出一轍。不過一出以文，一出以詩。「言之不足，故嘆詠之」而已。從此，不只可以推定輓歌當作於五十以後不逮六十這個階段；還可以進一步推定其當和《與子儼疏》同作於一年。

　　至於逯欽立《陶淵明事跡詩文繫年》所謂：「（淵明）五十一歲時大病，幾乎死去《擬輓歌辭》就是這時所寫」。則不只「大病」云云失之空泛；「五十一歲」更沒有堅實的根據。因爲顏延之《陶徵士誄》說：

　　　「年在中身，疢惟痁疾。視化如歸，臨凶若吉。藥劑弗嘗，禱
　　　祀非恤，傃幽告終，懷和長畢。」

不只具體寫出了陶淵明是患「痁疾」死的；還說明了陶淵明五十歲（中身）開始患病。這就揭穿了逯欽立所謂「五十一歲大病幾死之妄。《與子儼疏》」所謂「年過五十」，說的是陶淵明病中作疏時「年過五十」，並不是說他「年過五十」才患病。並且所謂「年過五十」，也不一定就是「五十一歲」。才五十來歲的人，也總不至于初患病就立遺囑。疏的下文說：

> 「患病以來，漸就衰損。親舊不遺，每以藥物相救。自恐大分
> 將有限也」

更足說明《與子儼疏》本身就是淵明「患病多年」，「漸就衰損」，藥物無效，恐大分有限所預作的「治命」。《擬輓歌辭》既然有明顯的跡象是疏「言之不足」的「嘆詠」；怎麼又會是「五十一歲」所寫？

三、標題的釐定

無疑的，看了以上論述，前人給我們的蒙蔽，已經完全揭開。我們重新認識了淵明先生輓歌的實質，原來他不是空前的花樣，而是時代歷史的產物，不是獨出的心裁。而是社會風尚的胎兒。那麼，牠的名稱上的問題，究竟要怎樣來解決，才為愜當合理呢？

丁福保先生說：

> 「後世編陶集者，妄加一「擬」」字，改為擬輓歌辭，各選本
> 亦盲從之，宜據文選刪擬字。」

這種話在我們現在看來是不值一笑了。因為據我們前面的考證，牠實在是三篇跟著時代風尚去摹仿樂府的擬作。好！我們就站在丁先生的對面，主張「應以各選本在文選陶淵明輓歌這個標題上，加上一個擬字」，這樣合理嗎？我的答案也是否定的。

陶淵明先生這幾首輓歌，既是那時的樂府體；我以為牠的標題，最好是依當時樂府標題的例去標他。

鮑參軍是慣于仿作樂府詩的人。他所仿作的樂府詩，有的標題為代出自薊門行，代鳴雁行，代春日行，代白頭吟，代東門行，代放歌行，代輓歌，擬行洛難，不管詩的內容大半是自發牢騷的自言體，很少是為人喉舌的代言體，卻都在樂府詩題之上，加上一個擬字或代字。同時也有刪去擬字或代字，直接標題為梅花落，空城雀……等的。我們能說牠，冠了擬字或代字的才是擬作而沒有冠的便不是擬嗎？鮑照

的擬樂府詩的標題這樣，他人的這樣，各家的選本也這樣。從此我們可以斷定擬或代字的有無，對這首詩的是擬或是非擬是沒有關係的，那麼，我們對陶淵明先生這幾首輓歌的標題，從此便可得著一個很合理的釐定了。那就是：

「陶淵明的輓歌標題冠上擬字固然是擬，刪去擬字也不是非擬。」

名稱上擬字的有無，是不能引起他的《輓歌》內容上的變化的。所以我在舊說商榷中便說：

「這種名稱上的小差異，不只讀書如走馬看花的我們不經意，

就是讀書不求甚解的陶淵明先生自己，恐怕也不會視為問題吧！」

可是後人偏要斤斤於這一字的辯論，竟因而生出各種附會，這便真是使我們，莫測高深了。

不過，話又得說回來。名者實之賓，字詞畢竟是意念的代表。字詞的增減語序的變化，對意念的確會產生巨大的影響。這也是我們讀任何書都要切實注意的，從這個角度看，前人的一字之爭，卻是未可厚非的。但他們不根據事情的實際，單從語文形式一字的增減去空想。就是說：不深入問題的本質，只停留在表面現象上發議論，這就難免粗疏淺薄，誤入歧途。

四、歌辭的觀察

釐定了淵明先生所作《輓歌》的名實和創作時期，我們最後便來看他的歌辭吧！

陶淵明先生這幾首輓歌是很膾炙人口的，第一首說：

「有生必有死，早終非命促，昨暮同為人，今旦在鬼錄。魂氣散何之，枯形寄空木，嬌兒索父啼，良友撫我哭，得失不復知，是非安能覺，千秋萬世後，誰知榮與辱。但恨在世時，飲酒不得足。」

寫的是初死時的情境和慨嘆，第二首說：

> 「在昔無酒飲，今但湛空觴，春醪生浮蟻，何時更能嘗？殽案
> 盈我前，親朋哭我傍，欲語口無音，欲視眼無光。昔在高崔寢，
> 今宿荒草鄉，一朝出門去，歸來良未央」！

寫的是孝堂中的情形和死者的感覺。第三首說：

> 「荒草何茫茫，白楊亦蕭蕭，嚴霜九月中，送我出遠郊。四面
> 無人居，高墳正嶣嶤，馬為仰天鳴，風為自蕭條。幽室一已閉，
> 千年不復朝。千年不復朝，賢達無奈何。自來相送人，各自返
> 其家，親戚或餘悲，他人亦已歌。死去何所道，託體同山阿。」

寫的是送殯下葬時和其前后的感想。

我們再把這幾首歌辭，仔細觀察一番，便知道他固然有其不可埋
沒的特點；然也有剿襲前人的地方，這大概因為他作歌的動機是在仿
樂府的。

前人的輓歌說：

> 「生時遊國都，死歿棄中野」（繆襲）

> 「昔居四民宅，今託萬鬼鄰」（陸機）

而陶先生卻說：

> 「昔在高堂寢，今宿荒草鄉」（第二首）

> 「昨暮同為人，今旦登鬼錄」（第一首）

不是一條很明顯的摹襲痕跡嗎？但他在摹擬當中，也有比前人入神之
處。他寫死人的句子如：

> 「魂氣散何之，枯形寄空木。」

> 「得失不復知，是非安能覺。」

> 「欲語口無音，欲視眼無光。」

看來質樸， 想像逼真。而「口無音」、「眼無光」二語，雖和陸機
的「呼子子不應，泣子子不知」二句情態上很相伯仲，但寫法卻有主

觀客觀的不同。

他寫死後親友的情形如：

「嬌兒索父啼，良友撫我哭。」

「殽案盈我側，親朋哭我傍。」

雖然從「父兄拊棺號，兄弟扶筵泣」（陸機）化來，卻很熱鬧。至於他寫送殯的情景如：

「荒草何茫茫，白楊且蕭蕭，嚴霜九月中，送我出遠郊。」

「馬爲仰天鳴，風爲自蕭條。」

卻一派凄清，掃盡陸機浮華之氣了。

「四面無人居，高墳正嶕嶢。」

「幽室一已閉，千年不復朝。」

讀之魂驚魄動，正和他的《雜詩》日月環復周，我去不再陽……等句，寫法一般。陸機的「壙宵何寥廓，大暮安可晨」，「人往有返歲，我行無歸年，」「時無重至，華不再陽」《短歌行》也似乎是這等句子的前身，而

「一朝出門去，歸來良未央」

更和陸機的「出宿歸無期」一樣地是取「人死一去何時歸」的意思的。

此外，牠有兩個不可埋沒的特點，第一就是他寫世情的句子；

「親戚或餘悲，他人亦已歌」

冷眼看出，何等透徹，真令人有「人情如此」之嘆了。「已歌」一般解作「停止歌哭」和「餘悲」對照鮮明。第二點是寫嗜酒的句子：

「但恨在世時，飲酒不得足」

「在昔無酒飲，今但湛空觴；春醪生浮蟻，何時更能嘗」？

讀之能不使之發噱嗎？有了這幾句，所以我們讀過這三首詩後，並不覺得怎樣深切的悲哀。親友的哭泣，殽飾的陳設，衆人的相送……正如滑稽戲一般，一幕幕的演下去，而死者還在可惜酒已生浮蟻。這就

和莊周所謂「人且偃然寢于巨室，而我嗷嗷然哭之」一模一樣了。所以王世貞說他「超脫人累，默契禪宗得蘊空解證無生忍者。云『但恨在世時，飲酒不得足』，非牽障語，第乘謔去耳！」孫月峰也說：「只是淺語……說得自自在在，不落衰境，是達死生語。……」可見這三首《輓歌》，雖然是激於當世風尚的樂府摹擬之作；卻鮮明的反映出淵明自己的個性。鮑明遠的輓歌，也曾從嗜酒這點著過筆，他說：

「憶昔好飲酒，素盤薦青梅。」

讀之令人「垂涎三尺」。這都是和情致纏綿不能自拔的作家大不相同的一點。同時也就是淵明的高處。這種詼諧的風味，本是淵明時有的作風，不只輓歌如此。　《乞食》說：

「飢來驅我去，不知竟何之，行行至斯里，叩門拙言辭……。」

寫那種新作乞兒時忸怩之態，你不為之捧腹嗎？

他的《飲酒》詩說：

「……如何絕世下，六籍無一親，終日馳車走，不見所問津。

若復不快飲，空負頭上巾……」。

想到他以頭巾盛糟的故事，再讀「若復不快飲，空負頭上巾」二句，你不為之噴飯嗎？

再看他的《責子》詩：

「白髮被兩鬢，肌膚不復實，雖有五男兒，總不好紙筆，阿舒

已二八，懶惰敵無匹，阿宣行志學，而不愛文術，雍端年十三，

不識六與七，通子垂九齡，但覓梨與栗，天運苟如此，且進杯

中物」。

可見他是有一貫的滑稽作風的。

鍾嶸《詩品》評他的詩說：

「其原出于應璩，又協左思風力，文體省淨，殆無長語，篤意

眞古，辭興婉愜，每觀其文，想其人德。至如『歡言酌春酒，
日暮天無雲』，風華清靡，豈直爲田家語耶？古今隱逸詩人之
宗也』」。

所謂省淨眞達，辭興婉愜，是他全部作品的特點，也是這三首《
輓歌》的總評。

「築城曲」解惑

和挽歌一樣，築城曲也是一種勞動所唱的歌曲。這種歌曲的解釋，過去也存在一些問題。

郭茂倩《樂府詩集》卷七十五對於築城曲的解釋說：

> 馬縞《中華古今注》曰：「秦始皇三十二年得讖書云：『亡秦者胡』，乃使蒙恬北築長城以備之。《淮南子》曰：「秦發卒五十萬築脩城，西屬流沙，北系遼水，東結朝鮮。中國內部輓車以餉之。後因有築城曲。言築長城以限胡也。」又有築睢陽城曲，與此不同。《古今樂錄》曰：「築城相杵者，出自漢梁孝王。孝王築睢陽城，方十二里。造倡聲，以小鼓為節，築者下杵和之。後世謂此聲為睢陽曲。晉《太康地理記》曰：『睢陽樂用春牘是也。』」按《漢書》曰：「梁孝王廣睢陽城七十二里，」而云「十二里」，未知孰是。

郭茂倩這段解釋，有好些問題要重新辨析。現在就從他所引的《古今樂錄》和《中華古今注》等方面的問題進行探討。

一、《古今樂錄》說法的問題

《古今樂錄》是南朝陳代智匠所著。上述郭茂倩所引《古今樂錄》這段記載，是智匠從《宋書·樂志一》抄錄下來，又沿襲著《宋書·樂志》的錯誤的。

今查《宋書樂志》說：

> 築城相杵者，出自梁孝王。孝王築睢陽城方十二里，造倡聲，以小鼓為節，築者下杵和之。後世謂此聲為睢陽曲。至今傳之。

對照郭引《古今樂錄》，只省略了「至今傳之」四個字，其它的文字完全相同。其實，《宋志》說「睢陽曲」出自「梁孝王築睢陽城」是對的；說「築城相杵」或「築城曲」出自「梁孝王築睢陽城」就錯了。至於說「孝王築睢陽城方十二里」，問題就更大。這些問題，智匠竟絲毫沒有察覺，只管將《宋志》原文貿貿然抄到他的《古今樂錄》中去。

試看《漢書·文三王傳》：

> 梁孝王武，以孝文王二年，與太原王參、（懷）王揖等同立。
> 武為代王，四年徙為淮陽王，十二年徙梁。（堯按以梁懷王揖
> 墮馬死，無後。）……吳楚齊趙七國反，先擊梁棘壁，殺數萬
> 人。梁王城守睢陽，而使韓安國、張羽等為將軍，以距吳楚。
> 吳楚以梁為限，不敢過而西。與太尉亞夫等相距三月，吳楚敗。
> 而梁所殺虜與漢中分。明年，漢立太子。梁最親有功。為大國，
> 固天下膏腴地。北界太山，南至高陽，四十餘城多大縣。孝王，
> 太后少子。愛之，賞賜不可勝道。於是孝王築東苑，方三百里；
> 廣睢陽城七十里。

《漢書》這段記載和《史記》一致。不只說明了梁孝王築睢陽城的歷史原因；而且指出了梁孝王築睢陽城的經濟基礎。從唐代張巡守睢陽抗安祿山看來，就知道睢陽是勢遏江淮的重要城池。當吳楚七國之亂的時候，梁孝王既然堅守睢陽，使吳楚不得過而西；因此，廣睢陽城，就有軍事戰略上的意義。加上梁孝王在蕩平七國之亂的戰爭中，立下了和周亞夫相等的大功，成為一個擁有四十多個城市的膏腴之地的大國。又是竇太后所寵愛的少子，「賞賜不可勝道」，就有大廣睢陽城的雄厚財力。

《漢書》這段記載「廣睢陽城」句下，顏師古的注說：

> 更廣大之也。晉《太康地理志》云：「城方十三里、梁孝王築

之，鼓倡節杵而後下。和之者稱睢陽曲。今踵以爲故，今之樂
家睢陽曲是其遺聲。

《史記索隱》說：

> 蘇林云：廣其徑也。《太康地理記》云：城方十三里。梁孝王
> 築之，鼓倡節杵而後下。和之者稱睢陽曲。今踵以爲故，所以
> 樂家有睢陽曲。蓋采其遺聲也。

可見《史記》、《漢書》的注解所引晉《太康地理記》的記載，不過
是說睢陽曲出自梁孝王築睢陽城；並沒有說築城曲出自梁孝王築睢陽
城。這是因爲築城並不是一項梁孝王特有的事；築城有歌曲，也不是
梁孝王獨特的發明。梁孝王可以築睢陽城，其它的君王也可以築其它
的城。梁孝王築睢陽城可以鼓節杵造睢陽曲；其它的君王築其它的城，
也可以鼓節杵造其它歌曲。《漢書高祖紀》：「六年冬十月，令天下
縣邑，城！」張晏曰：「皇后主公所食之邑，令各自築其城也。」師
古曰：「縣之與邑，皆令築城。」可見漢代從梁孝王的祖父漢高祖六
年就已經普遍開展築城的工作。這大概是秦滅六國後「墮名城」的反
響。《史記呂后紀》：「三年方築長安城，四年就半，五、六年城就。」
這些記載都說明築城並不是梁孝王特有的事。鮑照《蕪城賦》說：

> 當昔全盛之時，車挂輕，人駕肩。廛閈撲地，歌吹沸天。孳貨
> 鹽田，鏟利銅山。材力雄富，士馬精妍。故能侈秦法，佚周令，
> 划崇墉，刳濬洫。圖脩世以休命。是以版築雉堞之殷，井幹烽
> 櫓之勤，格高五嶽，袤廣三墳。崒若斷岸，矗似長雲。製磁石
> 以禦衝，糊赤壤以龍文。

這是鮑照對七國之亂的禍首吳王濞所居的廣陵城及其大築廣陵城的描
寫。難道在這麼多的築城勞動中，會沒有築城的歌唱？又怎能說築城
曲出於梁孝王？

此外，上述郭茂倩所引《中華古今注》，不是說秦始皇築長城就

有了築城曲？《中華古今注雖然沒有說秦築長城鼓倡節杵；但陳琳的
《飲馬長城窟》說：「慎莫稽留太原卒」。「官作自有程，舉築偕汝
聲！……」《飲馬長城窟》這首樂府詩，一般都認爲陳琳是寫秦築長
城帶給人民的痛苦的。「官作自有程，舉築偕汝聲」，就是秦長城吏
對「慎莫稽留太原卒」這種請求的回答。意思是說：「官家的築城工
作有一定的期限，你們舉起築杵，齊聲唱夯歌，努力築城吧！」這就
說明築城的歌唱，起碼在秦築長城的時候，已經有了。哪能說築城相
杵出自梁孝王築睢陽城？

　　以上說明《宋書樂志》所謂築城相杵出於梁孝王築睢陽城是錯誤
的。《古今樂錄》沿襲這種法也是錯誤的。

　　還有，就是《古今樂錄》不只沒有注意《宋書樂志》把《太康地
理記》的「城方十三里」誤爲「十二里」，而錯誤地照抄下來；同時
也沒有注意上引《史記》、《漢書》都有「廣睢陽七十里」這句話。
這個「廣」字，《索隱》引蘇林說是「廣其徑」；顏師古說是「更廣
大之」。說法雖然不同；但它的意義是把原來的睢陽城擴大是沒有疑
問的。從這個意義上去理解《史記》、《漢書》注引《太康地理記》
所謂「城方十三里，梁孝王築之」，是說睢陽城原來「方十三里」，
梁孝王擴築爲七十里。而《宋書樂志》却說梁孝王「築睢陽城方十二
里」，這就變成了睢陽原來沒有城池，梁孝王開始在睢陽築十二里的
城池了。這不是更大的錯誤？

　　不過，《史記梁孝王世家》說：吳楚亂時「梁孝王城守睢陽」；
《史記吳王濞傳》作「吳兵欲西，梁城守堅，不敢西」；《漢書吳王
濞傳》無堅字，亦言「城守」。《宋書樂志》「梁孝王築睢陽城方十
二里」，說的是否即吳楚亂時梁孝王築睢陽城方十二里而守，和吳楚
平後「廣睢陽城」無關呢？我們的答案仍然是否定的。因爲《史記世
家》「梁孝王城守睢陽」這句話下，雖然沒有旁注，可以任憑人們理

解爲「築城而守」；但《漢書文三王傳》這句話下，顏師古却分明注爲「據睢陽城而自守」。並且「城守」這種用語和睢陽這個城名，《史記》屢見不鮮。《史記高祖本紀》說：「樊噲從劉季來，沛令後悔。……乃閉城城守，欲誅蕭（何）曹（參）。蕭、曹恐，踰城保劉季。」假如「城守」是「築城而守」；則此「閉城」、「踰城」絕不可解。《史記項羽本紀》：「乃令外黃當坑者東至睢陽」；「當是時，項王在睢陽」；「睢陽以北至穀城以與彭越」；《史記正義》引《括地志》云：「宋州外城，本漢睢陽縣也。《地理志》云：睢陽縣，故宋國也。」可見睢陽在外黃東，穀城南，是古時宋國的舊都。早在梁孝王擊吳楚之前，睢陽就有了城池。睢陽城並不是梁孝王擊吳楚之時建築的。《公羊傳》：「（楚）莊王圍宋，……使司馬子反乘堙而窺宋城；宋華元亦堙而出見之」；《左傳》宣公十五年載宋華元向楚司馬子反說：「城下之盟，有以國斃，不敢從也。」都證明宋都原來就有城池。

　　以上說明，《太康地理記》所說：「城方十三里」，是睢陽城原來的面積。所以下句接著說：「梁孝王築之」。《史記》、《漢書》所說「廣睢陽城七十里」，是梁孝王協同周亞夫蕩平七國之亂後，把睢陽城擴大的面積；是梁孝王「築之」的結果。沈約不細究這種情況，著《宋書》時，把《太康地理記》的「城方十三里，梁孝王築之」，錯誤寫成「梁孝王築睢陽城方十二里」。智匠不知道沈約錯了，又把《宋志》的說法往《古今樂錄》中抄。郭茂倩不加分析，却提出了「《漢書》曰梁孝王築睢陽城七十二里；而云『十二里』；未知孰是」的疑問。又把《漢書》的「七十里」誤成「七十二里」。這就以訛傳訛，越傳越訛了。

二、《中華古今注》說法的問題

　　《中華古今注》把秦始皇築長城產生築城曲和梁孝王築睢陽產生

睢陽曲區分開來是好的。但把築城曲的範圍看得太廣，沒有抓緊「築」字看問題。它認爲「築城曲言秦築長城以限胡」，這就容易和前代相傳的長城謠混爲一談。又引《淮南子》言秦築長城時，「中國內部輓車以餉之」去解釋築城曲，絲毫不談及築城；也以築城引起的從屬勞動代替了築城的主體勞動。這就不能突出築城的特點。因爲築城之外，有好些工程也是需要輓車的。以「輓車」代替「築城」，很不切實。這是從築城曲的意義上去分析，指出《中華古今注》說法的問題。

再說，《中華古今注》把秦築長城看成是築城曲的開始。由於秦築長城，就說甚麼「後世因有築城曲」。也犯了《古今樂錄》、《宋書樂志》所謂「築城相杵者出自漢梁孝王築睢城」同樣的錯誤。因爲秦築長城，固然是中國歷史上最大的築城工作，會產生大量的築城歌曲；但築長城也不是秦代開始的。《史記匈奴傳》雖然說：「始皇帝使蒙恬將十萬之衆北擊胡，悉收河南地，因河爲塞，築四十四縣城臨河，徙適戍以充之。而通直道自九原至雲陽。因邊塹谿谷，可繕者治之。起臨洮至遼東萬餘里；」但它的上文說：「秦昭王時……宣太后詐而殺義渠戎王于甘泉宮，遂起兵伐殘義渠。於是秦有隴西、北地、上郡，築長城以拒胡。而趙武靈王亦變俗胡服，習騎射。北破林胡樓煩，築長城自伐竝陰山下，至高闕爲塞，而置雲中、雁門、代郡。其後燕有賢將秦開，爲質于胡，胡甚信之。歸而襲破走東胡，卻地千里。燕亦築長城自造陽至襄平。置上谷、漁陽、右北平、遼西、遼東邵以拒胡。」可見秦始皇築長城「起臨洮至遼東」，不過是將戰國時秦、趙、燕三國所築長城連結起來罷了。再看，顧炎武還說：

> 春秋之世，田有封洫，故隨地可以設關。而阡陌之間，一縱一
> 橫，亦非戎車之利也。觀國佐之對晉人，則可知矣。至于戰國，
> 井田始廢，而車變爲騎。於是寇鈔易而防守難。不得已而有長
> 城之築。《史記蘇代傳》，燕王曰：「齊有長城鉅防，足以爲

塞；」《竹書紀年》梁惠成王二十年，「齊閔王築防以爲長城」；

《續漢志》：「濟北國盧有長城至東海」；《泰山記》：「泰
山西有長城，緣河經泰山一千餘里，至琅邪台入海；」此齊之
長城也。《史記秦本紀》：「魏築長城，自鄭濱洛，以北有上
郡；《蘇秦傳》說魏襄王曰：「西有長城之界」；《竹書紀年》
惠成王十二年：「龍賈帥師築長城于西邊」；此魏之長城也。
《續漢志》「河南省卷有長城，經陽武到密。」此韓之長城也。
《水經注》盛弘之云：葉東界有故城，始犨縣東，至于瀙水達
泚陽，南北二百里，號爲方城。《郡國志》曰：「葉縣有長城
曰方城。」此楚之長城也。若《趙世家》成侯六年中山築長城；
又言肅侯十七年築長城；則趙與中山亦有長城也。以此言之，
中國多有長城，不但北邊也。

這不只說明了古代長城的廣泛性；而且指出了其所以廣泛的原因。所
以蘇興說：「後人以長城始於始皇，非也。中國自春秋以後，各有長
城。」這說明戰國七雄都築有長城。此外，《說文》：「邑，國也。
从口（音韋，封域也），先王之制，尊卑有大小，从卪（命）」注：
「尊卑謂公侯伯子男，大小謂方五百里、方四百里、方二百里至方百
里也。土部曰：公侯百里，伯七十里，子男五十里。從孟子也。尊卑
大小皆出於王命，故從　。」《說文》又曰：「　（邦）國也。从邑，
丰聲。」注：「古者城　（郭）所在曰國曰邑；而不曰邦。邦之言封
也，古邦封通用。《書序》云「邦康叔，邦諸侯」；《論語》云「在
邦邑之中」；皆封字也。《周禮》故書「乃分地邦而辨其守地」，邦
謂土界。杜子春改邦爲域，非也。」這說明古代大小諸侯在其封地中
築有各自的城邑。秦始皇築長城會產生築城曲；戰國七雄築長城和古
代大大小小的諸侯築城邑，難道就不會產生築城曲？這是從邏輯推理
上說明《中華古今注》說法的錯誤。

再從文獻上去考察，我們上文提到梁孝王所擴築的睢陽城是古代的宋國，就有關於築城的歌唱。

《韓非子·儲說左上第三十二》說：

> 宋之與齊仇也，築武宮。謳癸倡，行者止觀，築者不倦。王聞，召而賜之。對曰：「臣師射稽之謳，又賢于癸。」王召射稽使之謳。行者不止，築者知倦。王曰：「行者不止，築者知倦。其謳不勝如癸矣。何也？」癸曰：「王試度其功！」癸四版，射稽八版。摘其堅；癸王寸，射稽二寸。

《三秦紀》云：「霸城，秦穆公築為宮。因名霸城。」《史記·范睢傳》云：「於是范睢乃得見于離宮。」《正義》：「長安故城本秦離宮。在雍州長安北十二里也。」《三輔黃圖》：「秦阿房宮，亦曰阿城。惠文王造。」《括地志》云：「秦阿房宮亦曰阿城，在雍州長安縣西北三十里上林苑中。雍州薪城西南面，即阿房宮城東面也。」可見上引《韓非子》」築武宮」就是「築武城」。這段記載，不只說明了築城而謳的作用在于鼓舞築城工役積極勞動；而且說明古代已經有了射稽，癸這樣兩個師徒相傳以歌聲鼓舞築城徒役勞動的出色的築城歌手。

《左傳》宣公二年有一段記載：

> 二年春，鄭公子歸生，受命於楚，伐宋。宋華元、樂呂御之。二月壬子，戰于大棘，宋師敗績。囚華元，獲樂呂及甲車四百六十乘，俘二百五十，馘百人。……宋人以兵車百乘、文馬百駟，以贖華元于鄭。半入，華元逃歸。……宋城。華元為植，巡功。城者謳曰：「睅其目，皤其腹。棄甲而復。于思于思，棄甲復來！」使其驂乘謂之曰：「牛則有皮，犀兕尚多。棄甲則那？」役人曰：「從（縱）其有皮；丹漆若何！」華元曰：「去之！夫其口眾；我寡。」

　　這個故事發生在春秋時期，比上引《韓非子》所載那個故事要早二百多年。其中寫宋國築城役人對宋國三十多年前的右師，眼前打敗仗作了囚虜逃歸的華元，爲植巡功，發出了譏訕的歌唱。足證築城有歌，不只不始于梁孝王築睢陽城；而且不始于秦始皇築長城。《古今樂錄》說「築城相杵，出自梁孝王築睢陽城」；《中華古今注》說秦始皇築長城，「後世因有築城曲」；都沒有具體的歌辭作爲證明。多謝《左傳》的作者，爲我們保存了兩首魯宣公二年，即宋文公四年出自宋國築城役人之口的築城歌辭！

　　以上是專從「築城」來考察的。築城的主要工程是「版築」。「版築」這種勞動不只用於「築城」。詩：「築城伊匹」，是「築邑」也；詩：「築室百堵，西南其戶」，是「築室」也。假如再從「板築」這種歌去考察，文獻的記載就更多了。

　　《左傳》襄公十七年載：

> 宋皇國父爲太宰，爲平公築臺，妨于農功。子罕請俟農工之畢，公弗諾。築者謳曰：「澤門之晳，實興我役；邑中之黔，實慰我心。」注：「澤門，宋東城。皇國父白晳，居近澤門。黔，黑色。子罕色黑，而居邑中。」

　　這是一首築臺歌。這首歌表現了宋國築臺役人對妨碍農工，強迫人民築臺的皇國父的憤恨；對主張不違農時，推遲築臺的子罕的愛戴。這是魯襄公十七年，宋平公二十年的事。比上述宋文公四年那兩首歌遲五十一年。

　　上述三首見於《左傳》的版築歌辭和兩個見於《韓非子》的版築歌手，都產生在宋國。即產生在漢代睢陽的故城。從此可見梁孝王築睢陽城「造倡聲」，「築者下杵以和之，」並不是像《宋書樂志》所說的那樣是梁孝王所開始創造發明的；而是當地從古老的周代宋國所流傳下來的勞動人民傳統的產物。

再看《詩·國風·鄘》「定之方中,作于楚宮,揆之以日,作于楚室。」是衛國人民歌頌衛文公徙居楚丘,營立宮室的歌。《大雅·緜》:

> 乃召司空(掌營國邑),乃召司徒(掌徒役之事),俾立室家(古胡反)。其繩其直,縮版以載(節力反)。作廟翼翼(嚴正貌)。捄(盛土于器)之陾陾(音仍,眾也。)度(投土于版)之薨薨(眾聲)。築之登登(相應聲)。削屢(牆成而削,治重複也)馮馮(音憑,墙堅聲。)百堵(五版爲堵)皆興。鼛(音皋)鼓弗勝!注:「鼛鼓,長一丈二尺。以鼓役事。弗勝者,言其樂事勸功,鼓不能止也。」

這一段周民族對其祖先古公亶父,率領部族遷至岐下,立室家作宗廟的頌歌,從丈量束版,盛土于器,投土于版,築墙削複,拍牆使堅,到作廟翼翼,百堵皆興。用陾陾、薨薨、登登、馮馮這些象聲詞,把各種勞動的聲音融成一片。再加上樂事勸功的鼛鼓聲,使整個勞動場景熱鬧沸騰。是一首很好的版築大合唱!這首頌歌產生在西周初期,追述大王時期立家室作宗廟鼛鼓弗勝的事實,比梁孝王築睢陽以小鼓爲節要早一千年以上。至于古籍上經常提到的「傅說舉于版築之間」,表明商代武丁時期已用版築。那時會不會有版築之歌或用力的聲音,就讓大家去想想了。

三、關于「相杵」和「舂牘」

《古今樂錄》說「築城相杵出自梁孝王築睢陽城」;《太康地理志》說:睢陽樂用舂牘是也」。「相杵」和「舂牘」,更不專用于「築城」或「版築」。

《賈誼新書》:

> 鄒穆公之死,鄒之百姓若喪慈父。酤家不售其酒,屠者罷列而

歸。傲童不謳歌，舂築不相杵。

《戰國策》趙良說商君曰：

> 五羖大夫死，秦國男女流淚。童子不歌謠，舂者不相杵。注：
> 「相，助也。歌之以助杵聲也。」鄭玄曰：「相，謂送杵聲。
> 以聲音自勸也。」

《禮記·曲禮上》：

> 鄰有喪，舂不相。注：「五家爲鄰。相者，以聲音相勸相，蓋
> 舂人歌以助舂也。」

可見，「相」是由「相杵」的聲音發展而成的相杵的歌唱。也就
是「相杵歌」或「舂歌」。

按《說文》舂作　，擣粟也。从廾。（即　，拱字，兩手相向也。）
持杵臨臼上。午，杵省也。古離父初作舂，書容切。「《周禮地官》
有「舂人」、「稾人」二官，掌供米物。《詩》：「或舂或揄（一作
扰）。《周禮》：「奴，其女子入于舂稾。」可見「舂人」、「稾人」
這兩種官，就是掌管罪人之拏沒入官作苦工的。這就說明，相杵不只
出于「版築」，也用于「擣粟」。拿今天的話來說，就是「舂米」。

《漢書·外戚傳》：

> 惠帝立，呂后爲皇太后。廼令永巷囚戚夫人，髡鉗，令舂。戚
> 夫人舂且歌曰：「子爲王，母爲虜。終日舂薄暮。常與鬼爲伍。
> 相離三千里，當誰使告汝！」

這是戚夫人從帝王寵姬降爲永巷舂奴唱出的動人舂歌。這首舂歌產生
在西漢初期。《韓詩外傳》：「飢者歌食，勞者歌事。」這是人之常
情。西漢以前既然有「其奴女子沒于舂稾」的制度；這些在舂人監管
下的大批舂奴，當然也會唱出不少的舂歌。可惜沒有保存下來！

這是從「相杵」方面去考察。又按《禮記樂記》：「始奏以文，
復亂以武，治亂以相。」注：「相，即拊也，亦以節樂。拊者以韋爲

表，裝之以糠。糠一名相，因以名焉。」又《樂記》：「治亂以相，疾訊以雅。」注又云：「相，即拊也。所以輔助于樂，治亂而使之理。故云治亂以相。」《辭源》2591頁「舂牘」，「樂器名」用以節樂。虛中如筩，無底。舉以頓地，如舂杵。亦名頓相。《周禮・春官・笙師》：「笙師，掌教龡、竽、笙、塤、籥、簫、篪、簧、管、舂牘、應、雅、以教祴樂。」注：「……鄭司農（衆）云：舂牘，以竹。大五、六寸，長七尺。短者一、二尺。其端有兩空，髹畫。以兩手築地。」（參閱《舊唐書・音樂志》二）可見「舂牘」或「頓相」是仿照「舂杵」的模樣製造的打節拍的樂器。《荀子》有《成相篇》。朱子曰：「成相者，楚蘭陵令荀卿子之所作也。此篇在《漢志》號《成相雜辭》，凡二章。雜陳古今治亂興亡之效，託聲詩以諷時君。相者助也，舉重勸力之歌。史所謂『五羖大夫死，而舂者不相杵』是也。」盧文弨曰：「成相之義，非謂成功在相也。篇中但以國君之愚闇爲戒耳。《禮記》『治亂以相』，相，乃樂器，所謂舂牘。……首句『請成相』，言請奏此曲也。」可見「相」，既是仿摹舂杵這種勞動工具而製造的樂器；也是摹擬舂築這種勞動節拍而演唱的歌曲。相歌、舂牘歌或舂歌，都是古民間歌曲的一種體裁。

這是從「相杵」和「舂牘」的聯繫去考察。再看《荀子・成相篇》，全篇三章五十節。每章以「請成相」開頭，每節都用三、三、七、四、七的節拍，就是採用當時南方流行的「相歌的體制寫成的。所以盧文弨推崇爲「此篇音節即後世彈詞之祖」，同時慨嘆「《漢書藝文志・成相雜辭十一篇》惜不傳！」「成」是古代歌曲的一個段落。奏完一個段落也叫「成」。《禮記・樂記》：「且夫武，始而北出，再成而滅商，三成而南，四成而南國是強，五成而分周公左召公右，六成復綴（嶢按綴即舞的行列）以崇天子……」注：「成者曲之一終，《書》云『蕭韶九成。』」這是最明顯不過的證據。所以盧文弨說：「首句請

成相，請奏此曲也。」俞樾更系統地說：

> 此相字即舂不相之相。《禮記曲禮篇》「鄰有喪，舂不相。」
> 鄭注曰：「相謂送杵聲。」蓋古人于勞役之事，必爲謳歌以相
> 勸勉。亦舉大木者呼「邪許」之比。其樂曲謂之「相」。「請
> 成相」者，請成此曲也。《漢志》有《成相雜辭》，足徵古有
> 此體。

這是最適當的說法。「成此曲」也就是「終此曲」。王引之謂「《（漢）志》所載《成相雜辭》在漢人雜賦之末，非謂《荀子》之《成相篇》也。」要知道，荀子有禮、知、雲、蠶、箴五賦，是中國文學史上繼屈原《楚辭》之後，首先以《賦》名篇的作家，是漢世辭賦之祖。《漢志成相雜辭》雖「非謂《荀子成相篇》」；也是從《荀子成相篇》發展出來的產物，同屬辭賦之流。王引之又謂盧文弨「以相爲樂器，則成相二字義不可通。」很明顯，盧文弨雖以舂牘爲樂器，說「相乃樂器，所謂舂牘；」但他也以「相」爲樂曲，說「請成相，請奏此曲也。」並且「舂牘」亦名「頓相」，同時「相歌」亦即「舂歌」。俞樾、王引之都提出了「樂器多矣，何以獨舉舂牘言」的質疑；其實這是不足置疑的。因爲「相」即「相杵」，是依舂築的節拍而形成的「舂歌」；「舂牘」即「頓相」，是按舂杵的形狀製成的樂器；兩者密切相關。演奏時，大伙唱著舂歌，摹擬舂築的姿態，兩手捧舂牘築地爲節。既是舂築這種活計的訓練；又是舂築這種技藝的表演舞。唐劉恂《嶺表錄異上》：「廣南有舂堂，以渾木刳爲槽。一槽兩邊約十杵，男女間立，以舂稻糧。敲磕槽舷，皆有遍拍。槽聲若鼓，聲聞數里。雖思婦之巧弄砧；不能比其瀏亮也。」唐許渾《丁卯集下·歲暮自廣江至新興往復中題峽山寺詩之四》：「藍塢寒先燒，禾堂晚併舂。」自注：「人以木槽爲舂禾，謂之舂堂。」這種風俗江西南部都有。不過用的是石臼，不是木槽。有時用以舂米穀，有時用以舂糕。每逢年

節，便把大量蒸熟的米飯傾置臼中。男女十餘人，操杵繞臼側行且築。把米飯築爛後，再相對交換杵上端，使杵下端把臼中爛飯絞成一大靡團。捧出置板上，分別揉成圓形或楕圓形的大糕。這叫打年糕。食時切成條或片，可煎可煮。這類民間春築的傳統風習，就是春歌杵舞的藝術源泉。不過，春杵也有Ｔ形的。—為杵，｜為柄。人持柄以搗。

　　樂府本來是以聲為主的，辭不過是聲之寓。《韓非子》既然有依當時民間流行的相歌音節寫下來的《成相篇》；《樂記》又有演唱相歌的樂器；怎能說古代沒有相杵歌？

《敕勒歌》析疑

「敕勒川，陰山下。天似穹廬，籠蓋四野。天蒼蒼，野茫茫。
風吹草低見牛羊。」

這是一首膾炙人口，歌唱廣曠無邊的草原歌唱美好的游牧生活的
北朝民歌。也可以說是我國北方少數兄弟游牧民族的「牧歌」。元好
問詩：「慷慨歌謠絕不傳，穹廬一曲本天然。中州自古英雄氣，也到
陰山敕勒川。」可見前人對于這首歌的評價。

這首歌宋郭茂倩《樂府詩集》把它列入《雜歌謠辭》，並且引《
樂府廣題》指出它的來源說：

「北齊神武（高歡）攻周玉璧，士卒死者十四、五。神武恚憤
疾發。周王下令曰：『高歡鼠子，親犯玉璧。勁弩一發，元凶
自斃；』神武聞之，勉坐以安士眾，悉引諸貴，使斛律金唱敕
勒（歌），神武自和之。其歌本鮮卑語，易爲齊言。故其句長
短不齊。」

《樂府廣題》這段話，雖然指出了這首歌是高歡攻玉璧不下，恚
憤疾發，使斛律金所唱的敕勒歌；同時一般文學史著作，如北京大學
《魏晉南北朝文學史參考資料》，也重複這種說法而無異議；但仍有
不少問題。因爲高歡攻玉璧（今山西稷山縣）這回事發生在公元五四
六年，即西魏文帝大統十二年和東魏孝靜帝武定四年。現在就根據歷
史的記載，提出幾個問題來討論。

一、關于「攻周玉璧」和「周王下令」；

二、關于「其歌本鮮卑語」的問題；

三、關于「易爲齊言」的問題；

四、關于「以安士衆」的說法。

一、關于「攻周玉璧」和「周王下令」

《北史西魏文帝（寶炬）紀》說：

> 「大統十二年……秋九月，東魏渤海王高歡攻玉璧，晉州刺史
> 韋孝寬力戰禦之。冬十二月（校勘記校正爲十一月），燒營而
> 退。」

《北史·韋孝寬傳》說：

> 「大統五年進爵爲侯，八年轉晉州刺史，尋移鎮玉璧，並攝南
> 汾州事。」「十二年齊神武傾山東之衆，志圖西入。以玉璧衝
> 要，先命攻之。連營數十里，至于城下。」

這就明，高歡所攻和韋孝寬所守的是西魏的玉璧，不是「周」的
「玉璧」。

《韋孝寬傳》在敘述了玉璧攻守戰的嚴酷過程後又說：

> 「神武苦戰六旬，傷及病死者十四、五，智力俱困。因而發疾，
> 其夜遁去。後因此忿恚，遂殂。魏文帝嘉孝寬功，令殿中尚書
> 紹遠，右丞王悅至玉璧勞問，授贈騎大將軍，開府儀同三司，
> 進爵建忠郡公。」

這就證明：儘管宇文泰是西魏權臣，韋孝寬追隨過宇文泰，宇文氏纂
魏後韋孝寬也曾爲周鎮守過玉璧；但此時他畢竟還是西魏的將領，不
是周的將領，所以西魏文帝派「殿中尚書孫紹遠，右丞王悅」去玉璧
勞問，授贈他爲「騎大將軍」，進他的爵爲「建忠郡公」。

再看《資治通鑑》卷一五九《梁紀》十五武帝中大同元年(546)
下載：

> 「歡智力俱困，因而發疾。有星墜歡營中，士卒驚懼。」「歡
> 之自玉璧歸也，軍中訛言韋孝寬以定功弩射殺丞相。魏人聞之，

　　　因下令曰：『勁弩一發，凶兒自隕！』歡聞之，勉坐見諸貴，
　　　使斛律金作敕勒歌，歡自和之，哀感流涕。」

　　這就進一步說明，「勁弩一發，凶身自隕」的令，也是「魏人」
下的。不是「周王」下的。至于「魏人」是誰却沒有明確交代。

　　以上說明，沈建《樂府廣題》所謂：「北齊神武攻周玉璧」和「
周王下令曰」這兩個「周」字都是違反史實的。

　　不過《周書·文帝紀》說：

　　　「大統十二年九月，齊神武圍玉璧，大都督韋孝寬力戰拒守。
　　　齊神武圍攻六旬不能下，其士卒死者十二、三。會神武有疾，
　　　燒營而退。」

也許有人會說：《周書·文帝（宇文泰）紀》分明記載這件事，爲甚
麼不能說「周玉璧」，「周王下令」？

　　要知道，高歡攻玉璧時宇文泰實際上還沒有做皇帝。《周書文帝
紀》的「文帝」，是宇文泰死后，宇文泰的兒子宇文覺纂西魏稱帝不
久，宇文毓繼立，「武成元年秋八月己亥」追尊的。明見《周書宇文
毓紀》。《北史·周太祖文皇帝（宇文泰紀）》也說：

　　　「（西魏恭帝三年）九月，帝（宇文泰）不豫，還至雲陽……
　　　十月乙亥帝薨于雲陽宮。還長安發喪，時年五十。十二月甲申
　　　葬于成陵。謚文公。及孝閔帝（宇文覺）受禪，追尊爲文王，
　　　廟曰太祖。武成（宇文毓年號）元年，追尊爲文皇帝。」

可見《周書、文帝紀》載「齊神武圍玉璧」，是寫歷史的人追記宇文
泰仕于西魏文帝（寶炬）時的事，所以仍稱魏文帝的年號「大統十二
年九月」。追記之後又沒有說宇文泰對高歡圍玉璧做過甚麼。如因此
就可以說高歡當時所攻的是「周玉璧」，《通鑑》所載的「魏人下令」
也可以說成「周王下令」，那就是笑話了。

　　並且宇文泰生前，不只沒有封「周王」；而且沒有封「王」。雖

然「大統元年正月乙酉魏帝（寶炬）進帝（宇文泰）都督中外諸軍事錄尚書事，大行台、改封安定郡「王」；但「帝（宇文泰）辭讓「王」及「錄尚書事」。魏帝許之，乃改封安定郡公。「《周書、孝閔帝（宇文覺）紀》說：

> 「孝閔皇帝諱覺，太祖（宇文泰）第三子也。（西）魏恭帝三年三月命爲安定公世子，四月拜大將軍，十月乙亥太祖（宇文泰）崩；丙子，嗣位太師大冢宰。十二月丁亥，魏帝詔以岐陽之地封帝爲周公。庚子，禪位于帝。」

可見「周」這個名稱，是宇文泰死後，他的兒子宇文覺「嗣位大師大冢宰」「十一月丁亥」魏帝詔封宇文覺的。至于北周政權的建立，更是「庚子」（西）魏恭帝「禪位于帝（宇文覺）；（公元五五七）的事。高歡比宇文覺的爸爸宇文泰早死十年。《北史西魏文帝紀》大統十三年正月，分明寫著「是月齊神武薨。」宇文氏稱「周」，宇文氏北周政權的建立，是高歡死后十一年的事，離「神武改玉璧」已經十二年。那能把十二年前「神武攻玉璧」說是「攻周玉璧」？十二年前仕于魏的宇文泰，那時封「安定郡公」，怎麼知道自已死後他的第三個兒子宇文覺會詔封爲「周公」進而建立「北周」政權，追尊自己爲周文王，宇文毓又追尊自己爲周文皇帝，預先以「周王」的名義下命令？假如說「追記隨後名」是寫歷史常用的手法，沈建撰《樂府廣題》，這兒用的也是這種方法，那爲甚麼不同《北史》那樣稱「周文」或「周文帝」，而獨稱「周王」？沈建又不是寫歷史，爲甚麼要濫用這種手法，使得朝代都弄錯了。

比對歷史，北齊建立于公元550年，滅亡于公元557年；北周建立于公元577年，滅亡于公元581年；可以說是同時并立的兩個北朝政權。不管沈建所根據是甚麼，大概都是迷于這種表面現象，由「北齊神武圍玉璧」這種書面文字，就推想出對方是「周玉璧」、「周王」

來。殊不知北齊、北周政權的建立都是神武的兒子以及宇文泰的兒子高洋和宇文覺手上的事；而神武攻玉璧却遠在北齊建立四年和北周建立十年前；那時宇文泰是西魏的臣子，高歡也還是東魏的臣子。而高歡韋孝寬玉璧攻守戰，却是東魏和西魏的史事，並不是北齊和北周的史事。

再看《北史（東）魏孝靜帝（元善）紀》載：

「武定五年（公元547）正月，渤海王高歡薨。」

《北史・神武紀》說：

「天保（高洋的年號）初，追崇爲獻武帝，廟號太祖……天統（高緯的年號）元年，改謚神武。」

《北史北齊後主（高緯）紀》更詳細地說：

「天統元年（公元565）冬十一月乙丑，太上皇帝詔，改太祖獻武帝爲神武皇帝。」

可見同宇文泰死時還是西魏安定公，文王、文皇帝等稱號都是宇文泰的子孫「追尊」的一樣；高歡死時也還是東魏渤海王、神武這個稱號也是高歡的子孫「追崇」的。是高歡的謚號。上引《韋孝寬傳》、《周書文帝紀》記「玉璧」事屢稱「齊神武」，也不過是用高歡死後被追封的稱號去寫高歡做東魏丞相、渤海王的時候的事情罷了。所以上引《北史、西魏文帝紀》就寫作「東魏渤海王高歡攻玉璧，」《通鑑》也稱高歡爲「丞相」。《樂府廣題》作「北齊神武」，雖然不算錯；但爲了避免讀者的誤會，倒不如像《北史西魏文帝紀》那樣，就其本來面目作「東魏渤海王高歡」要明確得多。沈建又不是高家後裔，不知爲什麼要對高歡那麼尊敬，稱北齊神武？弄得自己都把東西魏戰玉璧錯成是北齊、北周政權並立時期的事，鬧出「攻周玉璧」「周王下令」的笑話來！并且「神武」是北齊高緯追尊高歡的謚號，那時高歡死去近二十年，而說「北齊神武（謚）攻周玉璧」，豈非怪事！

　　正由于沈建這種錯誤，至使今天有些著作解釋敕勒歌，還說：「史載北齊高歡爲周軍所敗，曾使解律金唱此歌。」（徐州師院中文系《中國文學及工具書常識》180頁），不只把韋孝寬率領下堅守玉璧大敗高歡的西魏兵錯說成「周軍」；還把《樂府廣題》的錯誤記載說成是「史載」。豈不是惡果循環，錯上加錯！

二、關於「本鮮卑語」的問題

　　敕勒是種族的複姓和種族的名稱，先是匈奴後裔，初稱秋厲，又名高車、丁零。隨唐時稱鐵勒，也是回紇族的從出，（見《北史高車傳》、《舊唐書、回鶻、鐵勒傳》）同今天新疆維吾爾族有關。北朝時居住在朔州（今山西北部）。根據歌中「敕勒川、陰山下，」就知道這個民族的居住地點是今天的陰山一帶。陰山起于河套西北，線亘內蒙古自治區，和內興安嶺相接。東魏西魏的前身是北魏，北魏是鮮卑族建立的政權。公元389年和390年，北魏拓跋珪先後大破高車諸部落，敕勒便成爲鮮卑的歸屬民族。斛律金是敕勒人，所以高歡叫他「唱敕勒歌」。所謂「敕勒歌」，也就是敕勒族的民歌。既然是敕勒族的民歌，本來就應該是敕勒語。因此，就有不少人對《樂府廣題》「其歌本鮮卑語」這種說法提出了責難。

　　《通鑑》胡注：

　　　「洪邁曰：斛律金唱敕勒歌本鮮卑語，古樂府有其辭云：『敕勒川，陰山下，天似穹廬，籠蓋四野 ⋯ 蒼蒼，野茫茫。風吹草低見牛羊。』余謂此後人妄爲之耳。敕勒與鮮卑殊種，斛律金出于敕勒，故使之作敕勒歌。若高歡則習鮮卑之俗者也。」

　　《北京大學學報》1982年第一期載日本學者小川環樹《敕勒之歌》說：

　　　「不管《樂府廣題》所根據的材料是從哪裡來的，它肯定是漢

人的記錄。恐怕沒有注意到鮮卑語與敕勒語之間的區別。

《光明日報》83年4月12日《文學遺產》載王達津《敕勒歌小議》說：

> 「北魏統治者雖出身鮮卑族；但高歡是渤海蓨人，斛律金是朔
> 州敕勒人，而不是鮮卑人。所唱歌當是敕勒語；高歡和之，也
> 應是和其聲。

以上這些說法，雖然邢丙彥《也談敕勒歌的原來語言》（見《光明日報》83年7月26日）曾加以有力的反駁，解決了「身爲敕勒人的斛律金」爲甚麼能「用鮮卑語唱敕勒歌」的困惑；却沒有解決敕勒歌爲甚麼會是「本鮮卑語」的問題。因爲任何民族的語言，都是經過漫長的時間才能逐漸形成；當它形成之後，也不是任何力量可以在短期內就把它消滅的。敕勒族雖然公元389、390年就已成爲鮮卑的歸屬民族，其語言必然會受鮮卑族的影響；但決不會沒有本族的語言。並且敕勒族當時不過附於鮮卑；也還有自己的獨立性。《北史高車傳》分明說：「道武分散諸部，唯高車以類粗獷，不任使役，故得別爲部落。」公元523年沃野民、破六韓（姓）拔陵（名）起事，六鎮相繼響應，敕勒東西兩部也就歸附破六韓拔陵；公元551年，即北齊政權建立第二年，敕勒族還出兵攻柔然。敕勒族既然保存著自己的獨立性，更不會沒有自己的語言。敕勒歌既然是敕勒族的民歌，當然就是敕勒語。雖然如邢氏所說：「高歡斛律金通解鮮卑語」，「斛律金在宮廷裏用鮮卑語唱敕勒歌很可能」，也只能說其歌本敕勒語，易爲鮮卑語，怎麼能說「其歌本鮮卑語」？這就是邢丙彥對問題的解決不徹底的地方。並且邢氏所謂斛律金「在朝廷裏用鮮卑語唱敕勒歌」也是錯誤的。因爲五三二年高歡立元脩爲魏帝（孝武帝），一向自居晉陽（今山西太原）控制洛陽（在河南省）的魏朝廷；五三四年高歡立元善爲魏帝（孝靜帝）由洛遷鄴，五三六年又使長子高澄居鄴控制朝廷；玉璧戰

敗，他退回晉陽，死於晉陽，命斛律金歌敕勒也在晉陽；斛律金唱敕勒歌怎麼是「在朝廷里」？

還要知道：「北鎮地方」不只如邢丙彥所說「仍保持鮮卑的語言風俗」；而且會對被虜役的各族人民的語言風俗起交流融化的作用。因為所謂北鎮，就是道武帝跖拔珪389年大破高車，390年大破高車袁紇部，於398年遷都平城（今山西省大同縣）後，魏明元帝跖拔嗣築長城防柔然，東自赤城（今河北省赤城縣）西至五原（今內蒙自治區五原縣）長二千餘里，在長城險要處所設的撫川、扶冥、懷朔、懷荒、柔玄、御夷六鎮。又有沃野鎮（今內蒙自治區鄂爾多斯右翼旗境）。這是保衛平城的重鎮。其鎮將雖然皆鮮卑貴族，部下軍官也都是鮮卑族；守邊兵士，却部份為鮮卑人，部分為鮮卑化的各族人。為了充實力量，398年，即遷都平城那年，徙山東六州民吏及徒何（鮮卑）等雜夷三十六萬、百工伎巧十萬餘口到平城及畿內；399年徙山東六州二十二郡守宰、豪杰吏民二千家到平城，破高車雜夷三十餘部，擄獲七萬餘口，又捕獲二萬餘口；400年高車所屬小部九百餘落來降附；429年魏太武帝跖拔燾破柔然後，又破高車，遷柔然，高車兩部降人到漠南魏邊鎮耕牧；450年魏大舉攻宋，進軍至長江北岸瓜步山；遷戰敗被俘的柔然、高車、山東諸州部漢人到六鎮及平城等地；451年攻宋，擄獲宋民五萬餘家，分居平城附近；這種大量移民與鮮卑跖拔部兵民雜居，各族人民雖然有本族的語言，但在共同交往上；則不能不使用以統治民族為主的鮮卑語。隨著語言的同於鮮卑和互相影響，這就為敕勒族這支著名的民歌、敕勒歌，流轉為鮮卑語和再澤為漢語，提供了客觀的社會基礎。劉先照《千古絕唱敕勒歌》（見《文學評論》80年6期）根據《魏書商車傳》和歌辭「所反映水草畜牧之盛，和昂揚樂觀驕傲、牛羊肥、馬駝壯的情況」；推斷其「當產生在公元429—471這個階段，」即「北魏統一東部敕勒，把它們數十萬戶遷到漠

南，『數年之後，牛羊遂至于賤，毡皮積委，』生產大發展」這個時期。並認爲：「《樂府廣題》謂『本鮮卑語』譯爲漢語，可見其歌長期在鮮卑流傳。」又指出「三九八年北魏遷平城，在漠南與敕勒雜處，就是此歌成爲鮮卑語的原因。」雖然忽略了胡漢雜處這個方面，整個看法是很有見地的。胡三省、小川環樹、王達津，昧于這種發展的客觀現實，用固定的觀點看問題，就難免爲《廣題》「其歌本鮮卑語」所困惑。

其次，要注意下列幾點：

㈠鮮卑語是東魏北齊繼北魏之後，統治階級的主要語言。東魏北齊雖然是六鎮流民南遷後，高歡一家以鮮卑族、漢族爲支柱建立起來的政權；但鮮卑族畢竟是主要骨幹，高歡左右多鮮卑貴族。《周書》卷二四《孫搴傳》記載：「高歡時，孫搴爲相府主簿，兼典文官，又通鮮卑語，兼宣傳號令，當煩劇之任，太子賞重。」《顏氏家訓·教子》：「齊朝有一士大夫嘗謂吾曰：『我有一兒，年已十七，頗曉書疏，教其學鮮卑語及彈琵琶，稍欲通解，以此伏事公卿，無不寵愛。亦要事也。』」從此可見東魏北齊仍然以鮮卑語爲主，當時士大夫一定要習鮮卑語才有進身之路。很難例外。據《北史齊本紀》，是說「是時西魏言神武中弩，神武聞之，乃勉坐見諸貴，使斛律金敕歌，神武自和之」的。《樂府廣題》也說當時高歡「悉引諸貴」。在這種場合，如果用敕勒族的語言演唱敕勒歌，恐怕就不適合「諸貴」的聽覺，而快「諸貴」之意了。

㈡高歡是一個「變化如神」的鮮卑化的漢人。關於高歡的鮮卑化，劉光照、刑丙彥都已提到，但沒有注意他在鮮卑漢族之間「變化如神」。據《北史神武紀》，高歡的祖先雖然是渤海蓨人，他的六世祖隱又是晉玄菟太守；但五世祖慶四世祖泰三世祖湖都仕於慕容氏。慕容氏失敗後高湖又率眾仕於魏，高湖的兒子謐，即高歡的祖父也仕於魏。因

「坐法」，徙居懷朔鎮。慕容氏、魏都是鮮卑族建立的政權，正因為他「累世北邊」；「故習其俗，遂同鮮卑。」因此，也有人說他是鮮卑人，他有時也自稱鮮卑人。公元五三一年，高歡率六鎮流民到山東，在殷州趙郡大族李元忠、冀州大族高乾高敖曹兄弟的協助下，據有冀、殷二州，他居然又自稱是渤海高氏的後裔，認高乾高敖曹為族叔，叫他的兒子高澄行族孫禮，拜見高敖曹，又嫁女兒給華陰大族楊愔（因），引用清河崔㥄、博陵崔暹等高級士族。他在這批漢族大士族面前講話用漢語；但對士兵講話總是用鮮卑語。《北齊書》卷二一《高乾傳附弟昂傳》還說：「高祖（高歡）每申令三軍常鮮卑語。」這就說明：高歡不只習鮮卑俗能鮮卑語，而且是要維護鮮卑俗和鮮卑語來鞏固他的地位的。高歡所以命斛律金作敕勒歌而親和之，正因為這支著名的敕勒歌，當時語言已經鮮卑化，為大家普遍所喜愛。否則，高歡又何必命斛律金唱它。如果斛律金唱時用敕勒語；恐怕一個不懂敕勒語的高歡，要「和其聲」也是有困難的。

㈢斛律金是一個鮮卑化的敕勒人和高歡的得力支柱。斛律金的鮮卑化，劉光照、邢丙彥也已提到，但還得注意的，就是斛律金和高歡的密切關係。《北史》卷54列傳42說：「斛律金字何六敦，朔州敕勒部人也。高祖信侯利魏道武時內附，位大羽真，賜爵孟都公；祖，幡地斤，殿中尚書；父，那瓌，公祿大夫，贈司空。金性敦直……初為軍主。與懷朔鎮將楊鈞送蠕蠕主阿那瓌，瓌見金射獵，歎其工。及破六韓拔陵構逆，金擁眾屬焉，署金為王。金度陵終敗，乃統所部叛陵，詣雲州。魏除為第二領人酋長，春朝京師，秋還部落，號曰雁臣。」「孝莊立，賜爵阜城男，位紫金光祿大夫。」這就說明斛律金一家四代和鮮卑魏的深厚關係。列傳又說：「神武密懷匡復，金贊成大謀。太昌初為汾州刺史，進爵為侯，從神武破紇豆陵于河西。沙苑之役，神武以地阨少卻，軍為西師所乘，遂亂。……金曰：『眾散將離，其

勢不可復用，宜急向河東。』神武據鞍未動，金以鞭拂馬，神武乃還。于是大崩。……是役也，無金先請還，幾至危矣。及高仲密西叛，周文攻洛陽，從神武破之。還，除大司馬，改封石城郡公……神武重其古質，每誡文襄曰：『爾所使多漢，有讒此人者，勿信之。及文襄（高澄）嗣事，爲肆金刺史，文襄受禪，封咸陽郡王。天寶（高洋）三年，就除太師。四年解州，以太師還晉陽。車駕幸其第，六宮及諸王盡從。置酒極夜方罷。帝欣甚，詔金第二子豐樂爲武衛大將軍……謂曰：『公元勳佐命，父子忠誠，朕當結以婚姻，永爲藩衛。』仍詔金孫武都尙義寧公主。」「孝昭（高演）踐祚，納其孫女爲皇太子妃。」「武成（高湛）即位，又納其孫女爲太子妃。」「金長子光，大將軍，次子羨及孫武都並開府儀同三司，出鎮方岳。其余子孫皆封侯貴達。一門一皇后，二太子妃，三公主，尊寵當世莫比。」這就說明斛律金不只是高歡本人的得力支柱；而且是高氏北齊政權建立鞏固的核心人物。所以子孫都受到高氏北齊政權的無比寵遇。《北史卷六·齊本紀上》載神武臨終向高澄說：「庫狄干鮮卑老公，斛律金敕勒老公，並性遒直，決不負汝！」像這樣一個忠於高歡，鮮卑化的斛律金，怎麼會不了解高歡的意旨和違反大家的愛好，用大家不懂的楳勒語去唱敕勒歌？胡三省、王達津只知道他是敕勒人，不注意他鮮卑化和高歡的關係，就難免發生誤解。

從此可說明《樂府廣題》所謂「其歌本鮮卑語」，說的是斛律金所唱，高歡所和的敕勒歌是經過長期鮮卑化的鮮卑語；並不是原來的敕勒語。這個「其」字，應該是緊承上文唱和二字，代表斛律金和高歡的人稱指代詞；而不是一般指示形容詞。

三、關於「易爲齊言」的問題

談完「本鮮卑語」問題，再談「易爲齊言」。小川環樹說：「齊

言大概就是中國話（也即漢語）。這可能與在北朝時翻譯的佛經中所引梵語輒稱『秦言某某』，即指符秦（351—394）或姚秦（384—471）的語言是同樣的意思。」這種說法是對的。因為雖然《孟子》有「欲其子之齊言也」，《史記齊掉惠王世家》也有：「諸民能齊言者皆予齊王」的說法，但這是指中國齊地的方言，敕勒歌也決不會「易為」齊地方言。所以所謂「齊言」也只能像以「秦言」代表漢語一樣，是以「北齊」的語言代表漢語。

不過，他沒有注意，就是：所謂「易為齊言」，也是沈建根據上文「北齊神武攻周玉璧」推想出來，不符合歷史實際的」。

試看《北史東魏孝靜紀》說：

> 「武定五年（公元547年），渤海王高歡薨。」「武定八年（公元550）正月為渤海王高澄（高歡子，高洋兄。）舉哀于東堂。戊辰，詔太原公高洋嗣事，徙封齊郡王。正月丙辰，遜帝位于齊（高洋）。」

《北史齊文宣（洋）紀》：

> 「武定八年五月辛西，魏帝為文襄（澄）舉哀於東堂。戊辰，詔進帝（洋）位，使持節丞相，都督中外諸軍事，錄尚書事，大行台、齊郡王。食邑一萬戶。三月庚辰，又進封齊王，食冀州之渤海、長樂、安德、武邑、瀛州之河間五郡，邑十萬戶。」

從此可見高歡死後的凶禮雖然曾贈「齊王璽綬」（見《北史齊本紀》），但死時還是東魏渤海王。「齊郡王」、「齊王」這種名稱，是東魏孝靜帝在高澄被蘭京殺死後，封給高歡的次子高澄的弟弟高洋的。雖然《北史文襄（澄）帝紀》武定七年（公元549）有「四月甲辰，魏帝進文襄位相國，封齊王」的記載，凶禮亦言贈「齊王璽綬」，似乎高洋的哥哥高澄已經有「齊王」之稱；但《北齊書文襄紀》却沒有這種記載。即使《北史文襄紀》的記載完全可靠；齊王稱號的出現，

也不過早了一年，而且是東魏孝靜帝在高歡死後封給高澄（高歡長子）的。至於北齊政權的建立，更是武定八年（公元550）五月丙東魏孝靜帝遜位給高洋才出現的事。高歡死於武定五年正月丙午（見《北史齊本紀上第六》），命斛律金唱敕勒歌時，人們怎麼知道後三、四年會建立「北齊」政權，預「易」敕勒歌為「齊言」？

並且和羯、氐、羗、匈奴一樣，鮮卑也是由一個比較落後的民族入居中原的。他們沒有文字，雖然憑武力的強悍建立了政權，但政治文化上仍然依靠漢士族進行統治。首先北魏建國者跖拔珪的祖父什翼犍就是在石勒（羯人）都城襄國質子十年受漢文化很深的人。他即位為代王，就是按漢族的的制度設立官職分掌政務，用漢士族燕鳳為長史，許謙為郎中令，確立國家體制的。三八六年跖拔珪即代王位，也用張襄為長史、許謙為右司馬，政治指導者都是漢人。三九六年奪取并州後始成立政治機構，自刺史太守（地方官）至尚書郎（中央官）一般都用漢族士人。三九九年建立魏國稱道武帝，遷都平城，更設大學，置五經博士，招生員三千人，命郡縣大索詩書送往平城。四○一年又祭周公、孔子。四○九年魏明大帝即位，也叫燕鳳、封懿等漢士族與鮮卑貴族共議政事。魏太武帝也用漢人崔浩的謀略和鮮卑族的慓悍，戰無不勝。四九三年魏孝文帝自平城遷都洛陽更加速與漢族融化。他羨慕漢文化，要變鮮卑俗為華風。禁鮮卑人胡服和在朝廷上說鮮卑話。鮮卑人被迫周漢衣冠，說漢正音。又令鮮卑人改為類似漢族的姓，自己改姓元。並實行與漢族通婚，令鮮卑人自稱洛陽人，死葬邙山上，不再北反。他「獨好詩書，手不釋卷。五經之義，覽文便講，史傳百家，無不該涉。老莊尤精釋義。才藻富贍，好為文章。詩賦銘頌，在興而作。」自太和十年以後詔制，都是他自己的手筆。當時推行漢化政策令作的鮮卑語華文互譯著作，見於典籍的就有十四種。其中《國語真歌》、《國語御歌》、《國語雜文》、《國語十八傳》共九十一

卷。《隋書經籍志》說：

> 後魏初定中原，軍容號令，皆以夷語。後染華俗，多不能通。
> 故錄其本言，相傳教習，謂之國語。

所謂「夷語」就是「鮮卑語」；所謂「後染華俗，多不能通」，就是
鮮卑統治者用鮮卑語所發的號令，在廣大漢族人中不能通行。所謂：
「故錄其本語，以相教習」，就是以漢文譯錄鮮卑語，互相教導學習。
可見以華文書夷語當時已很通行。高歡所建立的東魏雖然是以較後南
遷的六鎮流民爲骨幹的政治集團，受孝文帝加強漢化的影響更少，自
己也提倡說鮮卑話；但他部下也有大批漢族士大夫。他在漢士族面前，
還得說漢語。他擁立的第一個皇帝孝武帝，內宴命諸婦人咏詩，就有
「或咏鮑照樂府詩曰：『朱門九重門九閨，願逐明月入君懷』的記載。
（見《北史·魏本紀第五孝武帝之脩》）在這種以漢文化爲主體、以
漢文字爲表達工具的條件下，《敕勒歌》從鮮卑語易爲漢（齊）語，
就當在高歡使斛律金歌敕勒之前，更不需要等到三、四年後北齊建國
之時了。

至於胡三省「此後人妄爲之耳」的說法就更不足信。因爲當時出
於少數民族或胡語漢譯的北歌不只《敕勒歌》。如《企喻歌、男兒可
憐蟲》《古今樂錄》說是氐族符融所作，《琅琊王歌辭·快馬高纏鬃》，
提到羌族人姚弼「廣平公」，是羌族人的作品，《高陽樂人歌》，《
古今樂錄》說是魏高陽王元融樂人所作；《折楊柳歌辭，我是虜家兒，
不解漢兒歌》，既「不解漢兒歌」，當然是胡語漢譯的作品，《巨鹿
公主歌辭》，《唐書樂志》說「歌辭華音，與北歌不同。」《唐書》
作者見到原本，故知其不同。《慕容垂歌》也是秦人（氐族）嘲笑慕
容垂（鮮卑族）爲晉劉牢之打敗的，這些北歌有的早於《敕勒歌》，
都沒有「後人妄爲」之說，爲甚麼《敕勒歌》就是「後人妄爲」？並
且這首歌那種渾樸蒼茫的草原氣息，正反映北方游牧民族的生活特徵，

難道是「後人」所可「妄爲」！

其次，四人幫時期有些高等院校出版的《中國文學簡史》說，「這是一篇敕勒族的民歌，原是用鮮卑語唱的。北齊時不識字的斛律金用齊語翻譯過來。」這更不對頭。因爲斛律金是一個鮮卑化的敕勒人，高歡命作《敕勒歌》在東魏孝靜帝武定四年十二月，早於北齊政權的建立四年，不在北齊時。他不可能用齊語唱鮮卑語的《敕勒歌》，也不知道三、四年後會有北齊政權的出現而預易爲齊語。他後來雖然成爲北齊建國的元勛；但他是一個不識字的武夫，不會去從事民歌的翻譯。《北史本傳》說他「不識文字，本名敦，苦其難書，改名金，猶以爲難。司馬子如教爲金字，作屋況文，其字乃就。」像這樣一個不識文字，連自己的名字，一個簡單的金字，都費了很大的力氣才學會寫的人，怎麼可能用文字把《敕勒歌》從鮮卑語翻譯成流傳至今膾炙人口的名篇？所以《北史》只說「（高歡）使斛律金敕勒歌」，「敕勒歌」即「歌敕勒」，司馬光《通鑑》雖然說「使斛律金作敕勒歌」；但這個「作」字也只能理解爲「唱」；因爲斛律金是敕勒人，所以高歡叫他唱敕勒族的民歌。唱敕勒民歌是用口頭語言的。如果把這個「作」字理解爲「作詩作文」的「作」；說高歡叫斛律金用文字寫作一首《敕勒歌》；那就把敕勒人口頭歌唱的民歌看成文人創作，更不是斛律金所能勝任了。所以吳騫《拜經樓詩話》說：「金不知書，改名爲金，猶苦難署，至以屋山爲識。又焉能作此歌乎？」但古今一轍，無獨有偶。過去就是有不少人這樣理解的。更有甚者，和司馬光同時的北宋詩人王安石還說《敕勒歌》是斛律金兵困敕勒川時叫他的兒子斛律明月，即斛律光所作。他說：

「斛律明月，胡兒也，不以文章顯。老胡（指斛律金）以重兵困敕勒川，召明月作歌以排悶，倉卒之間，語奇壯如此，蓋率意道事實耳。」（見《山谷題跋、書韋深道諸帖》）

黃魯直《題陽關圖詩》：「想到陽關最西處，北風低草見牛羊」，又把「風吹草低見牛羊」的景色從陰山下的敕勒川，移到「陽關最西處」。這些，都對《敕勒歌》的性質和產生地點造成了混亂。宋洪邁加以分辨說：

> 予按古樂府有《敕勒歌》，以為齊高歡攻周玉璧而敗，恚憤疾發，使斛律金唱《敕勒歌》，歡自和之……魯直所題及詩中所用蓋此也。但誤以斛律金為明月。明月名光，金之子也。歡敗于玉璧，亦非敕勒川。

雖然也誤高歡所攻之「玉璧」屬「周」；又沒有說明「敕勒川」之所在；卻糾正了王安石的謬誤：明確了《敕勒歌》是高歡兵敗玉璧，恚憤疾發，使斛律金口頭所唱的歌。使人知道不是斛律金兵困敕勒川，使他的兒子斛律明月用文字作的詩。清代袁枚又說成斛律金原用鮮卑語作，其子斛律明月翻譯成漢語（見《隨園詩話》）。解放後內蒙古日報刊載過不少討論《敕勒歌》的文章，其中也有以王安石等說為根據反對《敕勒歌》是民歌或以為是斛律金翻譯的。此外，元代乃賢《金臺考》序的作者李好文考證出《敕勒歌》的作者是「貨六渾」，那就把「使斛律金歌敕勒」而自和文的高歡說成是《敕勒歌》的作者了。因為《北史神武記》分明載著：「齊高祖神武皇帝姓高名歡，字賀六渾。」這些都違反歷史事實。

總之，《樂府廣題》「使斛律金唱敕勒歌，其歌本鮮卑語，易為齊語」這幾句話，雖然引起人們不少疑難，語言也確有些毛病；但卻反映出從北魏到東西魏這個時期，被擄役各族人民的鮮卑化和鮮卑族的漢化的整個歷史過程，從此可以使我們看出《敕勒歌》轉化為鮮卑語，再譯為漢文的情況。和整個北朝樂府民歌一樣，都是北朝這個特定的歷史時期，北方少數民族，包括匈奴、鮮卑、羯、氐、羌，先後入主中原，逐漸和漢族融化在文學上的成果。它的風格也和南朝樂府

民歌迥然不同。所以沈德潛《古詩源》譯爲：「莽莽而來，自然高古，
漢人遺響也。」「漢人遺響」是緊承上句「高古」二字，形容《敕勒
歌》的風格的。「漢人」指的是「漢代人」；並不是指「漢族人」。
但王達津《敕勒歌小議》却說：「這是與我國維吾爾族有關係的一首
古民歌，現在不少維吾爾族作家都知道的。沈德潛評爲『漢人遺響』，
這話就講得很不確切。」這就誤會了沈德潛「漢人」一詞的含義。《
敕勒歌》還可能伴舞，如高歡過去的上級爾朱榮「見臨淮王或從客閑
雅，愛尙風素」就「固令爲敕勒舞」。（見《北史·爾朱榮傳》）。
小川環樹認爲：《敕勒歌》「各句的音節數是三、三（韻）。四、四
（韻）。三（韻）三（韻）七（韻）。」這種形式與突厥民歌很相似。
「如果斛律金確是一個突厥人，那麼他所咏唱的《敕勒歌》，當然是
一首突厥語的詩歌。」要知道，突厥和鐵勒兩個民族原來就有密切的
關係。依《周書突厥傳》，突厥酋長姓阿史那，世代居住在高昌國北
山中，柔然可汗社侖征服高昌，擴地西至焉耆，突厥部落也被役屬，
被遷到金山（阿爾泰山）南做柔然的鐵工。五五一年鐵勒部出兵攻柔
然，突厥酋長土門襲擊鐵勒，得鐵勒降衆五萬餘落，突厥才強盛起來。
《北史鐵勒傳》又說：「鐵勒之先，匈奴之苗裔也……自突厥有國，
東西征討皆資其用，以制北荒。」清光婿十五年發現的突厥碑文還記
載說：「九姓鐵勒者臣之同族也。」從此見出兩族的關係。斛律金雖
是敕勒（鐵勒）人，不是突厥人；他所唱的《敕勒歌》也不是突厥歌；
但突厥族這種民歌的形式，就很可能是從敕勒族的影響而來的。從此
也可以看出：《敕勒歌》雖然經歷了鮮卑語化和漢譯幾個過程，仍然
是保存著原歌的韻律和節奏的。這就是沈建所謂「故其句長短不齊」
的特徵。小村環樹未注意突厥族和勒勒族這種密切的關係；所以無法
解決斛律金所唱的《敕勒歌》爲甚麼形式和突厥族民歌相似這個問題。

四、關於「以安士衆」的說法

《樂府廣題》所謂「攻周玉璧」、「周王下令」和「本鮮卑語・易爲齊言」等問題已闡析如上；《樂府廣題》所謂「以安士衆」，是關係到高歡使解律金作敕勒歌的目的問題，這種說法也值得商討。

試看《北史・齊本紀》第六說：

「武定四年九月，神武圍玉璧以挑西師，……西魏晉州刺史韋孝寬守玉璧。城中出鐵面，神武使元盜射之，每中其目。用李業興孤虛兂萃其北；北，天險也。乃起土山，鑿十道，又于東南鑿二十一道以攻之。城中無水，神武使移汾，一夜而畢。孝寬奪據土山。頓兵五旬，城不拔，死者七萬人，聚爲一冢。有星墜于神武營，衆驢並鳴，士皆驚懼。神武有疾，十一月庚子，輿疾班師……己卯，神武以無功，表解都督中外諸軍事；魏帝優詔許焉。是時，西魏言神武中弩。神武聞之，乃勉坐見諸貴，使斛律金敕律歌，神武自和之，哀感流涕。」「武定五年正月……丙午陳啓于魏帝，是日崩于晉陽，時年五十二。」（標點本注二七：「十一月庚子輿疾班師：按是年十一月庚子朔，無己卯。《通鑑》卷一五九作『十二月己卯』。此據涵芬樓影宋本）。此己上疑脱十二月」極是。）

這段記載，雖然寫玉璧攻守戰沒有《北史・韋孝寬傳》那麼詳盡；「頓兵五旬」也和《韋傳》「苦戰六旬」有出入；但明確地說明了高歡攻玉璧的時間在武定四年九月。特別是說明了高歡自玉璧「輿疾班師」的時間在「十一月庚子」，而十二月「己卯」「以無功表解都督中外諸軍事，魏帝優詔許焉」的時候，才聽到「西魏言神武中弩」，又死於「武定五年正月丙午」。從此可見高歡「勉坐見諸貴，使斛律金敕勒歌」而「自和之」，一定在武定四年十二月己卯」至「武定五

年正月丙午」這一段時間（27天）之內。上引《通鑑》和《神武紀》是說高歡使斛律金敕勒歌，是因為高歡攻玉璧不下，恚憤成疾，燒營而退，東魏軍中訛傳章孝寬以定功弩射殺高歡，西魏乘機下令說「高歡鼠子，親犯玉璧，勁弩一發，凶身自斃」；高歡聽到西魏說他中弩，才勉坐使斛律金敕勒歌而自和之的。因此我們認為：高歡使斛律金敕勒歌的時間如果是在玉璧前線，那說他「使斛律金唱《敕勒歌》的目的是「以安士衆」；是合情合理的。因為《通鑑》、《齊紀》都說當時高歡「智力俱困，恚憤疾發」，又「夜有星墜歡營中，士卒驚懼」。針對這種情況，高歡出來使斛律金唱《敕勒歌》而自和之，當然有「以安士衆」的意圖，也可以達到「以安士衆」的目的。但高歡聽到西魏說他中弩的謠傳，使斛律金敕勒歌而自和之的時間卻在他退兵回到東魏十二月己卯之後，自十一月庚子（初一）興疾班師至十二月己卯，前後四十天，那時自玉璧歸來的「士衆」已在東魏境內「安定」下來，又哪用「使斛律金唱敕勒歌去「安」他們？並且《齊紀》分明說：「己卯神武以無功表解都督中外諸軍士，魏帝優詔許焉」，高歡既然解除了都督中外諸軍事的職務，又何從去「安士衆」？這是從高歡使斛律金唱《敕勒歌》的時間和地點上去說明「以安士衆」的說法是沒有理由的。

　　再從高歡使斛律金唱《敕勒歌》的場面看，《北史齊紀》和《通鑑》都是說「神武勉坐見諸貴，使斛律金歌敕勒」的，並沒有說有任何「士衆」在場。假如高歡使斛律金唱敕勒歌的目的是「以安士衆」，為甚麼不把「士衆」召集在一起，而只「見諸貴」？還有高歡使斛律金歌敕勒，而「自和之」的時候是「哀感流涕」的，試問高歡自己都「哀感流涕」，又怎能達到「以安士衆」的目的？高歡如果有「以安士衆」的意圖；他自己會表現得這麼軟弱嗎？

　　綜上所述，可見高歡使斛律金唱《敕勒歌》而自和之的目的，至

多是避當時的謠傳，表明他沒有「中弩」而已。對於上述情況，《廣題》作者絲毫沒有考慮，不只把史書「勉坐見諸貴」之句改爲「勉坐以安士衆悉引諸貴」。而且爲了自圓其說，使「以安士衆」的說法不會引起衆讀者的懷疑，又刪去史書上原有的「哀感流涕」一句，這是很不忠實的。

最近徐州師院中文系1978年8年出版的《歷代文學及工具書常識》180頁對敕勒歌的解釋還說：「史載北齊高歡爲周軍所敗，曾使斛律金唱此歌以激勵士卒。」除了把《樂府廣題》的錯誤記載說成史載，把西魏軍錯成周軍，前面已經指出外，又把《廣題》所說的「以安士衆」說成「激勵士卒」，這就同歷史實際距離更遠了。

東坡《赤壁詞》解釋論難

郭沫若《讀詩札記》指疵之一

蘇東坡的《念奴嬌·赤壁懷古》是目前高中語文課本的文言教材，也是大學中文系學生會接觸的文學作品。郭沫若先生七十年代寫的《讀詩札記四則》第一則對這首詞進行過分析。82年不只在《文藝報》第十一期發表了；而且《光明日報》四月十六日轉載後，83年3月12日發表周寅賓的《小喬墓考》又替它進行考證。也有不少同志認為郭老的講法的確新穎。但我覺得郭老的講法有一個最大的錯誤：就是無視歷史事實和語文實際去作文學賞析。

第一，郭老說：「赤壁之戰的當時，周瑜年二十四。」這是不符合歷史實際的。遍查《三國志·吳志》有關周瑜年齡的記載，都得不出赤壁之戰周瑜年二十四的結論。

㈠《三國志·周瑜傳》載周瑜詣京說孫權取蜀，孫權允許後，「還江陵為行裝，而道于巴丘，病卒。時年三十六。」雖然沒有明載周瑜病卒的年月；但《魯肅傳》載周瑜病疏請孫權，乞「隕踣之日」，以肅自代。孫權「即拜肅為奮武校尉，代領瑜兵。」「初住江陵，後下屯陸口。恩威大行，拜漢昌太守。」而《孫權傳》載，「（建安）十五年分豫章為鄱陽郡。分長沙為漢昌邵，以魯肅為太守。」可見周瑜「道于巴丘病卒」在建安十五年，和《通鑒》所載一致。「時年三十六」，上距建安十三年赤壁之戰兩年。

㈡《周瑜傳》載周瑜自居巢返吳，「是歲建安三年也，策親自迎瑜……時年二十四，吳中皆呼為周郎。」下距建安十三年赤壁之戰十年。

㈢《周瑜傳》載，「策與瑜同年。」《江表傳》載孫權母曰：「

公瑾與伯符同年，小一月耳。」又說「有周瑜者與策同年。」《孫策·周瑜傳》同載：「（建安）五年策薨。」《孫策傳》還說：「夜半卒，時年二十六。」《孫權傳》「曹公表策爲討逆將軍，封爲吳侯。」下，裴松之注也說：「策以建安五年卒，策死時年二十六。」可見建安五年周瑜和孫策一樣是二十六歲。下距建安十三年赤壁之戰八年。

　　這些記載都證明：建安十三年（公元二〇八年）赤壁之戰，周瑜已經三十四歲。郭老所說，爲周瑜減少了十歲。本來這種錯誤是夏承燾先生五十年代犯過，但很快就改正了的。他說：「拙文記周瑜年齡，由檢《通鑑》時誤以建安三年孫策迎瑜事連屬建安十三年赤壁之戰。當時未檢《三國志》，致相差十年。自慚荒率。」這是夏老致誤的原因和知過必改的風度。郭老這篇《札記》寫于1970年6月，却重複夏老的錯誤，可能是想突出周瑜少年英雄的形象吧！

　　第二，郭老說：「下半闋『遙想公瑾當年，小喬初嫁了，雄姿英發。』此中『了』字，王闓運核改爲『與』字，至確。」這也很值得商討。

　　慣於塡詞的人都知道，後九個字一般作上四下五。此作上五下四，前人是認爲不合《念奴嬌》的格律的。萬紅友《詞律》因分此爲別格。王闓運核改「了」與「與」，按意義連上讀成「小喬初嫁與」，雖然比「小喬初嫁了」更明確地反映出詩人「遙想」的「公瑾」對於「小喬」是「納」不是「出」。格律上仍然有問題。並且有人指出：明天啓壬戌版梅慶生注《蘇東坡全集》載此詞，下闋起句作「遙想公瑾當年，小喬初嫁，正雄姿英發。」此外，東坡另一首《念奴嬌·中秋》也作：「我醉拍手狂歌，舉杯邀月，對影成三客。」還有，和東坡《赤壁詞》或用東坡《赤壁詞》韻的詞，最早的如中興野人作：「天心念我中興，我皇神武，踵曾孫周發。」趙秉文作：「回首赤壁磯邊，騎鯨人去，幾度山花發。」南宋陳紀《釣鰲臺用東坡韻》作：「爲愛

暮色蒼寒，天光上下，艤棹須明發。」文天祥《南康軍和詞》作：「堪嘆飄泊孤舟，河傾斗落，客夢催明發。」元薩都拉《石頭城上》作：「寂寞避暑離宮，東風輦路，芳草年年發。」後九字都作上四下五。綜看《全宋詞》及其《別輯》，東坡以後的《念奴嬌》包括別名共五百成十首，其中此九字作上五下四的也有九十多首；而所有和東坡赤壁韻的詞，都沒有作上五下四的。這就充分證明：作「小喬初嫁了，雄姿英發」，可能是東坡草稿；而作「小喬初嫁，正雄姿英發」，才是後來和東坡詞的人所習見的東坡最後的定稿。郭老說：「向巨源所見山谷書原詞沒有提到這個字，可見在南宋時字還未錯。」雖然很細心；但怎麼知道這個未錯爲「了」的字一定作「與」而不作「正」？這是說王闓運核改「了」爲「與」，並不可靠。

郭老沒有注意梅本這個「正」字，竟然說王改爲「與」，「至確」。已嫌片面；又把「與」看成連詞，屬下讀成「與雄姿英發」，則嬌柔的小喬也和公瑾一樣，都「雄姿英發」，更不合邏輯。爲了彌補這種缺點，硬把小喬拉上赤壁之戰的戰場，還擅改作品原句的文字，說什麼「英發」當作「映發」，「公瑾與小喬同上戰場，小喬的美麗與公瑾的雄姿，兩相映發。」這就不是解釋前人的詞，而是自己另作文章了。試看《周瑜傳》：「瑜長壯有姿貌」；《呂蒙傳》載孫權說：「公瑾雄烈，膽略兼人，遂破孟德；」又說呂蒙「學問開益，籌略奇至，可以次于公謹，但言議英發不及之耳。」可見「雄姿」是說周瑜「雄烈壯美」；「英發」是說周瑜「言議卓越」。難道能夠說小喬也和周瑜一樣，「雄烈壯美，議論卓越」？東坡《送歐陽推官赴華州監酒》還說：「知音如周郎，議論亦英發。」都以周郎爲比。難道也可改爲「議論亦映發」？東坡的用詞是根據史實專指周瑜的。「雄姿」是「雄烈有姿」的凝鍊；「英發」是「言議英發」的簡略。改爲「映發」，就違反語詞原意，削弱周瑜形象，抹煞東坡造語的技巧和這種造語所

具有的藝術特點了。有些注解不了解這些，把「雄姿英發」看成主謂結構。也是違反作者原意，不足爲訓的。

第三，郭老說：「羽扇綸巾，自即諸葛亮。或謂指周瑜，那是因爲『與』字誤爲『了』了的緣故，使『多少豪傑』，成爲了一個周郎。即此也可以證明『了』字必爲『與』字之誤。」「但因錯了一個字，便把整個畫面破壞了。」這些說話，也是經不起推敲的。

「羽扇綸巾」，五十年代唐圭璋先生根據《晉書》諸葛亮在渭南「乘素輿，葛巾毛扇指麾三軍」，「孟達貢白綸帽一額」，認爲是指諸葛亮。夏承燾先生也主此說。又有人根據《晉書》謝萬「著白綸巾」見簡文，顧榮「自揮羽扇，（陳）敏衆大潰」，認爲是魏、晉一般裝束。却沒有作出結論。今案傅玄《羽扇賦》：「吳人取鳶鳥翼搖之；滅吳之後，翕然貴重。」周瑜知音顧曲，吳中呼爲周郎，難道就不能有此打扮？並且「羽扇綸巾」已成爲詩中常見的典故：蕭綱《賦得白羽扇》：「可憐白羽扇，却暑復來氛。終無顧庶子，誰爲一揮軍！」唐皮日休《西塞山宿漁家》：「白綸巾下髮如絲，靜倚松根坐釣磯。」都是例證。詩人《祭常山回小獵》也有「聖朝若用西涼簿，羽扇猶能效一揮」的詩句。可見從既揮羽扇，又著綸巾看來，雖然很像諸葛亮；但從用典看來，這裡用上「羽扇綸巾，」，也可說是借以描寫周瑜風流瀟洒，指揮若定的神態，很難說是指諸葛亮。

並且「羽扇綸中」只是人物的外部裝束，不是人物的本身。要決定這個人物是誰，不能專從外部裝束孤立地下結論，最根本最主要的是要聯繫當時歷史和這首詞的實際來判斷。

從當時的歷史看，劉備敗軍之餘，雖然他「遣亮自結于孫權」，赤壁戰末，也曾參加追擊戰；《劉備傳》還說：「與曹公戰于赤壁，大破之，焚其舟船」；但遍查《蜀志》，都沒有「焚其舟船」的具體記載。《諸葛亮傳》也只詳細敘述他說孫權聯合抗曹的經過。《吳志》

除《孫權傳》言「遇于赤壁，大破曹公軍，公燒其餘船引退」外，《周瑜傳》就詳細記載有火燒曹軍的全部過程。《黃蓋傳》還說他「隨周瑜拒曹公于赤壁，建策火攻……拜武鋒中郎將。」《宋書・樂志》又載有《烏林曲》云：「烏林，言曹操既破荊州，從流東下，欲來爭鋒。大皇帝命將周瑜逆擊之烏林而破走也。」其辭曰：

> 曹操北伐破柳城，乘勝席捲遂南征。劉氏不睦，八郡震驚。眾既降，操屠荊。舟車十萬揚風聲，議者狐疑慮無成。賴我太皇發聖明，虎臣雄烈周（瑜）與程（普）。破曹烏林，顯章功名！

這篇歌頌孫權、周瑜、程普的東吳樂章，竟概括出當時火燒赤壁破操烏林的經過。更有力證明直接火燒赤壁，使曹軍「檣櫓灰飛煙滅」的却是周瑜，而不是諸葛亮。《魏志・武帝紀》雖言「公至赤壁，與備戰不利，乃引軍還。」沒有提孫吳；但《江表傳》載《曹操與權書》却說：「赤壁之戰，值有疾病。孤燒船自走，橫使周郎虛負此名。」可見「鐘鼓于內，聲聞于外。」只承認「天下英雄使君與操」的孟德，雖然不肯對孫吳這批年輕的領導人（當時孫權只廿七歲，周瑜三十四歲。）認輸；周瑜火燒赤壁的戰績，却為當時輿論所公認。《永樂大典》本《水經注》云：「又東逕烏林南，蓋黃蓋敗魏武于烏林，即是處也。」又說：「江水左逕萬人山南，右逕赤壁山北，昔周瑜與黃蓋詐魏武所起處也。」都不言諸葛亮。所以唐詩人李白的《赤壁歌・送別》說：「二龍爭戰決雌雄，赤壁樓船掃地空。烈火張天照雲海，周瑜于此破曹公。」蘇軾《前未壁賦》也說：「此非曹孟德之困于周郎者乎！方其破荊州下江陵，順流而東也，舳艫千里，旌旗蔽空，釃酒臨江，橫槊賦詩，固一時之雄也。而今安在哉！」前代詩人和作者的認識，與歷史事實都是一致的。詞的標題既然是《赤壁懷古》；就沒有攬入諸葛亮的必要。直接火燒赤壁，使曹軍「檣櫓灰飛煙滅」的既然是周瑜；「羽扇綸巾」當然就不是指諸葛亮。

　　從全詞的結構看，「周郎赤壁」魯直書作「孫吳赤壁」。魯直為蘇門四學士之一，所書必有直接根據。」《札記》對山谷所書與今歌不同的文字，曾逐一評論，獨此未加甲乙。其實「周郎赤壁」固然有點題之妙；與「公瑾」對看，却未免重複。「孫吳赤壁」從大處點題，和「一時多少豪傑，」對看，上闋是對吳、魏赤壁對壘和赤壁古戰場的景物的一般概說；下闋從「遙想」至「烟滅」，是對赤壁之戰的主要英雄，周瑜的氣概事功作集中具體的描繪。「談笑」用左思《詠史詩》「吾慕魯仲連，談笑却秦軍」的典故，與「英發」互相補充，形象完整突出。上下闋從面到點，從一般到特殊，層次十分清楚。中間插入諸葛亮，就湮沒了周瑜使曹軍「檣櫓灰飛烟滅」的輝煌戰績，破壞了周瑜所說「將軍擒操宜在今日」、「保為將軍破之」那種當強敵壓境之時，「談笑」、「英發」的氣概和形象。與上闋「孫吳赤壁」或「周郎赤壁」都不相應了。從此可見脫離當時的歷史和全詞的實際，把「羽扇綸布」孤立起來討論，是不能得出可靠結論的。這就是唐、郭二老把「羽扇綸巾」錯誤說成指諸葛亮的要害所在。

　　還有，退一萬步說，「羽扇綸巾」即使指諸葛亮；和「了」字作「與」也沒有必然的聯繫。因為「與」字只有一個。既然用在上文解作「小喬的美麗與公瑾的雄姿兩相映發」；就決不能在下文解作「與諸葛亮的羽扇綸巾三相映發了」。這是「與」字作為連詞的語法功能和使用位置問題，語文工作者都會懂得。但郭老為了構成「整個畫面」，使這幅畫「畫得入神」，刻意從一個「與」字大作文章。利用這個「與」字連結了小喬和周瑜，又利用這個「與」字，把作者上闋一筆帶過的「多少豪傑」連成一大串。這就不適當地把「與」字作為連詞的作用擴大化，把周瑜的完整形象消削得只剩一點點「雄姿」了。

　　第四，郭老說：「『多情應笑我早生華髮』或『多情應是笑早生華髮』，『多情』即指小喬。」「《赤壁懷古》作于神宗元豐五年壬

戌（一〇八二），東坡年四十七……故說小喬笑他有了白頭髮。」這就更不適當了。

東坡詞用「多情」的地方不只一處。《水龍吟·小舟橫截清江》：「料多情夢里端來相見，也參差是」；《醉蓬萊·笑勞生一夢》：「賴有多情，好飲無事，似古人賢守」；《浣溪沙·道字嬌訛苦不成》：「未應春閣念多情，朝來何事綠鬢傾」！「多情都泛指男女相好一方。「故國神遊」是總結「遙想」所及，表示對赤壁英雄的神往。「多情應笑我早生華髮」，是「故國神遊」所引發的「一事無成兩鬢霜」的感慨。東坡身當遼和西夏嚴重侵擾大宋帝國的時代，是一貫主張加強邊防，抵抗侵侮的。前七年，即宋神宗熙寧八年（一〇七五），他四十歲在密州（今山東諸城縣）太守任內所作的《江城子·密州出獵》：「會挽雕弓如滿月，西北望，射天狼！」我們上文引到他同年所作《祭常山回小獵》：「聖朝若用西涼簿，羽扇（一作白羽）猶能效一揮！」都表現出他為國立功的強烈願望。可是宦海浮沈，他不只調到除州，又謂湖州；而且被劾作詩訕謗朝廷，貶調黃州團練副使了。借周瑜的事情，抒自己的情懷。詞的意思分明是說，小喬有周瑜這樣一個三十多歲就功業輝煌的好丈夫，自己（東坡）年將半百，事業渺茫。愛人（多情）可能笑他（東坡）有了白頭髮。本是自笑早生華髮，却說成「多情應笑我早生華髮」。一個「應」字，推己及人，設身處地。詩人的情感是深厚宛轉的，詩句的表達也是深沈曲折的。詩人夫婦和周瑜夫婦，蕭條異代，榮枯懸殊，雙雙對照。這才構成完整美妙的畫面，使「這幅畫畫得很入神。」詩人的《後赤壁賦》說：「是歲，十月之望，步自雪堂，將歸于臨皋。二客從予，過黃泥之坂。霜露既降，木葉盡脫。人影在地，仰視明月，顧而樂之。行歌相答。己而嘆曰：『有客無酒，有酒無肴。月白風清，如此良夜何！』客曰：『今者薄暮，舉網得魚。巨口細鱗，狀似松江之鱸。顧安所得酒乎？』歸西謀諸婦。

婦曰：『我有斗酒，藏之久矣。以待子不時之須（需）。』于是攜酒與魚，復游於赤壁之下。」這段美妙描寫，飽和著當時赤壁之遊的雅興。可見出此詞提及他夫人的客觀條件。前七年詩人在密州所作的《江城子・乙卯正月二十一日夜記夢》：「十年生死兩茫茫。不思量，自難忘。千里孤墳，無處話淒涼。縱使相逢應不識，塵滿面，鬢如霜。」由於自己「鬢如霜」，想到「十年生死兩茫茫」的亡妻「縱相逢，應不識；」和本自笑「早生華髮」，想到「久藏斗酒，以待不時之需」的「多情」「應笑我」；前後情思，如出一轍。可見詩人也是慣於使用這種表現手法的。前人不察，認為這句是「應笑我多情」的倒裝，意思是嘲諷自己「憂愁多感。」朱東潤《歷代文學作品選》、《高中語文課本》都沿用這種注解。除不必要的顛倒原文，增文作解，不符合訓詁原則外，其缺點主要是違反「多情」一詞的含義。因為「憂愁多感」只能說是「多愁」、「多憂」或「多感」，不能解釋「多情」。唐圭璋《唐宋詞選注》又認為「故國神遊」是周瑜「神遊于三國赤壁戰場」。王達津還舉《全唐文》卷五一八梁肅《周公瑾墓下詩序》「想公瑾之神」為證，認為「故國神遊」與「多情」句均指周郎。（見《光明日報》84年9月4日《文學遺產》）這就錯誤的把「多情」一詞用在同性之間了。這些解法都是違反東坡對「多情」一詞的用例及其藝術構思、破壞兩對夫婦榮枯對照的畫面的。至於郭老所謂「小喬（多情）笑我（東坡）有了白頭髮」，那就更是以郭老自己的思想強加於作者的頭上，有損詩人的尊嚴了。

綜上所述，郭老對東坡《念奴嬌・赤壁懷古》的講法是問題不少的。但周寅賓《小喬墓考》却進一步推波助瀾，為之張目。說：

> 岳陽小喬墓的真實性是有依據的。岳陽處于赤壁上游七十五公里，赤壁之戰後小喬死葬岳陽之說既可成立；那麼小喬參加了赤壁之戰之說也就可以成立。據《三國志・周瑜傳》記載，『

瑜納小喬』是在建安三年攻皖時，後『留吳』、『入柴桑』。
赤壁之戰以後，小喬既不是死葬于吳及柴桑，而是死葬巴丘；
這就可以說明她和她的丈夫周瑜，同上過赤壁戰場。因爲從長
江下游的吳及柴桑到長江上游的巴陵，一定要經過赤壁。

這就只從地理著眼，沒有時間觀念了。因爲《周瑜傳》上文說過，周
瑜領南郡太守，屯據江陵，以下雋（包括後來的岳陽）、漢昌、瀏陽、
州陵爲奉邑，道死巴丘，都是赤壁之戰以後，建安十四、五年的事。
這的確有史實可查的。那末，赤壁雖然「離岳陽只七十五公里，從吳
或柴桑往巴陵（岳陽）必經赤壁」；充其量也只能證明小喬在赤壁戰
以後的一、二年間可能到過赤壁，或者和她的丈夫周郎談笑著遊覽過
赤壁之戰的戰場，回想祝賀那「檣櫓灰飛煙滅」的戰果。怎麼能說明
建安十三年十二月（據《魏志》。一云：十一月二十甲子冬至。」）
赤壁之戰的當時，小喬參加過赤壁之戰，和她丈夫周瑜同上赤壁戰場
？並且《魯肅傳》載赤壁之戰前夕的情況是：「時瑜受使鄱陽，肅勸
速召瑜還，遂任瑜以行事。」《呂蒙傳》也載孫權說：「子敬……勸
孤急呼公瑾，付任以衆，逆而擊之。」試問還有甚麼史料可以證明周
瑜從受使鄱陽，被孫權緊急召回，竟攜同愛妻，共赴強敵？

還要指出，就是《周考》所說《三國志・周瑜傳》載「瑜納小喬，
在建安，三年攻皖時。」也是孤立讀《周瑜傳》，不讀其它史書所造
成的錯覺。因爲《周瑜傳》是在「是歲建安三年也」、「瑜時年二十
四」和「五年策薨」之間載：「頃之，從攻皖，拔之」、「時得橋公
二女」的。「攻皖」就是攻袁術故吏廬江太守劉勳的第一次戰役。該
戰役發生在「（袁）術死」之後。這是《三國志・孫策傳》和裴松之
注引《江表傳》所共同記載的。《後漢書袁術傳》更系統地說：袁術
於建安四年歸帝號於袁紹，「六月，情激結病，歐（嘔）血死。妻子
依故吏廬江太守劉勳。孫策破勳，復見收視。女入孫權宮，子曜仕吳

為郎中。」可見《瑜傳》所謂「頃之，從攻皖，拔之」，「瑜納小喬」，當在建安四年六月之後。這時周瑜已經二十五歲，下距建安十三年九年。而建安三年周瑜二十四歲時，仍未「攻皖」，小喬也在皖未嫁。怎麼能說「瑜納小喬在建安三年攻皖時」？這一點是不少人弄錯的。如陳祥耀《談蘇軾的念奴嬌赤壁懷古》就說：「建安三年（198）他廿四歲時……又娶了江東著名的『國色』小喬為妻。」（見《唐宋詞鑒賞集》185頁倒數5至7行）陳邇冬《再談孫策》也說：「《周瑜傳》：『時橋公兩女，皆國色也。策自納大喬，瑜納小喬。』當年策、瑜皆二十四歲。」（見《光明日報》84年3月31日《東風》副刊。）都是例證。所以這裡著重指出。

最嚴重的是：郭老的理解雖然有上述問題；但他的原話是說：「在東坡幻想中的詞的世界（故國神遊）在赤壁之戰時，有小喬參加。出場的人物為周瑜、小喬、諸葛亮。連東坡自己也進去了。因為他在神遊。」而《周考》却說：

> 郭沫若先生解釋蘇東坡《念奴嬌·赤壁懷古》時曾說：「赤壁之戰時有小喬參加。」但未作具體論證。我們認為這是符合歷史事實的。」「小喬是否參加過赤壁之戰，《三國志》並無明文記載。但是有文物可以證明。那就是巴陵（今湖南岳陽）有一座小喬墓……有一塊自右向左橫刻篆書『小喬墓廬』的石碑，現在仍存岳陽市文物管理所。

這就對郭老的話斷章取義，把文學幻想當作歷史事實來考證了。自殷墟掘發，特別是解放後考古工作大發展以來，文物證史的確取得不少成績。但這種工作必須建立在文物可靠和作者所舉史實確能說明問題的基礎上。「小喬是否參加過赤壁之戰」，誠如《周考》所說：「《三國志》並無明文記載」。如果單憑「巴陵（今湖南岳陽）有一座小喬墓」、「岳陽文物管理所」仍存「一塊自右而左橫刻篆書『小

喬墓廬」的石碑」，而不能舉出其它確鑿史料加以印證；把歷史上沒有記載的事硬說成確有其事。這就不只對歷史沒有甚麼補益；反而造成混亂了。

根據以上分析和詞的上下文來看，我覺得此詞「遙想公瑾當年」的「當年」，並不指如郭老所說「赤壁之戰當時」那一個時點，而是指周瑜一生整個時段。至少包括「小喬初嫁」至赤壁之戰那八、九年。因爲這八、九年，正是孫策已死，孫權初立，周瑜等人輔佐孫權鞏固孫吳霸業、「坐斷東南」的上升時期。這八、九年間，周瑜除督討麻、保二屯，梟其渠囚，抗擊黃祖，生擒其將鄧龍，佐權討江夏外；最主要的，是在兩次對抗曹操決策的關鍵時刻，起了堅強的堡壘作用。第一次是建安七年，曹操下書孫權責質任子，權召群臣會議，張昭、蔡松等猶豫不能決。周瑜以楚封荊山，廣土開境，延祚九百餘年爲例，肯定孫吳既有的國土、實力，和廣大的發展前途。指出「質一入」；就「不得不與曹氏相首尾」，就會「見制于人」。鼓勵孫權「韜武抗威以待天命，何送質之有！」第二次是赤壁戰前，將士恐懼，議者咸主迎曹。周瑜獨廓衆議，準確分析敵我力量的對比。鼓舞孫權「將軍擒操宜在今日！」表示了「保爲將軍破之」的信心！這兩次決策，對東吳政權的鞏固發展，起了決定性作用。這就是孫權評價周瑜「膽略兼人」、「言議英發」的事實根據，也是詩人「遙想公瑾當年，小喬初嫁，正雄姿英發」的具體內容。一個「正」字，上承「當年」的「當」字和「初嫁」的「初」字，作爲「雄姿英發」的時間狀語，更鮮明地突出了「公瑾當年」的氣概形象。「雄姿英發」凝鍊經濟，作爲聯合謂語，陳述周瑜這八、九年間的不凡風姿。在詩人的「遙想」中，周瑜這個英雄人物的確倜儻風流。詩句的意思是說，周瑜正當春秋鼎盛奮發有爲的華年，二十五歲得到了小喬這樣一個美麗的愛人，自己體貌壯美，言議英發。二十八歲就敢於論議當世梟雄，激勵時主，抗

衡中原；三十四歲又獨廓衆議，力抗強敵，在赤壁立下了輝煌的戰功。「初嫁」二字，根據歷史實際，縮短時間距離，表現周瑜對小喬的熱戀，八、九年如新婚。有人認爲：「赤壁戰時，周瑜結婚已經十年，不得說『小喬初嫁』。」那是因爲他把「當年」誤解爲一個時點，不了解「英發」一詞所包含的豐富內容，不知道二十五歲「瑜納小喬」至二十七歲論「質任子」，正是「共事二、三年，始爾未爲久」（《孔雀東南飛》焦仲卿語）這是美妙的藝術聯想和文學映襯。這種寫法，有人認爲和西洋文學寫英國海軍統帥納爾遜(Hotation alson) 1805年在西班牙・開特拉發爾加(C. Trafalegar)海戰媲美。我却認爲與司馬遷寫垓下之戰的項羽，「有美人名虞常幸從，駿馬名騅常騎之」，異曲同工。東坡也可能是取法于司馬遷的。不過司馬遷以「駿馬・美人」映襯末路英雄項羽；蘇東坡以「小喬・羽扇綸巾」映襯成功的周瑜罷了。但司馬遷寫的是歷史。既然說「美人名虞常幸從」，垓下所作歌又云：「虞兮虞兮奈若何！」當然虞姬是在垓下之戰的戰場上的。蘇東坡寫的是詩詞。語言跳躍性很大，詩人想像力很強。單憑「初嫁」或一個「與」字，就認爲「赤壁之戰時有小喬參加」，甚而說成「公瑾與小喬同上戰場」，這就未免過於牽合了。

這是根據歷史事實，把歷史的眞實和文學的眞實統一起來，對東坡《赤壁詞》所作的解釋。不過東坡畢竟是個文學家，不是考據家。寫詩詞也不同於寫考據文章。赤壁之戰的眞實地點是今天湖北省蒲圻縣西北（原嘉魚縣西南）的赤壁公社。赤壁山名，位於長江南岸。和大江北岸的烏林（今湖北省洪湖縣龍口公社）遙遙斜峙。朱彧《萍州可談》卷二「黃州」：「州治之西，距江名赤鼻磯。俗呼鼻爲弼，後人往往以此爲赤壁。……東坡詞有『人道是周郎赤壁』，指赤鼻磯也。坡非不知自有赤壁，故言『人道是』者，以明俗記爾。」《漁隱叢話》後集：「東坡在作《大江東去》和《前後赤壁賦》時說得分明：『黃

州西山麓」列入江中，石色如丹。傳云曹公敗處所謂赤壁者。或曰：『非也。曹公敗歸華容路，……今赤壁少西，對岸即華容鎮，庶幾是也。』然岳州鎮復有華容縣，竟不知孰是。」可見東坡的確是不拘歷史實際，單憑當地「俗記」，寫了《前後赤壁賦》和這首詞的。小喬雖然和赤壁戰役無關；東坡却把她作為周瑜的映襯寫入詞中。枚牧的《赤壁》詩還說：「折戰沈沙鐵未銷，自將磨洗認前朝。東風不與周郎便；銅雀春深鎖二喬！」又從另一個角度把小喬和赤壁戰役聯繫起來。眞是各盡其妙。我們能否利用這首詩去論證《三國志演義》所寫諸葛亮說孫吳聯合抗曹時言孟德新作《銅雀臺賦》有「攬大小二喬于江南兮，樂銅雀之春深」兩句是歷史事實？當然不能。因為《三國志‧魏志‧武帝紀》載：（建安）十五年「冬，作銅爵臺。」上距建安十三年赤壁戰役二年，可見諸葛亮說孫吳時還未建銅雀臺。同書《陳思王傳》只說：「時，鄴銅爵臺新成，太祖悉將諸兒登臺，使各為賦。植援筆立成，可觀。太祖甚異之。」也沒有說曹操自己作了《銅雀臺賦》。從此可見作為一個古典文學研究工作者或教師，對于歷史的眞實和文學的眞實，總應該頭腦清醒；才不致眞僞混同，謬種流傳！

附錄：

《小喬的父親不是喬玄》質疑

《小喬的父親不是喬玄》，這是《語文月刊》84年第8期所發表的左景仁的文章（以下簡稱《左文》）。乍看標題雖感到很新穎；細讀全文却發現問題不少。

首先，《左文》說：「《周瑜傳》、《江表傳》對二喬的父親皆稱『橋公』（「橋」與「喬」通用。），有姓無名。諒爲鄉野百姓，而非高門。故名字未得留青史。」這種說法是站不住脚的。

試看，《史記・高祖本紀》：「乃立季爲沛公。」裴駰引《漢書音義》曰：「舊楚僭稱王，其縣宰爲公。陳涉爲楚王，沛公起應涉，故從楚制稱曰公。」瀧川資言曰：「楚人稱令爲公，非公侯之公。」這是歷史上有姓有名的人而稱公的明證。

此外，歷史上有姓無名的人而稱公，也是有的。這有兩種情況：一是其名確實失傳；如《史記・高祖本紀》的「樅公」，《賈誼傳》的「吳公」等；二是可能寫歷史的人未之考而失書其名；同門第之高低，都沒有必然的聯係。所以上舉「沛公」、「樅公」、「吳公」之外，《史記・魏公子傳》，對「市井屠者」數稱其名「朱亥」；對「博徒賣漿者」又只稱「毛公」、「薛公」。「公」是「青史留名」的人和歷史上有姓無名的人常有的稱呼；也是舊社會平民和貴族共同表示尊敬的稱呼。《後漢書・橋玄傳》載建安七年曹公（操）軍譙，遂至浚儀。遣使以太宰祀玄的祭文，第一句就稱：「故太尉橋公！」最後又：「裁致薄奠，公其享之！」足見稱喬玄爲「喬公」，正切合「青史留名而稱爲公」的範例。怎麼能夠因爲《周瑜傳》和《江表傳》，「對二橋的父親皆稱橋公」，就「諒爲鄉野百姓，而非高門」，進而

證明「小喬的父親不是喬玄」？

其次，《左文》引《江表傳》「策從容戲瑜曰：喬公二女雖流離；得吾二人爲婿，亦足爲歡！」用括號把「流離」一詞注成「光采煥發」，不只上下文不協調；也不合「流離」一詞在當時的使用慣例。蔡琰《悲憤詩》：「流離成鄙賤，常恐復捐廢。」這兒「流離」就顯然不是「光采煥發」。再如《三國志·魏志·王粲傳》裴松之注引《文士傳》載王粲說劉琮降曹曰：「粲遭亂流離，托命此州。」都說明「流離」只能解爲「流轉離散」，並且《橋玄傳》分明說：「橋玄，梁國睢陽人……以光和六年卒，時年七十五。」橋玄的墳墓又在浚儀（今河南開封）。《江表傳》雖然沒有說橋公是橋玄；但孫策說：「橋公二女雖流離」，「流離」一詞正切合橋玄死後，二喬遠離故鄉和老父墳墓，流落廬江的實際，與孫策所說下一句「亦足爲歡」配合緊密。說成「光彩煥發」；則和二喬的處境與下句脫節。更和《周瑜傳》：皆國色也」重複。

復次，《左文》說：「儘管喬公被寫成參與國事的國老，然而小說家並沒有信筆給他取個名字。這是應該注意到的。直到喬國老走上戲劇舞臺，……他才自報家門道老夫喬玄。」這種說法也是粗疏失考的。看過《三國演義》的人都知道：《吳國大佛寺看新郎》雖然只稱：喬國老」，又說：「那喬國老是二喬之父，居于南徐（54回）」；但《演義》上文48回作者就寫曹操自己說：

> 如得江南，竊有所喜。昔日喬公與吾至好。吾知其二女，皆國
> 色也。後不料爲孫策、周瑜所娶。吾今新構銅雀臺于漳水之上。
>
> 如得江南：當娶二喬置之臺上，以娛暮年。吾愿足矣！

這段話雖然是作者的文學想像，決不是曹操所說。因爲銅雀臺建於建安十五年，曹操下江南在建安十三年。決不能說「吾今新構銅雀臺」但却白紙黑字證明：羅貫中早已交代二喬就是漢故太尉橋玄之女；「

喬公」就是「慧眼識曹操爲命世之才」的後漢太尉橋玄。與《後漢書
・橋玄傳》所載橋玄與曹操的關係和《傳贊》言「喬公識運，先覺時
雄。」彼此吻合。怎麼能說「小說家並沒有信筆給他取個名字」？

最後，《左文》還有兩錯誤應當指出：第一，《橋玄傳》在《後
漢書》卷八十一，列傳第四十一。《後漢書》卷五十一，並沒有關於
橋玄的記載。《左文》說橋玄「《後漢書》卷五十一有卷」，不知所
據是甚麼版本；第二，《左文》說：「據《三國志・周瑜傳》的記載
建安三年，孫策欲取荊州，以瑜爲中護軍，領江夏太守。從攻皖，拔
之。時得橋公兩女，皆國色也。策自納大喬，瑜納小喬。」這就把攻
拔皖城得喬公二女，策納大喬，瑜納小喬，說成是建安三年，孫策、
周瑜二十四歲的事了。關於這種錯誤，拙文《小喬墓考》辨（見《語
文月刊》84年9月號）已有說明，這裡不再浪費筆墨。

必須分清：《吳國太佛寺看新郎》，的確是羅貫中爲了突出諸葛
亮的「神機妙算」，馳騁藝術的想像所創造的險境。因爲《三國志・
蜀志・先主傳》，「孫權稍畏之，進妹固好」，在赤壁破曹後，劉備
攻佔了武陵、長沙、桂陽、零陵，劉琦病死，「群下推先主爲荊州牧，
治公安（今湖北公安縣）」那個時期，相當於建安十四年（209），
而《三國志・吳志・孫破虜吳夫人傳》和《孫權傳》都說「權母吳夫
人建安七年薨。」不只「光和六年卒」已二十七年的喬玄不能「居于
南徐」去促成「劉皇叔洞房續佳偶」；就是早死七年的吳夫人（吳國
太）也無緣親看她唯一的女兒的「新郎」。並且「吳國太佛寺看新郎」，
也即「甘露寺國太看婿」。有人考證「甘露寺」在今江蘇鎮江北固山
上，始建於唐代。即使如舊的傳說，建於吳孫皓（末帝）甘露年間（
265—266），唐李德裕擴建（《讀史方輿紀要》二五《鎮江府》）；
上距「進妹固好」也五十七、八年，又怎麼能成爲孫、劉結好，國太
相婿的好地點？這些歷史時間、地理上的虛構，雖然不能否定文學藝

術的眞實；但「二喬」是「橋玄」的女兒，「橋公」即漢太尉橋玄，那不只《江表傳》有所透露，羅貫中早已交代，而且是淸沈韓欽《後漢書考證》明白指出的。沒有充分的新材料，怎麼能夠否定得掉？

（本文載《語文月刊》85年10月號。因和《赤壁詞》「小喬初嫁」有關，故附錄之。）

辛稼軒江西造口詞四題

辛稼軒《菩薩蠻·書江西造口壁》是膾炙人口的名篇，過去很多人加以注解和分析。但是由於對它的地理歷史了解不清楚，注解分析往往產生錯誤。根據本人青年時期在贛州讀書工作成十年的了解和拜讀過的有關注解。分析，我覺得要正確理解、欣賞這篇名作，有四個問題必須重新認識。

一、關於隆祐太后逃亡的路線

這首詞是暗傷金兵追隆祐太后的歷史事件發抒作者恢復中原之志未酬的憂鬱情思的。因此，對於金兵追隆祐太后及隆祐太后逃亡的路線，就必須了解清楚。

細讀史書，這次金兵追隆祐太后，是由大冶逕趣洪州，自北而南，朝贛江東西兩岸進軍的。《宋史·高宗紀》說：「金人陷臨江軍，守臣吳將之遁；」「金兵陷洪州，權知府事李積中以城降、袁、撫二州守臣王仲山、王仲嶷俱降。」「護衛統制杜彥反，後軍楊世雄率衆叛，犯永豐，知縣事趙訓之死之，金人至泰和」；「金人犯吉州。」臨江軍駐地、洪州、撫州、永豐都在贛江東岸；袁州、泰和、吉州都在贛江西岸。但胡雲翼《宋詞選》二六三頁說：這首詞寫「金兵侵擾贛西地區人民遭受的苦難，」二六二頁也說：「贛西一帶遭受到金兵的侵援，殺戮甚多；」這就掩蓋部份歷史眞實，不能全面充分揭露侵略者的罪行了。至於當時金人用兵的重點是贛江東岸還是贛江西岸，下文再作分析。這是對金兵追隆祐太后的路線的偏誤說法的一點糾正。隆祐太后逃亡路線說法更亂。

—

一九五三年十月《語文學習》第二十五期卞慧《辛棄疾菩薩蠻——書江西造口壁》說:

> 「這時太后逃在洪州(江西省南昌縣),聽說金兵追來,連夜坐船逃跑,到天亮逃到泰和縣(太和縣)。」「作者的書江西造口壁,就是指金兵追太后、太后連夜逃跑,經過造口,逃往泰和縣的事。」

這種說法,對隆祐太后的逃亡路線錯漏很多。五五年十月《語文學習》第四十期《讀者來信》載林守城《談辛棄疾《菩薩蠻》中的地理》指出:

> 「⑴由南昌到泰和,水路約有五百里,一夜不可能趕到;⑵造口在萬安之南,萬安又在泰和之南,從造口逃往泰和,不成了向北跑,準備給金人作俘虜嗎?所以上句應改為『經過造口逃往虔州』才妥。」

編者的按語也說:

> 「讀菩薩蠻中的地理,確是錯的。據《宋史》卷二三七《孟太后傳》:『太后既至洪州……太后行次吉州(吉安),金兵追急,太后乘舟夜行,質明至泰和縣……遂往虔州。』那篇裏『逃在洪州』下,漏掉了『逃到吉州』一句。又上引的最後一句,該刪去『連夜逃跑』,再照林同志說的改正。」

這些意見,基本指正了卞慧的錯誤,但也有值得補充和商榷的地方。

所謂值得補充的地方,除了從南昌到泰和要經過豐城、清江、新淦、吉安四個縣,又是逆水行舟,的確『一夜不可能趕到』外;就是《宋史·高宗紀》分明說「建炎三年」閏八月丁酉太后至洪州……十一月乙巳朔,金人犯廬州……壬子太后退保虔州……戊午金人陷洪州……辛酉太后至吉州……乙丑太后發吉州,次泰和縣。……」「退

保虔州」即退往虔州的漂亮話，「次泰和縣」，《孟泰和傳》作「質明至泰和」。「質明」即「乙丑」的第二天「丙寅」日的早晨。太后退出洪州的時間既在十一月壬子，即初八日；而到達泰和的時間又在十一月丙寅，即二十二日，則隆祐太后從南昌逃到泰和，剛好經過半個月，即十五天。而卜慧說成一夜。又太后既在十一月辛酉即十七日至吉州；乙丑，即二十一日發吉州；則太后從洪州到吉州前後經過十天；在吉州也呆了五天，並不是一到吉州就逃往泰和的。《語文學習》的編者只是說「逃在洪州下漏掉了逃到吉州一句」，就是說加上「逃到吉州」一句，接著說「聽說金兵追來，連夜坐船逃跑，到天亮到泰和縣」就對了。這樣，掩蓋了太后自洪州到吉州和在吉州逗留的時間固然無關宏旨；但，却把太后「發吉州」的時間從「二十一日乙丑」移前到「十七日辛酉」，同時，把太后到達泰和的時間也從「二十二日丙寅」移前到「十八日壬戌」了。這就見出《語文學習》的編者，只是根據林守誠的意見，從地理上糾正了卜慧的錯誤；至於時間上，是不自知其錯漏百出的。

　　再看《鶴林玉露》卷三說：

　　「吉州吉水縣，江濱有石材廟。隆祐太后避虜，御舟泊廟下。
　　一夕，夢神告之曰：『速行！虜至矣。』太后驚寤，即命發舟
　　指章貢（虔州）。虜果躡其後，追至造口，不及而返。」

　　《古今圖書集成卷九〇一吉安府祠廟考》也說：

　　「吉水縣……剛應廟在縣北一里，旁有二石，縱橫如柩，舊名
　　石材。宋隆祐太后避敵如贛，維舟岸側。神見夢曰：『速行！』
　　後得便風疾去，追者不及，還。後賜額剛應。」

這是「太后行次吉州」留下的浪漫主義傳說，同時，也是金兵追隆祐太后的情況具體的記錄。雖然《三朝北盟會編》一三五卷說是「隆祐太后離吉州至生米市，有人見到金人已到市中，乃解維夜行。」與此

迴異；但《會編》下文也是說「質明至泰和縣」的。從此可見所謂「連夜坐船逃跑」，也只是太后從吉州逃往泰和這段路的情景，從洪州到吉州並不是這樣。卞慧却把它擴大化。吉水縣在吉安東岸，南唐時割廬陵郡地置。宋因之。「一夕」就是十一月二十一日乙丑那天晚上。和《高宗紀》「退保虔州」相符，「發吉州」的目的也是「指章貢」。造口既是金兵「追躡」的終點，又是萬安往虔州必經之地。太后假如到了造口，正好直指章貢，又怎麼會朝著「躡其後」的「金人」，從造口逃回泰和？從此可見說「太后從造口逃往泰和」，不只是準備給金人作俘虜」，而且違背了「太后退保虔州」的預定部署。

以上這些補充，說明林守誠和《語文學習》的編者只是基本上指出和糾正了卞慧的錯誤。至於吳新雷《辛棄疾菩薩蠻新解》（載《南京大學學報》八十年三期）所謂：「他（堯按指「隆祐太后」）從洪州（今南昌市）沿贛江南奔。至泰和縣，乘舟夜行，到萬安縣的造口登岸。」就更違反「次吉州」，「解維夜行，質明至泰和」的史實了。

所謂林守誠和編者的意見有值得商榷的地方，就是隆祐太后「如虔州」是否「經造口」的問題。這是一個打破傳統說法的問題。因為上引《鶴林玉露》不是說「虜果躡其後，追至造口，不及而反」嗎？《鶴林玉露》還說：

> 「南渡之初，金兵追隆祐太后御舟至造口，不及而反，幼庵因
> 此起興。隆祐者，哲宗廢后孟氏也，高宗尊之曰隆祐也。」

這是前人解釋這首詞的主要依據。所以吳新雷也說太后到萬安縣的皀口登岸。既然羅大經分明說「虜果躡其後，追至造口」，「金兵追隆祐太后御舟至造口」，林守誠和編者的意見又有甚麼值得商榷呢？

其實隆祐太后「如虔州」曾否「經造口」和金兵追隆祐太后曾否「至造口」是一件事情的兩個方面。這兩個方面雖然密切聯係，却不能混為一談。

　　我覺得隆祐太后如虔州「經過造口」的說法，依《宋史高宗紀》
和《三朝北盟會編》等看來都是對的。因為《高宗紀》說：「太后自
萬安陸行如虔州。」造口在萬安縣城南六十里，太后既「自萬安陸行
如虔州；」當然就非經造口不可了。《三朝北盟會編》在「質明至泰
和縣」下，更明確地說：「又進至萬安縣，舟衛不滿百。滕康、劉珏、
楊惟忠皆竄山谷中。惟有中官何漸、使臣王公濟，快行張明而已。金
人追至泰和縣，太后乃自萬安至皂口，捨舟而陸，遂幸虔州。」《古
今圖書集成贛州府部紀事》、康熙《萬安誌》也有「自萬安如虔州」
和「夜泊皂口灘江東廟」的記載。這不是太后如虔州「經造口」的鐵
證？但這些說法是值得懷疑的。

　　第一，《宋史·孟太后傳》說：

　　「金人遂自大冶徑趣洪州。康、珏奉太后行次吉州，金人追急，
　　太后乘舟夜行，質明，至泰和縣。舟人景信反、楊惟忠兵潰，
　　失宮女一百六十。康、珏俱遁，兵衛不滿百，遂往虔州。太后
　　及潘妃以農夫肩輿而行……」

　　趙鼎《屇從錄》還說：

　　洪州御史臺申，太后赴虔州，至泰和，楊惟忠軍作亂，內人被
　　害者眾。后、賢妃皆村民荷轎，無一人護從。

既然「至泰和縣」，「太后及潘妃以農夫肩輿而行」，足證太后是「
自泰和陸行如虔州」的，怎麼能說「自萬安陸行如虔州」？太后沒有
分身之術，既然在泰和已經「兵衛不滿百」乘上了肩輿；怎麼同時能
乘御舟「又進至萬安，舟衛不滿百」？可見至萬安之舟，決非太后所
乘。《北盟會編》雖然說「又進至萬安縣」，「太后自萬安至皂口，
捨舟而陸，遂幸虔州」；但《建炎以來繫年要錄》同是記載這件事却
沒有這幾句。並且《北盟會編》是一部不很可靠的書。作者宋徐夢華
在書的敘文中已經聲明：「皆集采諸書，編年條繫。詞有異同，不加

論斷；事有眞偽，亦無所去取；蓋雜錄以待考證也。」上述云云,又安足據？《系年要錄》雖然也說：「金人至泰和縣，太后乃自萬安捨舟而陸遂幸虔州」；其上文却和《孟太后傳》相似說，：「質明至泰和縣，舟人耿信及（堯按「及」當作「反」），龍神衛四廂都指揮使楊惟忠所將衛兵萬人皆潰。其將傅選、司金、胡友、馬琳、楊皋、趙萬、王璉、柴卞、張擬等九人，悉去爲盜……失宮女一百六十人」。「推忠、滕康、劉珏皆竄山谷中。兵衛不滿百，從者惟中官何漸，使臣王公濟，快行張明而已」；也都是在泰和縣的情況。太后又怎麼會忽然「自萬安捨舟而陸，遂幸虔州」？《古今圖書集成》卷九四二《贛州府部紀事》雖然說：「珏奉太后及潘貴妃自萬安以農夫肩輿如虔州」；但《劉珏傳》却說「舟至泰和縣，衛兵皆潰，珏奉太后退保虔州」，而不言「萬安」，並且《孟太后傳》明言泰和兵潰時，「康・珏俱遁」。《系年要錄》更詳明地說：「惟忠、滕康、劉珏皆竄山谷中，從者惟中官何漸，使臣王公濟，快行張明而已。「劉珏既然在泰和就作了逃兵；又怎能「奉太后及潘妃自萬安以農夫肩輿如虔州」？雖然根據《繫年要錄》，滕唐、劉珏、惟忠的確是在虔州太后左右；也必然他們是在泰和與太后相失，到虔州又相聚了。這就是《集成贛州府部紀事》所載珏奉太后如虔州的眞實內幕。所以後來監察御史張延籌論珏罪，珏亦上書自劾，踰嶺待命落職。（見《宋史・劉珏傳》）康熙《萬安誌》：「皁口，地當皁水贛江會合處，江中有皁口灘，岸上有皁口驛，灘上有江東廟。隆祐太后以大軍六萬南行，至灘上，夜泊廟前。廟神大呼曰：『朔兵至矣，速登岸！』太后驚覺，即從陸由五里關遁去。得免。」不只大軍六萬至灘上，與《宋史》「楊惟忠將兵萬人以衛，至泰和兵潰，」遠相舛異；「廟神大呼」云云，也是石材廟「神示夢」的翻版。足見太后如虔州「經皁口」說，諸多牴牾，難以置信。

　　第二，泰和縣在贛江西岸，居下游，萬安在贛江東岸，居上游。從贛縣到泰和的交通一向有水陸兩條：水路是從贛江順流而下，經萬安至泰和；陸路是從贛江西岸，經現在的遂川至泰和。遂川原名龍泉縣，北宋宣和三年，才把龍泉縣改名爲泉江縣，高宗紹興復名龍泉，一九一四年改名遂川縣，萬安雖然原來是龍泉縣的萬安鎮，神宗熙寧四年已改爲縣。隆祐太后既然從吉水乘舟溯贛江南上，質明到了泰和，就「與潘妃以農夫肩輿而行」，當然就捨舟而陸，從贛江西岸，取道當時的泉江縣到虔州去了。怎麼會從萬安陸行如虔州」？

　　第三，從泰和往虔州，取道贛江西岸的泉江比取道贛江東岸的萬安近得多。《圖書集成卷897吉安府疆域考》明載：泰和縣「南至萬安縣界一百二十里」；萬安縣「南至贛州府贛縣界二百四十里」；可見從泰和經萬安到贛縣界，總路程三百六十里。上文又說：泰和縣」西至龍泉縣界一百二十里」；龍泉縣「南至永新縣界七十五里。」這兒「永新」是「贛縣」之訛。因爲從贛縣往永新一定要經過龍泉，所有的地圖都是永新在龍泉之北，贛縣在龍泉之南，上文永新縣下也說「南至龍泉縣八十里」，龍泉縣的南至怎麼又會是永新呢？《集成卷919贛州山川考》還載：

　　　　「分水嶺，在城北一百二十里，爲贛縣萬安之界」；

　　　　「黃竹嶺，在城北一百二十里，通龍泉縣，四畔有竹。」以上可見「南至永新界75里」，實際上應是「南至贛縣界七十五里」。足證從泰和經龍泉到贛縣界，總路程是一百九十五里。比從泰和經萬安到贛縣界近一百六十五里。熟悉當地交通路途的農夫，怎麼會捨近就遠，用轎子抬著太后和潘妃從泰和橫渡贛江再傍贛江南上，經萬安造口往贛縣，多走這一百六十五里冤枉路？

　　第四，綜看《高宗紀》、《孟后傳》、《鶴林玉露》，建炎三年（公元一一二九）十一月丁巳（十三日）金人陷臨江軍（清江），「

戊午（十四日）……金人陷洪州（南昌），」「辛酉（十七日）太后至吉州」，泊舟吉水縣石材廟下，虜躡其後，「乙丑（二十一日）夜發舟指章貢，「丙寅（二十二日）質明「太后至泰和，舟人景信反，楊惟忠兵潰，康、珏俱遁，太后及潘妃以農夫肩輿而行，遂往虔州。金人至泰和，追至造口(？)不及而反，「丁卯（二十三日）金人才犯吉州」。「十二月……乙未（二十一日）金人屠洪州。」《古今圖書集成卷924贛州府部記事》作：「已而金人陷吉州，還屠洪州。」可見爲了策應主力在浙東的進攻，金人開始雖然在陷臨江、撫州時，也攻陷了贛江西岸的袁州；但主要是從贛江東岸對隆祐太后緊緊追趕，越迫越近；後來，即「追至造口(？)不及而反」，才轉攻贛江中下游西岸的。泉江縣雖然和萬安縣一樣，南鄰贛縣，隔著贛江，東西接境，但地居贛江上游西岸，西面緊靠湖南邊境。太后「衛兵不滿百」，爲了選擇「以農夫肩輿而行」的安全地帶，當時從泰和往虔州，也必然是取道「泉江」，而不會取道「萬安」。

第五，值得注意的，就是：《高宗紀》記載太后的行止，前後都是交代得很清楚的。前面說：

「秋七月……壬寅，命李邴滕康權知三省樞密院事，扈從太后如洪州。楊惟忠將兵萬人以衛。」

「八月……丁未太后發建康，……潤八月……丁酉太后至洪州。」

「十一月乙巳朔金人犯廬州……壬子太后退保虔州……戊午金人陷洪州……辛酉太后至吉州……乙丑太后發吉州，次泰和縣。」

後面的記載是：

「四年春正月甲辰朔……己酉（初六日）遣小校自海道如虔州（原作處州，標點本據系年要錄卷三一，北盟會編卷一三六及

卷一三七改）問安太后。」

「二月一乙丑（二十二日）以中書舍人李正民爲兩浙、湖南、
江西撫諭使，詣太后問安。」

「三月癸卯朔……甲寅（十二日）遣盧益及御營都統制辛企宗
迎太后東還……八月辛未朔…庚辰（初十日）太后至自虔州。
」

唯有這條記載，緊接太后「次泰和縣」，於「護衛統制，杜彥反，後
軍楊世雄率衆叛，犯永豐，知縣事楊訓之死之」下，突然說：

「金人至泰和縣，太后自萬安陸行如虔州。」

永豐在吉水東北，原是吉水縣報恩鎭，至和二年改爲縣，離萬安不很
近。太后既乘御舟，爲甚麼要「陸行」？上文既說「太后次泰和」，
未言「發泰和」或「至萬安」，怎麼忽然會「自萬安陸行如虔州」？
並且紀言「護衛統制杜彥反，後軍楊世雄率衆叛」和《孟傳》「舟人
景信反」都是《孟傳》所謂「楊惟忠兵潰」的一部分。足證紀言「金
人至泰和」這件事，當發生在《太后傳》所謂「質明至泰和、舟人景
信反…遂往虔州」這一系列事件之後，即不能早於二十二日丙寅「太
后及潘妃以農夫肩輿而行」，太后才能逃脫金人的追躡。「太后自萬
安陸行如虔州」，也當作「太后自泰和陸行如虔州」。言「自萬安陸
行如虔州」，當是出於傳聞。有可能是劉珏之徒掩蓋罪責所散佈的謊
言。《贛州府部紀事》，不加分辨，把《高宗紀》、《孟后傳》等互
相矛盾的記載，兼收並畜，殊不足取。前人讀這首詞，沒有查對《宋
史·孟后傳》；或者查對了，又如《語文學習》的編者那樣，忽略「
舟人景信反」、「太后及潘妃以農夫肩輿而行」這些重要句子；特別
是對泰和、虔州之間的交通路徑沒有了解；又惑于《高宗紀》、《北
盟會編》之說；都誤認爲隆祐太后乘御舟經過贛江東岸的萬安、造口，
再陸行如虔州；而不知隆祐太后既從贛江西岸的泰和縣，「以農夫肩

興」而行，可取道當時泉江縣，即歷史上的龍泉縣，今天的遂川縣逃往虔州的。故提出此說，供研究這篇名作的人參考。

以上從《孟太后傳》、水陸交通、路途遠近、敵情緩急，太后行止等方面，證明了「太后自萬安陸行如虔州」，「萬安」是「泰和」之誤。也就證明了太后如虔州，不只沒有經過萬安縣南的造口鎮，就是贛江東岸的萬安也沒經過。那末，《鶴林玉露》金兵追「至造口」之說，又當怎樣解釋呢？

關於這個問題，鄧廣銘《稼軒詞編年箋注》（78年一月上海古籍書店出版）已加以否定。他說：

「按自羅大經創為此說，世之釋稼軒此詞者莫不承用以為資據；而其實羅說非也。金人追隆祐太后事，《宋史后妃傳》所記如下（略）。《三朝北盟會編》於建炎三年十一月二十三日記隆祐太后離吉州，『質明至泰和縣，又進至萬安縣，兵衛不滿百人。滕康、劉珏、楊雄忠皆竄山谷中……金人追至泰和縣，太后乃自萬安縣至皂口，捨舟而陸，遂幸虔州。』並不謂有追至造口之事。《宋史高宗紀》及護衛太后之滕康、劉珏二人傳，及《金史宗弼傳》，亦均未及其事。《鶴林玉露》金人追隆祐至造口不及而還之說凡數見，當俱出傳聞之誤。此詞前章『西北望長安』句，疑是用李勉登郁孤台北望故事，亦即李白詩中所謂『長安不見使人愁』之意。蓋自李勉事流傳之後，至其地者即多聯想及此。故蘇軾《虔州八景圖詩》亦有一首云：『潮頭寂寞打城還，章貢臺前暮靄寒。倦客登臨無限意，孤雲落日是長安。』與此詞中『望長安』二句意境已極相近矣。此詞後章亦泛說行役，不關孟后。即使金兵確曾追孟后至造口，亦與此詞起興全不相涉。稼軒恢復素志、勝利信心，自壯至老，不曾稍變。此詞作年甚早，更不應有如羅氏所云之感興。所謂『

山深聞鷓鴣」，蓋深慮自身恢復之志未必即得遂行，非謂恢復
之事決行不得也。」（原書三九-三九頁）

我覺得：鄧氏否定羅大經金人追隆祐太后至造口的說法是對的；
謂「此詞后章不關孟后」却是錯的。爲甚麼說否定金人追隆祐至造口
說是對的呢？因爲我們上引有關史料都只說「金人至泰和」，而未言
金人至萬安。萬安居泰和上游，造口又居萬安上游。金人既然只到了
泰和，連萬安都沒有到；怎麼能到達造口？並且我們上文所引《吉安
府祠廟考，剛應廟條》同記神告虜至一事也只言「追者不及」；而不
言「追至造口不及」。《繫年要錄》、《北盟會編》更只言太后在吉
州，「至爭（生）米市。有人見金人已到市中，乃解維夜行。」而無
「神示夢」之說。所記既有異說；「追至造口」，又安足信？《乾隆
贛縣志》卷34引《江東廟記》，雖然說：「建炎三年，隆祐太后駐
蹕于贛。金人至皂口江東廟，神示以靈異，金人畏而遁；」但和廟神
大呼、神示夢一樣無稽，且無關駐蹕時事。特別是我們上文說過，「
泰和縣界南至萬安縣界一百二十里」，「造口在萬安城南六十里。」
金人既然在建炎三年十一月丙寅（二十二日）質明，「舟人景信反，
楊維忠兵潰，太后及潘妃以農夫肩輿而行，遂幸虔州」之後「到泰和」，
回師又於次日「丁卯」（二十三日）「犯吉州」；中間就決不容許有
時間再渡贛江，從贛江東岸南至萬安和造口了。這是件決不可能的事。
並且史書是說「分兵追太后」的。攻盧陵的後繼金兵，又被胡銓的鄉
勇打敗了，分兵怎敢再深入？爲甚麼說謂「此詞后章不關孟后」是錯
的呢？因爲鄧氏所舉各種史料雖然「並不謂有追至造口之事」；但《
高宗紀》却有「太后自萬安陸行如虔州」的記載；我們所引《北盟會
編》更詳明地說：「（太后）又進至萬安縣」、「太后乃自萬安至皂
口，捨舟而陸，遂幸虔州」。鄧氏既同引此文，毫無疑議地加以默認；
又說「此詞後章不關孟后」；豈非咄咄怪事！難道太后被追得親經造

口還不關孟后；一定要金人追至造口才關孟后？並且即使如我們所說隆祐太后如虔州沒有經過萬安、造口；金人也未追至造口；也不能說「此詞後章不關孟后」。因爲鄧氏雖然否定金人追至造口說；但還是肯定「其說俱出傳聞之誤」的。既然有此傳聞；那就和東坡以黃州赤鼻爲蒲圻赤壁，寫了《念奴嬌・赤壁懷古》一樣，稼軒也是以金人追隆祐至造口的傳聞。寫了《菩薩蠻・書江西造口壁》的。又怎麼能說「此詞後章不關孟后」，而是「泛指行役」？至於說「此詞作年甚早，更不應有羅氏所云之感興」；就更不成理由。因爲羅氏所謂「恢復之事行不得也」，也不過是說「恢復之事諸多阻礙」。與鄧氏所謂「深慮自身恢復之志未必即得遂行」，意義是彼此密切相關的。作者的《水龍吟・登建康賞心亭》，鄧氏繫於淳熙元年（一一七四），比此詞作年更早。已指出「把吳鉤看了，欄杆拍徧，無人會，登臨意。」慨嘆「可惜流年，憂愁風雨，樹猶如此。」還要「倩何人，喚取紅巾翠袖，搵英雄淚。」比「江晚正愁予，山深聞鷓鴣」更激動，又何怪羅氏所云感興？「恢復之事行不得也」句中，羅氏並無「決」字。鄧氏爲了突出「更不應有如羅氏所云之感興」，把這個「決」字強加於羅氏，很不忠實。此外，鄧氏說前章「望長安」句與李白、東坡詩相近。「即使金兵確曾追孟后至造口，亦與此詞起興全不相涉」，也是站不住脚的。其理由經本文第三題再加陳述。

總之，建炎三年十一月隆祐太后避虜，自洪州逃至吉州，再逃至泰和，最後逃駐虔州，這是鐵的歷史事實；從洪州到泰和乘御舟而行，史書上也沒有分歧。惟自泰和至虔州一段，獨有「自萬安陸行如虔州」，「自萬安至皁口捨舟而陸遂幸虔州」，「至泰和縣以農夫肩輿而行」、「金人追至造口」、「金人至泰和」等不同的說法。這是金兵追急，護衛兵變，倉卒混亂中所產生的現象。《系年要錄》卷引（建炎）四年一月下載：「乙酉詔遣使自海道至福建、虔州問隆祐聖太后艤舟所

在。上慮太后徑入閩、廣，乃遣使問安焉。乙卯，滕康言太后已至虔州。」可見建炎四年一月乙卯以前，連當時的最高統治者趙構，對於隆祐太后的眞實情況都茫然無知；何況其他？這就是歷史上所以會出現這些紛歧記載的社會根源。對於這些紛歧的記載，能夠實事求是地分辨其孰是孰非固然好；即使分辨不清楚讓它並存，也無關宏旨。至於攻其一點，不顧其餘，就全盤否定這首詞和金人追隆祐太后的聯繫，就未必適當了。

二、關於鬱孤臺清江造口的方位

這篇名作第一句就說：「鬱孤臺下清江水。」因此，鬱孤臺究竟在甚麼地方，清江到底指甚麼江，就成爲首先要解決的問題。

1981年6月《文學遺產》第二期所載唐圭璋先生《讀詞續記》說：「鬱孤臺的方位，自《辭源》、《中國古今地名大辭典》以及《辭海》等書，皆以爲在贛州西南。近新雷《康熙乾隆諸刊本贛州府志》，考明此台在贛州西北，而不在贛州西南。」並根據宋樂史《太平寰宇記》卷108載「鬱孤臺正在贛州西北」，指出：「自宋至清乾隆，臺之方位皆不誤。清《嘉慶重修一統誌》卷三一〇始誤作在贛州西南。《辭源》諸書並沿《嘉慶重修一統志》之誤。」唐老這種意見，無疑是正確的。下面就在這個基礎上，以我親身的經歷加以印證補充，並提出一些問題來討論和商榷。

我不只一次步行過章江流域和貢江流域，更不知多少次來往於贛縣東郊、南郊和西郊。記得從贛縣東門（也叫百勝門）外沿著護城壕向南走，經過正南門、小南門，轉到西門，這一帶雖然是平陸，確沒有賀蘭山和鬱孤臺。這就證明：「鬱孤台在贛州西南」的說法是虛無的。又章江從大庚、南康流經贛州西門外，再環城西北流；貢水從瑞金流經贛縣東門外，再環城東北流；章貢二水在贛州北門外相滙合，

這才叫贛江。那兒有個八境臺，也沒有鬱孤臺。這就證明「鬱孤臺並不在贛縣正北的贛江邊。宋趙抃《鬱孤臺詩》：「贛川練（一作繚）左右，庾嶺盤（一作前）崎嶇」。那是作者官近南荒的感慨。詩句的意思是贛州地界南粵，不能用以核實鬱孤臺的方位。特別是「庾嶺」遠數百里。鬱孤臺不在贛江邊，贛川也不能繚其左右。贛州從東門到北門臨貢水，從西門到北門臨章水，城內西北角是賀蘭山，即田螺嶺。鬱孤臺正在賀蘭山頂，下臨章水。這就證明：《寰宇記》所謂「鬱孤臺正在贛州西北。「雖然方位對了，範圍却說得太大。再準確一點，要說「在贛縣城內西北，」而不是在城外西北。所以蘇軾《鬱孤臺詩》說：「嵐氣昏城樹，灘聲入市樓。」反映出城樹內蔭，樓臺臨江的景象。從此也可證明：趙抃詩「贛川練左右」實際是「章貢練左右」，因為鬱孤臺在城內西北下臨章江，東北城墻外繞著貢江，剛好左右遙相映，東西靜如練。不過因為上句「庾嶺」是一個專指名詞，「章貢」是兩個專指名詞，為了對仗工整，就改稱「贛川」罷了。蘇軾鬱孤臺詩「鬱孤臺孤而不孤，下有章貢雙練鋪」；蔣之奇詩：「貢水在東章在西，鬱孤臺與白雲齊」；都說得很清楚，貢水《漢誌》叫湖漢水，源出福建汀州新樂山，西經江西瑞金，南過會昌，北滙寧都、石城、安遠、雩都、興國、信豐之水，流到贛州東門外，章貢記叫東江，源遠流長山多，水中所挾的泥砂也多；章水，《漢誌》叫彭水，源出大庾磊都山，經大庾南門外，東折而北，經南康與豫水（即桃江、亦稱南野（壄）水）相合，名豫章水，再西滙上猶水，流到贛縣西門外，章貢記稱西江。流域較短，地面較平，水中所挾的泥沙較少；因此，贛州一貫有「章水清、貢水濁」的說法。這就證明：這首詞「鬱孤臺下清江水」的「清江」，指的就是贛縣賀蘭山下的「章江」；稱「清江」是採用「章水清」的說法，反襯下句「中間多水行人淚」的。至于章、貢二江在贛州北門外滙合成贛江後，就從南向北，流經萬安、

泰和、吉安、新淦、清江、豐城、南昌，入鄱陽湖，到長江去了。所以《古今圖書集成贛縣山川考》說：「贛水，贛、章貢二水合而為一故名。北流三百里至萬安縣，其間有灘十八，怪石多險。折而東流，經吉安，臨江達南昌，滙於彭蠡。」這種客觀存在的地理現實，是任何人也不能主觀移易的。

但唐老《宋詞三百首箋注》却說：

「清江指贛江」

胡雲翼《宋詞選》二六三頁，這首詞注㈡的前半也說：

「鬱孤臺下清江水——鬱孤臺在今江西贛州西南，唐宋時是一郡的名勝。贛江經過臺下，向北流去。」

上海古籍書店八十年六月出版的朱東潤《中國歷代文學作品選》中編第二冊七六頁，這首詞注㈡的前半也說：

「鬱孤臺在今江西省贛州市西南，一名望闕，唐宋時為一郡形勝之地，贛江經此向北流去。」

五十六年高中語文課本第三冊第十三課《詞三首》的注解也說：

「鬱孤臺在現在江西省贛縣西南，贛江從台下經過，清江指贛江。」

「西北」誤成「西南」之外，都把代表章江的清江，說成了贛江。吳新雷《辛棄疾菩薩蠻詞新解》雖然正確地認為鬱孤臺不在贛州市西南，而在贛州市西北；但仍然錯誤地說：「城西的章水和城東的貢水在鬱孤臺下合流為贛江。」要使他們的話成為現實，就要把鬱孤臺從今贛州市內西北的章水邊移到贛州市正北的贛江邊；或者把今贛州市正北的贛江，移到贛州市內西北的賀蘭山下去代替章江。否則，贛江怎麼能從臺下經過？章江和貢江又怎麼能在鬱孤臺下合流為贛江？

又林庚、馮沅君《中國歷代詩歌選注》說：

「清江，江西袁江與贛江合流處，舊稱清江，這裏指贛江。」

鄧廣銘《稼軒詞編年箋注》也說：

> 「清江，江西袁江與贛江合流處，此處當指贛江而言。」

上引朱東潤《中國歷代文學作品選》注㈡的後半也說：

> 「清江，贛江與袁江合流處，一名清江，此指贛江。」

上引胡雲翼《宋詞選》注㈡最末了也說：

> 「贛江與袁江合流處名清江。」

他們又都把江西另一條名叫袁江的清江，說成是代表章江的清江了。

細考地理現實，袁江雖然風景秀麗江水清澄，而且不只「舊稱清江」，現在也仍然稱清江。但那是源出江西西部武功山北麓，向東流到清江縣樟樹鎮和贛江滙合的一條江。清江縣在贛江中下游，南距鬱孤臺所在的贛縣，還隔新淦，吉安、泰和、萬安四個縣，怎麼能說是「鬱孤臺下」的「清江」呢？上述注解「這裡（或「此」）指贛江」句，如果指的是清江縣即梓樹鎮附近的贛江，就要把鬱孤臺從贛江上游贛縣西北的賀蘭山頂，搬到贛江中下游的清江縣樟樹鎮去；如果指的是贛縣北面的贛江，除了把袁江從贛江中下游的清江縣搬到贛江上游贛縣正北之外，還要把鬱孤臺從贛縣西北章江邊，搬到贛縣正北來；否則，就不能把「鬱孤台下清江水」和清江縣的袁江匯合在一起。甘肅教育學院五六年七月出版的教學參考資料《中學文言文譯注第二編》一四三頁這首詞注②，雷同上述林庚馮沅君注，說「清江是袁江贛江合流處」外，最後還加上一句說：「江水從臺下經過，向北流入萬安。」那就要把鬱孤臺從贛縣搬到清江縣，再把原在贛江上游的萬安，搬到贛江中下游清江、豐城之間去。否則，江水怎麼能從清江經臺下北流入萬安？吳新雷《新解》雖然知道把清江「當作江西省的清江縣，說是贛江和袁江合流處」不對，指出「袁江的清江縣離贛州很遠，與鬱孤臺毫無關係；」但他說：「袁江的清江在江西北部」。又說：「查《康熙萬安縣誌》卷二《山川誌·贛江》：『其水自贛城下二十里，

澄泓清沁，陰靜浪碧。」這才是『鬱孤臺下清江水』的本意。所謂清江，就是指贛江清澈的流水。」這又都錯了。因爲贛江與袁江合流處的清江，在江西中部，而不在江西北部。鬱孤臺不在贛城下二十里的贛江邊，而在贛城西北的章江邊。這種錯誤，是因他誤以章、貢在鬱孤臺下合流爲贛江演化出來的。

廖小鴻《鬱孤臺究竟在何處》（《廈門大學學報》八四年第二期）雖然根據康熙《西江誌》顧祖禹《讀史輿地記要》、《同治贛縣誌》指出鬱孤臺在贛城西北隅；並根據贛城是龜形的民間傳說，指明八境臺處龜尾，鬱孤臺在右邊二龜足之間；又追溯明嘉靖《贛州府誌》「鬱孤臺即賀蘭山，府治宣明樓右坤維百武」的記載，說明鬱孤臺在城北宣明樓右邊西南三百尺處；也肯定吳新雷清江不是地名的說法；這都對了。但解「清江水」，引蘇軾《鬱孤臺詩》」水作玉虹流」之外，又引蘇《塵外亭詩》「贛江清可歷，「和趙抃寫贛州山水詩」水繞青羅帶，」最後說「可見三江水之清澈，給人以極深的印象。」這就比吳新雷所謂「清江就是指贛江清澄的流水」更擴大化，錯成「清江水」就是章江、貢江，贛江清澈的流水，而章水、貢水、贛江，也都奔流在鬱孤臺下了。這作爲一種文學意象或藝術幻想來說，固然無所不可；但聯繫「鬱孤臺究竟在何處」這個題目的答案來考慮，却相反把自己提出的：鬱孤臺在贛城西北隅」這個論點和所作的論證完全給否定，和吳新雷所謂「城西的章水和城東的貢水，正在鬱孤臺下合流爲贛江」，同樣可笑了。

上述情況，說明：雖然「近新雷從康熙乾隆諸刊本《贛州府誌》考明此臺在贛州西北，而不在贛州西南，」「凡據《辭海》諸書以注辛詞鬱孤臺在贛州西南者皆得借以改正錯誤，不至再輾轉沿設」，但如果不明確「清江」是指贛縣西北賀蘭山下的「章水」，而不是贛縣正北的或贛江流域的任何一段「贛江」，對「鬱孤臺」的方位的理解

也會使人迷惑。

此外，楊顯川《稼軒詞「清江水」非「贛江」》一文，（見《中國語文通訊》八二年第三期。）雖然指出「贛江指的是贛州以北的一段」，「鬱孤臺下既不是清江，（堯按指不是袁江與贛江合流處）也不是贛江，而是章水（或章江）；「似乎對上述問題作了解答；但他對自己提出的論據完全理解錯了，推論陷於混亂，對問題的回答也似是而實非。他說：

> 「宋朝王象之《輿地紀勝》卷三十二有一段記載：『江南西路贛江南康郡，郁孤台在郡治。』這説明鬱孤臺在南康郡治。南康郡即現在的南康縣，它距離袁、贛二江合流的清江約二百公里以上，在地理位置上，贛江和鬱孤臺雖靠近，但贛江指的是贛州以下的一段，贛州以上到鬱孤臺所在的南康的一段，宋代叫章水。所以鬱孤臺下既不是清江，也不是贛江，而是章水（或章江）。」

這就縮短了章江流域，把鬱孤臺移到南康去了。因此，他所謂「鬱孤臺下」「是章水」，判斷上雖然對了，地點上却是錯的。因為他所指的是南康縣城的章水，而不是贛縣賀蘭山下的章水，又怎麼能知「鬱孤臺下清江水」合在一起呢？客觀的地理現實是：章江源出大庾嵒都山，除「贛州到南康的一段」外，還有南康到大庾的一段。不只宋代叫章水，而且現在也叫章水。南康雖然同屬章江流域，但地處章江中游，《漢誌》是豫章郡的南埜縣，灌嬰置。獻帝時析為南安縣，三國吳屬廬陵南部都尉。晉改南康縣，屬南康郡。隋、唐屬虔州，宋屬南安軍，明屬南安府。《古今圖書集成方輿類編職方典925卷南安府山川考之一》的記載是：南康縣「芙蓉江在縣南門外，源出大庾嵒都山，即章水委注也，故又名章江水。至此澄淥泓深，江之南有平沙橫行數里，皆民居。從下行里許入東山徑有芙蓉庵。又東去十里有芙蓉橋，

東流折北，遶邑一百二十里至虔州，會貢水。」可見南康縣南門外的章江名叫芙蓉江，距離章江尾閭贛縣還很遠。我在南康住過，那兒根本沒有鬱孤臺。鬱孤臺在贛縣城內西北角賀蘭山上，下臨章江，怎麼會離開賀蘭山，飛到百餘里外章江中游的南康縣去呢？

並且「贛」在《漢書地理誌》是豫章郡的一個縣。《古今書集成方輿編職方典卷九一六贛州府建置沿革》說：

> 「禹貢楊州之域，春秋爲吳越地，戰國越滅爲楚地，秦拜天下，爲九江郡。漢初改郡爲淮南國，後乃爲豫章郡，贛、雩都各縣隸焉。漢末永平中，割豫章之盧陵、贛、雩都各縣，增石陽，遂爲盧陵郡。孫權割據吳地，乃析盧陵地置南部都尉於雩都，而他縣析置不一。晉改置南康郡，宋、齊、梁、陳因之。蓋南康統全虔地而言，非如後之縣治專屬也。隋改置虔州，後仍爲南康郡。唐分隸諸州道，名號各屬，而縣屬虔州，究竟無改，南唐爲昭信軍，宋初因之。後復改爲虔州。建炎中以虎頭州非佳名，始改曰贛州，贛州之名昉此。元爲贛州路，明爲贛州府……皇清因之。」

這就證明：南康郡原來是晉、南朝、隋這個歷史時期盧陵南部的總稱，所以說：「蓋統全虔地而言，非如後之縣治專屬也。」《晉書地理誌》更詳明地載：「南康郡，太康三年置，統縣五……贛、雩都、平固、南康、揭陽。」《宋史地理誌》也說：「贛州，本虔州，南康郡、昭信軍節度……縣十：贛、虔化、興國、信豐、雩都、會昌、瑞金、石城、安遠、龍南。」其中的虔化即寧都，原名陽都，與會昌、安遠、瑞金皆自雩都析出，興國自盧陵泰和贛縣析出，信豐、龍南，漢南野地，三國吳析南野置南安、信豐爲南安地，晉屬南康郡，龍南仍爲南野、南唐爲龍南縣，宋屬贛州。可見所謂「盧陵南部」、「全虔」，就是今天包括南康在內的江西贛南。《集成卷九二一贛縣城地

考》：「晉永和五年郡守高璵建于章、貢二水間」。這就是後來歷代
相傳的贛州城今贛州市。當時南康郡治正在贛縣。所以宋虔州守趙抃
仁宗嘉祐七年六月二十三日所作《章貢臺記》說：

> 「江右逶陂，南康古郡，水別二流，來數百里：貢源出新樂；
> 章水出大庾。合流城郭，于文爲贛。奇峰怪巖，環視萬狀。予
> 嘉祐六年夏四月，以言出守，仲冬始至。視事歲餘，歲穰盜息
> ……」

新編《辭源一》四二二頁「南康」下也說：

> 「①郡名：漢屬豫章郡，三國吳屬廬陵郡。晉太康二年改廬陵
> 南部爲南康郡，（堯按晉書作三年）宋紹興二二年改爲贛州。
> （堯按標點本《宋史地理誌》依《高宗紀》、《宋會要》改爲
> 二三年）……郡治即今贛州市。」

這就進一步證明。宋朝的「虔州或贛州州治，」即今天的「江西贛州
市，」也就是晉、南朝、隋這個歷史階段的南康郡治。所以趙抃稱「
章貢合流」的「贛縣」爲「南康古郡」。王象之南宋人，所著《輿地
紀勝》雖然難保完美無缺，但很重視州縣沿革，可稱是一部很有參考
價值的好書。就拿楊氏所引卷三十二來說，同《宋史地理誌》近似，
開頭說：江南西路，「贛州：南康郡，昭信軍節度」，就表明了南宋
的贛州，就是過去的南康郡，也是過去的昭信軍。楊氏不知根據甚麼
版本，却在「江南西路」下載有「贛江南康郡」這樣的名稱。《紀勝》
所載贛州、贛縣自春秋戰國直到唐、宋的沿革，雖然說：「吳孫權嘉
禾五年分廬陵，立南部都尉理雩都，至晉武帝太康三年罷都尉，立爲
南康郡」，「治雩都」，「永和五年郡始理贛，」表明南康郡治前後
地點不同，不知鬱孤臺究竟在哪兒；但於贛州「風俗形勝」下載：「
城于章貢二水之間……二水爲贛，左右擁抱，合流城角……陽爲鬱孤，
北爲望闕。望闕、鬱孤、軒豁于前，皂蓋、白鵲，瞰臨左右……環城

所見爲八境，而鬱孤景趣爲之甲……」這就證明：《紀勝》於「景物下」對「鬱孤臺」注：「在郡治」，就是在「贛縣」，而不是在「雩都」。不知道楊顯川是沒有注意贛縣的建置沿革，還是沒有細讀《紀勝》三十二卷全文，竟把歷史上包括贛南十幾個縣的南康郡縮小爲今天一個南康縣，說甚麼「南康郡即現在的南康縣」；又把歷史上的南康郡治「贛縣」單憑字面地遷移到「南康」，說甚麼「南康郡治即現在的南康縣」；因而把南康縣說成是鬱孤臺所在地，說甚麼「贛江以上到鬱孤臺所在的南康一段」；這就成爲更大的錯誤，製造更大的混亂了。

楊氏還把辛詞《賀新郎陳同父自東陽來過余》和《瑞鷓鴣京口病中起登連滄觀》中的「清江」與此相比況，「以爲辛詞中的『清江（水）』不是地理專指，而是指清冷或澄清的江水。」表面上很解決問題，實質上却迴避問題。因爲鬱孤臺下的清江實際上就是贛縣章江，《賀新郎》、《瑞鷓鴣》中的清江實際上也各有專指。「清」字固然可以混同起來解作清冷或澄清；而且解「清江水」爲「澄清的江水」，還和當地「章水清、貢水濁」的說法暗合；但這三條「江」之間，又怎麼能夠劃上等號呢？

以上這些錯誤，都是沒有明確鬱孤臺和清江的地理位置造成的。此外，在明確鬱孤臺和清江的地理位置的同時，也要明確「造口」的地理位置。否則，也會鬧笑話。白紙黑字，這首詞作者自己的標題是「書江西造口壁。」但華東師大57年3月號《語文教學》，龍榆生《試論辛棄疾詞》對這首詞的分析却說：

> 「他（辛棄疾）偶然登上郡城名勝的鬱孤臺，俯瞰白浪滔滔的
> 贛江，不禁新愁舊恨蕉然兜上心來。」

根據地理位置來考察，鬱孤臺在贛縣城內西北隅，下臨章江，離在贛縣城正北章貢相合的贛江還有一段不遠不近的路途。據我親身的遊歷，

站在鬱孤臺上是只能看見章江，看不到贛江的。造口是萬安縣南的一個小鎮。《古今圖書集成方輿編職方典九二〇卷贛縣山川考》說：「皀水在城北二百餘里。自東流，出皀口，會贛江。」卷八九七《吉安府部彙考》也說：「萬安縣，南至贛州府贛縣界二百四十里。」「皀口溪水在縣西南，源出上下造，經梅團，合於白水；經社坪，出皀口，入大江（此指贛江）。」作者在萬安造口「書壁」，立足點當然在「造口」，怎麼同時又能登上二百里外的鬱孤臺上去？要把這種幻境成為現實，就要把造口從萬安搬到贛縣西北的賀蘭山上，再把贛江從贛縣的正北搬到贛縣西北角賀蘭山下去代替章江。否則，怎麼能使作者「書壁」的時候，站在鬱孤臺上，「俯瞰白浪滔滔的贛江，」從而「兜」起他「心頭」的「舊恨新愁」呢？

又甘肅教育學院教學參考資料第二編一四三頁對這首詞的總評說：

> 「在這首詞裡，作者通過在鬱孤臺上的觀感，抒發了對時局艱難的深切憂鬱，」

這就更使人迷惑不解了。詞的上闋「鬱孤臺下清江水」究竟應怎樣理解，這兒暫且不說；詞的下闋「江晚正愁予，山深聞鷓鴣」，難道也是「鬱孤臺上的觀感」嗎？教參的執筆者是分明說過「造口和鬱孤臺分屬兩個縣分」的。辛棄矣在萬安造口「書壁」，難道能夠看見鬱孤臺下的章江暮色，又能聞到賀蘭山上的鷓鴣哀鳴聲？對「江晚正愁予」的「正」字怎樣理解？對「書江西造口壁」這個題目又怎樣看待呢？

還有夏承燾先生在《文滙報》六二年十二月二八日發表的《辛棄疾《菩薩蠻》·書江西造口壁》開頭就說：

> 「造口鬱孤臺，在江西舊贛州。」

竟把「造口」作為「鬱孤臺」的定詞。試問「造口」有甚麼「鬱孤臺」？「鬱孤臺」既然在「造口」，怎麼又說「在江西舊贛州」呢？下文又說：

「它的下片結句，語言沈鬱。這由于作者的政治遭遇，也由于
　當地山險水急，最不平坦的環境。前人用『鬱孤』兩字名臺可
　見。」

這又把作者在萬安書壁所見到的景物，說成贛縣西北鬱孤臺前的景物
了。

以上這些錯誤，都是爲「鬱孤臺下清江水」這一句所迷惑，忘記
了「書江西造口壁」這個作者親自的標題，忘記了作者「書壁」時身
在造口，對造口的地理位置不明確造成的。

總之，鬱孤臺、清江、造口是這篇名作中的三個地理名詞，不明
確它們各自的方位，對於這篇名作的理解和欣賞是會產生不少障礙的。

三、關於涉及鬱孤臺的理由

作者在萬安造口題詞，爲甚麼要涉及兩百餘里外的贛縣鬱孤臺呢
？這是理解這首詞的藝術構思必須解決的關鍵問題，也是人們早已提
出進行過解答的問題。卞慧在他的《辛棄疾菩薩蠻—書江西造壁》中
說：

「造口就是現在江西省萬安縣南六十里的皁口鎮，鬱孤臺在江
　西贛縣西南（堯按：南當作北）賀蘭山的山頂上。這兩個地方
　分屬兩個縣分，不在一起，那末作者在造口題詞爲甚麼要牽涉
　到鬱孤臺呢？原來鬱孤臺是唐朝時候的地方官李勉造的。當時
　有些政治抱負的人都想到首都去做一番事業，李勉因爲在做地
　方官，所以在山頂上造這個臺來表示望首都長安的意思。
　鬱孤臺有這樣的歷史，用這個名詞就有深厚的含義，並且和下
　句的望長安，有了緊密的聯繫。」（53年10月《語文學習》二十
　五期）

我覺得卞慧雖然很及時地提出了這個問題，但對於這個問題所作出的

解答，却不能令人同意。因爲這並不是一個可以各抒己見互相爭辯的理論性問題，客觀的歷史事實是鐵面無私的。

《輿地紀勝》說：

> 「鬱孤臺……隆阜鬱然，孤起平地數丈。冠冕一郡之形勝，而襟帶千里之山川。」

《贛州府志》說：

> 「鬱孤臺一名賀蘭山……唐李勉爲刺史，登台北望，慨然曰：『予雖不及子牟，心在魏闕一也，鬱孤豈令名乎？乃易區爲望闕。」

《一統志·江西省贛州府》說：

> 「鬱孤臺在郡治西南（南當作北），即賀蘭山。隆阜鬱然孤起，故名。唐郡守李勉登臨北望，改名望闕。宋郡守曾慥，增築爲二臺：南爲鬱孤；北爲望闕。趙抃、蘇軾皆有詩。」

從此可見鬱孤臺是贛州原有的名勝，李勉在虔州做刺史，不只沒有「在山頂上造這個臺」，恰恰相反，連「鬱孤」這個原來的名稱，都給李勉除去了。李勉不只沒有用「這個臺（鬱孤臺）來表示想望首都長安的意思，」「鬱孤」這個名稱的意義，實際上也沒有絲毫「望長安」的影子，恰恰相反，唐朝李勉登上鬱孤臺向北望，就感到「鬱孤」不是好名稱，將它改名爲「望闕」，這才表現出想望首都長安的意思。不了解李勉易名鬱孤爲望闕、曾慥在郁孤臺北造望闕樓這些歷史事實，不了解趙抃《鬱孤臺詩》有「望闕址其後，北望（一作向）日月都」的句子，就講不清「鬱孤臺」句和「望長安」句的內在聯繫。說甚麼「用這個名詞就有深厚的含義，並且和下句的望長安就有了緊密的聯繫，」也是空的。

以上說明卞慧所謂李勉造鬱孤臺來表示望首都長安的意思，是無中生有，隔靴搔癢的。

　　再說，李勉改鬱孤爲望闕，給鬱孤臺「增添了」望長安」的意思，也不能作爲辛棄疾在造口題詞所以要涉及鬱孤臺的主要理由。因爲前人詩詞中望長安的句子很多。「南登灞陵岸，回首望長安，」這是漢末王粲因「西京亂無象，委身適荆蠻」，在長安東邊灞陵所作《七哀詩》中的名句，也可能是「望長安」最早的詩句。「灞涘望長安，河陽視花縣，」這是南朝謝朓《晚登三山望京邑》的詩句。「總爲浮雲能蔽日，長安不見使人愁，」是李白《金陵鳳凰臺》的詩句。「遙遙西望長安日，願作南山壽一杯，」是張說《幽州新歲作》的詩句。「夜聽悲笳折揚柳，教人氣盡憶長安，」是王翰《涼州詞》的詩句，「春岸綠時連夢澤，夕陽紅處近長安」，是白樂天《岳陽樓》的詩句。杜甫有：「雲白山青萬餘里，愁看直北是長安」的詩，蘇軾贛州章貢臺詩有「孤雲落日是長安」句。張舜飲《買花聲》也說：「回首夕陽紅盡處，應是長安。」……可見只要有帝鄉的懷想，無論任何詩人在任何地方，都可以用「望長安」來寄托自己的情感。唐朝的李勉既然可以在虔州把鬱孤改名望闕來表示他對首都的想望，宋朝的辛棄疾難道就不能在萬安造口用「望長安」的詞句來表示懷念首都的情思，而必須乞靈於遙遠的贛縣鬱孤臺？所以說鬱孤臺因爲李勉就有了望首都的意思，是不能成爲辛棄疾在造口題詞所以要涉及遠在贛縣的鬱孤臺的主要理由的。

　　又甘肅教育學院教參第二編143頁注①採用了卞慧的說法，一四二頁還說：

> 「宋淳熙二年(一一七五)三月，作者任江西提點刑獄，有一次登上當地名勝鬱孤臺，撫令追昔，感慨萬端。後來便在造口壁上，題上了這首詞。」

這就是說作者在造口題詞所以要涉及鬱孤臺，是因爲過去登臨過鬱孤臺了。無可諱言，作者在江西提點刑獄任內，曾經登上過當地名勝鬱

孤臺，是非常可能的。因爲登山臨水是舊社會文人的積習，作者的《滿江紅‧贛州席上呈太守陳季麟侍郎》就有「還記得眉來眼去，水光山色」的句子。陳季麟就是作者剿平茶商軍的得力助手。羅願《鄂州小集‧水調歌頭‧中秋和施司諫》也說：「鬱孤高處張樂，笑語脫氛埃。」羅願是作者很賞識，把他的治行奏聞於朝，獲得升遷的贛州通判。施司諫是陳季麟去任後的贛州繼任太守，後來受到作者的彈劾。「鬱孤臺上張樂，笑語脫氛埃」這種句子，充分反映出剿平茶商軍後，贛州這批官史，在鬱孤臺上，興高彩烈的情態。這都可以作爲作者登過鬱孤臺的旁證。不過，我們要問的是：作者既然「有一次登上當地名勝鬱孤臺」又「撫今追昔，感慨萬端」，爲甚麼不馬上把這種感慨題在鬱孤臺上，直到「後來」，却「在萬安的造口壁上題上了這首詞」？很明顯，作者在造口題詞，又標題爲《書江西造口壁》，詞裏所以涉及鬱孤臺，就是因爲鬱孤臺和造口事件有密切關聯，而不是因爲過去「有一次登上鬱孤臺，感慨萬端」了。因爲這是寫作起碼的要求，假如同題目沒有關係，那怕是感慨億端，也不能寫到文章裏去。否則，就會下筆千言，離題萬里。從此可見「有一次登上當地名勝鬱孤臺，感慨萬端，後來就在造口壁上題上了這首詞」這種說法，是違反寫作的起碼要求的。」把辛稼軒這樣一個詞作大家的寫作，看成那末草率，也是不能分析好這首馳名的詞篇的。

總之，作者在造口題詞所以要涉及鬱孤臺，只能從造口事件和鬱孤臺的聯繫去尋求解答，離開造口事件本身和郁孤台的聯系，任何廣征博引，都是牽強附會，文不對題的。前引康熙《萬安縣誌》：「皂口，地當皂水贛江會合處。江中有皂口灘，岸上有皂口驛，灘上有江東廟。宋隆祐太后以大軍六萬南行，至灘上，夜泊廟前。廟神大呼曰：『朔兵至矣，速登岸！』太后驚覺，即從陸由五里關遁去，得免。」乾隆《贛縣誌》引《江東廟記》：「建炎三年；隆祐太后駐蹕于贛。

金人至皀口江東廟，神示以靈異，金人畏而遁。」《北盟會編》：「金人追至泰和縣，太后乃自萬安至皀口，捨舟而陸，遂幸虔州。」這些，都是羅大經「金人追隆祐太后至皀口，不及而返」的另幾種傳說。足見可能護衛兵潰時，滕劉潰兵竄泰和上游萬安逃贛縣。使萬安一帶流傳有建炎三年金人南侵的故事。這就是辛棄疾所以會「書江西皀口壁」的原因。我們上引各種史料不是都說當時隆祐太后被金兵追得跟跟蹌蹌，「兵衛不滿百，遂往虔州」嗎？《高宗紀》還說：

> 「（建炎）四年春正月……丁卯（二四日）…虔州衛兵及鄉民相殺，縱火肆掠三日……二月甲戌朔……癸未初十日，虔州鄉兵首領陳新率眾數萬圍城。叛將胡友亦犯虔州，與新戰破之，新乃去。」

《圖書集成卷九二四贛州府部記事》也說：

> 「時虔中府庫皆空，衛兵所給，唯得沙錢，市買不售，與百姓交鬥，縱火肆掠，太后震驚。土豪陳新輩，以赴難爲名，眾幾萬、柵于梅林，進逼南門。楊惟忠步將胡友自外引兵呼城內出戰，新中流矢死，眾遂潰散。

《建炎以來系年要錄》卷三一卷炎四年一月下，載此事更爲詳盡。情況是：

> 「丁卯，虔州從衛諸軍作亂。初，隆祐太后既至虔州，府庫所有皆盡。衛軍打清，惟得砂錢及抵二錢，市買諸物不售。軍士與鄉民相爭，鄉民以槍刺軍士。有傷者奔入所屯景德寺，披甲持仗保所居；百姓亦持器仗保坊巷。有虔化縣民沈立率鄉民三百人，與城中相犄角。其將司全令甲軍出于寺後，轉殺鄉民，由是鄉民與將兵爭鬥而出。軍士遂縱火肆掠，虔多竹屋，煙燄互天，不可嚮爾。太后以禮部尚書馬琳另撫諭使，琳遷延不行。癸未，虔州鄉民首領陳新率數萬眾圍虔州。隆祐太后震恐，赦

其罪，不聽。權知三省樞密院滕康、劉玨，主管侍衛步軍司公
事楊惟忠；皆坐視其亂而不能禁。先是惟忠之將胡友叛去犯臨
江軍，統制官楊愼與之戰不勝，城遂陷。至是友以其眾犯虔州，
與新戰于城下，破之，新乃去。統制官張忠彥時在吉州，聞亂
不顧。

這就說明太后在虔州，日子也是很不好過的。這就是「鬱孤臺下清江
水，中間多少行人淚」的眞實內容。從此可見作者在造口題詞所以要
涉及鬱孤臺，除了金兵追隆祐太后溯贛江而上，書壁時作者腳下造口
鎮旁的贛江水源遠流長來自贛縣之外，主要是鬱孤臺所在的贛縣是隆
祐太后避虜的終點，是造口事件的重要題材，上闋從隆祐太后逃在虔
州的處境落筆，因而以當地的名勝鬱孤臺起興，這就是作者的思路和
寫法。其涉乃「鬱孤臺」是很自然的。又何煩我們節外生枝，另作解
釋？

　　從此可以證明：鄧廣銘所謂「即使金兵確曾追孟后至造口，亦與
此詞起興全不相涉」，是沒有理由的。從此也可以證明：鄧廣銘把此
詞前章「望長安」句的意境與李白、東坡詩等同起來，也是失之淺薄
的。試想像辛稼軒這樣一個熱衷抗金的英雄，怎麼會面對北方淪陷區
大好河山和四十年前的恥辱事件無動於衷！

　　至於吳新雷《新解》在引用了乾隆《贛縣誌》卷十《兵防誌》「
時，虔州府庫皆空，衛兵所給，惟得沙錢。市買不售，與百姓交鬥，
縱火肆掠」這一事實之後，說：「南宋統治階級，非但沒有抗擊侵略
者；却反而欺壓百姓，給贛州人民帶來了一場災難。辛棄疾《菩薩蠻》
詞，把鬱孤臺與皂口聯繫起來，正是爲了使反映的畫面更深廣。『中
間多少行人淚』的含義，除了民族危機的苦難以外，還有階級壓迫的
血泪。」這種分析，更難成立。要知道，「中間多少行人淚」，指的
是隆祐太后這樣一類人的眼淚。因爲隆祐太后過去雖然是深居宮廷的

后妃；這時却變成輾轉流徙的「行人」了。假如說是贛州人民受災難的「階級壓迫的血淚」；那就和「行人」二字掛不上鈎了。並且辛棄疾是一個封建時代的愛國英雄。他雖然知道「民爲邦本，本固邦寧」；却不可能有階級觀點。他提點江西刑獄的使命，也還是爲統治階級剿滅茶商軍。也的詞作裏怎麼會有「階級血淚」的「含義」，從而「把鬱孤臺與皂口聯繫起來」，「使反映的畫面更加深廣」？假如鬱孤臺和造口事件沒有內在的聯繫；兩個畫面又怎麼能不倫不類地聯繫起來？

　　最後，胡雲翼《宋詞選》二六二頁這首詞注㈠說：「這是作者在造口懷古的詞。」六二三頁的後面又說：「先從懷古開端。」朱康潤《中國歷代文學作品選》中編第二冊75頁也說：「詞從懷古開端，用比興手法反映作者渴望恢復中原的愛國思想及其覊留後方抑塞不舒的苦悶。」我覺得胡、朱二先生的講法，的確比一般高明。但在萬安造口懷古，爲甚麼要涉及贛縣鬱孤臺呢？仍然使人摸不清頭腦。並且金兵追趕隆祐太后這件事，發生在南宋高宗南遷第三年，相當於公元1129年，即建炎三年十一月。作者任江西提點刑獄在宋孝宗淳熙二年乙未六月十二日。淳熙三年丙申秋冬之交，就調任京西轉運判官了。所以作者寫這首詞的時間，當在1175至1176這一年之內，年齡約三十七、八。上距造口事件才四十七年。在作者當時來說，造口事件只能說是老一輩的事。用上「懷古」這種語詞，就不符合歷史時間的實際。所以作者也只標題爲「書江西造口壁」。假如和東坡《念奴嬌・赤壁懷古》那樣標題爲「江西造口懷古，」人們看後，就會感到不舒服了。足見作者之標題爲「書江西造口壁」也是當行本色的。說成「懷古」或「從懷古開端」，就不那末切貼了。

四、關於「聞鷓鴣」的意義

上述三題之外，還有一個問題，就是「山深聞鷓鴣」的含義問題。

《鶴林玉露》說：「蓋南渡之初，虜人追隆太后御舟。至造口，不及而反。幼安自此起興。『聞鷓鴣』之句，謂恢復之事行不得也。」這是南宋羅大經的講法。這種講法，距稼軒時代最近，影響最大。直到今天，不少註家，不是直接引用此說；就是秉承此說加以發揮。前者如胡雲翼《宋詞選》；後者如夏承燾、盛弢青《唐宋詞選》。林薇《辛棄疾菩薩蠻詞析疑》（載《名作欣賞》（太原）1984年第 1 期至122頁）雖然說：「直到近代，始有學者表示若干異議，如任二北《詞學研究法》云：特謂鷓鴣之鳴，乃謂恢復之事行不得，則又未免臆斷耳！」但任二北也沒有說出其為「臆斷」的理由和別的講法。艾思《詩詞中的鷓鴣和杜鵑》（見《文學遺產》1987年3期）雖然指出：「宋人羅大經《鶴林玉露》云：『聞鷓鴣』之句，謂『恢復之事行不得也。』近人鄧廣銘卻對此表示了異議」；但他引鄧氏的話是：「稼軒恢復素志，勝利信心，自壯至老，不曾稍變。此詞作年甚早，更不應有如羅氏所云之感興。所謂『山深聞鷓鴣』者，蓋深慮自身恢復之志未必即得遂行；非喟『恢復之事』決『行不得也』。（《稼軒詞編年箋注》）」「未必即得遂行」也就是「行不得也」。可見鄧氏不只沒有對羅氏所謂「行不得也」說「表示異議」；而且自己還沿用其說。所謂「鄧廣銘對此表示了異議」，原來是艾思讀書不細心所造成的錯覺。再看唐圭璋《唐宋詞選注》對于這句的解釋說：

　　鷓鴣：古時傳說此鳥飛必南向，而不往北。作者借此影射南宋統治者奔竄南逃，而不思北伐。

這才首先真正地在羅大經說之外，提出了新的看法。郁賢浩《辛棄疾反民族投降的愛國詞》，（載《南京師院學報》1976年第二期）艾思《詩詞中的鷓鴣和杜鵑》，都繼續發揚這種看法。「飛必南向」外，他們還找出了鷓鴣的鳴聲是「但南不北」的記載。這就緊扣「聞鷓鴣」

的「聞」字，加強了針對性。使鷓鴣的形象也更爲豐滿和全面。不過，
最近幾年，又有人對羅大經‧唐圭璋，郁賢浩的看法，都加以批評或
否定，各自提出了自己的說法。

　　本來，形象大於思想，作品的客觀思想大於作家的主觀思想，是
古今文學賞析中的普遍現象。不管鷓鴣這種形象作者寓以怎樣的含義，
不管《書造口壁》這篇名作作者抒發了甚麼思想；讀者還是可以根據
各自的經驗，觀感去展開想像聯念的翅膀，形成各自的體會的。這就
是文學欣賞作爲再創造的藝術意義之所在。不過，這種「再創造」、
「想像」和「聯念是否合理，仍然要受所述事物的實際和作者時代身
世的約制，不能主觀臆斷，信口開合。現在就根據這個原則，對幾種
新的看法，提出個人的淺見。

　　首先反對「謂恢復之事行不得」和「影射」或「諷刺」南宋「投
降派」的是吳新雷。他在其《新解》注④中系統提出：

　　古人所擬鷓鴣鳴叫聲：㈠但南不北，見漢楊孚《異物誌》、晉
　　郭義恭《廣志》等；㈡杜薄洲，唐段公路《北戶錄》引《南越
　　志》說：「其鳥自號杜薄洲」。㈢鉤輈格磔，唐李群玉《山行
　　聞鷓鴣》詩：「方穿詰曲崎嶇路，又聽鉤輈格磔聲」。㈣懊惱
　　澤家，五代時韋莊《鷓鴣詩》：「懊惱澤家非有恨，年年常憶
　　鳳城歸」。自注云：「懊惱澤家，鷓鴣音。」㈤行不得也，宋
　　以前沒有這種說法。宋代始見于黃庭堅《詠零陵李古居士家馴
　　鷓鴣》中。但普遍通用，是在元明以後。如明李時珍《本草綱
　　目》卷48記載：「今俗呼其鳴曰：行不得也哥哥。」

在《新解》正文中加以發揮說：

　　鷓鴣之鳴聲古人所擬的諧音計有五種之多，這是隨著時代的發
　　展和人們情感的變化而產生的。「行不得也」只是其中之一，
　　產生的時代最晚。而宋以前最通行的諧音是「但南不北」。據

漢代楊孚《異物志》記載：「鷓鴣，其志懷南不思北；其鳴呼
飛，但南不北。（黃泰泉《廣東志》引）晉代郭恭義《廣志》
說：「鷓鴣鳴云但南不北。」因此福建晉安人把鷓鴣就稱爲「
懷南」。（見《說郛》本《禽經》）唐代劉恂《嶺表述聞》引
《南越志》則說：「鷓鴣雖東西飛翔；然開翅之始必先南翥。」
此外，如晉張華《禽經》注，唐段公路的《北戶錄》等歷史文
獻中，都很明確而且具體分析了鷓鴣的本質特徵是「其志懷南」。
對其鳴聲所擬諧音是「但南不北」。辛棄疾以前的作品中，往
往把它比作「離北南來」的遷客遊子。如《李太白全集》卷二
十三《醉題王漢陽廳》詩寫道：「我似鷓鴣鳥，南遷懶北飛。」
《唐詩紀事》曾舉出以《鷓鴣詩》聞名的鄭谷，他的《遷客詩》
說：「離客聞橫笛，可堪吹鷓鴣。」其《鷓鴣詩》則有「遊子
乍聞征衫濕」，「惟有佳人憶南國」等句。直到宋代，張詠作
《鷓鴣》詩，仍然把它作爲「北客南來」的比喻。辛棄疾在《
水龍吟》詞中曾自稱爲「江南遊子」。他是一個善于運用典故
的詞家。所以從漢唐文學的傳統來看，「山深聞鷓鴣」的含義，
決不是「行不得也」。而應該是與李白等作家的詩意一脈相承
的。他是用鷓鴣南飛比喻自己投奔南宋爲國效勞的崇高志向。
然後用《宋史》本傳說他「決意南向」，力勸耿京「決策南向」，進
一步印證。認爲：「鷓鴣其志懷南的形象，正是辛棄疾從北方淪陷區
投奔南宋最生動最貼切的自我寫照。」並且振振有辭地說：「鷓鴣是
正面形象，是作者自比」。同時批評郁賢浩「首先提出《異物誌》但
南不北的記載；却把它當成反面形象」，「把鷓鴣比作投降派。說是
以此指責南宋王朝苟安江南，不思北進。辛棄疾是用來諷刺投降派反
對北伐的可恥行徑。」最後，對這首詞篇末兩句作出解釋說：

天色已晚。詩人在江邊正爲國事擔憂的時候，忽然從深山中傳

來鷓鴣「但南不北」的叫聲。使詩人立刻想起了這種鳥兒「其志懷南」的可愛形象，他感到即使自己的恢復大計尚未實現；也定要像鷓鴣一樣，留在南方，決不能北向去向金人投降。于是他更堅定了忠於南宋的心意。當初南歸報國的志向永遠不變。

我以爲只有這樣解釋；才符合漢唐詩文中「鷓鴣懷南」的傳統含義，才切合辛棄疾詞的愛國主義精神。

此外，吳新雷還說他把郁賢浩的文章和《新解》送呈當代詞學大家《全宋詞》的編者唐圭璋先生審閱過，唐老的批語是：

同意你的看法。同意鷓鴣比喻自己而不是對統治者「行不得」的斥責，也不是指投降派。詞中「愁予」是愁作者自己不得行其志，不是愁投降派阻擋。必須理解「愁予」兩字；才能明了「鷓鴣」指的是誰。如果把「鷓鴣」比作投降派；那就不是「愁」的問題，而是要用怒斥痛罵的字眼來表示才行。

這就使吳新雷的說法有了詞學權威作保鏢。

我覺得吳新雷指出古人對鷓鴣的五種諧音，是下了工夫的。但他說「宋以前最通行的諧音是但南不北」；「行不得也這種諧音，普遍通用是在元明以後；」却沒有很確鑿的根據。因爲唐李群玉《九子坡聞鷓鴣》「方穿詰曲崎嶇路，又聽鈎輈格磔聲」外，韓愈《昌黎集三杏花詩》也有「鷓鴣鈎輈猿叫歇，杳杳深谷攢青楓」之句。錢起《錢考功集》九《江行無題》詩二九也說：「祇知秦塞遠，格磔鷓鴣鳴。」李德祐《班竹筆管賦》更說：「鷓鴣起兮鈎輈。」宋梅堯臣《哀鷓鴣賦》對于鷓鴣的描寫還說：「吾于禽得鷓鴣兮，其音格磔，其羽爛班。」《墨客揮犀》又云：「歐陽文忠常愛林逋詩『草泥行郭索，雲木叫鈎輈。』鈎輈，鷓鴣聲也。」可見「鈎輈格磔」的諧音唐宋也不少見。至於「行不得也」這種諧音，見于黃庭堅《詠零陵李宗古居士家馴鷓鴣》「此鳥爲公行不得，報晴報雨總同聲」和羅大經《鶴林玉露》外，

劉學箕，鄧光薦都有《行不得也哥哥·禽言》詩①。任士林·桂瑛的《禽言詩》也都以「行不得也哥哥」句開頭。②宋王質《林泉結契·山友辭》還說：

> 山鷓姑（堯按姑是鴣的諧音·唐鮑溶詩《寄福州從事殷堯藩》：「幾回入市蛟綃女，終歲啼花山鷓鴣。」《唐六名家集》也作「山鷓姑」。）身青翅赤，觜黑足青。如雞而小。臆前有白圈點，背間有紫色赤毛。多鳴則有雨，稍緩則如云「行不得哥哥」。

這說明「行不得也」這種諧音，宋代已普遍通行。此後，元馬臻《鷓鴣篇》：「江南二月煙花亂，子子孫孫自呼喚。說盡人間行路難，淒風苦雨心腸斷。」明劉基《山鷓鴣》：「黃茅壟上雨和泥，苦竹崗頭日色低。自是行人行不得，莫教空恨鷓鴣啼。」李東陽《鷓鴣圖》：「有時格磔還鉤輈，此聲欲斷無時無。」戴冠《辛丑道中聞鷓鴣》：「試問哥哥行不得，何用一身生兩翼？」《本草綱目》集解，孔志約曰：「鷓鴣生江南，形似母雞。鳴云鉤輈格磔者是；相似，不作此鳴者，非矣。」珍曰：「今俗謂其聲曰行不得也哥哥。」清張渠《粵東聞見錄》：

> 鷓鴣形如雌鶴，雌雄相對啼。飛不甚高。命翩之始，必先向南。早晚有霜露，必銜木葉以自蔽。各佔一嶺，相呼相應以自娛。其鳴聲曰：「行不得也，哥哥！」六字絕分明，不似它鳥言須以意會。土人網而得之，以充庖饌。又杜鵑一名海南鳥。暮春多啼，若曰不如歸去。晝夜苦鳴，聲尤淒切。

從上述所引材料，可見直至明和清代，「鉤輈格磔」、「行不得也」這兩種諧音都普遍通行。辛棄疾生當宋代，他在江西造口所「聞」到的鷓鴣鳴聲，到底是「但南不北」，還是「鉤輈格磔」或「行不得也」，雖然只有辛棄疾自己才知道；但吳新雷根據傳統的「但南不北」說去否定羅大經的「行不得也」說，認為「決不是行不得也。」顯然是論

據脆弱，不能中其要害的。並且辛棄疾《行香子》說：「聽小縣蠻，新格磔，舊呢喃。」可見辛棄疾也是以「鈎輈格磔」擬鷓鴣鳴聲的。怎麼見得他在江西造口所「聞」到的鷓鴣鳴聲，就一定是「但南不北」？

　　其次，吳春雷把鷓鴣「南向」、「但南不北」和辛棄疾「決意南歸」力勸耿京「決策南向」又自稱「江南遊子」相比傅，說《江西造口詞》「聞鷓鴣」的含義，是辛棄疾「用鷓鴣南飛比喻自己投奔南宋為國効勞的崇高志向；」認為：「鷓鴣其志懷南的形象，正是辛棄疾從北方淪陷區投奔南宋最生動最貼切的自我寫照。」表面看來，似乎有理。其實，也是經不起推敲的。理由很簡單。第一，稼軒決不至自詡其「崇高志向」；第二，稼軒「南歸」在高宗最後一年，即「紹興三十二年」（金大定二年壬午，一一六二年）年二十三。《江西造口詞》作於孝宗淳熙二、三年（一一七五至一一七六這一年之內），年三十七，八歲。二事相距十三、四年。可見辛棄疾「投奔南宋」的「崇高志向」，十三、四年前早已實現。何至十三、四年後，還在江西造口「用鷓鴣南飛『去』比喻自己『這種』崇高志向」？第三，辛棄疾「投奔南宋」的最大願望，是在於幫助南宋統治集團銳意北伐恢復中原。並不是要和「當時自怕中原復」的南宋最高統治者緊緊地抱著，克盡「愚忠」，臭死一團的。所以他一實現「南歸」志向的第二年，宋孝宗隆興元年癸未（一一六三），年二十四，就上疏論阻江為險須藉兩淮，又上《練民兵守淮疏》，先鞏固北伐前進陣地。這是他在江陰簽判任內的事。乾隆元年乙酉(一一六五)年二十六，又進《美芹十論》；乾道六年庚寅（一一七〇）年三十一，召見延和殿，遷司農主簿，又作《九議》、《應問》上宰相虞允文；更進一步鼓吹備戰北伐。雖然乾道八年壬辰（一一七二）年三十二出知滁州；寬征薄賦，招流亡，教民兵，議屯田外，還有奏議上君相論敵國事。言「仇虜六十年

必亡，虜亡則中國之憂方大。」（見周密浩然齋意抄《說郛本》載鎮
江策問）可知其處境雖變，仇虜不忘！淳熙元年春，辟江東安撫司參
議官；接著虞允文卒，葉衡入相，又「力薦辛棄疾慷慨有大略，召見
遷倉部郎官。」淳熙二年乙未（一一七五）年三十六，這年六月十二
日，才「出爲江西提點刑獄，節制諸軍，討捕茶寇。」可見辛棄疾這
個時期正在爲恢復中原向北進軍的最大願望盡心獻策。劉後村《大全
集》卷九十八《辛稼軒集序》云：「烏虖！以孝皇之神武，及公盛壯
之時，行其說而盡其才；縱未封狼居胥，豈遂置中原於度外哉！」這
是同時的人對稼軒這個階段的評論。吳新雷却認爲：鷓鴣的形象，正
是辛棄疾從北方淪陷區投奔南宋的自我寫照，這就遠遠落後於辛棄疾
思想實踐的發展進程了。第四，吳新雷所謂「投奔南方爲國効勞的崇
高志向」，顯然說得過於空洞。因爲怎樣「爲國効勞」，才算得「崇
高」？這是隨人們的人生觀和各自的社會時代處境有所不同的。辛棄
疾的最大願望既然是恢復中原；怎麼會以堅決留在南方作爲「崇高志
向」？試看淳熙六年乙亥（一一七九）辛棄疾年四十任湖南轉運副使
時，「盜連起湖湘悉討平之」所上的奏疏說：

> 今朝廷清明。比年李全、賴文政、陳子明、李峒相繼竊發，皆
> 能一呼嘯聚千百。殺掠吏民，死且不顧。至煩大軍剿滅。良以
> 州以趣辦財賦爲急，吏有殘民害物之政而州不敢問；縣以併緣
> 科歛爲急，吏有殘民害物之狀而縣不敢問。田野之民，郡以聚
> 歛害之，縣以科率害之，吏以乞取害之，豪民以兼併害之，盜
> 賊以剽奪害之。民不爲盜，去將安之？夫民爲國本，而貪吏迫
> 使爲盜。今年剿除，明年劃盡。譬之木焉，日刻月削，不損則
> 折。……

可見辛棄疾對於南宋統治者不叫他北伐殺賊，把他安排在江南後方去
「爲國効勞」，是非常不樂意的。淳熙十一年甲辰（一一八四），辛

棄疾年四十五所寫的《水龍吟‧爲韓南澗尙書壽》說：

> 渡江天馬南來，幾人眞是經綸手？長安父老，新亭風景，可憐
> 依舊。夷甫諸人，神州沉陸，幾曾回首！

和他的《南鄉子‧登京口北固亭有懷》：「何處望神州，滿眼風光北
固樓；」「天下英雄誰敵手？曹劉。生子當如孫仲謀！」更充分鮮明
反映出他對苟安南方、不圖北進的南宋統治階層的憎恨。他南歸後四
十三年，即寧宗開禧初年所寫的《永遇樂‧京口北固亭懷古》上片說：

> 千古江山，英雄無覓孫仲謀處。舞榭歌臺，風流總被雨打風吹
> 去。斜陽草樹，尋常巷陌，人道寄奴曾住。想當年，金戈鐵馬，
> 氣吞萬里如虎。

可見他對於能打敗北方軍閥曹操的孫權，何等懷念！對於能揮戈北上，
吞滅南燕後秦，光復洛陽、長安的劉裕，何等愛慕！他的《破陣子‧
爲陳同甫賦壯詞以寄之》說：

> 醉裏挑燈看劍，夢回吹角連營。八百里分麾下炙，五十弦翻塞
> 外聲。沙場秋點兵。馬作的盧飛快，弓如霹靂弦驚。了却君王
> 天下事，贏得生前身後名。可憐白髮生！

寫北上抗金的氣勢和意志，何等豪壯！他要把生前身後名，建立在了
却君王天下事上。寧宗嘉泰四年（一二〇四），辛棄疾六十五歲了。
召見言鹽法，還說「金國必亂必亡，煩屬元老大臣，預爲應變計。」
其「勝利信心」何等堅強！接著加寶謨閣待制，差知鎭江府。這幾年
又屢遣諜至金，偵察其兵騎之數，屯戍之地，將帥姓名、帑廩位置。
可惜不及進行北伐，開禧三年丁卯（一二〇七）九月初十日，年六十八，
不幸去世。他的《鷓鴣天‧追念少年時事》說：

> 壯歲旌旗擁萬夫。錦襜突騎渡江初。燕兵夜捉銀胡䩙，漢將朝
> 飛金僕姑。思往事，嘆今吾。春風不染白髭鬚。都將萬字平戎
> 策，換得東郊種樹書。

「往事」、「今吾」對照,一「思」一「嘆」。「平戎策」、「種樹書」相「換」,不公難平。此云「春風不染白髭鬚」,彼言「可憐白髮生」,足見其未復中原,老去未甘!所以周際云:「稼軒不平之鳴,隨處輒發。」康熙《濟南府縣志・人物志》先生小傳還說他臨卒大呼殺賊數聲而止。知其人,論其世,對於辛棄疾的「崇高志向」和所愛所憎到底是甚麼,不是非常明白?像這樣一個銳意北向抗金,恢復中原;深惡苟安南方,不思振作的英雄人物。聽到深山中傳來「但南不北」的鷓鴣鳴叫聲。不「裂眥髮指」;已經很奇怪了。怎麼會立刻想起這種鳥兒「其志懷南的可愛形象」;感到「也定要像鷓鴣那樣留在南方,決不能北去向金人投降」?從此可見吳新雷對於「江晚正愁予,山深聞鷓鴣」這兩句的解釋,是顛倒辛棄疾的志向和愛憎,無視辛棄疾堅強的「勝利信心」的。又麼能說「切合辛棄疾詞的愛國主義精神」?至於「鷓鴣懷南的傳統含義」到底怎樣,這是關係到吳春雷立論的大前提能否成立的問題,下文另有分析。

吳新雷之外,林薇對羅大經和唐圭璋說也都提出了不同意見。他在《菩薩蠻詞析疑》中批評羅大經說「不僅失之太實,對于詞人意興所寄,理解得過於沾滯;而且不免有穿鑿之嫌。詞的意象及其所引起的聯想未必如是。」又批評唐圭璋說「雖然另闢新義;但似亦令人未免覺得比附之迹太重,有失詩人蘊藉之旨。」他根據「唐宋以前,乃至唐宋兩代詩文中觸物興感,用鷓鴣,往往取其南飛不北的特性。」認為:「辛詞『江晚正愁予,山深聞鷓鴣』二句,恐怕同樣是流露了濃重的北客南來,思歸不得的鄉愁。」同時,他也承認:「辛棄疾是一位英偉磊落的愛國志士。其憂憤深廣,不是一般詞人所可比擬。」他的鄉愁,「不僅寓有個人身世之感;且有國家興亡之恨。『江晚正愁予」山深聞鷓鴣』二句,與岳飛《小重山》詞『舊山松竹老,阻歸程』二句用意是略似的」。最後,他說:「詞末二句與上片『西北』

兩句相照應,同樣寓有望家山思故國之意。詞的意境渾融完整。如果
說辛棄疾的鄉愁蘊藏了壯志難酬的苦悶;那是未嘗不可的。但如果字
比句附,用鷓鴣啼聲『行不得也哥哥』徑直以喻『恢復之事行不得也』;
那麼就嫌生硬,未免索然無味了。」

我覺得林薇批評羅大經的說法「生硬」、「沾滯」、「不免有穿
鑿之嫌」,基本上是對的。因爲鷓鴣的特徵既然是「其志懷南」,而
其鳴聲是「但南不北」;則所謂「行不得也哥哥」的意義也應該是叫
人們「不要遠行」。而不是說某項事情「行不通」或「使不得」。如
明丘濬《行不得也哥哥》序曰:

> 金兵追隆裕后至漳贛,幾及之。時人有詞曰:「天晚正愁予,
> 春山啼鷓鴣」。蓋言行不得也。

其詩云:

> 行不得也哥哥!十八灘頭亂石多。東去入閩南入廣,溪流湍駛
> 嶺嵯峨。行不得也哥哥!

說的都是行旅的艱苦,就是明證。十八灘在贛縣儲潭至萬安造口贛江
中,是贛江航行最艱險的地段。故云「亂石多」、「溪流湍駛」。「
東去入閩南入廣」,用建炎四年一月乙酉詔,遣使從海道至福建、虔
州問隆祐聖太后艤舟所在,「上慮太后徑入閩廣」意。是擺在太后面
前可走的最後兩條路。入閩則須從瑞金爬過新樂山;入廣則須從大庾
翻越梅嶺;故云「嶺嵯峨」。這是前人根據隆祐太后當年逃亡的實際
情況對「行不得也哥哥」所作的切實具體的描述。此外,劉學箕、鄧
光薦、任士林、桂璪等《禽言詩》也都以「行不得也哥哥」寫行路之
難。羅大經把它說成「恢復之事行不得」,顯然距離原意太遠,張冠
李戴,過於牽合。這大概是任二北說他「未免臆斷耳」之所在。但可
惜林薇沒有透徹說明這種理由,只空口地批評爲沾滯、穿鑿、生硬,
就使人感到不知所云。至於他批評唐圭璋說「比附之迹太重,有失詩

人蘊藉之旨」，就更不恰當。因為林薇也是認為這首詞裏，「辛棄疾
的鄉愁，蘊藏了壯志難酬的苦悶」的。那「壯志難酬」的原因何在？
當然就是當時的統治階層因循於「南渡偏安」的局面了。則唐老說「
借此影射南宋統治者奔竄南逃而不思北伐」，是順理成章的，怎麼能
說「比附之迹太重」？詩人不明斥當時統治者苟且偷安，只說「山深
聞鷓鴣」。唐老把其中「不言」或「言外」之意，發揮出來，正顯出
詩人之意是深厚蘊藉的。林薇反批評為「有失詩人蘊藉之旨」，豈非
怪事！並且所謂「蘊藉之旨」，也不一定是詩人的最高準則，辛詞的
風格主要還是「豪放」的。故與北宋的蘇軾並推為宋代詞壇上的豪放
派。從此可以看出「林薇認為『江晚正愁予，山深聞鷓鴣』，同樣是
流露了濃重的北客南來思歸不得的鄉愁。」又不得不承認」辛棄疾是
一位英偉磊落的愛國志士，其憂憤深廣，不是一般詞人所可比擬」；
「他是帶著北中國人民熱切要求恢復的願望南歸的。但是辛棄疾南歸
之後，長期滯留後方，抑鬱無聊。昏憒苟安的南宋王朝不思恢復。年
復一年，依舊山河破碎」；「辛棄疾的鄉愁，不僅寓有個人身世之感；
且有國家興亡之恨。」這中間是矛盾重重，很難自圓其批評他人之說
的。他認為「江晚正愁予，山深聞鷓鴣」二句與岳飛《小重山》詞「
舊山松竹老，阻歸程」，二句，「用意是略相似的。」也不過是轉換
話題，不能鞏固其「同樣是流露了濃重的北客南來，思歸不得的鄉愁」
這個論點。試看岳飛《小重山》「舊山松竹老，阻歸程」這兩句的前
一句，不是「白首為功名」嗎？一追問岳飛的功名何事？舊山何在？
歸程為何而阻？就不能不涉及「當時自怕中原復」的南宋最高統治者
趙構和以「議和」去「逢其欲」的奸相秦檜了。你能說岳飛《小重山》
「舊山松竹老，阻歸程」二句所「流露」的只是「濃重的鄉愁」，而
沒有「不言中」的「言外」之意？林薇是認為：李義山《桂林路中作》
「欲成西北望又見鷓鴣飛」，「用了西北望，鷓鴣飛等字樣，寓有天

涯飄泊，思歸不得之意，當為辛詞所本」；「這詞末二句與上片西北
二句相應，同樣寓有望家山、思故國之意」的。但辛棄疾是山東濟南
歷城人，故居在濟南歷城四風閘，與長安相距遙遠。要說是「望家山」；
則應言「東北望」。李義山詩把王粲「西北望長安」的詩句、省略「
長安」二字，寫成「欲成西北望」，和「又見鷓鴣飛」相對，主要也
是表示他在「桂林路中」去「帝鄉日遠的悲哀。因為李義山是生活在
牛僧孺、李德裕兩黨的夾縫中的。初為牛黨令狐楚門客，後娶李黨王
茂元女。楚子令狐綯為相時，長期受到排斥。故用王粲「望長安」句
意表示其內心的痛苦。說成「天涯飄泊，思歸不得之意」，就有失詩
人原旨。此詞上片沿用「西北望長安」；則「思故國」的意思更加明
朗。「江晚正愁予，山深聞鷓鴣」二句既與之相應；又怎麼可說成「
同樣是流露了濃重的北客南來思歸不得的鄉愁」？岳飛《小重山》所
明言「舊山松竹老，阻歸程」二句，又怎能說成「用意略相似」？從
此可見，和詞的上片相應，「聞鷓鴣」所流露的是深沈的「國恨」。
前者是四十多年前的「舊恨」；後者是當前的「新恨」。說得明白一
點，就是：上片寫宋王朝在金貴族進一步攻擊下，被迫繼續南竄，離
故都日遠的恥辱；下片寫宋王朝苟安江南奄奄待斃，不圖北向的悲哀。
說成濃重的北客南來思歸不得的鄉愁，就失之淺薄，和全詞不協調，
不切合辛棄疾其人其時的實際，有損此詞反映現實的深度和廣度了。
還有，吳新雷、林薇都是從唐宋詩詞中用鷓鴣和「北客南來」的關係
立論的。這就有必要把鷓鴣的形象仔細辨明。

今按「鷓鴣」記載，雖然最早見於漢代楊孚《異物誌》；但晉左
思卻把它寫入《吳都賦》中。左思《三都賦序》說：

> 蓋詩有六義焉，其二曰賦。楊雄曰：詩人之賦麗以則。班固曰：
> 賦者古詩之流也。先王采焉，以觀土風。見綠竹猗猗，則知衛
> 地淇澳之產；見其在版屋，則知秦野西戎之宅。故能居然而辨

八方。然相如賦上林，而引盧橘夏熟；楊雄賦甘泉，而陳玉樹青蔥；班固賦西都，而歎以出比目；張衡賦西京，而述以游海若。假稱珍怪，以爲潤色。若斯之類，匪啻于茲。考之果木，則生非其壤；校之神物，則出非其所。於辭則易爲藻飾；於義則虛而無徵。且夫玉卮無當，雖寶非用；侈言無驗，雖麗非經。而論者莫不詆訐其精研；作者大氐舉爲憲章。積習生常，有自來矣！余既思摹二京而賦三都，其山川城邑，則稽之地圖；其鳥獸草木，則驗之方志。風謠歌舞，各附其俗；魁梧長者，莫非其舊。何則？發言爲詩者詠其明志也；升高能賦者頌其所見也。美物者貴依其本；讚事者宜本其實。匪本匪實，覽者奚信？且夫任土作貢，《虞書》所著；辨物居方，《周易》所慎。聊舉其一隅，攝其體統，歸諸詁訓焉。

可見左思把「鷓鴣」寫入吳都，是經過「驗之方志」，信而有據的。左思在賦中說：「鷓鴣南翥而中留，孔雀綷羽以翱翔。「鷓鴣‧孔雀並舉，都是南方之鳥。所以劉淵林注云：「鷓鴣，如雞，黑色。其鳴自呼。或言：此鳥常南飛不北。豫章以南諸郡，處處有之。」《本草綱目》集解則載頌曰：「江西、閩、廣、蜀夔州郡皆有之。」楊孚廣州人。其所著《異物志》多記其鄉土之物。其它記載鷓鴣的文獻，如唐劉恂《嶺表述聞》，及其所引《南越志》；唐段公路《北戶錄》；顧名思義，都是記載兩廣風土的書。所以《禽經》說：「隨陽越雉，鷓鴣也。」《古今注》則說：「鷓鴣，出南方。」根據古牋「偃鼠飲河，止於滿腹；鷓鴣銜葉，才能護身。」及「畏霜露，早晚稀出。常向日而飛，或東西飛。命翮之始，必先南翥」等記載，人們說他「其志懷南」，「其鳴呼但南不北」，或「行不得也哥哥」；福建晉安就直呼「鷓鴣」爲「懷南」；都不過說明：人們普遍感到，鷓鴣是熱愛自己的鄉土南方的鳥兒。鷓鴣這種特性，對司空見慣、安於南方的人

說來，感覺雖不怎麼敏銳；但對於投奔南方的北方人，却容易觸發其思念故鄉的情思。所以宋張詠的《鷓鴣詩》說：

> 畫中曾見曲中聞，不是傷心即斷魂。北客南來心未穩，數聲相對在前村。

特別是唐宋以前，中國的文化中心在北方。南方都被認爲是遠離中原的蠻荒之地；只有貶官遠謫的人，才會到這片「天涯瘴癘」的地帶來。鷓鴣鳴更易惹人傷感。中唐李涉《鷓鴣詩》：

> 嶺外行人少；天涯北客稀。鷓鴣啼到處，相對淚沾衣！

正反映出這個特點。從此可見林薇說「唐宋兩代詩詞中用鷓鴣」，「尤其和北客南來有關，雖然不完全對頭（見下文）；却有部份根據。至於吳新雷所謂：「直到宋代張詠作《鷓鴣詩》，仍把它作爲北客南來的比喻，」就違反上引張詠《鷓鴣詩》的實際了。因爲衆目共覩，張詠這首詩分明是說：北客南來心情沒有安穩的時候，聽到前村幾陣雌雄相對而鳴的鷓鴣聲，（就更加感傷。）並沒有把鷓鴣作爲北客南來的比喻。再看晚唐白居易《鷓鴣詩》說：

> 山鷓鴣，朝朝暮暮啼復啼！⋯⋯爾本此鄉鳥，生不辭巢不別群。何苦聲聲啼到曉？啼到曉，惟能愁北人，南人慣聞如不聞。

明劉基《山鷓鴣》也說：

> 鷓鴣原是嶺南音，嶺北無人識此禽。南人唱歌過嶺去，北人相向淚沾襟。

劉長卿詩又說：「漸知行近北，不見鷓鴣飛。」都鮮明地寫出了鷓鴣的特徵是：生於南方，熱愛鄉土；其鳴聲最能刺激北客南來者的聽覺，觸發其愁苦的鄉思。它既不是北鳥南飛，所謂「南翥中留」都不出南方。怎麼能成爲「北客南來」的比喻？至於李白《醉題王漢陽廳詩》「我似鷓鴣，南遷嬾北飛」，那是說李白自己遷謫到了南方，就像鷓鴣鳥那樣懶向北方飛了。並不是說鷓鴣鳥像李白那樣，「遷徙到南方

，就不願向北飛」。吳新雷却顛而倒之，把這兩句詩作爲「辛棄疾以前的作品中」，把鷓鴣比作「離北南來的遷客遊子」的例證；同時，林薇也是把鷓鴣「南飛不北」，和李大白詩「南遷懶北」等同起來；關鍵都在於不注意「南遷」這個語詞的含義。要知道，李白的故鄉雖然在唐代隴西成紀；但其先代在隋末就流離西域了。李白雖然出生在安西都護所屬的「碎葉城」；唐中宗神龍初年又遷居四川綿州彰（一作昌）明縣青蓮鄉了。唐玄宗天寶初入長安，經賀知章、吳筠推薦，任翰林院供奉；却以蔑視權貴，遭讒出京。從此流落江湖，縱情詩酒；不幸受永王（李璘）之亂的牽連，於唐肅宗乾元元年流放夜郎，乾元二年半道遇赦放還。他的《寄王明府》詩云：「去年左遷夜郎道，今年赦放巫山陽。」他再從巫山下漢陽，過江夏，遊潯陽。最後依族人當塗令李冰陽，不久病死。這就是杜甫《夢李白詩》：「江南瘴癘地，逐客無消息」；「魂來楓林青，魂返關塞黑」和此謂「南遷」的具體內容。彼此互相印證，就知道所謂「懶北飛」也不是指「懶向」隴西成紀或者「安西碎葉」飛；而是說：懶向「長安」飛。假如說他的《登金陵鳳凰臺詩》「總爲浮雲能蔽日，長安不見使人愁」，對當時唐代統治者內心深處還保持一點點聯繫的話；那「我似鷓鴣鳥，南遷懶北飛」，就把這一點點聯繫完全斬斷了。這就是經受放逐「南遷」之苦，使他對當時統治者心灰意冷的眞實寫照。他的《鷓鴣詞》說：

> 苦竹嶺頭秋月輝，苦竹南枝鷓鴣飛。嫁得燕山胡燕婿，欲銜我向雁門歸。山雞翟雉來相勸：「南禽多被北禽欺。紫塞嚴霜如劍戟，蒼梧欲巢難背違。」我今誓死不能去，哀鳴驚叫淚沾衣。

更反映出他懶北飛的原因和決心。生長南方，「但南不北」的鷓鴣，怎麼會有「南遷」之事，怎麼能象徵「離北南來的遷客遊子」？又怎能成爲辛棄疾從北方淪陷區投奔南宋的最生動最貼切的自我寫照？辛棄疾雖善用典故，但他南來後力圖北伐，怎麼是「南遷懶北飛」？至

於《唐詩紀事》所說以《鷓鴣詩》聞名的鄭谷，其有關鷓鴣的詩，更不一定就是說「北客南來」。其《越鳥詩》雖說「背霜南雁不到處，倚櫂北人初聽時。梅雨滿江春草歇，一聲聲在荔枝枝」，《異物記》却說：「鷓鴣其志懷南不思北徂。南人聞之則思家。故鄭谷詩云：坐中亦有江南客，莫向春風唱鷓鴣。」就是相反的例子。從北可見吳新雷立論的大前提也是不能成立的。又怎麼能同他所提出的辛棄疾在詞中「自稱為江南遊子」，《宋史》本傳說他早就「決意南歸」、力勸耿京「決策南向」等小前提銜接，得出他「用鷓鴣南飛比喻自己投奔南宋為國効勞的崇高志向」的結論？鷓鴣既然是生長在南方，熱愛自己的家鄉，懷南不徂北的鳥兒；辛棄疾就是感到「其志懷南」可愛，也應該激發熱愛自己的家鄉的情思，更振奮北伐的意志。怎麼會拋開自己的家鄉不顧，定要學鷓鴣留在南方？在林薇所舉用鷓鴣的唐宋詩詞中，能與「北客南來」相比傅的好例證，莫過於「我似鷓鴣鳥，南遷懶北飛」了。但這兩句所反映的却是李白的政治態度。韋莊《鷓鴣詩》「懊惱澤家非有恨，年年常憶鳳城歸」；溫庭筠《菩薩蠻》「新著綺羅襦，雙雙金鷓鴣」；鮑溶詩《寄福州從事殷堯藩》，「幾回入市蛟綃女，終歲啼花山鷓鴣」；白居易《和微之春日投簡陽明洞天》：「鄉味珍蠻蛙，時鮮貴鷓鴣」；許渾《聽歌鷓鴣詩》：「南國多情多艷詞，鷓鴣清怨遶梁飛」；作者的情感處境不同，鷓鴣都各有其旨。可見唐宋兩代詩詞中用鷓鴣，也不一定寄託鄉思或者有關北客南來。為甚麼「山深聞鷓鴣」就「同樣是流露了濃重的北客南來，思歸不得的鄉愁」？這見出林薇立論的大前提和結論，也都是不能成立的。

最後，吳新雷、林薇認為唐宋詩用鷓鴣作為北客南來的比喻或寄託鄉愁，辛詞用鷓鴣也應如此，這種形式推理的方法，本身就是不科學的。因為詩詞是一種藝術和創作。第一個將花比美人的人是天才，第二個將花比美人的人就是蠢才。詩人從事藝術創作的時候，在用語

意境各方面，固然不可避免會有所繼承；但總要推陳出新，有所創造。
否則辛棄疾就不會成為獨領「一代風騷」的詞人了。關於鷓鴣的形象
和「北客南來」的差異，上文作了充分的說明。至于「鷓鴣」到底象
徵甚麼，還可從辛棄疾其它用鷓鴣的詞，得到印證。試看辛棄疾的《
賀新郎·別茂嘉弟》：

> 綠樹聽鵜鴂。更那堪杜鵑聲住，鷓鴣聲切。啼到春歸無啼處，
> 苦恨芳菲都歇。算未抵人間離別。馬上琵琶關塞黑，更長門翠
> 輦辭金闕。看《燕燕》，送歸妾。　　將軍百戰聲名裂。向河
> 梁回頭萬里，故人長絕。易水蕭蕭西風冷，滿座衣冠似雪。正
> 壯士悲歌未徹。啼鳥還知如許恨，料不啼清淚長啼血。誰伴我，
> 醉明月。

在這首詞裏，根據「杜鵑鳴必北向，鳴聲淒厲」能動旅客歸思，故亦
稱思歸、催歸，子規(歸)和「鷓鴣飛必南翥，其鳴呼但南不北，其志
懷南不徂北」的傳說；當然可以把「杜鵑聲住，鷓鴣聲切」二句，解
成當時主戰派向北進擊的呼聲已經停止；主和派偏安南方的議論正在
沸騰。但辛棄疾對於「鷓鴣聲」却感到「淒切」，言其結果必然「啼
到春歸無啼處，苦恨芳菲都歇」，「算未抵人間離別」。其所舉「人
間離別」的事例是：明君出塞，陳皇后被貶，莊姜送歸妾、李陵別蘇
武和荊軻歌易水。最後「誰伴我，醉明月」，才暗點「別茂嘉弟」。
《燕燕》雖有「遠送於南」句；那是說「陳在衛南」；與「北客南來」
相差很遠。這首詞結構完整，王國維評為「語語有境界」。徐釚說：
「此詞盡集許多怨事，全與太白《擬恨賦》相似。」若論恨事之大，
最切南宋時代北客南來的，莫過於晉室南渡了。從詞的格律看，把「
更長門翠輦辭金闕」，改為「更新亭淚灑春秋節」；或把「看《燕燕》，
送歸妾」改為「誰與誓，大江楫」；都是可以的。但辛棄疾全不提這
回事，只把「一切恨事」歸之於「杜鵑聲住」和「鷓鴣聲切」。因此，

我們要說「聞鷓鴣」和「北客南來」有某些近似的話；李白「南遷懶北飛」句早已作出了提示外，此詞「鷓鴣聲切」更是有力的暗示。和上片「多少行人淚」相呼應，唐圭璋解成「借此影射南宋統治者奔竄南逃，而不思北伐，」是天衣無縫的。不知道唐老爲甚麼却放棄自己《唐宋詞選注》中這種正確的說法，去爲吳新雷錯誤的說法作保鏢？並且唐老對《新解》的批語也是站不住脚的。第一，批語說「聞鷓鴣」不是對統治者「行不得」的斥責，而是愁作者自己「不得行其志」，就是自相矛盾的。因爲和鄧廣銘所謂」自身恢復之志。未必遂即得行」一樣，唐老所說「不得行」，也即羅大經謂「行不得」。仍沿其說，有甚麼「不是」和「是」可言？第二「愁予」兩字也是使動式。「江晚正愁予」，是傍晚江山的蒼茫暮色象徵著南宋王朝衰亡的命運使作者發愁。說成「愁作者自己不得行其志」，就無視江晚二字，把使動錯成主動了。第三「山深聞鷓鴣」，那是在「江晚正愁予」這層意思的基礎上，接著再加一層意思，以寄託胸中更深的感慨。說成「必須理愁予兩字，才能明了鷓鴣指的是誰」，就兩層不同而互相連接的意思混而爲一了。第四「桃李無言，下自成蹊。」其所寄託的感慨如何？是「更愁」？還是「怒斥痛罵」或「諷刺」？都由讀者去想像，作者何必用字眼表示？可見唐老雖然抓緊「愁予」二字作文章，把「予」看成「鷓鴣」，把「愁予」說成「愁作者自己」，想從詞的本身找出內證來，爲吳新雷「鷓鴣是作者自比」說作保鏢，也是無補於事，愛莫能助的。

以上說明：吳新雷和林薇不只自己對「聞鷓鴣」的解說漏洞百出不能成立；對於郁賢浩和唐圭璋的批評也是錯誤的。至於艾思在說明「聞鷓鴣」是指斥南宋投降派後，所謂：

> 在陸游和辛棄疾這兩位南宋詩人的作品中也往往以杜鵑的鳴聲，表達他們收復北方失土，以統一祖國的「向北」心聲。如辛棄

疾《賀新郎》「更那堪鷓鴣聲住，杜鵑聲切。」「正壯士悲歌
未徹。啼鳥還知如許恨，料不啼清淚長啼血。」這淒厲的啼聲，
不僅是對投降派的憤怒控訴；也是自己「向北」壯志不能酬的
憤怒呼喊。

這樣把原詞「杜鵑聲住，鷓鴣聲切」顛倒為「鷓鴣聲住，杜鵑聲切」，
去比傅辛棄疾」收復北方失土統一祖國的向北心聲」；又把「正壯士
悲歌未徹」句從「易水蕭蕭西風冷，滿座衣冠似雪」下割裂出來，和
「啼鳥還知如許恨，料不啼清淚長啼血」兩句相連屬。說成：「（杜
鵑）這種淒厲的啼聲，不僅是對投降派的憤怒控訴；也是自己壯志不
能酬的呼喊。」這就難免造成混亂，自欺欺人了。並且既以杜鵑鳴聲
表達」收復北方失土統一祖國的心聲」；則這種鳴聲應該是「急切」
的，怎麼會「淒厲」？壯士更應「高歌」，怎麼會「悲歌」？又怎麼
忽然會有「壯志不能酬的憤怒呼喊」？我們說過，詞開頭以杜鵑啼必
北向，名曰催歸，象徵當時主戰派向北進擊打回老家的呼聲；以鷓鴣
飛必南翥，鳴呼但南不北，比喻當時主和派偏安南方，不圖恢復的議
論。詞的下文是把一切恨事歸之「杜鵑聲住鷓鴣聲切」的。顛倒為「
鷓鴣聲住，杜鵑聲切」，即主和派偏安南方的議論已經停住，主戰派
向北進軍的呼聲正很急切；就和下舉一切恨事不協調，前後互相牴牾，
模糊鷓鴣和杜鵑所象徵比喻的對象，不切合南宋統治者南渡偏安，不
圖恢復的歷史現實了。

總之，鷓鴣是一種生產於南方安居於南方的鳥兒，其鳴呼聲雖能
觸發北客南來時的愁苦的思鄉之情；但說它是北客南來的比喻，却有
些不倫不類。至於把它和安於南方不思歸去的北人相比擬，那就神貌
略似。假如說「我似鷓鴣鳥，南遷懶北飛，」是李白用視覺從鷓鴣飛
行的特點表現其對唐王朝的冷漠而獨出心裁；「聞鷓鴣」和「鷓鴣聲
切」就是辛棄疾用聽覺從鷓鴣呼鳴想到其志懷南暗示其對南宋統集團

的悲哀而別開新面了。在許多用鷓鴣的唐宋詩詞中，雖然不能說全完沒有某些類似之處；但詩人總是根據自己處境和情感不同，各有所寄的。怎能一概視之？從此可見，不深入探討作者各時期的具體情況，對具體作品作深入具體的分析，單從一些抽象的概念詞句上去比傅、推理，貼標籤；是不能出色完成文學賞析這種艱巨的藝術使命的。

【附註】

① 劉學箕《行不得也哥哥·禽言詩》：「行不得，喚阿兄。向晚夕，猶悲鳴。坦坦之途人萬履，跛鼈不休跬千里。汝行不上可奈何？日暮途遠無蹉跎！」鄧光薦《行不得也哥哥·禽言》：「行不得也哥哥！瘦妻弱子羸脖駄。天長地闊多網羅。南音漸少北音多。肉（堯按當作南）飛不起可奈何？行不得也哥哥！」

② 任士林《禽言》：「行不得也哥哥！未曙登程日已蹉。腹飢足趼可奈何？行不得也哥哥！」桂瑑《禽言》：「行不得也哥哥！千呼萬喚奈爾何？黃陵花落暗香雨，湘江水深生素波。奮衣出門天地窄，仗劍欲往旗旐多。行不得，早歸來！只今誰埽黃金臺？

《酹江月·驛中言別友人》指迷

（郭沫若《讀詩札記》指疵之二）

水天空闊，恨東風、不借世間英物。蜀鳥吳花殘照裏，忍見荒城顏壁。銅雀春情，金人秋淚，此恨憑誰雪？堂堂劍氣，斗牛空認奇傑。　　那信江海餘生，南行萬里，屬扁舟齊發。正爲鷗盟留醉眼，細看濤生雲滅。睨柱吞嬴，回旗走懿，千古衝冠髮。照人無寐，秦淮應是孤月。

這是錄自《四部叢刊》影明本《文山先生全集·指南後錄卷一》的一首詞。朱東潤《中國歷代文學作品選》中編第二冊一一〇頁、《解題》說：

> 《酹江月》，一作《大江東去》。《念奴嬌》詞調的異名。……此詞爲元世祖至元十六年（一二七九）文天祥被元軍俘虜北行，道過金陵（今江蘇南京市）時所作。（參看文天祥詩·《金陵驛》）詞中抒發亡國後沉痛的感慨，表現出作者至死不屈的民族氣節。《詞林紀事》卷十四引陳子龍贊辭云：「氣衝斗牛，無一毫委靡之色。」南宋末年人詞中，無此豪壯風格。或以爲鄧剡詞。疑誤。

這是中國文學史上對這首詞傳統一致的看法。關於這首詞的寫作時間和評價，是沒有甚麼問題的。但說這首詞是文天祥所作，我却一貫不敢同意。郭沫若先生七十年代寫的《讀詩札記》（見八二年《文藝報》十一期和同年四月十六日《光明日報》），肯定這首詞爲鄧剡詞。雖然有了新鮮正確的看法；但對這首詞的理解錯誤很多。爲了使這首詞得到合理的解釋，特將個人的淺見發表如下，以供大家討論。

第一，一詞兩收，事出有因：《文山集》有《酹江月（一作念奴

嬌）·和友驛中言別》一詞。①《酹江月》截東坡《赤壁詞》「一樽
還酹江月」命名，即《念奴嬌》；「友」即「友人」，指「鄧剡」。
（理由見下文所引《東海集序》）《和友驛中言別》也就是文天祥和
鄧剡的《酹江月·驛中言別》。這就是鄧剡這首詞《酹江月（一作念
奴嬌）·驛中言別》所以會收入《文山集》的原因。嚴格說來，鄧剡
這首詞是應該列在文天祥和詞之後，作為附錄的。但前人沒有這樣作。
《文山全集》最早的本子，明嘉靖31年鄢懋卿刻本，不只把鄧剡這
首詞列在文天祥和詞前面；而且首先標題為《酹江月·驛中言別友人》。
這就容易使人錯認這首詞為文山詞。同時標題「言別」下又多出了「
友人」二字。明嘉靖三九年羅洪先刻本、明崇禎二年鍾越刻本皆沿此
誤。明陳耀文《花草粹編》，清朱尊彝《詞綜》、張宗橚《詞林紀事》，
沈辰坦《歷代詩餘》，江標《文山樂府》，近人龍榆生《唐宋名家詞
選》，朱東潤《歷代文學作品選》更相沿不變。雖然清雍正三年文天
祥十四世孫文有煥家刻本題作《驛中言別》，題下小字旁注「友人作」
三字；但沒有引起大家的注意。這大概是相信明刻本較早可靠的。唐
圭璋先生輯《全宋詞》，把這首詞收入文山名下，又收入鄧剡名下。
在文山名下對此詞特別註明「蓋鄧剡詞，不知何據，俟考。」雖然當
時唐先生還沒有摸清楚文天祥鄧剡的關係及鄧剡寫這首詞的始末，所
以說「不知何據」；但他這種治學的態度是很嚴謹的。他說「蓋鄧剡
詞」也是對的。在標題《驛中言別友人》末又注云：「雍正三年刊本
（堯按即文有煥家刻本）《文山全集·指南錄》中載此詞，題作《驛
中言別》；下署友人作。」在鄧剡名下，對此詞則題為《驛中言別》，
末又注云：「雍正三年《文山先生全集·指南錄》中。」這樣對照，
就看出：鄧剡這首詞原來的標題是《驛中言別》。收入《文山集·指
南錄》標題《驛中言別友人》，「友人」二字，是涉下署「友人作」
而誤與「驛中言別」連讀，刪去或者脫漏了「作」字的。從此可見唐

老這樣處理是細緻比較合理，擺出了可證鄩懋卿等錯誤的材料的。郭老似乎沒有注意文山的和詞和唐先生對鄧剡此詞的註說，所以批評唐先生「一詞兩收，同出一轍，實未深考。」這是很不公允的。

第二，文、鄧關係，明確可考：今按《文山全集》卷十六所載《南海第七十五》、《至廣州第七十七》，可知張弘範於祥興二年(1279)二月六日結束崖山戰役之後，就把文天祥從崖山押回廣州。同卷《至南安軍第七十八》說：「予四月二十一日離五羊，五月四日出梅嶺至南安軍，鑰置舟中。」《過臨江第八十三》又說：「自離南安，五日而至廬陵，七日過臨江，八日至豐城。」《江行第八十九》說：「六月六日過隆興，十二日至金陵囚邸。八月二十三日渡江北行。」這就說明：文天祥於祥興二年四月二十一日自廣州北解，六月十二日到達金陵。在金陵停留了兩個多月，約七十天。「八月二十四日」又「發建安」（見《指南後錄》第二卷）北行的。在這幾個月中，按《指南後錄》卷之一下，除金陵驛與鄧剡唱和外，從《出廣州第一宿》、《英德道中》，經《南華山》轉入江西南安以後，就有《和中齋過吉作》、《再和》……等詩。在金陵驛和鄧剡分別以後，文天祥還依魯仲魯義不帝秦，寧踏東海而死的事，把北解路上鄧剡所作的詩，編爲《東海集》，並且作了一篇熱情洋溢的《東海集敘》。敘文說：

> 東海集者，友人客南海以來詩也。……友人自爲舉子時，已大肆力于詩。
>
> 自喪亂後，友人挈其家宦遊嶺海，而全家燼于盜。孤苦流落，困頓萬狀。然後崖山除禮部侍郎。……會南風不競，御舟漂散。
>
> 友人倉卒踏海者，爲北軍所鈎致。遂不獲死，以至于今。

這就說明了鄧剡的身世。又說：

> 余與友人，年相若，又同里閈，以斯文相好。然平生落落不相及。及居楚囚中，而友人在行，同患難者數月。其自五羊至金

陵所賦，皆余目擊，或相唱和。時，余坐金陵驛，無所作爲。
乃取友人諸詩，筆之于書，與相關者並附。爲後之賢者，因詩
以見吾二人之志。……

七月壬申文天祥叙。

這就說明文天祥和鄧剡的關係。驛中言別後，天祥《懷中甫詩注》又
說：「時中甫以病留金陵天慶觀。」這就證明：文天祥和鄧剡先後被
捕後，乙卯年四月二十一日就從廣州同時北解，六月十二日同至金陵。
但「至金陵」後，鄧剡就「以病」被張弘範留在「金陵天慶觀」，不
能再和文山在一起了。所以鄧剡就和文天祥在驛中言別，並互相唱和。
鄧剡寫給天祥的是《酹江月·驛中言別》「水天空闊」。此詞天祥既
編入《東海集》；再行收入《文山集》，就依《東海集序》例，注稱
「友人作」。和詞「乾坤能大」外，天祥還寫了《送行中齋》三首五
言詩②給鄧郯。這是至元十六年乙卯六、七月之交的事。元劉岳申《
文丞相傳》也說，文天祥從廣州北解時，張弘範「遣督鎮撫石嵩護行，
且以崖山所得宋禮部官鄧光薦（堯按鄧郯字）與俱。」明胡廣所作《
丞相傳》、黃淳《文丞相傳》，也都這樣說。這種鐵的歷史事實，是
誰也無法改變的。郭沫若先生說：「元軍把他（文天祥）押送往北方，
路過金陵。時鄧剡隱居金陵養病，文山有《懷中甫詩》註明『時中甫
以病留天慶觀』可證。」可見郭老沒有細讀《指南後錄》全卷，便抓
住其中《懷中甫詩》③的註脚，推想出「時鄧剡隱居金陵養病」的假
象。這是很不嚴肅，必須指出和辨正的。據《宋史·本紀四十七瀛國
公二王附》，宋帝昺以元至元十五（一二七八）年四月丙午至於碙州，
今雷州灣海外東南大海中碙州島。五月癸未朔改元祥興，六月乙未徙
居崖山（新會）銀洲湖。十二月文天祥走海豐。壬寅（二十五日）被
執於潮陽五鳳坡。至元十六年（一二七九）正月壬戌（十五日）張弘
範兵至崖山。二月癸未（初六日）陸秀夫負帝昺投海。試問鄧剡於祥

興二年二月初六從帝昺投海未死，爲元軍鈎致，上距元興二年十二月二十五日文天祥被捕，不過四十天。又與文天祥「同患難數月」，「自五羊至金陵」怎麼能先行「隱居金陵」，待天祥「路過金陵」，才跑到「驛中」去，向天祥「言別」？這就說明郭老所說文天祥被元軍北解，「路過金陵，時鄧剡隱居金陵養病」，這種說法是站不住脚的。

再加細推，郭老說鄧剡「參加了文天祥的抗元軍幕」，也值得商榷。因爲上引《東海集敍》分明說，文天祥和鄧剡，雖然「年相若，又同里閈」；但「平生落落不相及。」「及在楚囚中，」才發現「友人在行」。文山《送行中齋》也說他倆「過從三十年，知心不知面；零落忽重逢，家亡市朝變。惸惸踏海餘。踽踽南冠殿。」「落落不相及」，即很少見面在一起。正因爲很少見面在一起；所以造成「知心不知面的狀態。「知心」即知道鄧剡的爲人和心志，這大概是從人們的談論中知道的。「不知面」即不太熟識鄧剡的面貌，這就是見面少的緣故。「零落忽重逢，家亡市朝變」，即「及在楚囚中，而友人在行。」「忽重逢」三字，說明他倆「在楚囚中」偶然第二之相逢。「惸惸踏海餘，踽踽南冠殿」，繪描出兩人第二次相逢的悲慘景象。從此可見郭老說鄧剡「參加了文天祥的抗元軍幕」，是不可能的。從《送行中齋》「久要何落落？末路重依依；風雨連軍幕，泥塗滿客衣」看來，文山可能邀約過鄧剡一起抗元，但沒有實現。所以說「久要何落落？末路重依依！」不過，鄧剡是在「挈其家宦遊嶺海」，家燬於盜之後，又「崖山除禮部侍郎」，就和張世傑、陸秀夫一道，同在「宋帝昺」左右的。文天祥被捕之前，正率領抗元武裝，戰鬥在潮陽、海門、蓮花峰一帶，和張世傑、陸秀夫一樣，艱苦地支撐著南宋沿海的膽水殘山。所以說：「風雨連軍幕，泥塗滿客衣。」「連軍幕」是說彼此軍幕相連，同在抗元戰線上；並不是「參加」在「文天祥的抗元軍幕」中，和文天祥同一軍幕。《宋史》卷451列傳二一〇《陸秀

夫傳》說：

> 方秀夫海上日，記二王（堯按即帝昰、帝昺。）爲一書甚悉，
> 以授禮部侍郎鄧光薦（即鄧剡）曰：『君後死，幸傳之！』其
> 後崖山平，光薦以其書還廬陵。大德初，光薦卒，其書存亡無
> 從知。故海上之事，世莫得其詳云。

雖然不載鄧剡從帝昺投海未死，爲元軍鈎致，與天祥同時北解事；却
反映出鄧剡和秀夫患難與共的戰鬥友誼。這就是「風雨連軍幕」的實
際情況。郭老沒有摸清文天祥和鄧剡「平生落落不相及」的關係，看
見《送行中齋》有「風雨連軍幕」的句子，就說：鄧剡「參加了文天
祥的抗元軍幕」，也是粗疏錯誤的。

第三，「醉眼」豈能「細看」？此中另有深意：文山和詞開頭便
說：「乾坤能大，算蛟龍原不是池中物。」和其《南康軍和東坡醉江
月》④「乾坤未歇，地靈還有人傑」同一意思。可見文山對鄧剡「留
金陵」，是乘機鼓舞，抱有不少希望的。故喻之爲「蛟龍」，說他「
原不是池中物。」他《送行中齋》第二首也鼓舞說：「神龍蕩失水，
馴擾終未得。威鳳雖在藪；肯顧雞鶩食」？其《送行中齋》第三首中
還說：

> 魯連偶不逢，隨世本非願。靈胥目未抉，端欲諧所見。及茲萬
> 里別，一夕腸百轉。余生諒須臾，孤感橫九縣。庶幾太尉事，
> 萬一中丞傳！

對鄧剡被留，也懷著希望。《送行中齋》就是送鄧剡往「天慶觀」。
鄧剡既然「以病留天慶觀」，所以有「鷗盟」、「醉眼」的設想。「
隨世」本非鄧剡初願，但終於被留了下來。後來又以教張弘範的次子
被赦。「太尉事中丞傳」雖然「庶幾萬一」；「靈胥目未抉，端欲諧
所見」，却爲「正爲鷗盟留醉眼，細看濤生雲滅」下了最準確的註解。
「靈胥目未抉」就是「留醉眼」；「端欲諧所見」就是「細看」，就

是嚴肅認眞、仔細地看待。文山用伍子胥「抉吾眼懸吳東門之上，以觀越寇之入滅吳」的預言；鄧剡用「越軍開示浦（吳東門），子胥濤盪羅城（濤生）」的故事；都是以吳國的滅亡，暗示元代的滅亡。彼此的希期是一致的。鄧剡這首詞下闋起句「那信江海餘生」至「濤生雲滅」，「那信」二字與「正爲」相呼應，一氣貫注，宛轉激鬱。郭老說他「江山雖已一盤破碎，但還沒有完全死心。還要留心細看宋朝的再起（濤生），胡塵旳消滅（雲滅）。他不敢明言，只托以寓意。」這是對的；但沒有注意「那信」二字的眞實情感和「睨柱吞嬴，回旗走懿」的戰鬥呼喚。批評其「意趣頗爲消極，所謂『蜀鳥吳花』，『荒城頹壁』，『銅雀春情』，『金人秋淚』，都寓有亡國之痛」。他是對的。但說他「也頗有些自愧」。「特別是『醉眼』旁觀，看到文天祥也被俘虜了，所以發出了『此恨憑誰雪』的絕叫。」這就與「留心細看」云云自相矛盾，歪曲詩句的原意。因爲「醉眼」不是眞醉，「細看」迥異「旁觀」。鄧剡從帝昺投海，求死不得，更沒有甚麼可以「自愧」。至於「以教張弘範次子被敕」，那是後來的事。並且依上引《東海集敘》，既然「自居楚囚中，而友人在行」，「同患難數月」；在這數月之間，據上引《送行中齋》第三首中的一段，說兩人的情況是：「劇談泥塗際，握手鞍馬倦；依依斯文意，苦恨十年晚」。怎麼會到了金陵驛，才「看見文天祥也被俘虜了，所以發出了『此恨憑誰雪』的絕叫！」這正是郭老因爲沒有摸清楚鄧剡和文天祥先後被捕，自五羊同時北解，同至金陵這段歷史，誤以爲鄧剡「時隱居金陵」所形成的對鄧剡其人其詞不應有的歪曲！

第四，「世間英物」，指代甚麼：按《宋史·二王附記》說，帝昺祥興二年正月壬戌（十五日）張弘範兵至崖山。庚午（二十五日）李恒兵亦來會。「世傑以舟碇海中，基結巨艦千餘艘。中艫外舳，貫以大索。四周起樓棚如城堞，居昺其中。大軍攻之，船堅不動。又以

舟載葦，沃以膏脂，乘風縱火焚之。船皆塗泥，縛長木以拒火舟，火不能爇。」「二月丙寅朔，世傑部將陳寶降。乙卯（初二日），都統張達以夜襲大軍營，亡失甚衆。」本詞是用東坡《赤壁詞》韻的。《江表傳》記周瑜火燒赤壁的情況是說：

> 時，東南風急，因以十艦最著前，中江舉帆，……去北岸二里餘，同時發火。火烈風猛，往船如箭。飛埃絶爛，燒盡北船。延及岸邊營砦。瑜等率輕銳繼其後，擂鼓大進。北軍大壞，曹公退走。

可見鄧剡這首詞上闋第一句，「水天空闊，恨東風不借世間英物」，就是反用周瑜赤壁破曹，「時，東南風急，火烈風猛，燒盡北船，延及岸上營砦」的事，慨嘆崖山海戰沒有赤壁之戰的時候那樣的東風，把張弘範所縱的火，吹向岸上，燒盡北營。以致苦戰失利，帝昺投海。「水天空闊」，重現了崖山海戰的獨特環境。視「大江東去」，無此壯闊。「世間英物」，指的是廣大崖山血戰的抗元英雄和負帝昺投海的陸秀夫。當然，也包括一貫忠心抗元，崖山前衛戰就已被俘的文天祥。因爲祥興元年六月乙未，帝昺徙居崖山，六月乙卯張弘範就南征崖山。十二月二十五日文天祥於潮陽五鳳坡被執，「尋置海船中」。祥興二年正月十二賦《過零丁洋》，正月十五日至崖山。《元夕》後有《懷趙清遠》說：

> 崖山真何地！驅來坐戰場。家人半分合，國勢決存亡。一死不足道，百憂何可當！故人聲似鐵，起舞爲我傷。

足見他對崖山之戰的焦急和關注。他的《哭崖山詩》云：「諸老丹心付流水，孤臣血淚泣南風。」其《過臨江詩》又說：「周郎墓土上，回首淚成痕！」足見他對於不能像周郎那樣大破北軍的悲恨！鄧剡和文天祥的心情是一致的。「恨東風不借」五字，扼腕填膺，較天祥《過臨江策》更簡明具象地反映出崖山海戰的情景及其失利的憤恨。郭

老沒有聯繫崖山海戰的實際進一步領會，把「英物」二字脫離「恨東
風不借」五字去理解，只看到一個文天祥。說甚麼「文天祥不至自稱
爲英物。」「鄧剡是崇拜文天祥的，故譽之爲英物。」這就削減了「
恨東風不借」的豐富內容，縮小了鄧剡這首詞反映現實的廣度。

　　第五，「不讓扁舟發」，哭悼崖山投海，深寓「民族」、「君國」
之痛：上引《宋史》接著說：

> 癸未（初六日）……李恆乘早潮退攻其北，世傑以淮兵殊死戰
> 。至午，潮上，張弘範攻其南。南北受攻，兵士皆疲不能戰。
> ……大軍至中軍，會暮且風雨。昏霧四塞，咫尺不相辨。世傑
> 乃與蘇劉義斷維，以十餘舟奪港而去。陸秀夫走衛王舟，王舟
> 大，且諸舟環結。度不得出走，乃負帝昺投諸海。後宮及諸臣
> 多從死者。七日，浮屍出於海十餘萬人。……」

可見「不讓扁舟發」，就是慨嘆崖山戰役臨危，「陸秀夫走衛王舟，
王舟大，且諸舟環結。(度)不得出走，乃負帝昺投諸海。」那時，文
天祥作了一首悲憤萬端的詩。他說：「二月六日海上大戰，孤臣文天
祥坐北舟中，向南慟哭。爲之詩曰……（見《指南後錄》卷一之上。）
後來他又回憶說：

> 崖山之戰，親所目擊。痛苦酷罰，無以勝堪！時，日夕謀踏海，
> 而防閑不可出矣。失此一死，困苦至今，可勝恨哉！」（見《
> 文山先生全集》卷十六‧南海第七十五。）

可見「一葉扁舟」當時何等要！其《哭崖山詩》云：

> 寶藏如山席六宗，樓船千疊水晶宮。吳兒進退尋常事，漢氏興
> 亡頃刻中！

充滿了民族君國之痛！李商隱詩：「欲回天地入扁舟。」「不讓扁舟
發」五字，椎胸泣血，欲揮無淚！前人誤以爲文山詞，對「不讓扁舟
發」，不得其解，故云「應作屬扁舟齊發。」且引《指南錄》卷四《

海船》詩序所載文天祥等逃脫元兵的監視出海時，有張少保與曹太監
三薑船同行。曰：「向使有薑船而無張少保一舟；予不能行。有張少
保（舟），而無薑船；予又無伴。巷不我先後，適有邂逅，殆神施鬼
設而至也。」郭老肯定是鄧剡詞，不了解崖山海戰的情況，不從「帝
昺投海，諸臣多從死」著想，對「不讓扁舟發」仍不得其解。又誤認
鄧剡此詞專爲歌頌天祥而作，也說「應作屬扁舟齊發。」還說：

> 所詠自是文山。文山以宋恭帝德祐二年（一二七六），在元軍
> 監視中，由鎮江逃至通州入海，有四船齊發，在海上互相照應。
>
> 此即詞中所述『江海餘生，南行萬里，屬扁舟齊發』的實際。

這就停留在前人錯誤的認識上，沒有新意。淺化這首詞反映現實的深
度了。試問天祥「四船齊發」與「王舟大，不得出走」，孰輕孰重？
何者更能成爲鄧剡詠嘆的切身題材？只要略加思考，便可瞭如指掌。
又按唐圭璋《全宋詞》此句在文山名下作「屬扁舟齊發」；在鄧剡名
下作「不放扁舟發」。不只「讓」作「放」與「扁舟」配合更緊；且
可進一步證明：鄧剡詞此句原作「不放扁舟發」。作「屬扁舟齊發」，
的確是誤以爲文山詞的人所竄改，違反作者的原文和本意的。

　　總之，鄧剡是祥興年間的「禮部侍郎」；又是「宋帝昺」「投海」
時，「從死」的「諸臣」之一。對於崖山海戰的具體情況，他是親歷
其境，知道得很詳盡的。這首在金陵驛中和天祥「言別」的詞，主要
是向「及茲萬里別」的患難之友，傾吐崖山兵敗的感慨，抒發共有的
「江海餘生」，國破家亡之痛，表示他還要等待時機，奮起戰鬥的決
心。這就是前人評爲「南宋末年人詞中，無此豪壯風格」之所在。詞
中對天祥的推崇是有的。所以文山在其和詞中，又謙遜又悲苦地說：
「江山如此，（有的本子作「江流如此」，疑誤。）方來還有英傑」；
又說：「故人應念，杜鵑枝上殘月。」「江山如此，方來還有英傑」，
同他《南康軍和東坡醉江月》「乾坤未歇，地靈還有人傑」一樣，寄

希望於來杰。「杜鵑枝上殘月」，即其《金陵驛詩》⑤「從今別卻江南路，化作啼鵑帶血歸。」。郭老說成全首詞都是歌頌天祥。這就未免片面，不能突出作者本人的身世之感和民族君國之痛。

【附註】

① 《酹江月‧和友驛中言別》：「乾坤能大，算蛟龍元不是池中物。風雨牢愁無著處，那更寒蛩四壁。橫槊題詩，登高作賦，萬事空中雪。江流如此，方來還有英傑。　堪笑一葉飄零，重來淮水，正涼風新發。鏡裏朱顏都變盡，只有丹心難滅。去去龍沙，向江山回首，青山如髮。故人應念，杜鵑枝上殘月。」

此詞在《文山集‧酹江月驛中言別友人》後。

堯按：乾坤能大，用杜甫《奉寄河南李韋丈人》「牢落乾坤大，周流道術空。」能，如許也。算蛟龍元不是池中物，是對鄧剡留金陵的希冀和鼓舞。《三國誌‧周瑜傳》：「劉備以梟雄之姿，有關羽、張飛熊虎之將。恐蛟龍得雲雨，終非池中物也。」蓋此詞所本。朱顏句意亦雙關。

② 《送行中齋三首》：一、秋風晚正烈，客衣早知寒。把衣不能別，更盡此日歡。出門一萬里，風沙浩漫漫。豈無兒女情？爲君思汍瀾。百年有時盡，千載無餘觀。明明君臣義，公獨爲其難。願持寸一丹，寫入青琅玕。會有撫卷人，孤燈起長嘆！二、神龍蕩失水，馴擾終未得。威鳳雖在藪；肯顧雞鶩食？所以古之人，受變心不易。亳鼎已遷周，西山意飢瘠。豫子身自漆，萇弘血成碧。何嘗怨興廢，而或二心迹？堅白不在緇，羔裘良自惜。此誼公素明，俗見或未識。三、嗟予抱區區，疇昔同里閈。過從三十年，知心不知面。零落忽重逢，家亡市朝變。惇惇蹈海餘，踽踽南冠殿。劇談泥塗際，握手鞍馬倦。依依斯文意，苦恨十年晚。魯連偶不逢，隨世本非願。靈胥目未抉，端欲諧所見！及茲萬里別，一夕腸百轉。余生諒須臾，孤感橫九縣。庶幾太尉事，萬一中丞傳！

③ 《懷中甫》（時中甫以病留金陵天慶觀）。久要何落落，末路重依依。風雨連兵幕，泥塗滿客衣。人間龍虎變，天外雁鴻違。死矣煩公傳，北方人是非。

④ 《南康軍和東坡醉江月》：「廬山依舊，淒涼處，無限江南風物。空翠晴嵐浮汗漫，還障天東半壁。雁過孤峰，猿歸老嶂，風急波翻雪。乾坤未歇，地靈尚有人杰。　　堪嘆飄泊孤舟，河傾斗落，客夢催明發。南浦閑雲連草樹，回首旌旗明滅。三十年來，十年一過，空有星星髮。夜深愁聽，胡笳吹徹寒月。

　　堯按：南康軍，宋行政區畫。治江西星子，轄星子、都昌、建昌、安義四縣。《文山全集》卷十六載天祥被俘北解，至元十六年四月二十一日離五羊。《江行第八十九》說：「六月六日過隆興」。隆興即南昌。可見到達星子當在至元十六年六月七、八日。這是這首詞寫作的時間。星子在鄱陽西廬山東。形勢險要。當吳楚要衝。晉末，劉裕盧循，南朝梁王僧辯侯景皆決戰於此。故稱廬山「還障天東半壁」。王勃《滕王閣詩》：「畫棟朝飛南浦雲，珠簾暮捲西山雨。閒雲潭影日悠悠，物換星移幾度秋」。「南浦閒雲」句秉此。南浦指南昌。天祥《集杜詩過隆興序》：「隆興自陷後忠義奮起，幾於反正。屠滅殆盡，過而傷之。」此言「回首旌旗明滅」，乃憶當日義師起伏其間也。「三十年來，十年一過」，言三十年間每十年都經南康軍一次。即一二五九年（宋理宗開慶元年），天祥送弟文璧取道鄱陽湖，從長江入里河趨京口（見《指南錄·無錫序》）；一九六九年（宋度宗咸淳五年）十一月，天祥知寧國府（安徽宣城），由鄱陽入江抵宣。他回鍾編修堯兪的信：「自湖涉江，風帆回薄，四十程乃抵宣」；一二七九年（至元十六年）六月北解又過南康軍。

⑤ 文天祥《金陵驛詩》一「草合離宮轉夕暉，孤雲飄泊復何依？山河風景元無異，城郭人民今已非。滿地蘆花和我老，舊家燕子傍誰飛？從今別

却江南路，化作啼鵑帶血歸！二萬里金甌失壯圖，袞衣顛倒落泥塗。空餘杜宇聲中血，半脫驪龍頷下鬚。老去秋風吹我惡，舊家燕子傍誰飛？千年成敗俱塵土，消得人間說丈夫！

朱東潤《中國歷代文學作品選》中編第二冊二〇一頁《解題》：

> 宋恭帝德祐元年（一二七五年）元軍攻破蘄、黃，沿江東下。文天祥在贛起兵勤王。臨安陷落後，轉戰東南。至帝昺祥興元年（一二七八）十月二十六日在五鳳坡（今廣東省海豐縣北）軍敗被俘。隨即解赴元都燕京（今北京市）。這詩是北行途中過金陵驛時所作。詩寫家國興亡之痛。結語自明志在必死，尤為沉摯，飽和著愛國的情感。

今按《宋史》本紀四十七《瀛國公‧二王附》，帝昺以至元十五年（一二七八）四月丙午立。五月改元祥興，六月乙未徙崖山（廣東新會）。乙卯，都元帥張弘範、李恆征崖山。十二月文天祥走海豐，壬寅（二十五日）被執於五鳳坡。《文山集》卷十六《同府之敗第七十三》：「十一月，諜報虜大眾至漳、泉。度勢不敵，移屯。將趨海豐，為虜騎追及于中道。時，行已數日，不備。倉卒潰敗，遂被執。」張弘範至元十六年，即祥興二年（一二七九）正月壬戌（十五日）兵至崖山，上距元興元年（一二七八）十二月壬寅，即二十五日文天祥被執五鳳坡共二十日。正是十二月二十五日。《解題》作「十月二十六日」，與上所引《宋紀》、《文山集》都不合。其誤甚明。

鮑照詩中的庾中郎蒭見

鮑照集有《從庾中郎遊園山石室》、《吳興黃浦亭與庾中郎別》兩首詩。這兩首詩中的庾中郎，聞人倓認為是庾悅（見《古詩選》聞人倓注）；吳摯父，黃節認為是庾永（見黃節《鮑參軍詩注》），我覺得說是庾悅固然可然可疑；說是庾永更加錯誤。

為甚麼說是庾永更加錯誤呢？

首先，我們遍查《宋書》，都沒有庾永這個人，只有張永這個人。

張永是張茂度第三個兒子。張茂度名裕，為了避宋高祖劉裕的諱，改稱字（茂度）。吳郡吳人，是漢高祖面前三杰之一張良的後代。張良七世孫為長沙太守，始遷於吳。張永的大哥叫張演，太子中舍人；二哥叫張鏡，新安太守，皆有盛名，並早卒。

《宋書》卷五三列傳十三《張茂度子永傳》說：

「永，字景雲，初為郡主簿，州從事，轉司徒士曹參軍，出補餘姚令，入為尚書中兵郎。①先是，尚書中條制繁雜。元嘉十八年，欲加治理。徙永為刪定郎，掌其任。二十二年，除建康令，所居皆有稱績。又除廣陵王誕北中郎錄事參軍。永涉獵書史，能為文章，善隸書，曉音律，騎射、雜藝，能類兼善。又有巧思，益為太祖（宋文帝）所知。紙及墨皆自營造。上得永表啓。輒執玩咨嗟。自嘆供御者了不及也。二十三年，造華林園，玄武湖，②並使永監統，凡諸制置，（置，各本作署。據《南史》改。）皆受則於永。徙為江夏王義恭太尉③中兵參軍，越騎校尉，振武將軍，廣陵、南沛二郡太守，二十八年，又除江夏王義恭驃騎中兵參軍，④沛郡如故。」

吳摯父說：

> 「庾中郎，庾永也。元嘉二十二年除竟陵王誕北中郎錄事參軍
> 。《宋書》：『永涉獵書史，能爲文章，善隸書，曉音律、騎
> 射、雜藝。元嘉二十三年，造華林園，玄武湖，並使永統監，
> 凡諸制置，皆受則於永』。此園山石室，殆即華林園所造也。
> 」

黃節在《從庾中郎遊園山石室》補注認爲：「案此，則聞人倓注以爲
庾悅，恐非。」又於《吳興黃浦亭庾中郎別》補注說：

> 「吳摯父曰：『庾中郎，庾永也』，此詩亦元嘉二十二、三年
> 作。二十三年，庾已徙官江夏王中兵參軍，是後不得仍稱中郎
> 矣。」

　　我們校對上引《宋書張永傳》和吳摯父介紹庾永這兩段文章中加
·的字句，就明顯知道，吳摯父介紹庾永的話，都是從《宋書·張永
傳》中摘錄下來的，却把它當作了庾永的事跡。其中上引《宋書》「
廣陵王誕」，吳摯父作「竟陵王誕」雖然有些不同。但《宋書》卷七
十九，列傳第三十九《竟陵王誕范義傳》說：

> 「竟陵王誕，字休文，文帝第六子也。元嘉二十年，年十一，
> 封廣陵王，食邑二千户⑤。二十一年，監南兗州諸軍事，北中
> 郎將，南兗州刺史⑥，二十六年出爲都督雍、梁南北秦四州，
> 荆州之竟陵，隨二郡諸軍事，後將軍、雍州刺史。以廣陵凋弊
> ，改封隨郡王。⑦…及大舉北代，命諸蕃並出師，莫不奔敗，
> 唯誕中兵參軍柳元景先克弘農、關、陝三城，多獲首級，關洛
> 震動。會諸方並敗退，故景先引還。徵誕還京師，遷都督交、
> 廣二州諸軍事，安南將軍，廣州刺史。⑧當鎮始興。未行，改
> 授都督會稽、東陽、新安、臨海，永嘉五郡諸軍事，安東將軍
> ，會稽太守，給鼓吹一部。元凶弒立，以揚州，浙江西屬司隸

校尉，浙江東五郡立會州，以誕爲刺史。⑨世祖入討，⑩遣沈
慶之兄子榮僧間報誕，又遣朔寧將軍顧彬之，自魯顯東入，受
誕節度。誕遣參軍劉秀之與彬之並勢，自頓西陵，以爲後繼。
劭遣將華欽，庾導（一作庾遵）東討，與彬之等相逢於曲阿之
奔牛塘，路甚狹，左右皆悉入菰葑。彬之軍人多齎籃展，於菰
葑中夾擊之，欽等大敗。事平，徵誕爲持節，都督荆、湘、雍
、益、寧、梁、南北秦八州諸軍事，衞將軍⑪，開府儀同三司
，荊州刺史。誕以位號正與濬同，惡之，請求回改。乃進號驃
騎將軍⑫，加班劍二十人，餘如故。南譙王義宣不肯就徵，以
誕爲侍中驃騎大將軍，揚州刺史，開府如故。改封竟陵王⑬，
食邑五千户。顧彬之以奔牛之功，封陽新縣侯，食邑千户。季
之零陵縣侯，食邑五百户。」

從此，可知廣陵王是劉誕十一歲時封號，竟陵王是劉誕參加討平二凶
，有奔牛之功以後的封號。吳摯父不過把劉誕前十年（元嘉二十年四
月甲午）的封號改成劉誕後十年（元嘉三十年六月辛未）以後的封號
罷了。所以吳摯父所說的竟陵王誕，就是廣陵王誕；吳摯父所說的庾
永，實際上卻是《宋書》張茂度的第三個兒子張永，不然的話，爲甚
麼會和張永的事迹雷同《宋書》又沒有庾永這個人呢？

那末，吳摯父爲甚麼會把張永看成「姓庾」虛造出庾永這樣一個
人來，把張永的事迹錄於其下呢？

這是因爲《張永傳》在《宋書》裏，是附在《張茂度傳》之後的
附傳，這個附傳並沒有寫他的姓。只說：

「永，字景雲……」

而後面緊接著就是《庾登之傳》，說：

「庾登之，字元直……」

同時，這個省略了張姓的《張永傳》，又說永做過廣陵王誕的北中郎

錄事參軍，剛好吳摯父要注釋的又是庾中郎，大概兩相混淆，就把這個承上篇省略張姓的永，涉下篇誤會成庾永。因而寫出「庾中郎，庾永也……」這樣一段假注釋，張永的事迹也就變成庾永的事了。

吳摯父這一錯誤，不只把張永變成了庾永，而且混淆了北中郎錄事參軍和中郎的界限，把劉誕變成了庾中郎。因為上引《意陵王（即廣陵王）傳》分說說：

> 「年十一封廣陵王……二十一年，監南兗州諸軍事，北中郎將，南兗州刺史，出鎮廣陵。」

可見「北中郎」就「北中郎將」的簡稱，而「北中郎將」正和「南兗州刺史一樣，都是」廣陵王誕自己的職稱。「錄事參軍」不過是「北中郎將、廣陸王誕」部下的屬吏而已。吳摯父却無視於「錄事參軍」這四個字，把「北中郎錄事參軍」說成「庾中郎」，不正是把「北中郎將劉誕」變成了庾中郎？

這完全是讀書不細心所產生的錯覺，所以我認為吳摯父說「庾中郎是庾永」是錯誤的，黃節補注跟隨著吳摯父那樣說，無疑也就大上其當了。

以上從吳摯父所說庾中郎永的事迹和宋傳張永的事迹雷同，指出庾中郎是庾永說的錯誤，退一萬步說，即使庾永不是張永之誤，也不能說庾永就是庾中郎。因為吳摯父是說庾永「元嘉二十二年，除竟陵王誕北中郎錄事參軍」的，鮑照詩標題既稱「庾中郎」當然就不是「錄事參軍」了，又怎麼能說是庾永呢？

庾中郎是庾永的說法既然錯了，怎麼又說庾中郎是庾悅的說法也可疑呢？下面再談這個問題。

《宋書》卷五十二、列傳第十二、《庾悅傳》說：

> 「庾悅字仲豫，穎川鄢陵人也。曾祖亮，晉太尉；祖義，吳國內史；父准，西中郎將，豫州刺史。悅，少為衛將軍琅邪王行

參軍，司馬，徒主簿，轉右長史。桓玄輔政，領豫州，以悅爲別駕從事史，遷驍騎將軍。玄纂位，徙中書侍郎。⑭高祖定京邑，武陵王遵承制，⑮以悅爲寧遠將軍安遠護軍武陵內史，以病去職。鎮軍府版諮議參軍，轉車騎從事中郎。劉毅請爲撫軍司馬，不就。遷車騎中軍司馬，從征廣固，竭其誠力。」

聞人倓《古詩選》注說：

「《宋書》：庾悅字仲豫，鄢陵人。高祖定京邑，武陵王遵承制，以悅爲寧遠，安遠護軍，武陵內史，以病去職。鎮軍府版咨議參軍，轉車騎從事中郎。」

從上面兩段文章加·的字看來，聞人倓所說的庾悅事迹，和《宋書庾悅傳》相符，特別是庾悅做過車騎從事中郎，官名同鮑照詩中的庾中郎一致，因此，聞人倓認爲庾中郎是庾悅，並不是完全沒有根據的。

但《宋書·庾悅傳》又說：

「盧循逼京師，以爲督江州，豫州之西陽、新蔡、汝南穎川，司州之恆農，揚州之松滋六郡諸軍事，建威將軍、江州刺史，從東道出鄱陽。循遣將英斜千餘人斷五畝嶠，悅破之，⑯進據豫章，斷循糧援。初，毅家在京口，貧約過常，嘗與鄉曲士大夫往東堂共射。時悅爲司徒右長史，暫至京，要府州僚佐共出東堂。毅已先至，遣與悅相聞。曰：『身久躓頓，營一遊集甚難，君如意人，無處不可爲適，豈能以此堂見讓？』悅素豪，徑前，不答毅語。眾人並避之，唯毅留射如故。悅廚饌甚盛，不以及毅。毅既不去，悅甚不歡。俄頃亦退，毅又相聞曰：『身今年未得子鵝，豈能以殘炙見惠？悅又不答。盧循平後，毅求都督江州。以江州內地，治民爲職，不宜置軍府，上表陳之……於是解悅都督將軍官，以刺史移鎮豫章。毅以親將趙恢領千兵守潯陽，建威府文武三千，悉入毅府，符攝嚴峻，數相挫

辱，悅不得志，疽發背，到豫章少日卒。時年三十八。追贈征
虜將軍，以廣固之功，追封新陽縣五等男。

可見庾悅雖然參加鎮壓農民起義，在五畝嶠為封建統治階級立下了功
勛，但因為和劉毅有小怨，在劉毅的挫辱下，才三十八歲，就死去了
。他死的時間在盧循失敗，劉毅都督江州之後，他到豫章為豫州刺史
不久的時候。

《宋書·武帝紀中》說：

「（義熙）七年正月己未，振旅於京師……二月盧循至番禺，
為孫季高所破，收餘眾南走……交州刺史杜慧度斬盧循，傳首
京師。」

可見盧循被盪平的確實時間，是晉安帝義熙七年二月。《宋書·武帝
紀中》中說：

「鎮西將軍荊州刺史道規疾患求歸。八年四月，改授豫州刺史
，以後將軍豫州刺史劉毅代之。劉毅既有雄才大志，厚自矜許
，朝士素望者多歸之。與尚書僕射謝混、丹陽尹郗、僧施益深
相結。及西鎮江陵，豫州舊府多割以自隨。請施僧為南蠻校尉
。既知毅不能居下，終為異端，密圖之。毅至西，稱病篤，表
求從弟兗州刺史藩以為副貳。偽許焉。九月，藩入朝，公命收
藩及謝混，並於獄賜死，自表討毅。……壬午，發自京師，遣
參軍王鎮惡，龍驤將軍蒯恩，前襲江陵。十月鎮惡克江陵，毅
及其黨羽皆伏誅。」

這段記載，說明劉毅被劉裕誅殺雖在義熙八年十月，但這年四月他是
以豫州刺史調任荊州刺史，徙駐江陵的。這就證明，劉毅接代庾悅豫
州刺史的職位，當在義熙八年四月之前，而庾悅的死，最遲不會遲於
義熙八年四月，最早不會早過義熙七年二月盧循傳首京師的時候。他
的死亡時間雖無法確知，但在義熙七年二月到義熙八年四月這段時間

內，是沒有疑問的。這時劉裕還沒有做皇帝。

我們知道，鮑照作過臨海王子頊（劉彧）的前軍參軍，最後在荊州被亂兵殺死。⑰臨海王子頊因長史孔道存不受命，舉兵反，以應晉安王子勛，兵敗，於明帝泰始二年，即公元四六六年，八月賜死。⑱鮑照也就死在這一年，是沒有甚麼爭議的。他的出生年代雖然有些爭論，但一般認為是在永初年間，即公元前四二一年左右。那時劉裕稱帝不久。上距庾悅死時，大約還有十年左右，那末，鮑照又怎麼能和庾悅一起交游？即使如另一種說法，鮑照出生於公元四一二年，上至庾悅死年，鮑照也剛出生。並且上引《庾悅傳》分明說「鎮軍府版（悅）諮議參軍」，「轉車騎從事中郎」在「武陵王遵承制」之後。依《晉書安帝紀》，武陵王遵承制在元興三年四月已丑，至義熙元年二月。「元興三年春」，三月壬戌，「桓玄、司徒王謐推劉裕為行鎮軍將軍」，義熙元年春三月「（安）帝至自江陵」，乙未詔「加鎮軍將軍劉裕為侍中、車騎將軍，都督中外諸軍事。」《宋書武帝紀》同載此詔。劉裕雖固辭；但義熙二年十一月「天子重申前令，加高祖（劉裕）侍中，進號車騎將軍，開府儀同三司，」加上「詔遣百僚敦勸」，劉裕「乃見聽」了。這是由「鎮軍府版諮議參軍，轉車騎從事中郎」的具體時間。義熙五年三月，劉裕抗表北伐僞燕慕容超，庾悅又「遷車騎中軍司馬，從征廣固」了。（堯按：車騎二字衍。因遣劉敬宣伐蜀譙縱無功，四年九月劉裕遜位不許，乃降為中軍將軍。）可見庾悅為車騎從事中郎，是安帝義熙三、四年的事。雖然下距庾悅卒年義熙七、八年早三、四年；但鮑照能於此時以詩文同庾悅交游，他出生年月必然要早於此十多年。大概在安帝太元十八、九年。即公元三九三年左右。從三九三年生，至四六六年死，那鮑照的壽年就七十三左右了。虞炎《鮑照集序》說鮑照於「大明（孝武帝劉駿）五年除前軍行參軍，侍臨海王鎮荊州，掌知內命。尋遷前軍刑獄參軍事。宋明帝

時江外拒命。及義嘉敗，荊州震擾。江陵人宋景因亂掠城，爲景所殺。時年五十餘。」對鮑照死的情況，比《南史・鮑照傳》寫得更明細。既然死時年「五十餘」；就同七十三相差很遠了。從此可見聞人俠認爲鮑照詩中的庾中郎是庾悅，即中郎是車騎從事中郎的簡稱，也是可疑的。

聞人俠所以會把鮑照詩中的庾中郎看成是庾悅，很明顯是由於他沒有全面考察庾悅鮑照的生平，片面抓住庾悅作過車騎從事中郎這一點，就把它和鮑照詩中的庾中郎聯繫起來。這種聯繫，當然是不可靠的。因爲「人生七十古來稀」的說法，雖然不一定很科學；但七十多歲還在宦海奔波，恐怕更難。假如聞氏所說對了；則虞氏諸說皆誤。二者必居其一。

【附註】

① 《宋書・文帝紀》，「元嘉十八年，多十一月戊子，尙書僕射王球卒。已亥，以丹陽尹孟顗爲尙書僕射。」張永以餘姚令入爲尙書中兵郎，當在王球或孟顗部下。

② 《宋書・文帝紀》：「（元嘉二十三年）是歲，大有年，築北堤，立玄武湖，築景陽山於華林園。」

③ 《宋書・文帝紀》：「（元嘉二十一年．）二月…己丑，司徒錄尙書事江夏王義恭進位太尉，領司徒。」二十七年，「秋七月庚午遣寧朔將軍王玄謨北伐，太尉江夏王義恭出次彭城。」

④ 《宋書・文帝紀》：「(元嘉)二十八年……二月……甲戌，太尉領司徒江夏王義恭降爲驃騎將軍。」

⑤ 《宋書・文帝紀》：「二十年夏四月甲午，立第六子誕爲廣陵王。」

⑥ 《宋書・文帝紀》「二十一年二月甲午以廣陵王誕爲兗州刺史，「秋八月」南兗州刺史廣陵王誕爲南徐州刺史。」

⑦ 《宋書・文帝紀》：「（元嘉）二十六年，秋七月辛未………廣陵王誕

爲雍州刺史。」「冬十月，廣陵王誕改封隨郡王。」

⑧　《宋書‧文帝紀》：「（元嘉）二十八年五月壬子，以隨王誕爲安南將
　　軍，廣州刺史。」

⑨　《宋書二凶傳》：「(元嘉)三十年……三月……分浙以東五郡爲會州，省
　　揚州立司隸校尉。以……會稽太守隨王誕（爲）會州刺史。」

⑩　《宋書‧孝武帝紀》：「（元嘉）三十年正月……會元凶弑逆，以上爲
　　征南將軍加散騎常侍，上率衆入討。」

⑪⑫⑬　《宋書‧孝武帝紀》：「（元嘉三十年）正月庚午」安東將軍隨王
　　誕爲衛將軍。「六月庚戌，」衛將軍隨王誕爲驃騎大將軍。「辛未，隨
　　王誕爲竟陵王。」

⑭　《晉書安帝紀》：「（元興二年）十二月壬辰玄篡位。「悅」徙中書侍
　　郎當在此時。

⑮　《宋書‧武帝紀上》：「（元興三年）四月，奉武陵王遵爲大將軍，承
　　制。《晉書安帝紀》：「元興三年三月丙戌密詔以幽逼於玄，萬機虛曠
　　，令武陵王遵依舊典承制總百官行事。夏四月己丑，大將軍武陵王遵稱
　　制總萬機。」

⑯　《宋書‧武帝紀上》：「（義熙六年）七月，……初，循之初走也，公（
　　劉裕）知其必寇江陵。登遣……江州刺史，庾悅至五畝嶠。賊遣千餘人
　　據斷嶠道，悅前驅鄱陽太守虞丘進攻破之。

⑰　《南史‧鮑照傳》：「臨海王子頊爲荊州，照爲前軍參軍，掌書記之任
　　，子頊敗，爲亂兵所殺。」

⑱　《宋書‧明帝紀》：「（泰始）二年……八月己卯，司徒建安王休仁率
　　衆軍大破賊，斬僞尙書僕射袁顗，進討紅、郢、荊、雍、湘五州，平定
　　之。晉安王子勛、安陵王子綏，臨海王子頊、郡陵王子元並賜死，同黨
　　皆伏誅。」鮑照「爲亂兵所殺」當在這一年。